编 委 会

编 著 杨 亮

编 委 梁建功 李 萱 张伟丽

河南省"十四五"普通高等教育规划教材

ZHONGXUE YUWEN JIAOXUE SHEJI

中学语文教学设计

杨 亮 编著

河南大学出版社
·郑州·

图书在版编目(CIP)数据

中学语文教学设计 /杨亮编著. --郑州 : 河南大学出版社, 2022.5

ISBN 978-7-5649-5096-5

Ⅰ. ①中… Ⅱ. ①杨… Ⅲ. ①中学语文课-教学设计 Ⅳ. ①G633.302

中国版本图书馆 CIP 数据核字(2022)第 067577 号

责任编辑 孙增科
责任校对 陈 巧
封面设计 郭 灿
封面题字 马健中

杨亮 编著

出版发行 河南大学出版社
地 址:郑州市郑东新区商务外环中华大厦 2401 号
邮 编:450046
电 话:0371-86059701(营销部)
网 址:hupress. henu. edu. cn
排 版 郑州市今日文教印制有限公司
印 刷 广东虎彩云印刷有限公司
版 次 2022 年 5 月第 1 版
印 次 2022 年 5 月第 1 次印刷
开 本 787 mm × 1092 mm 1/16
印 张 25
字 数 490 千字
定 价 79.00 元

目　录

绪　论

“中学语文教学设计”是从教学设计的一般原理出发,结合中学语文学科特点,按照中学语文课程的教学目标和要求,根据教学内容和学生认知规律,结合教师的自身特点和优势,对中学语文教学的整个程序及具体环节、总体结构所做出的预设。换句话说,中学语文教学设计就是教学设计原理与方法在中学语文教学中的具体运用。

在实际教学过程中,中学语文学科“教考分离”的现象使中学语文教学课堂出现重“试题”轻“核心素养”的现状。反映在中学语文课堂教学中,教师依然沿袭“单篇教学”而忽视“多文本阅读”。罗伯特·加涅在《教学设计原理》中指出:“教学的目的是帮助人们学习……如果对教学进行计划以使学生参与到那些促进学习的事件和活动中那么教学可能更有效。”①。所以,对中学语文教学设计进行研究,有助于我们摆脱当下中学语文教学面临的困境,从而指导教学实践达到最优效果。

足不强则迹不远,锋不铦则割不深

——从“预设到实践”,由“反思到成长”

课堂教学是教师和学生共同的场域,一节让人称赞的课堂是教师素养和教学智慧的完美体现,是师生心灵琴瑟和谐的共鸣。苏霍姆林斯基在《给教师的建议》中提到:“我一生都在准备这节课。”②对于新手教师来说,准备一节课主要从教学设计、备课、上课、课后反思等方面着手。

一、概念辨析——教学设计

教学设计起源于美国,有不同的定义。加涅认为:“教学是以促进学习的方式影响学习者的一系列事件,而教学设计是一个系统化规划教学系统

---

① 〔美〕罗伯特·加涅等著,王小明译:《教学设计原理》,华东师范大学出版社,2018年,第2-3页。

② 〔苏〕B. A. 苏霍姆林斯基著,赵聪译:《给教师的建议》,湖南人民出版社,2021年,第30页。

的过程。”①史密斯、雷根认为:教学设计就是把学习与教学原理转化成对于教学材料、活动、信息资源和评价的规划这一系统的反思性过程。包括运用系统方法分析教学问题和确定教学目标、建立解决教学问题的策略方案、试行解决方案、评价试行结果和修改方案。②

我国对“教学设计”也有自己的见解,乌美娜认为:“教学设计是运用系统方法分析教学问题和确定教学目标、建立解决教学问题的策略方案、试行解决方案、评价试行结果和对方案进行修改的过程,它以优化教学效果为目的,以学习理论、教学理论和传播学理论为基础。”③钟启泉认为:“教学设计是教学实践工作者对教学过程进行的规划、安排和决策。这种规划、安排和决策需要建立在各种学习理论和教学理论的基础上,运用系统的观点和方法进行分析,并结合学科内容特点和学生学习特点,遵循教学的规律。”④

随着普通高中课程标准的制定与实施,指向学科核心素养的教学将成为新常态,而实施指向学科核心素养的教学势必先要进行指向学科核心素养的教学设计。指向学科核心素养的教学设计路径至少有三:(1)遵循学习思路,进行逆向教学设计;(2)洞察知识三重意蕴,践行深度教学设计;(3)创设问题情境,实践单元教学设计。⑤

教学设计是没有经过课堂实践检验的,是静态的设计。微课、微型课、说课都是为了更好地理解教材,服务于教学设计。教学设计的类型有二:(1)预设的教学设计。“设计”本身就是预演的内容,带有结构主义色彩。(2)修正过后的教学设计。修正过后的教学设计要有教学反思,教学反思的过程就暗含了对教学设计的修订。

二、基于理论——教学目标设计之路径

教学目标是“预期的学生的学习结果”,它是外在的教学内容通过学习转变为学生内在的能力。很多教师的教学不能称为有效教学,就在于教学目标设置得不合理,而教学目标的不合理又根源于一线教师缺乏学习结果分类理论的指导。因此,从2008年起,中小学语文教学设计研究团队对语文教学目标分类问题进行实验研究,基于现代认知心理学关于知识、技能、

---

① 〔美〕罗伯特·加涅等著,王小明译:《教学设计原理》,华东师范大学出版社,2018年,第13页。

② 〔美〕P. L. 史密斯,T. J. 雷根著,庞维国译:《教学设计》,华东师范大学出版社,2008年,第4页。

③ 乌美娜:《教学设计》,高等教育出版社,1994年,第11页。

④ 钟启泉:《课程与教学概论》,华东师范大学出版社,2004年,第102页。

⑤ 李润洲:《指向学科核心素养的教学设计》,《课程·教材·教法》,2018年第7期,第35–40页。

能力的认识，以加涅和布鲁姆的分类理论为指导，提出了语文教学目标分类系统。20世纪中叶以来，对教学目标分类影响最大的是加涅的学习结果分类理论和布鲁姆教育目标分类理论。

（一）教学目标理论——加涅的学习结果分类理论

加涅是美国20世纪中后期很有影响的著名教育心理学家。他吸收了信息加工心理学和建构主义心理学思想，形成了一个新的学习理论体系，是科学心理学与学校教育相结合的典范。其中关于教学设计的阐述体现了他的理论在教学实践当中对教学有很大的启示性。加涅根据人类学习长期以来的经验，将学习结果分为五大类，分别是智慧技能、言语信息、认知策略、态度和动作技能，不同的学习结果需要不同的教学方法和学习条件。

智慧技能是教学的核心技能，加涅指出，学习智慧技能意味着学习“如何完成”某种智慧行动。根据心理过程的不同复杂程度，加涅又将智慧技能分为四个不同的层级：辨别、概念、规则和原理、问题解决。

言语信息也称为“言语知识”或“陈述性知识”。加涅认为，言语信息是一种我们能够“陈述”的知识。是以合乎语言规则的命题网络形式存储的。因言语信息在数量和组织上有所不同，可以因此而区分出三种学习情境：学习名称、学习事实和学习有组织的信息。

认知策略是一种非常重要的技能，它是支配个体自身的学习、记忆和思维行动的性能。在加涅看来，认知策略是一种“控制过程”，是学生赖以选择和调整他们注意、学习、记忆和思维的内部过程。简而言之，认知策略就是怎样“运思”的策略。

加涅将人类在“情感领域”习得的性能称为“态度”，它是一种影响个体对人、对物、对事的行为选择的内部状态，它更多地涉及学生的情绪，通过情绪影响学生的行为选择。由于学生的态度会随着时间而改变，因此态度也是学习过程中最不稳定也是最值得人们不断探索的。动作技能是一种习得的能力，是一种最明确的人类性能。动作技能依赖于学习者身体的反馈。因此，动作技能的学习最好是通过重复练习而完成。动作技能的性能动词是“执行”，在语文学习中动作技能涉及不多，主要体现在发音、写字、朗读等方面。

（二）布鲁姆的教学目标分类

美国教育心理学家布鲁姆将教学目标分为认知领域、情感领域和动作技能领域，该理论在我国得到了广泛的推崇与应用，三维目标即从此演化而来。三维目标是指教育教学过程中应该达到的三个目标维度：知识与技能；过程与方法；情感态度与价值观。从新课改以来，课程的“三维目标”已经耳熟能详,但人们往往只在学科教学的文本知识中去寻找它,将它机械地割裂,并且存在爱对它贴标签的现象。“核心素养”作为课程育人价值的集中体现,贯穿于课堂目标、结构、内容、教学实施以及质量标准与评价的整个过程中。三维目标可以在核心素养的目标下,在整个教学过程中得以完整体现。因此,核心素养是三维目标的整合和提升。

学科核心素养是学科育人价值的集中体现,是学生通过学科学习而逐步形成的正确价值观念、必备品格和关键能力。语文学科核心素养是学生在积极的语言实践活动中积累与构建起来,并在真实的语言运用情境中表现出来的语言能力及品质;是学生在语文学习中获得的语言知识与语言能力,思维方法与思维品质,情感、态度与价值观的综合体现。主要包括“语言建构与运用”“思维发展与提升”“审美鉴赏与创造”“文化传承与理解”四个方面。

学科核心素养在课堂教学中如何落实,成为很多教师进行教学设计的研究课题。格兰特·威金斯和杰伊·麦克泰洛在《追求理解的教学设计》中谈到的“逆向设计”,对研究核心素养在课堂中的落实具有借鉴意义。①《追求理解的教学设计》明确地提出了“为理解而教”的教学价值取向。教育的目的是让学生获得理解,这样的提法虽然朴实,但意义很大。教师每天都在重复着教学过程,但是否思考过教学是为了什么,现在的课堂上有一个普遍的问题:教师对定义、定理这种蕴含学科思想、方法的内容没有予以应有的重视,通常只是以告诉的方式将结论直接灌输给学生,然后将大量的时间用于做题。这就道破了他们的课堂教学价值观——“为考试而教”。《追求理解的教学设计》中提出“逆向设计”的教学设计模式。“逆向设计”就是指教学设计以始为终,从学习结果开始思考。这样的设计分为三个阶段:第一阶段,确定预期结果,就是我们平常所说的教学目标设计;第二阶段,确定合适的评估证据,就是评价设计;第三阶段,设计学习体验和教学,就是教学过程设计。“逆向设计”与我国培养学生核心素养的深化课堂教学改革方向具有一致性,而且提供了可操作的方法和途径。在语文课堂上也可以引用这种设计模式,教师在进行教学设计时,可以先从学习结果开始思考,即这节课学生能学到什么,学完会有什么样的进步,然后再根据这个预设的结果去进行教学的安排,相比传统的教学流程设计,这种逆向设计显然更有利于学生对知识的掌握和学科素养的提高。

---

① 〔美〕格兰特·威金斯、杰伊·麦克泰洛著,闫寒冰译:《追求理解的教学设计》(第二版),华东师范大学出版社,2017年,第18页。

三、备课——成为优秀教师的第一步

备课是教师教学环节的第一步，是上好课的前提和保证，是体现教师的教学态度与学科素养的过程。因此，教师必须重视备课这一工作：首先从研读语文课程标准、研读整册课本到研读该篇选文，在研读课文时以学生的现状作为出发点，一课多备，保证课堂的顺利进行和展开。课后进行教学反思，根据教学效果调整教学策略、教学方法等，再次完善备课内容。

（一）备教材——深入理解教材

教师在备课的时候必须认真钻研教材，教材是落实课程标准、完成教学目标的重要载体，这就要求教师在教学过程中树立正确的教材观。在传统的教材观里，人们普遍把教材当作知识的讲述者，认为学生只要读懂、记住、能做题就足够了；对教师来说，只要把教材中所传递的学科知识及其学科体系表达出来就算完成教学任务了。但随着教程改革的不断深化，教材的功能越来越丰富，人们对教材的认识和研究也越来越深入。教师在备课的时候必须看到教学性是教材的本质属性，备教材就是要让教材基于教学、为了教学并指向教学。

教师作为知识的传授者，在备教材的时候，首先要对教材有一个整体的把握，熟悉教材的板块设计与课程标准对于教材编纂的指导意义，这样可以帮助教师对学科教学有总体的把握，包括本学科的知识体系、学科教学的特征与原则。其次要对教材的具体知识点做到绝对熟知，可以以点带线、以线带面，把具体的知识点和本学科知识串联起来，以单篇带单元，以单元带整本，充分对教材进行挖掘和深化。而教师对教材从熟知到分析，再到挖掘和深化，都是建立在明确的教学目标的基础之上的，教学目标是教师教学所追求的结果，备课作为上课的起点，二者是一以贯之的。所以，在备教材的过程中教师必须确立一个明确的、可操作的教学目标，这个教学目标并非空想出来的，它是立足于学科核心素养、学生的知识结构与身心发展特点来确定的一个通过具体教学能够达到的结果。

教学目标内蕴着对教师、学生、教学内容、教学方法等其他教学要素的把握与体现，客观上引导着教师与学生的教学方向、教学过程，规定着教学重点和难点，激励着教师与学生有序、高效地展开教学活动，提供了教学评价的基本依据。教师在备课的时候必须明确教学目标，并在此基础上去抓教学的重难点和关键点。

所谓的关键点，就是课程内容的核心要素，只有解开它，教学活动才能顺利开展，学生才能冲破阻碍，进行全面而深入的学习。当然，有时课程学习中的重点、难点和关键点会出现重叠，这个时候就需要教师在对教材内容

"滚瓜烂熟"的基础上,梳理教材的逻辑,把课程标准和教材进行对照研究,既要抓住教材的基本内容和基本知识结构,又要分清教学内容的轻重缓急,循序渐进地帮助学生解开疑惑,既能让学生掌握学科基本概念和原理,又要让学生实现思维和能力的多元发展。当然教师对教材的钻研并不仅限于教科书,常常还需要借助一些教学参考书和其他的一些教学资源材料,但是无论是教学参考书还是其他的教学资源材料都是为教师研究教科书和课程标准而服务的,教师必须分清其中的主次关系。

(二)备教法——多元与个性相结合

所谓教法,就是教师为完成教学任务所采用的教学方法,它包括两部分:教师教的方法和指导学生学的方法,教学方法对于教学活动的开展起着重要的作用。在一线的中小学的教学中,广大教师经常强调的是无论是备课还是上课都要做到"胸中有学生",首先就是教师在备课时一定要考虑到学生的接受程度,根据学生的身心发展特点和阶段来适当调整教学方法,这样讲课才能做到有针对性。课程标准是教师教学必须遵循的一个原则,但对于课程标准的落实方法并非一成不变的,而是可以采用多种方法来落实,在新的课程改革的背景下,面对新教材,教师要有新方法,充分发挥教师的主体性。

常见的语文教学方法有很多种,诸如问题教学法、研究教学法、阅读教学法、实践教学法、比较教学法、合作教学法、分层教学法等。就教学手段而言,要使用电教教学法,电教教学法又叫作多媒体教学。目前,多媒体教学已经成为一种常规的教学形式。教师要充分利用多媒体所能提供的音像资源建构语文课堂情景,增加语文课堂的趣味性,帮助学生走进语文课堂、沉浸语文课堂,促进学生多元智能的发展。

另外,情境教学法也是教师在语文教学中广泛使用的一种教学方式,教师通过构筑具体的课堂情景,让学生在情景中充分发挥自己的主观能动性,深入理解学习内容,全面提高语文综合素养。学生作为教育的主体,教师在教学中要充分凸显学生的主体地位,分组学习法便成为语文教学中经常运用到的一种学习方法,教师按照某种标准把班级学生分成不同的学习小组,学生在小组中充分发挥自身学习的积极性和主动性。分组教学需要教师的适当放手,给学生充足的学习和讨论的时间和空间,学生一起"抱团取暖",在团结协作中对课文进行共同研读,深入探究。

教师在对教学方法的选取上要注意突出语文学科本身的文学性、艺术性与审美性,顺应科学育人观的要求,重视语文课堂上教学方法的个性化、特色化、主题化与实效化发展,力求使教学方法的个性化与学生的身心发展特点相辅相成,相得益彰。

（三）备课标——把握整体导向

义务教育语文课程标准及普通高中语文课程标准是语文教学的风向标，教师在备课的过程中要时时参考，围绕课程目标和核心素养安排课程内容，从语文学科的特点和学习语文的规律出发，以语文学科核心素养为纲，以学生的语文实践为主线，整合学习情境、学习内容、学习方法和学习资源，引导学生在运用语言的过程中提升语文素养。学习任务群以自主、合作、探究性学习为主要学习方式，追求语言、知识、技能和思想情感、文化修养等多方面、多层次目标发展的综合效应，满足学生对不同发展方向、不同发展水平语文素养的要求。

学习任务群以学科核心素养为基础，学科核心素养是学科育人价值的集中体现，是学生通过学科学习而逐步形成的正确价值观、必备品格和关键能力。语言建构与运用是语文学科核心素养的基础，在语文课程中，学生的思维发展与提升、审美鉴赏与创造、文化传承与理解，都是以语言的建构与运用为基础，并在学生个体言语经验发展过程中得以实现的。故教师在备课时应以此为立足点，结合学习任务群进行教学设计。

如《登岳阳楼》在制定教学目标时：

语言建构与运用：诵读诗歌；品味关键字词“浮”“坼”。

思维发展与提升：在诵读与品味中感受诗的景象。

审美鉴赏与创造：在景象中把握情景交融，借景抒情之妙。

文化传承与理解：体会诗人忧国忧民、心怀天下的社会责任感。

又如《蒹葭》在制定教学目标时：

语言建构与运用：诵读诗歌，感受重章叠句的节奏；品味关键字词“霜”“晞”“已”等。

思维发展与提升：在诵读与品味中赏析诗歌意境。

审美鉴赏与创造：体会一唱三叹、反复吟唱的美以及比兴手法。

文化传承与理解：了解《诗经》常识，感悟主人公对爱情的勇敢追求的精神。

（四）备学情——实现高效课堂

了解学生，掌握学情是教学取得实效的有效途径。不论是新教师还是教学名师，都要针对不同年龄段甚至不同班级的学情进行备课。虽然文本一样，但是不同学生对教材的接受能力、学习程度、理解能力是不一样的，所以在教同一篇课文时，教学目标设置的难易、教学方法的选择、教学内容的安排等都需要根据学生的差异性来选择，以增强教学的科学性和高效性。语文教学设计应该是动态的，应该给“学情”留出足够的空间。在备课时，教师应依据学生原有的知识、经验、态度、习惯、学习方式预测在课堂上可能发生的学习情境，让学生真正回归主体地位，获得质疑空间，多给学生留有思考的余地，允许学生在学习过程中犯错误。

教师"学情分析"不只在于课前，课中、课后都应该进行学情分析，关注学生课堂实际学习效果。也就是说对学情的分析要涵盖三个部分，即"学习起点分析""学习状态分析""学习结果分析"。

1．学习起点分析

学习起点分析主要是指针对学生已有的知识结构、掌握新知的需要作为课堂教学的起点。教师要了解学生对不同类型文体的学习起点及学生学习过程中兴趣方向，探寻学生的实际差异。

教师应该保持敏感性和洞察力，密切关注学生的学习类型，并针对不同的类型加以引导。对学生课堂学习经验类型化的寻求自然会引发教师因应学情开展教学时的类型化处理，若能对教师从"寻求"到"处理"这一连续的过程加以更多的观察，并从中提炼出相应的类别，帮助学生识别并掌握核心的学习内容，那么基于"学情"的课堂教学形态就会更加稳定而清晰地呈现。

如下文我在指导研究生针对《登岳阳楼》教学时，依据班级学生的已有知识储备及学情分析，采用了鼓励式教学，首先提问学生在《登岳阳楼》中发现什么景物以及体会到了何种感情，面对学生不敢回答问题的状况，教师走下讲台，给几位学生指点迷津，并鼓励他们回答问题。果然在师生互动下，这几位学生积极地站了起来回答问题，最后教师让全班同学为这几位同学鼓掌，极大活跃了课堂气氛，抓住了学生的课堂注意力。

2．学习状态分析

学习状态分析主要是指在课堂教学过程中通过课堂提问、师生问答、小组讨论、独立学习等师生互动探寻"学"的基本状态。如钱梦龙在教鲁迅《故乡》这篇课文时采取了课前让学生写下自己对这篇课文初读之后的"疑难或困惑"。他把这些问题梳理成五类："回乡途中的'我'、关于闰土、关于杨二嫂、关于水生和宏儿、离乡途中的'我'"，并将学生的这些问题纳入课堂教学内容中，逐一与学生进行讨论。后来他在浙江金华四中教《故乡》时，也采用了同样的做法，课堂教学依据学生提出的七类问题依次展开。钱老师的这种做法充分体现了"学情分析与教学合一"的思想。

在对钱老师前后两次教同一篇课文的具体学情加以比较后发现，不同地方的不同学生提出的不同疑问或困惑可以归为大致相同的类型。这表明，班级授课中的"因材施教""以学定教"并不意味着一定要进行传统意义上所谓彻底的"个别教学"，当学生在面对相同内容的学习时，"个体差异"是可以类型化的。通过对学生的课堂学习经验加以"类型化"，可以为把握学生学情提供一个基本的框架。

3. 学习结果分析

学习结果主要是指学生在语文课堂里对教学内容的学习结果，即学生的课堂作业和课外作业，可通过口头、书面等形式呈现。对学习结果的评估，是课堂教学的重要环节，对教师了解学生的学习状况、及时改进教学、促进学生的学习等方面具有重要的作用。

作业批改有以下作用：

（1）从字迹和正确率上可看出学生的学习态度，判断学生是否认真听讲。

（2）发现学生的问题，同时反思自己的教学。

（3）教师间通过交流讨论批改作业出现的问题，可进行教学经验的探讨。

教师在进行学习结果分析之前，首先要保证布置的作业应该是合理的、科学的，故备作业也是教学环节的重要组成部分。

（五）备作业——承接课堂内容

教师在课前备课，进行教学设计时，就要备好给学生布置的作业。作业既要贴合课堂教学重点，又要有效巩固学生的学习成果，切实提升学生的素养。然而目前一些语文作业设计上仍有缺陷，如让学生机械抄写，知识巩固多，应用实践少；书面作业多，口头作业少。语文教师投入作业设计上的精力和智慧往往微乎其微，设计出来的语文作业，大都机械重复，毫无趣味，不但不能激发学生学习的兴趣和培养学生的思维能力，反而加重学生的学业负担，令学生望“业”生畏，产生厌烦心理。

语文作业具有将学习经验和生活连接起来的特殊价值，且蕴含了对民族传统和人文精神的探究，对学生的全面发展具有重要意义。语文学科核心素养的提高要依靠作业的科学延伸来实现，所以教师设计作业要结合课标与学生实际情况，注重学生主体性的发挥，尽力使每位同学的学习能力和知识水平都有所提高，结合文体类型可布置创新型作业、反思性作业、生活实践型作业等。

如陈龙斌教师在《故都的秋》第一课时教学设计中设计的作业：

（1）朗读全文若干遍。

（2）思考问题：几个景物和意象如何体现“清、静”的北国特点？

（3）几个景物和意象如何传递出“悲凉”的情绪？

（4）作者的心境、情感中是否有“悲凉”？如果有，应怎样理解？

（5）中国乃至世界有那么多写秋的诗文，有“悲秋”，有“秋士”，这说明什么？

这个设计逐层深入,明确布置作业的目的,就是要通过作业来对课堂中的学习内容进行巩固,并且为下一课时做好铺垫。且通过语文作业延伸课堂中的学习内容,鼓励学生探究,在熟悉文本、探究意象的基础上实现知识和经验迁移,结合语文知识,让学生关注中华民族文化史上的"悲秋"。

总之,教师要不断更新自己的备课内容,紧紧围绕以上这几方面展开,立足整体,一课多备,切实提高课堂的科学性并有效执行,使学生爱上语文,爱上生活。

四、寻找教学突破口——不同文体教学点之探寻

语文阅读教学的过程就是通过文本解读来开展丰富的语文活动让学生得到自主发展的过程。"阅读教学需要语文教师有目的、有意识地引导学生解读文本,体味、体验内中情味或情感,感悟文本语言背后的特殊意味、意蕴,最终获得对于文本的理解,形成一定的语文素养。语文教师对文本的高质量解读是确保语文教学有效性的关键"①。语文学科具有特殊性,它兼具了工具性与人文性。尽管按照文体编写教材的方式已经逐渐淡出语文教学的舞台,"人文论"者倡导文学的多元解读,导致许多教师在教学过程中先对文本进行简单的分析和讲解后就马上进入主题的探讨、意义的分析、内容的拓展阶段。但不可否认的是,文体对教学的制约一直都在,文体特点是选择教学内容的根据之一,也是选择教学策略的原则之一。

王荣生教授在《散文教学内容确定的基本路径》中提出:"目前语文教学的主要问题是教学内容方面的问题。语文教学的内容随意性过大,'教什么'与'不教什么'完全依据教师个人的喜好。很多教师在确定教学内容时,基本上没有经过严格的研究与分析,而是凭借自己以往的经验或照搬他人的套路——'我就是要教这些'。"②很多老师只着眼于教学方法的求新求奇,习惯按照自己的解读来进行教学,这就很容易忽视教学内容的正确性。这其中文体特点便是选择教学内容的关键。

有无文体意识会直接影响教师和学生对文本的理解。甚至可以说,语文教学中的一些谬误,很多源于文体意识的模糊。比如,我们熟知的童话教学,很多教师就按一般记叙文的方式来教,以至于孩子无所适从。再比如,寓言有其独特的文体特征和话语方式,就不能按照其他文体的一般模式来教。还有说理文虽然枯燥,但如果熟识文体,理解文章构成的肌理,那么说理文也可以上出不一样的"味道"。

---

① 冯为民:《文本解读与教学设计》,《中国教育学刊》,2008年第2期,第62页。

② 王荣生:《散文教学内容确定的基本路径》,《中学语文教学》,2011年第1期,第9页。

自觉的文体意识不是单纯地具备某种文体知识，它是一种综合性语文素养。文体意识的培养不仅要清楚文体知识，更重要的是在语文实践中与体验、感悟、理解等语文素养相互链接、交叉、渗透，这样形成的文体意识才能更好地帮助学生阅读、写作和口语交际。在高中阶段的语文阅读教学中，教师要带领学生在学习探究的过程中了解不同体裁文章的文体特征，在文体理论的指导下进行文学鉴赏与审美能力的提升。而不同文体的文本阅读侧重点也有不同，要想深入文本解读，与文本内容达成有效对话，就必须把文体知识的教学放在重要位置。

（一）诗歌类文体的阅读教学

诗歌是一种十分浪漫的文学体裁。学生通过学习诗歌，不仅可以感受到汉语言的博大精深和文学独特的美感，还可以陶冶性情，提升审美境界。高中语文教材收录的诗歌类型丰富多样，但教学效果有时却差强人意，有的学生学习诗歌总觉得懵懵懂懂，一头雾水。这是因为部分教师在进行教学时缺乏对诗歌文体知识和文体特征的关注，仅仅只是针对单篇课文的内容进行讲解，学生较难做到举一反三，融会贯通。因此，针对诗歌的文体知识进行教学十分必要。

高中语文教材收录的诗歌包括古典诗歌和现代诗歌，古典诗歌讲究平仄，对仗工整，现代诗歌则打破格律的束缚，形式上自由、灵活，注重修辞手法的运用和意象的塑造。因此，教师在进行诗歌的文体教学时应注意引导学生区分古典诗歌与现代诗歌之间的个性特征，在共性中寻找个性，寻找教学侧重点。

《义务教育语文课程标准（2022 年版）》明确提出，在第四学段（7-9 年级）“诵读古代诗词，阅读浅易文言文，能借助注释与工具书理解基本内容。注重积累、感悟与运用，提高自己的欣赏品位，背诵优秀诗文 80 篇（段）”①。学生通过初中阶段的学习，对古典诗歌已经能够理解诗歌大意，初步体会情感。高中阶段对古典诗歌的学习提出了更高的要求，要求学生在理解诗歌内容的基础上提升审美鉴赏能力，与义务教育阶段相比，高中选入教材的古典诗歌增加了骚体，由此可见，高中阶段古典诗歌的教学目标是要让学生细致、深入地了解教材涉及的古典诗歌各种体制的文本特征。在此基础上，感受古典诗歌的押韵平仄、和谐的韵律感，从整体上把握内容，并且在对诗词进行解读的时候能有自己的个性化见解。

---

① 中华人民共和国教育部：《义务教育语文课程标准（2022 年版）》，北京师范大学出版社，2022 年，第 16 页。

1. 构筑情境，贴近诗人

捷克教育家夸美纽斯在《大教学论》中写道："一切知识都是从感官的感知开始的。"①这种论述反映了教学过程中学生认识规律的一个重要方面：直观可以使抽象的知识具体化，形象化，有助于学生感性知识的形成。诗词教学的难点之一在于作品所描绘的那个年代离学生太久远，这就导致经典作品与当代学生之间产生隔膜，学生在学习过程中很难产生共鸣。基于此现状，情境教学法应运而生。据李吉林所言，情境教学法是指在教学过程中，教师有目的地引入或创设具有一定情绪色彩的、以形象为主体的生动具体的场景，以引起学生一定的态度体验，从而帮助学生理解教材，并使学生的心理机能得到发展的教学方法。而构筑情境的途径有很多种，比如图画、音乐、表演和语言。对于高中生而言，语言情境是最常用的方法，此外可以借助图画和音乐进行辅助。② 例如，在讲授《登岳阳楼》时，教师讲解过后，可以让学生借助联想和想象，用自己的语言将诗人所描绘的意象和画面描述出来，继而提问学生如果自己处在诗人的境地之中，会有什么感受。教师常常要求学生联想诗歌的意境，但是却不告诉学生怎样联想，导致在引导学生审美感受时，无法落到实处。当学生能够从相似联想、相关联想、相反联想和哲理联想等多种途径鉴赏诗歌时，无疑他们审美的鉴赏与创作能力也得到提升了。③ 就可以一步步带领学生置身诗境，实现与诗人的心灵对话。

2. 抓诗眼，悟诗情

古诗词往往包含深厚的情感，其中最主要的一个元素就是"诗眼"，"诗眼"在古诗词中，一般是通过拟人、双关、比喻等来表达。所以在高中阶段的古诗词学习中，教师在教学过程中需要指导学生掌握整首诗的"诗眼"。让学生可以更准确地掌握古诗词的情感元素，从而掌握整首古诗词所要表达的感悟。例如，在学习《登岳阳楼》时，学生在学习颔联时遇到了困难，难以想象出诗人所描绘的那种画面，就可以通过抓"坼"和"浮"二字帮助学生理解。先引导学生找出这联的诗眼，接着结合注释来释义，弄懂了两字的意思之后，最后进入此联的分析中。从诗眼入手，抓住诗眼来教学，可以让学生找准诗词的感情基调，与诗人产生情感共鸣，带领学生理解诗句就有了可循之道。

---

① ［捷克］夸美纽斯：《大教学论》，人民教育出版社，1984年版，第112页。

② 李吉林：《为儿童快乐学习的情境教学》，《课程·教材·教法》，2013年第2期，第3-8页。

③ 方麟：《核心素养视野下的古诗词教学》，《语文建设》，2020年第24期，第23-25页。

3. 知识延伸与迁移

古诗词赏析是语文高考中必然考核的内容，因此，老师在开展古诗词赏析教学的时候，应该综合高考的命题适量展开知识的延伸与迁移。在本节课的学习中，教师也有培养学生知识迁移的意识，但是并未真正落实到位。教师对于课外延伸的《金陵望汉江》的引导，完全与《登岳阳楼》的讲解分离开来。这就导致学生当堂学习的内容没有进一步有效地转化为阅读能力，此后遇到课外陌生的诗歌，仍然是无从下手。因此，教师在授课最后应该对所学内容进行总结，接着下一步就应用到课外的延伸上面，真正做到活学活用。那么在课外延伸环节，应让学生先结合注释自主阅读，并且思考李白的这首诗与杜甫的诗有何异同以及自己是用什么方法鉴赏这首诗歌的，最后根据学生的回答情况教师进一步进行明确。

（二）小说类文体的阅读教学

小说依托丰富的情节变化、生动的环境描写和塑造鲜明的人物形象来反映现实生活，借此展现作者的精神世界，是社会生活和文学艺术的重要组成部分之一，小说的阅读教学在语文教学中也同样占据至关重要的地位。

以统编版高中课文《哦，香雪》为例，一线教师首先要明确，这是一篇短篇小说，小说的三要素是人物、情节、环境。在分析小说人物形象时，我们应该从正面描写、侧面描写这样的描写方法来展开。正面描写包括语言描写、动作描写、肖像描写、心理描写、细节描写；侧面描写主要通过以人衬人、以物衬人等方法。但是在实际的教学中，有的教师通过分析“铅笔盒”“丝巾”等意象来总结人物性格，这其实是教师按照自己的喜好来进行设计的，这种做法偏离了小说这类文体教学的原则，忽视了小说中大量的语言描写和细腻的心理描写。教师应该遵循小说教学的原则，因此在分析香雪的人物形象特点时，可以从以下几个方面入手：

① 外貌描写：“咱们香雪，天生一副好皮子”。（美丽动人）在旅客的眼里，香雪的眼睛是“洁如水晶的”。（单纯）

② 语言描写：香雪没说话，慌得脸都红了。（少言寡语、文静、腼腆）

③ 动作描写：看火车，她跑在最前边；火车来了，她却缩到最后去了。（胆小）香雪打听北京的大学、配乐诗朗诵。（积极进取）当香雪断定篮子属于靠窗那位女学生时，就果断跑过去敲起了玻璃。（勇敢）当女学生要把铅笔盒送给香雪时，香雪还是猛然把篮子塞到女学生的座位下面，迅速离开了。（自尊自爱、纯朴诚实）

④ 心理描写：怕——不怕——犹豫——坚定（坚毅、执着）

从而总结出：香雪的人物形象特点（美丽、单纯；文静、腼腆；积极进取、纯朴、自尊；坚毅、执着）

在正确分析了小说这种文体人物形象的方法之后，我们还应该重视小说中情节和环境对人物塑造的作用。许多教师在进行小说阅读教学的过程中，通常会将这三方面分别进行讲解。而以文体为导向的阅读教学倡导将小说三要素看作一个整体，人物是核心、情节做骨架、环境为依托，三者之间相互关联、相辅相成，不可分割，所以人物形象的特点还应该在故事情节和环境描写中品析。以部编版教材必修下册第六单元的《林教头风雪山神庙》为例，全文以“沧州遇旧友”拉开了故事的序幕，接着叙述了“密谋害林冲、接管草料场、山神庙复仇”的情节。在这一系列的情节发展过程中，还采用了直接和间接的方式描写风雪，渲染了故事的气氛、烘托了林冲的孤独、悲壮、勇敢，为后文故事情节的发展做了铺垫。随着情节的不断发展和环境的渲染，感受到林冲的性格发生了变化：忍——怒——安——反。通过结合故事情节和环境描写来分析，可以得知故事刻画了林冲正直善良、委曲求全、随遇而安、疾恶如仇的形象。

（三）散文类文本的阅读教学

上述我们分析了小说这类文体的人物形象教学，接下来我们再来探讨散文这类文体教学内容的确定。散文教学内容首先要明确散文的概念和文体特征。在中学语文教学中大多为“文学性散文”，题材广泛，笔法飘逸。散文主要分为叙事、抒情、写景等，因此散文教学内容的选择应该根据不同的文体确定。王荣生教授在《散文教学内容确定的基本路径》一文中提出，散文教学主要存在着以下几类问题：一是散文教学不符合散文体式，把散文教成小说，教成说明文、议论文。二是散文教学不考虑当下阅读文本的具体特性。把“这一篇”散文教得像“这一类”散文，或将所有的散文教成同一类散文。三是不注重散文中蕴含的情感而去关注散文中所涉及的事物。

高中阶段的散文教学比较典型的便是写景散文，如朱自清的《荷塘月色》、郁达夫的《故都的秋》等。许多老师在教授《故都的秋》这篇课文时，虽然教法各异，但是教学重点都集中在秋天的五幅“秋景图”，讲授或者讨论作者的观察如何仔细、描写如何具体，还有的教师甚至请人根据课文精心绘出这五幅“秋景图”的水彩画，试图让学生形成对秋天的一种体认。课的最后，让同学们总结《故都的秋》的主要特点是如何“清”“静”“悲凉”等。然后布置作业让学生去观察描写家乡或校园的秋。让学生去感受作者笔下美好的秋景固然不错，但是王荣生教授提出这样的疑问：学习郁达夫的散文，仅仅是体会秋天的特点适合吗？①

---

① 王荣生：《散文教学内容确定的基本路径》，《中学语文教学》，2011 年第 1 期，第 9-11 页。

再来看另外一个课例，张广录老师在教授完《故都的秋》后，收到来自学生的疑问，学生提出朱自清和郁达夫像是孪生兄弟，他们的依据是《荷塘月色》有文眼“这几天心理颇不宁静”照应全篇，《故都的秋》也有文眼“来得清，来得静，来得悲凉”笼罩全文，两篇文章在结构上都是首尾照应；而写景都是充分调动视觉、听觉、触觉、嗅觉等多种感觉器官来表达；两篇文章都有精彩的比喻值得欣赏；最大的欣赏点都是情景交融，借景抒情；等等。① 学生认为老师教的写景散文都是一个套路，篇目与篇目之间没有特色，那么试问这样的教学还有意义吗？

这些教学现状暴露出我们教师的专业知识不足，对散文这种体式和散文教学的理解把握不足。可见我们在确定教学内容和教学点时，应该研究文本特性。《故都的秋》是一篇写景抒情散文，散文抒发了作者的情感，那么学习散文的重点应该放在对象所抒发的作者的情感上。郁达夫说过：“现代散文之最大特征，是每一个作家的每一篇散文里所表现的个性，比以前的任何散文都来得强……现代的散文，更带有自叙传的色彩。”②综上，王荣生教授提出教师可以从以下几个方面来确定散文教学内容。

第一：作者个性化的言语表达、语句章法。散文的语言自由随意，风格多样，非常值得学生揣摩和学习。陈隆升老师在讲授《故都的秋》时把文中“雅语”和“俗语”并用这一个性化的表达作为教学内容。③

第二：作者的所见所闻及其个人化的言说对象。散文是抒发作者的情感的，而不是解说文本中所涉及的对象的，《故都的秋》需要感受的是郁达夫眼中的秋，这样的秋天是乐还是痛皆由作者感悟。

第三：作者的所思所想，独特的情感认知。散文重思想（情思、理趣），但是散文中的思想感受，是充满情感浸染的思想，而不是纯粹的理性的思考与论证。

总之，散文作为表达作者自身主观情感的文体，其教学内容可以根据作者自身要表达的情感以及作者如何表达情感两个方面，通过作者个性化的语言，蕴含深意的意象和作者独特的情感确定教学内容。

（四）戏剧类文体的阅读教学

语文教学里的戏剧，通常指戏剧表演的剧本。在初中阶段，学生刚刚开始接触戏剧文本，教师通常会采用分角色朗读或表演的形式让学生对文本

---

① 张广录：《根据学生需求确定教学内容——〈故都的秋〉教学心得》，《中学语文教学》，2011 年第 1 期，第 5-6 页。

② 郁达夫：《中国新文学大系·散文二集导言》，上海文艺出版社，2003 年，第 5 页。

③ 陈隆升：《散文教学内容确定的学理依据》，《中学语文教学》，2011 年第 1 期，第 6-9 页。

情节、主题进行深入体会，培养其对戏剧文学的兴趣；教师也会适时地向学生传授一些简单的戏剧文体知识。在教师的引导之下，学生能根据文本中的一些情节内容、人物对话去分析和判断人物的个性特点，并能对戏剧主题有一些自己的理解和体会。高中阶段，教师除了引导学生梳理情节、分析人物形象以外，还需要让学生学会分析剧本的潜台词，由表及里，加深对人物形象和戏剧主题的理解。在戏剧文学的学习中，学生可以试着对作品进行续写、改写或撰写剧评，强化文学思维能力，明确价值观念。

许多教师由于受到高考的影响，只注重戏剧文本的应试解读，忽视戏剧的文体特征，教法陈旧落后，导致学生对此种文体的学习提不起兴趣、鉴赏文本不到位，使戏剧文学失去了原有的教学价值。要想改善戏剧教学的现状，就要从文体教学的角度出发，制定适宜的文体教学策略来实施教学。

1. 把握戏剧核心——冲突

矛盾冲突是戏剧文学最基本的审美特征，把握矛盾冲突便是抓住了整个剧本的灵魂。戏剧由于受到剧本篇幅和演出时间的限制，戏剧所反映的矛盾需要凝缩，以便适宜进行舞台表演。因此，戏剧所表现的矛盾冲突则显得更为集中。戏剧所表现的社会斗争、生活矛盾或思想差异等冲突有助于塑造鲜明、立体的人物形象，也有助于推动情节的发展。

例如，部编版教材必修下册第二单元的《哈姆莱特》(节选)，教师可在课前给学生布置预习任务，了解《哈姆莱特》全剧的故事情节，也要了解作品创作时的社会大环境，即英国由封建制度向资本主义制度过渡时期。在授课过程中，教师要引导学生把握文中的三种矛盾冲突。莎士比亚正是通过戏剧中的三种矛盾冲突向读者无情鞭挞了当年英国封建社会的黑暗，并深入透彻地反映了先进的人文主义理想与封建社会现实之间的殊死较量。

2. 深入剖析戏剧中的人物形象

人物形象的解读是戏剧教学中不可或缺的重要内容。把握矛盾冲突、揣摩戏剧语言可以说都是为引导学生更加全面、客观地剖析人物形象做铺垫。戏剧中鲜明的人物形象是在情节的矛盾冲突之中建立、丰富起来的，深入剖析人物形象对把握作品主旨具有重要作用。在引导学生进行人物形象的解读时，一定要将人物置于激烈、尖锐的矛盾冲突中，不可将两者分离开来。让学生在人与人、人与环境等不同的矛盾冲突中感受人物的心理变化，使展现在学生眼前的人物更加丰满、立体，也能培养学生学会以多元视角鉴赏、品析人物形象，感受戏剧文学的无穷魅力。

例如，在部编版教材必修课《窦娥冤》的教学中，教师可重点抓住社会冲突、道德冲突、意志冲突这三类矛盾，让学生明白在这三种矛盾的激烈碰撞之下推动了故事情节走向了高潮，同时引导学生深入剖析窦娥的勤劳朴素、正直刚强；蔡婆婆的老实懦弱、自私贪婪；梼杌的黑暗腐败、草菅人命；张驴儿父子的蛮横霸道、泼皮无赖等经典人物形象，再带领学生把握作品的思想主旨，即揭露了元代社会的混乱不堪、人民生存空间的恶化，有力地鞭笞了官吏的腐败昏庸和黑暗的封建制度。

3. 仔细揣摩戏剧中的人物语言

戏剧的语言即剧本里的台词，包括对话、独白、旁白，是戏剧的主要特色之一。戏剧的人物语言充满个性，能表明人物的身份、地位、性格和思想感情，对情节的发展也起着推波助澜的作用，通常比较通俗自然、口语化明显、富有浓郁的生活气息，是生动展现人物形象的一种有效途径。例如，部编版教材必修课《雷雨》中，周朴园说的话，“你来干什么？”“谁指使你来的？”“很好，这是一张五千块钱的支票，你可以先拿去用。算是弥补我的一点罪过”；等等，这些语言都塑造出了周朴园自私、冷酷、专横的形象。

除了品析剧本中个性化的人物台词来分析人物形象，还要善于挖掘人物对话中隐藏的潜台词，许多教师在进行戏剧教学时常常忽略这一点，而潜台词往往可以帮助学生准确地解读文本。潜台词以一种委婉含蓄的方式将不便明说的一些想法表达了出来，从而使台词表达更为丰富、人物形象更为立体。例如，在《雷雨》中，周朴园强迫周蘩漪喝药，周蘩漪说：“我不愿意喝这种苦东西。”就暗含了周蘩漪在周公馆的生活并不如意，想要摆脱周朴园的压迫和对他的绝对服从。学生通过品味戏剧的潜台词，对故事情节的理解可以更深一层，同时感受戏剧独特的语言特点。因此，在进行戏剧的文体教学时，人物语言对解读文本的重要作用不容忽视。

(五) 新手教师如何快速有效地步入教学正轨——由个别到一般：永远处于教学进行时的教师成长之路

蔡元培在《新教育与旧教育之歧点》中提出：“知教育者，与其守成法，毋宁尚自然；与其求划一，毋宁展个性。”这句话本意是尊重儿童特性，发展学生个性。但放到教师身上也同样适用。即要想成为一名优秀教师不应囿于条条框框，而要找寻自我独特之处。那么如何成为一名优秀的教师？自我反思便是最好的路径。一名善于反思总结的教师，能够将一节课中的教学经验类推到以后的职业生涯中，不断自我批判，逐渐进步。在教学案例《登岳阳楼》中可以看到，新手教师在备课、上课、反思等环节不断自我反省、进步，逐渐成长为一名合格的教育者。此类教学经验对广大一线教师具有极好的借鉴意义，即新时代的教师想要上好一堂课，至少应做到以下几点。

1. 找准切入点，紧扣核心素养

切入点是语文阅读教学中的重要一环，对于实现阅读教学目标具有重要作用。可以说，没有正确且合理的切入点，教师的上课之路也会步履维艰。因此教师必须选择合适的切入点，激发学生学习兴趣，提高学生阅读能力。

如何寻找教学的切入点?[①] 首先，教师在备课之初需要从文本中选取“舒展点”。所谓“舒展点”，就是文本中容易引起学生注意的字、词或者句子，它能够为学生提供一丝“缝隙”，帮助学生“溜进”文本，发现文本中的“柳暗花明”，进而激活语文课堂。因此，教师应激发学生内心深处的渴望，激励学生成为知识的开拓者、发掘者、探究者，结合学生的兴趣，思索学生会因为什么而触动心弦，这样才能调动学生语文学习的积极性。《史记·孙子吴起列传》言：“善战者，因其势而利导之。”[②]意思是说，善于指挥作战的人能够根据战争的态势加以引导而取得胜利。因此，教师作为课堂上的“领导者”，也要因势利导，针对不同的文本选择不同的教学切入点。有的文章可以让学生从写作方法切入，完成对文本核心价值的把握。如教授茅盾作品《白杨礼赞》，抓象征手法的运用就是教学的有效路径。

坚持立德树人是学校立身之本，同时也是教育的初心。教育的中心是人，语文教育一定要以育人为核心，在应试化考试的狭隘模式下，不能一味追求学生分数，而忘记教育的初心。因此，教师备课时，还必须认真研读新课程标准，读懂其思想和精神，读透学科核心素养的内涵和外延，明白“为什么教”和“如何教”，做出落实核心素养的学科教学方案。

2. 采用多种方式，活跃课堂气氛

何谓“课堂气氛”？关于这一概念，不同学者各有见地。[③]陶宇平教授认为，课堂气氛是指“在课堂中教师与学生之间围绕教学工作而形成的精神环境”；顾明远先生指出，课堂气氛是“课堂教学中师生所呈现的一种心理状态”。莫雷教授指出，“课堂气氛由课堂中师生之间、学生之间的情感交流与认知活动构成”。由此可见，“课堂气氛”是师生关系、生生关系综合作用的产物。师生、生生之间互动与交流的效果，都可以对“课堂气氛”产生重要影响。

英国心理学家约翰·密尔认为：在压抑的思想环境下，禁锢的课堂氛围中是不可能产生创造性火花的。因此，教师应采取多种方式活跃课堂气氛。首先是教师因素。在“课堂气氛”的影响因素中，教师因素无疑最不可或缺。教师用语言和非语言方式对学生进行表扬和鼓励，接受、认同学生的观点，

---

① 刘辉平：《找准合适的切入点，把握文本的核心价值》，《语文建设》，2021年第11期，第64-66页。

② 〔汉〕司马迁：《史记》，中华书局，1959年，第2164页。

③ 关成刚，王晓薇：《“课堂气氛”的研究述评》，《上海教育科研》，2020年第7期，第5-10页。

有助于塑造积极的课堂气氛。因此，教师应格外注意自己在课堂教学中的一举一动，如语言运用、肢体动作或者表情变化，对学生进行及时反馈与适时鼓励。此外，教师的个人品质对于营造“课堂气氛”有重要作用。孙多昆认为，“教师的个人品质对于所创立的课堂教学气氛有很大的关系”，因此，应“发挥教师的人格力量来制造气氛”；同时教师还要“注意情感教育……与学生建立交融的感情，对好生不偏爱，对差生不歧视”。因此，当教师以高尚的品格、乐观的情绪、无私的爱心去与学生相处时，良好的“课堂气氛”也就水到渠成了。①

除了教师之外，学生也是“课堂气氛”的重要影响因素之一。学生的认知方式和水平会对“课堂气氛”产生重要影响。当其认知方式、水平与教师的讲授相适应时，会接受迅速，反应积极；反之，则反应迟钝，在课堂上表现得较沉闷。因此，想要在课堂教学中营造出良好的“课堂气氛”，教师就必须努力了解学情。因为再好的课堂教学设计，一旦偏离了学情，尤其是学生的认知方式和水平，也无法产生出预设的教学效果。只有教师基于学生的认知方式和水平开展教学，“课堂气氛”才能向着良好的方向发展。另外，学生的心理状态也会对“课堂气氛”产生重要影响。教师在日常教学中，需要不断去端正学生的学习态度与动机。因为具有较积极学习动机的学生在课堂上一般发言积极，反应迅速，无论在何种课堂教学心理气氛下都能认真学习。

3. 把握课堂节奏，提高课堂效率

孔子在《论语·述而》中说：“不愤不启，不悱不发。举一隅不以三隅反，则不复也。”②那么在课堂教学中，教师也要善于把握教学节奏，使“教”与“学”达到同频共振，以提高课堂效率。

首先，教学内容的安排要疏密相间、错落有致。一般来说，课文的精华部分要精雕细琢，适当放缓教学节奏，给学生更多的思考时间；浅易的内容要疏而不虚，或简略介绍，或直接割舍。这就要求教师灵活应对，时而纵向分析，时而横向串联，使课堂节奏合理且适度。其次，教学方式的变换要灵活多样，动静交替。自主学习强调的是学生主动、独立学习的能力，探究学习强调的是探究未知世界的能力，合作学习强调的是协作与分享的精神。它们是学生最重要的学习方式，教师要充分利用它们，积极引导、巧妙安排、灵活使用，营造愉悦和谐的学习氛围。最后，教学过程的落实要松紧结合，跌宕起伏。“松”给人舒缓、轻松的感觉，“紧”则使人感到急促和紧张。另

① 孙多昆：《谈优化课堂教学气氛》，《人民教育》，1992年第1期。

② ［宋］朱熹：《四书章句集注》，中华书局，2012年，第95页。

外，下课铃声响起之前，教师应保证已完成本节课教学目标，切忌拖堂延误。一名优秀的语文教师总能留出 3~5 分钟时间让学生进行自我反思。

4. 精雕细琢讲课稿，优化讲课过程

讲课是一个需要精雕细琢的过程，因此，教师在进行教学设计时，应反复打磨讲课稿，及时发现预设中存在的问题，并进行修正。经过深入研究总结，主要可从以下几个方面进行改进：一、优化教学目标。教师应结合各学科教材的特点，结合学生的实际，确立每一个学期、单元的目标、每一堂课的教学目标，充分注重各级目标的系统性、连贯性。结合学科和学生的不同特点设置富有灵活性、实际性，可操作性强的目标，做到教学目标真正为学生服务，体现学生主体的地位。二、优化导入。以新旧知识的联系、学生兴趣、激发疑难的设置，切入教学的重难点，引发学生的好奇心，形成导入艺术。从教学内容出发，紧扣教学目标，使导入成为教学的有机组成部分；注重导入的实效性，从学科教材和学生的特点入手，从主体地位出发，照顾学生的个别差异，注重导入的实际效果。三、优化课堂提问。教师要精心设计各种类型问题，以趣味性、灵活性、促思性的问题，培养学生思维，创新品质。问题要具有全体性，即提问面向全体学生，吸引所有学生都积极参加思维活动，促使每个学生都能回答问题；问题还要具有目的性，即提问应紧紧围课堂教学，符合教学内容，为突破难点，掌握重点，完成目标服务。四、优化练习。教师应精心设计练习的内容、形式、方法，以及练习在课堂中的穿插安排。练习应具有目的性，即练习要从教学目标出发，为巩固所学的教学内容服务；练习还应具有整体性，即练习要从整个教材体系、整个单元、整堂课的高度去设计；练习要具有多样性，即练习要多样化，有多种形式，有多个角度，有多种结构；练习还需具有典型性，即练习做到题量适当，培养学生举一反三、触类旁通的能力。

5. “洗尽铅华”——回归语文本色

品味语言文字是语文教学的第一要义，语文学科的工具性和人文性的特点，决定了语文教学要进行阅读实践活动，反复朗读，把课文读懂，读得有感情。之后，要体会文章言语运用的精妙之处，挖掘语言形象，品味言语所潜藏的内涵，体会语言文字背后的真正滋味。同时，还要基于字词去体会语言的温度和情感态度，提升感悟，实现文境、意境、心境的有机融合，形成和谐统一的整体。事实上，学生学习任何一篇文章，都需要围绕文本的语言进行分析与理解。要想真正读懂一篇文章，就必须围绕文本的语言进行品读。

教学中，要关注语文课堂的“文学性”，回归“语文”本身，也即引导学生感受课文的语言艺术。在教学中，要抓住不同的文体独特的文学特点。童话、寓言类的作品，教师要引导学生或荒诞或拟人化的手法，感受作者想要传达的道理;散文类作品,除了品味优美的语言,感受作者的真性情,更要体会其“形散神不散”的韵味;学习诗词,要通过朗诵感受其音律、凝练的语言、丰富而悠长的意境;小说文本,要引导学生细细品味人物复杂的语言与细腻的心理描写,把握人物形象;至于应用类文本,体会其语言的严谨与简练。

教学设计不仅仅是简单的备课,而是一门科学,有严格的操作流程,是研究教材、研究学情、创设情境的一个综合性活动,教学设计是教师与学生在课堂授课与教学反思中所完成的,目前理解的教学设计是不全面的,仅关注到教学前的准备工作,忽视了教师智能的体现;教学设计还是一门艺术,在教学设计过程中要体现教师的个人风格,如何展现个人风格呢?就是要在课堂中表现出语文味道,只有真正理解教学设计,才能在课堂中寻找到教学设计的真谛。

文献选读:

[1]〔美〕罗伯特·加涅等:《教学设计原理》(第五版修订本),华东师范大学出版社,2018年。

[2]〔苏〕霍姆林斯基著,赵聪译:《给教师的建议》,湖南人民出版社,2021年。

[3]〔美〕P. L. 史密斯、T. J 雷根著,庞维国等译:《教学设计》,华东师范大学出版社,2008年。

[4]乌美娜:《教学设计》,高等教育出版社,1994年。

[5]钟启泉:《课程与教学概论》,华东师范大学出版社,2004年。

[6]〔美〕格兰特·威金斯、杰伊·麦克泰洛:《追求理解的教学设计》(第二版),华东师范大学出版社,2017年。

[7]〔英〕约翰·密尔:《论自由》,商务印书馆,2005年。

[8]〔捷克〕夸美纽斯:《大教学论》,教育科学出版社,1999年。

[9]石中英:《教育哲学导论》,北京师范大学,2006年。

[10]李润洲:《指向学科核心素养的教学设计》,《课程·教材·教法》,2018年第7期。

[11]冯为民:《文本解读与教学设计》,《中国教育学刊》,2008年第2期。

[12]王荣生:《散文教学内容确定的基本路径》,《中学语文教学》,2011年第1期。

[13]李吉林:《为儿童快乐学习的情境教学》,《课程·教材·教法》,2013年第2期。

[14]陈隆升:《散文教学内容确定的学理依据》,《中学语文教学》,2011

年第 1 期。

[15]刘辉平:《找准合适的切入点,把握文本的核心价值》,《语文建设》,2021 年第 11 期。

[16]孙多昆:《谈优化课堂教学气氛》,《人民教育》,1992 年第 21 期。

[17]杨启亮:《教材的功能——一种超越知识观的解释》,《课程·教材·教法》,2002 年第 12 期。

[18]刘远平:《试论初中语文备课的"四维"变革》,《中学语文》,2019 年第 15 期。

[19]王春娇:《谈古诗词教学的形神融通》,《中学语文教学》,2019 年第 9 期。

第一章　中学语文教学设计概述

第一节　语文教学设计的概念界定

众所周知，语文研究是一项学科领域内的研究，其研究的主要问题是语文教学的有效性问题。语文教学的有效与否不只取决于能否让学生掌握语文知识和技能，更取决于是否发展了学生的思维、培养了学生的想象力和创造力。

因此，作为语文教学的"预设蓝图"，语文教学设计应该以保证其科学性为前提，以学习理论、教学理论和语文理论为立足点，在语文教学设计的内容上必须以教材为基准，立足语文课程特色，准确进行文本解读；在教学设计的实施上应以学生为主体，吸引学生参与课堂教学活动。另一方面，随着社会竞争日益加剧，当今社会越来越需要具备较高能力的人才，而不是只会"死记硬背"的人。所以，教师的教学设计必须把培养学生的语文核心素养、促进学生的全面发展作为终极目标。

那么，对于"语文教学设计"的概念我们应该怎么认识呢？为弄清这个问题，我们要对核心概念的定义进行溯源。

在我国古代文献中，"教学"最早出现在商朝的甲骨文上，以"教"和"学"的形式单独出现。《说文解字》中指出："教，上所施，下所效也。"①其中的"施"是操作，"效"是效仿。《尚书》中最早提出："惟斅，学半。"②意思是教人时才知道有困难，要学习，这样就等于学习的一半了。《礼记·学记》说："学然后知不足，教然后知困。知不足，然后能自反也；知困，然后能自强也。故曰：教学相长也。"③至此"教学"一词才联合使用。从词源来说，我国古代"教学"就是"教育"。长期以来，教学界对教学的概念说法不一，但学者们对于"教学"的理解存在一些共性：把教学看作是双向的、复合性的、活动性的。对教学得出了一些基本认识：教学的目的是促进学生的全面发展，教学是以特定的文化为对象，教师与学生之间相互作用或交往的过程，教学

---

① 段玉裁：《说文解字注》，上海古籍出版社，1981 年，第 127 页

② 李学勤：《尚书正义》，北京大学出版社，2000 年，第 301 页。

③ 李学勤：《礼记正义》，北京大学出版社，2000 年，第 1226 页。

是一种动态的过程。由此可以得出教学的定义:教学就是教师为了促进学生的全面发展,以一定的文化为对象的教师教和学生学的特殊交往活动。

设计(Design)源于拉丁文 Designave,其本义是徽章、记号,即事物或人物得以被认识的依据或媒介。在《牛津英语词典》中这样解释:设计(动词),有目的和意图;计划和执行。在中国,设计最初是分开使用的,"设"指预想、策划,"计"指特定的方法策略等,如"建设""预设""空城计""美人计"等词语都可看出"设计"一词的意义。从它的溯源中,我们可以知道设计一词的内涵演变,便于我们对研究对象"语文教学设计"的内涵做出更加严谨的界定。

对于教学设计,不同学者有不同的定义。加涅认为:"教学是以促进学习的方式影响学习者的一系列事件,而教学设计是一个系统化规划教学系统的过程。"①帕顿在《什么是教学设计》一文中指出:"教学设计是设计科学大家庭的一员,设计科学各成员的共同特征是用科学原理及应用来满足人的需要。因此,教学设计是对学业业绩问题(performance problems)的解决措施进行策划的过程。"赖格卢特在《教学设计是什么及为什么如是说》一文中指出:"教学设计是一门涉及理解与改进教学过程的学科。任何设计活动的宗旨都是提出达到预期目的最优途径(means),因此,教学设计主要是关于提出最优教学方法的一门学科,这些最优的教学方法能使学生的知识和技能发生预期的变化。"梅里尔在《教学设计新宣言》中认为:"教学是一门科学,而教学设计是建立在教学科学这一坚实基础上的技术,因而教学设计也可以被认为是科学型的技术。"②我国学者乌美娜认为:"教学设计是运用系统方法分析教学问题和确定教学目标,建立解决教学问题的策略方案、试行解决方案、评价试行结果和对方案进行修改的过程。"③我国著名课堂教学模型研究者、华东师范大学皮连生教授认为:"教学设计是运用现代学习与教学心理学、传播学、教学媒体论等相关的理论与技术,来分析教学中的问题和需要、设计解决方法、试行解决方法、评价试行结果并在评价基础上改进设计的一个系统过程。"④北京师范大学现代教育技术专家何克抗则认为:"教学设计是运用系统方法,将学习理论与教学理论的原理转换成对教学目标(或教学目的)、教学条件、教学方法、教学评价等教学环节进行具

---

① 孙莉萍:《教学论》,辽宁大学出版社,2012 年,第 120 页。

② 以上观点和引言均引自盛立群、李志强:《现代教学设计论》,浙江教育出版社,1998 年,第 2-4 页。

③ 乌美娜:《现代教育技术自学辅导》,辽宁大学出版社,2002 年,第 198 页。

④ 皮连生:《教学设计——心理学的理论与技术》,高等教育出版社,2000 年,第 2 页。

体计划的系统化过程。"①从中可以看出外国学者对教学设计的研究主要根植于过程论和方法论，而我国学者主要基于系统论和实践论。

语文教学设计属于教学设计中的学科教学设计。周庆元认为："语文教学设计就是语文教师根据正确的教育思想和语文教育原理，按照一定的教学目的和要求，针对具体的教学对象和教材，对于语文教学的整个程序及其具体环节、总体结构及其有关层面所做出的预期的行之有效的策划。"②苏立康认为："语文教学设计属于学科教学设计，它是从教学设计的一般原理出发，结合语文学科特点，按照语文课程的教学目标和要求，根据教学内容的实际和学生认知规律的实际，结合教师自身特点和优势，对教学过程的安排和教学方法的运用所做出的一种策划。"③郝丽琴认为："语文教学设计是语文教师运用教学设计的基本原理。遵循语文教学的一般规律，依据学习对象的特点和教师的教学观念、经验、风格，分析教学中的问题，确定教学目标，研究解决问题的步骤，合理组织各种教学要素，为优化教学效果而制订实施方案的系统的计划过程。这一系统的计划过程实际上就是对教学活动的一种事先筹划。为教学活动设定一个合理的构想。"④

总而言之，语文教学设计是依据语文正确的教育思想或教育规律，按照一定的目标和要求，预设语文教学的过程。

以往，语文教学设计研究对象往往是某篇独立的文章的教学点或者教学流程。20 世纪 80 年代语言教育学家勃雷泊从教学角度提出任务型语言教学，要求教师在教学设计中设置任务，引导学习者在学习过程中带着任务进行学习，以保持学生的学习专注度。近年来，随着《普通高中语文课程标准(2017 年版)》中"学习任务群"这一新学习理念的提出，"任务群教学"在语文教育界掀起研究热潮，我国有关语文教学设计的讨论有了新变化。王宁教授强调教师在进行语文教学设计时要坚持学生自主学习理念，重视语言文字的运用，把握好"任务"与"活动"的边界，从学生的所思所想出发，在学生能思能想范围内，达到学生的应思应想。⑤ 郑桂华认为语文教学设计是一个复杂的、系统的、反思性的过程。语文教师在进行教学设计时要以课程观统领教学设计，强化"任务"意识，善于将学习内容"任务化"；增强"整

① 何克抗：《也论教学设计与教学论——与李秉德先生商榷》，《电化教育研究》，2001 年第 4 期，第 8 页。

② 周庆元：《语文教学设计论》，广西教育出版社，1993 年，第 4 页。

③ 苏立康：《中学语文教学研究》，中央广播电视大学出版社，2003 年，第 71 页。

④ 郝丽琴：《中学语文教学设计与案例分析》，安徽大学出版社，2015 年，第 4 页。

⑤ 王宁：《语文学习任务群的"是"与"非"——北京师范大学王宁教授访谈》，《语文建设》，2019 年第 1 期，第 4-7 页。

体”意识，用任务群的整体目标统摄不同的学习内容和学习活动；提高“统筹”能力，恰当处理不同任务群之间的关系。① 蔡可认为，语文教学设计要重建学生整合式的语文学习生态，将不同类型的文本、不同的学习方式引入教学，设计一些有助于问题解决，有助于引发学生阅读行为、多样化阅读策略的教学过程。② 黄厚江认为，语文教师的教学设计要在立足于文本理解设计课堂教学的问题、活动、练习的基础上，致力于学习情境的创设和学习任务的设置。③

伴随着课程改革的稳步发展，教师教育观念的更新、学生学习方式的转变和学校教学管理制度的重建，语文教学从教学目标、教学内容、教学方法、教学过程、教学评价等方面开始了全方位的改革，语文课堂教学实施也发生着重要的变革。因而作为语文教学实施先期准备的语文教学设计也逐步向合理化、全面化、多元化的方向发生变化，但“依据语文课程标准”“紧扣语文教材”始终是语文研究者、教学者必须承认的两个基本构成要素。本文将所感觉到的、变化中的语文教学设计的共同特征抽出来，加以概括，得出语文教学设计的新概念：语文教学设计是教师和学生研读语文课程标准、开发利用语文课程资源、共同策划语文教学活动的过程。其主要任务是围绕学生分析、反思思考语文教学问题，探寻提升学生语文核心素养的教学方法，预设、实施、评价、调整语文教学。

这种概念界定突出了语文教师和学生在语文教学设计中的主体地位，改变了对语文课程标准、语文教材的过分依赖状况，同时也强调了语文教学设计中关于提升学生核心素养的思考，是对“何为语文教学设计”的一个相对全面的解释和回答。

思考：

1. 如何界定“语文教学设计”的概念？
2. 你认为“语文教学设计”应包含哪些因素？

---

① 郑桂华：《高中语文学习任务群的教学建议》，《中学语文教学》，2017年第3期，第9页。

② 蔡可：《基于“学习任务群”的语文教学设计》，《语文学习》，2018年第1期，第17-22页。

③ 黄厚江：《让学习任务群走进课堂》，《语文建设》，2020年第11期，第32-33页。

第二节　语文教学设计的理论基础

一、语文教学设计的学习理论基础

每一门独立的学科都有支撑它生长的理论基础，教学设计亦不例外。在各种理论之中，学习理论是决定教学设计质量的首要因素。学习理论回答了“什么是学习”的问题，在一定程度上描述、阐释和预测了学习的规律性，揭示出教学设计的具体任务和内容。我们可以对它做如下阐释：学习理论是教学设计中最为活跃的部分，它对学习规律和学习条件提出了系统的论述，为学习领域的知识、学习法则的知识、学习如何发生等方面提供了理论基础。

众所周知，学术界关于“人是如何学习的”问题研究已久，且长期以来，中国的学习研究又受到西方学习理论的影响，但是“即便是受西方学习理论的影响，也没有对中国教室里学习的学生进行有效的解释和建构，这源于西方学习理论缺乏对特定教室文化中学生学习的叙述”①。比如，对行为主义学习理论影响较大的桑代克认为，学习是通过试误而形成刺激与反应之间的联结；班杜拉的社会学习理论认为，学习是通过观察模仿示范者的行为而习得新的行为；认知派代表托尔曼认为，学习是对符号意义的认识而形成认知地图。“尽管他们的学习叙述中所包含的观点在教室文化中具有学习的普遍‘迁移’意义……但是这样的叙述演绎并不能揭示教室，尤其是中国常见教室文化里学习如何发生的事实”②。

一线的语文教师需要根据具体的学习内容、学习情境、学生特点等多方面因素进行综合考虑选择有效的教学模式，同时这种选择也需要吸纳不同教学模式的特点进行整合运用。我国也涌现出一批各具特色的课堂教学模式，如魏书生的“六步教学法”（定向——自学——讨论——答疑——自测——自结），钱梦龙的“三主四式导读法”（三主：学生为主体、教师为主导、训练为主线，四式：自读课、教读课、作业课、复读课），余映潮的“板块式思路”（在一节课或一篇课文的教学中，从不同的角度有序、层进地安排几次呈“块”状分布的教学内容或教学活动），上海育才中学的“八字教学法”（读读、议议、练练、讲讲）；等等。诸多有益的教学探索推动着中国语文教育不

① 朱旭东：《集体性个人学习：中国教室里发生的独特学习》，《课程·教材·教法》，2020年第2期，第35页。

② 朱旭东：《集体性个人学习：中国教室里发生的独特学习》，《课程·教材·教法》，2020年第2期，第35页。

断向科学化、系统化纵深发展。

当下,统编教材在全国施行,语文课改进入快车道,新的学习范式——深度学习开始出现。深度学习是一种基于高阶思维发展的理解性学习,具有注重批评理解、强调内容整合、促进知识建构、着意迁移运用等特征。深度学习下的语文教学设计旨在通过精心设计教学情境引发学生认知冲突,组织学生全身心投入学习活动,构建知识习得技能,发展高阶思维,使学生体验成功、获得发展。那么,教师在语文课堂教学中,运用深度学习理论把浅层学习变为深度学习,该做好哪些准备工作呢?

首先,教师要吃透教材,引导学生做好课前预习。这是实现深度教学的前提。如果教师自己都不能把教学内容理解清楚,那么他的教学就不可能是深入的,只能浮于表面。其次,教师要做好深度学习课题及任务目标的教学设计。语文教学之所以陷入高耗低效的尴尬局面,主要原因就是学生对文本的认知通常都停留在表面,无法形成深度学习。因此教师必须通过教学设计,推动学生语文的深度学习,让深度学习明确基本方向,迈向高阶思维。最后,统编版教材中的语文要素明确了教学的内容和方向,教师在进行教学设计时要将其与课文特点、学生认知水平进行统整联系。在落实语文要素的同时推动深度学习,为学生语文核心素养的发展助力。

因此,语文课改指向深度学习的路径,关键在于如何摆脱以教师灌输为主而学生被动接受的传统范式,创造出能够保证学生自主学习的教学设计,实现本质上的“转身”。

思考:

1. 你怎样看待中西方的学习理论?
2. 国内新兴的学习理论有哪些,它们对语文教学有什么启示?

二、语文教学设计的教学理论基础

教学理论是深入研究教学现象和教学问题,揭示教学规律的理论,也是对教学经验进行系统总结和反映的理论。因此,教学理论对教学设计的重要意义不言而喻,它是教学设计的直接理论源泉,对教学设计具有指导作用。由于教学是由教师的“教”和学生的“学”所构成的双边活动,在教学过程中,会涉及师生之间的信息传递、如何传递,即教学依据、教学内容、教学方式等内容,所以素养论、传播论、系统论可以为语文教学设计提供坚实的理论依据,是语文教学设计的重要教学理论基础。

首先,素养论是语文教学设计的前提。在中学语文教学设计方面,素养论主要包括语文核心素养和语文教师的专业素养。语文核心素养是学生通过语文学习，能够获得的必备品格、关键能力和正确价值观念，具体表现为"语言建构与运用""思维发展与提升""审美鉴赏与创造""文化传承与理解"四个方面。这四个方面是一个整体，相辅相成，相互促进。教师的专业素养则是语文教师在进行教学的过程中，所表现出来的符合现代语文教育理念的所有素养。语文教师的专业素养主要包括理论素养、科研素养和人格素养三个方面。教师若要对语文学科准确定位，对教学设计准确把握，不断提升专业素养是必不可少的。

素养论对中学语文教学设计的影响主要体现在以下三个方面。第一，语文核心素养的提出，使语文学科的定位更加明晰，也进一步明确了语文学科的培养目标，即学生的必备品格、关键能力和价值观需求，为中学语文教学设计打下了坚实的基础。第二，在具体教学设计中，教师制定教学目标、确定教学内容、进行教学反思等各个教学设计环节都应以核心素养为导向，并在实际教学过程中落实语文课程标准。第三，中学语文教学设计的顺利进行与教师的专业素养密切相关。语文教师需努力建构和提升专业素养，把教学和研究联系起来，真正承担起培养学生语文核心素养的重任。

其次，教学设计的主体是教学内容的传递，因此，传播论对教学设计的作用不容忽视。"传播是人们运用符号并借助媒介来交流信息的行为与过程"①。其中，威尔伯·施拉姆的有意义信号的传播和接收模式对语文教学设计影响较大，此模式包括四个要素，分别是信息发送者、信号、信息通道、信息接受者。在教学过程中，教师与学生借助一定的信息通道，双方互相传递信息。通过对教学方式的适当选择、对教学内容的合理建构，教学目标才能实现，进而给予师生双方成就感和愉悦感。

传播论对中学语文教学设计的影响主要有三个方面。第一，教学过程是师生互相传播的过程，教师与学生共同作为信息传递者和接受者，不仅接受信息，而且要积极对信息做出反馈和评价。第二，应用传播方法分析学习者的特点、兴趣和动机，了解学情，便于因材施教，确定教学内容和教学方式。第三，信息技术的迅猛发展推动了教育的信息化，语文教学与现代信息技术的关系也日益紧密。教师根据传播论，应合理选择教学媒介，借助丰富的音频视频资源，拓展教学内容，提高教学效率和效果。

最后，语文教学设计涉及因素众多，如何科学合理呈现，便离不开系统论的支持。系统论的核心思想是整体性。"系统论的基本思想方法是把所研究和处理的对象，当作一个系统，分析系统的结构和功能，研究系统、要

① 董天策：《传播学导论》，四川大学出版社，1995年，第19页。

素、环境三者的相互关系和变动的规律性,并用系统观点看问题"①。教学活动是由众多要素构成的复杂系统,涉及教师、学生、教材、教学目的、教学方法等诸多因素,所以教学设计应运用系统论的思维,在分析教学各要素的基础上,对教学做出最优的安排。

系统论对中学语文教材设计的影响主要表现在以下三个方面:第一,教学设计具体包括教学目标、教学内容、教学媒体等内容,教师应把这些内容看作一个整体的系统进行设计,避免厚此薄彼,从而发挥教学系统的整体功能。第二,教师应遵循整体性的原则,同时用系统的方法来解决问题,综合考虑整个教学过程。第三,教学系统与社会系统、家庭系统相辅相成,教师在关注教学系统的同时,更要注重处理教学系统与社会系统、家庭系统之间的关系,发挥相关系统对教学设计的辅助作用。

素养论、传播论和系统论作为中学语文教学设计的三大主要教学理论基础,与教学设计紧密联系,并贯穿在教学设计的整个过程,发挥着重要的作用。除此之外,加涅的信息加工理论、瓦根舍因的案例教学法、梅瑞尔的成分显示理论等都为教学设计的发展提供了理论依据。正确的理论对实践具有指导作用,教学理论也是如此,它们能够促使教师挖掘教学本质,回归语文教学本身,不断优化教学设计,提高学生的语文素养。

思考:

1. 语文核心素养是教学设计的导向,请举例说明该导向是如何体现出来的。

2. 请结合你的教学经验,结合系统论,画出语文教学设计的结构图。

三、语文教学设计的学科理论基础

教师进行语文教学设计,就必须照顾语文学科的特点,不仅要用学习理论基础、教学理论基础来解决问题,也要用语文学科理论来作为支撑,主要依据解释学、对话理论、互文性理论三种学科理论。

1. 解释学

"阅读在本质上是读者对文本的理解和解释的过程,解释学是关于人如何理解和解释的学问"②,在语文教学中,解释学的研究对象则不是简单意义上的"文本",而是"语文课程文本"。解释学作为一门专门研究"理解"的系统性学说,为探究课程文本理解的边界提供了理论支撑。

---

① 郝丽琴:《中学语文教学设计与案例分析》,安徽大学出版社,2015年,第6页。

② 于泽元、王雁玲、石潇:《群文阅读的理论和实践》,西南大学出版社,2018年,第106页。

教师在依据解释学理论进行课程文本解读时要注意以下三个方面的边界:第一,文本边界。语文课程文本是由教材编写者精心选择的适合各个学段学情的选文,它不仅文质兼美,还具有时代性,体现了党的教育方针,并且其思想性是完整的,教师在指导学生进行课程文本解读时不能断章取义、以偏概全。第二,作者边界。教师在编写教学设计时要考虑课程文本的作者意图,不能脱离"知人论世"的理念,否则将无法有效地走进文本的意义世界,也会偏离教学目标,无法发挥课程文本的价值。第三,读者边界。语文课程文本解读活动中的读者是指学生,与一般的读者是有区别的,学生主要通过课程文本获得知识,但是并不意味着不需要多元解读。

在语文教学中,教师运用合理有效的教学方法指导学生理解课文,这一过程就是学生个体进行文本解读的过程。学生如果不积极主动参与文本解读,就不可能对课文产生意义理解。但是由于学生知识储备、思维发展等方面的差异,教学时不能要求有某种统一的意义理解或学习结果预定。因此,教师在依据解释学理论指导学生进行文本解读时,要尊重学生的个体性差异,使学生主动参与文本解读并学会文本解读的方法,最终实现文本解读能力的迁移。

2. 对话理论

对话理论强调持有不同理解的读者参与对话,但是并不要求对意义理解达成完全一致,强调的是在对话中交流意见、增进理解。《义务教育语文课程标准(2011 年版)》在"教学建议"部分体现了"对话理论"的观点:"语文教学应在师生平等对话的过程中进行","阅读教学是学生、教师、文本之间对话的过程"。

对话理论为阅读教学提供了新的文本解读角度。对话理论对小说"复调性"的研究,突破了传统教学中只注重人物、环境、情节等文本三要素的浅层阅读,引领学生从小说的叙事结构、叙事层次、叙事者的角度进行深层阅读,从作品中的空白与不对称的对话中捕捉作者创造人物时的心理轨迹。

另外,对话理论对文学作品的未完成性的阐释,使以文学作品为主要教学材料的语文教学内容有了丰富的、无限的可选择空间。正是因为作者无法参与读者对文本解读的过程,对于读者阅读时产生的理解偏差无法进行及时的校正,所以只能任由读者自行来分析作者创作时的意图,这也为语文教学的多向度理解提供了理论基础。

对话理论维护了学生在语文学习中的权利。具体表现为在阅读教学、写作教学等教学中重视学生的主体地位,关注学生的独特感受,鼓励学生进行有创意的自由表达。教师要引导学生学会对话,让学生在阅读和写作中合适地倾听、表达,在加深理解的同时落实语文核心素养的培养,达成新课标对教育精神和教育本质的追求。

3. 互文性理论

互文性理论是指"任何文本的构成都仿佛是一些引文的拼接,任何文本都是对另一个文本的吸收和转换"①。教师在运用互文性理论进行语文教材文本解读时,要注意对互文本的筛选,这里的互文本可以是其他作者的文学作品,也可以是主文本作者的其他文学作品,还可以超越文学作品,选取具有文化意义的社会历史文本。

教师在选择互文本时可以从以下三个方面切入:第一,同一主题的互文本阅读。教师在进行单篇教学时,可以选择与本篇课文主题思想相似或者相同的文本,进而展开互文性解读。例如,在学习《骆驼祥子》时,可以指导学生再次阅读《阿长与山海经》《老王》等课文,为学生搭建探究"小人物"命运的专题探究的活动平台。第二,同一原型的互文本阅读。许多文学作品在创作时所依据的原型是相同的,但是语文教材不可能将这些文学作品全部收入其中,所以教师在设计教学活动时,要将相同原型的文本引入其中形成专题教学,从而加强学生对原文本的理解。例如,在学习白居易的《长恨歌》时,可加入洪昇的《长生殿》、白朴的《秋夜梧桐雨》等文本的阅读,从而为学生创建专题学习的文本解读课堂。第三,同一结构的互文本阅读。语文教材中的不少文本在结构上是一致的,这不仅仅存在于同一作者的作品中,甚至存在在不同作家的作品中。例如,在阅读杨绛的《老王》时,可以引导学生总结这一篇的思考路径,从而将这一思考路径应用到这一类的写人记事文本中。

互文性理论为教师进行教学设计提供了参照的模式,但是并不能将其作为固定的唯一的模式,教师要根据课程文本的类型进行最符合其特征的教学设计,选择最适合的文本解读方法。

在语文学科理论的视野下,语文是人类最重要的交际工具,工具性和人文性的统一是语文课程的基本特点。在语文教学设计中,不仅要让学生理解和掌握语文基础知识,更要激发学生的情感体验,使语文的工具性和人文性得到很好的统一。

思考:

1. 现代语文教学设计是对学科理论的否定创新,还是全盘否定?
2. 依据学科理论基础,选择一篇课文进行文本解读以及教学设计。

---

① 秦海鹰:《互文性理论的缘起与流变》,《外国文学评论》,2004年第3期,第19-30页。

第三节　语文教学设计的构成

一、教学目标的设计

语文学科教学目标是指"人们在语文学科领域内展开的全部教育活动中预期要达到的具体要求，具有鲜明的学科规定性、范围普遍性、阶段预期性和实施可行性。它的确立，主要依据社会发展水平和教育总体目标、语文学科性质和学生发展状况"①。

20 世纪 30 年代，美国著名教育学家泰勒首先提出了"教育目标"这一概念，认为科学合理的教学目标应该明确指出学生需要掌握的知识以及表明掌握这些知识后学生所表现出的行为。泰勒的学生布卢姆提出"教育目标分类理论"，提出完整的教学目标应该包括：认知、情感、动作技能。20 世纪 80 年代，我国开始借鉴国外的教学目标分类理论，布卢姆的"教育目标分类理论"被引入我国，并在中小学产生了很大的影响。

我国的语文教学目标的发展大体经历了以下四个阶段：一维教学目标阶段。"人们把人的语文素质理解为听说读写、'语'、'修'、'逻'、'文'的简单相加"②，把教学目标等同于语文知识。二维教学目标阶段。在一维教学目标的基础上增加了对语文学习能力的要求，强调教学目标要包含两方面内容，即基础知识和基本能力。三维教学目标阶段。将二维教学目标进一步细化，并加入了"情感态度与价值观"这一维度，即"知识与技能、过程与方法、情感态度价值观"的三维目标。四维教学目标阶段。教育部颁发的《普通高中语文课程标准（2017 年版 2020 年修订）》提出语文学科核心素养主要包括"语言建构与运用""思维发展与提升""审美鉴赏与创造""文化传承与理解"四个方面，至此四个核心素养成为语文教师设计教学目标的依据。

教学目标既是教学设计的起点，在一定意义上又是教学设计的终点，但是在实际教学中，教师在设定教学目标时出现的问题却层出不穷，以下列出了四种常见问题。

（一）直接给出结论，缺乏启发性

教师往往是为了使教学目标看起来更加准确与全面，忽视了教学目标

① 徐林祥：《百年语文教育经典名著（第 14 卷）》，上海教育出版社，2017 年，第 29 页。

② 程红兵：《心听校园》，四川教育出版社，2005 年，第 111 页。

对学生的启发性，直接在教学目标中就给出了问题的答案。

如教师将《将相和》的教学目标设置为：熟读课文主要内容，体会蔺相如的勇敢机智、顾全大局和廉颇知错就改的优良品质。

（二）混淆教学内容与教学目标，甚至将教学内容视为教学目标

这个问题主要是教师没有理解教学目标与教学内容的本质区别。教学内容是确定教学目标的基础和前提，教学目标对学生具有导向和评价作用。如在实际教学中，有些老师唯教师用书至上，凡是书里讲的通通想要把它搬到课堂上教给学生，目标不明确，教学步骤混乱，教学程序随意，课堂教学就会成为没有目标的“表演游戏”。

（三）教学目标行为主体不明确

教师设定教学目标时经常会用到这样一些词语，如“使学生……”“增强学生的……能力”等，这显然是站在教师的角度去设置教学目标的，违背了以学生为主体的指导思想。

如教师将《归园田居》（其一）的教学目标设置为：1. 通过朗读诗歌，分析意象，让学生整体感知诗歌意境。2. 掌握鉴赏诗歌的方法，提高学生对陶渊明诗歌的鉴赏能力。

（四）教学目标表述含糊笼统，目标虚化

在很多教学目标的设定中经常看到“引导”“理解”“树立”这些“内隐性心理动词”，这类词语一般是只有自己才能感知到的，别人往往无法观察，同时难以操作、不可测量。

如教师将《观沧海》的教学目标设置为：1. 有感情地朗读诗歌，感悟诗歌意境。2. 结合诗人生平和写作背景，体会诗人的雄心壮志。

教学目标的设定在实践中存在诸多问题，教师在教学中需要思考如何设定明确的教学目标，避免上面提到的一些问题。

关于教学目标的编写和表述，不同的学者提出了不同的观点，在这里编者主要介绍赵光义老师和刘学柱老师对教学目标的设计所持的观点。

赵光义主张“构建教学目标，要从学情出发，并考虑文章的体式、特质，以及教材的特色和考试等因素”①，一方面，教师要了解学生的知识水平与认知水平，从学生不懂的地方而不是已经懂的地方入手，但是也要注意目标的设计不能过高，否则学生根本理解不了教师教授的内容。另一方面，教学目标的设计要考虑文章的体式，不同的文体之间的教学目标的设置是有区别的。散文教学的目标是要通过作者的个性表达来了解作者所表达的真情

---

① 赵光义：《语文教学目标的构建与展开》，《教育研究与评论》，2019 年第 4 期，第 82 页。

实感，小说教学则是要把小说如何讲故事以及为何讲故事作为教学目标，诗歌教学的目标则是要品味诗歌的语言美、音韵美以及意境美等。不同文章体式，教学目标的侧重点也不相同，教师在设计时要注意有所区别。如鲁迅的《阿长与〈山海经〉》，在设计教学目标时不能把对阿长这个人物的形象分析作为教学的重点，而应该通过作者对阿长的描写体会对阿长的情感以及情感的表达方式。

因此，教学目标的设计，应注意以下三点：第一要立足于教材，教材中的文本是语文教学的主要对象和依托，在课堂教学中占有重要的地位，所以教学目标的设计要依据对教材文本的解读。第二，教学目标设计要有边界意识，要体现教材编写的意图，不能根据自己的阅读随意设计教学目标；并且要理解不同教材版本的编写意图也是不同的，同样的一篇文章，在不同教材以及统一教材中的不同单元中，所承担的教学任务是不同的，教学目标的设计自然也不相同。第三，要结合学生学习的实际状况，不同地区、学校、班级学生的实际情况各不相同，教学目标的设计要针对学生的具体情况设计适合学生学习情况的目标。

思考：

1. 请从中学语文课本中选择一篇课文进行准确的教学目标的设计，注意避免前面提到的一些问题。

2. 请与你的同伴进行互动评价，发现问题、解决问题，从而完善教学目标。

二、教学内容的安排

语文教学内容是教学层面的概念，它既包括在教学中对现成教材内容的沿用，也包括教师对教材内容的“重构”——处理、加工、改编乃至增删、更换。①

教学内容来源于文本内容，但文本内容不等同于教材内容，因为教材内容是有选择性地反映了部分文本内容。“重构”教学内容还需要充分利用课程教学资源，教师与学生都需要充分利用好教材、课内与课外资源，例如社会资源、网络资源等，教师对教学资源的整合是生成教学内容的有效方法。语文教学内容的确定就是以语文教材为依据，让教材中的选文为我所用。②

本节主要从以下三方面展开分析：语文教学内容选择的依据、语文教学

① 王荣生：《语文科课程论基础》，上海教育出版社，2003 年，第 301 页。

② 张二艳：《语文教学与教学心理》，电子科技大学出版社，2017 年，第 21 页。

内容的构成以及语文教学内容选择和组织的要求。

教学内容是直接指向"教什么"的,但我们还要注意"为什么教",当我们明确了语文教学内容的选择依据之后在进行具体操作时就有据可依,很多问题也就能够迎刃而解。具体从以下三个方面来探讨:

第一,基于学生的需要。学生是教学活动的主体,使学生获得发展是教学的主要任务。因此,教学内容要结合学生的实际情况,如认知规律、学习风格等。在选择内容时要记得换位思考:假如让学生来解读这篇课文,学生会怎么理解?会有哪些不理解的地方?

第二,基于语文的性质。要解决好教学"教什么"的问题,必须首先解决"语文是什么"的问题,这也是回答语文所有问题的基本出发点。《义务教育语文课程标准(2022年版)》确定了语文课程的基本特点是工具性与人文性的统一。

第三,基于社会的需求。语文教育是社会发展到一定阶段的产物,社会性是其重要属性,教学内容应贴近社会生活。语文教学不能脱离社会,不能脱离生活,不能脱离实际。

《义务教育语文课程标准(2022年版)》从"识字与写字、阅读与鉴赏、表达与交流、梳理与探究"等四个维度确定了每个学段的学习要求与目标。①

那么语文教学内容应该怎样选择和组织?语文教材是由一篇篇课文组成,但教语文不是教课文。面对纷繁复杂的教学内容,我们应该遵循一定的原则对教材内容进行处理,具体内容要从以下四方面展开:

第一,以目标为主线,突出重点、难点。我们要善于取舍,紧扣教学目标进行教学内容的选择,在确立的教学内容中要突出教学的重点和难点。教师在进行教学设计时只有将教学内容定位好,才能保证教学实践中教学的有效性。

第二,尊重文本特性,精选教学内容。入选语文教材的课文体裁多样,每一种体裁都有其文本特性。文本特性首先表现在文体上,仅以文学作品为例,小说、诗歌、散文、剧本就各有各的体式,在选择教学内容时,我们要根据不同的文本区别分析,凸显文本的特性。

第三,以能力为线索,组织教学内容。课程标准建议在发展学生语言能力的同时发展逻辑思维能力,引导学生逐步形成独立自主阅读的能力、日常口语交际的基础能力,以及初步具备搜集和处理信息的能力。我们对语文教学内容的组织应该促进学生多种能力的发展。

---

① 中华人民共和国教育部:《义务教育语文课程标准(2022年版)》,北京师范大学出版社,2022年,第7页。

第四，运用系统方法，优化教学内容。虽然每一篇文本要讲的、可讲的内容都很多，但在选择教学内容时也要考虑文本所在单元的设计意图，考虑整体效果的优化。① 此外，现行统编版语文教材主要是以人文主题进行单元组织编排，教师不仅要考虑单元主题所呈现的思想内容，也要注意与学生间的双向情感交流，丰富语文课程的人文性。

语文教学内容的确定不仅关系到教什么的问题，更重要的还涉及怎样教的问题；不仅仅关系到学生学什么的问题，还关系到学生怎样发展的问题。看似简单的课堂教学内容，实际上并不简单，而且意义重大，这就要求我们不断提升自己的专业能力，不断学习，不断创新。

思考：

1. 教学内容应如何确定？
2. 怎样理解教学内容与教材内容之间的关系？

三、教学策略和方法的选择

“教学策略是教学前的‘总括性计划’，而教学方法则是在教学过程中的各个具体教学活动。教学策略不仅包括对教学方法的选择，还包括对教学媒体和教学形式的选择等，而且在具体的教学方法及其组合上也存在着策略问题。在教学活动中，教学方法为教学策略服务，教学方法的使用过程中，包含和体现着教学策略的意图”②。语文教学设计的构成离不开对教学策略和教学方法的选择，运用科学合理的教学策略和方法有助于学生更好地学习和掌握教学内容，从而实现教学目标。

要想对教学策略与方法进行正确的选择与运用，首先我们要了解当今的中学语文教学现状。如今开展素质教育的呼声虽然越来越高，但是却没能够落实到实际的教学活动中，教师普遍将提高学生学习成绩作为第一要务，在中考、高考指挥棒下的中学语文教学存在以下问题：

教学目的的功利性。语文教学的真正目的在于：“学生个人的完善。学生获得较为全面的语文素养，在继续发展和不断提高的过程中有效地发挥作用，以适应未来学习、生活和工作的需要。”③而教育目的的功利性产生出了“分数至上”的错误原则，严重偏离语文教学的目的。

教学内容的局限性。语文是包罗万象的学科，很多教师的教学内容却只是围绕着考点，原本丰富多彩的语文世界变得单一枯燥，学生很难对语文

① 梁玉敏：《语文教学设计理论与实践》，四川大学出版社，2013年，第73-89页。
② 陈振兴：《语文教学策略研究》，中央民族大学出版社，2015年，第1页。
③ 王文彦、蔡明：《语文课程与教学论》，高等教育出版社，2006年，第42页。

学习产生兴趣。

教学方式的模式化。目前在中学语文教学中模式化教学的现象已经相当普遍,很多教师根据学校指定的教学模式按部就班地进行教学,师生的主动性和创造性被严重束缚,导致语文课堂呆板僵化。

教学手段的形式化。新课改要求教师在课堂教学中要注重多种教学方法的综合运用,这使得部分老师过度追求教学形式,而忽略了教学的内容,比如过度依赖多媒体。走向极端和流于形式的教学手段并没有真正发挥应有的作用。

教师在进行教学策略与方法的选择时要符合一定的原则才能解决上述的教学问题:

第一,教师必须遵循教学规律和教学原则进行教学策略与方法的选择。我们可以想一下,如果我们一堂课所讲的知识超出了中学生的接受能力,那么这堂课一定会起到反作用,这就是违背了教学规律。比如,让学生通过"古音吟诵法"学习古代诗歌,就难以达到良好的教学效果。

第二,教师要依据教学目标选择教学策略与方法。每一节课都有具体的教学目标,目标不同教学方法也应随之变化。

比如学习陶渊明的《归园田居》(其一),第一课时可以通过"诵读法""自主探究法"研读掌握诗歌的内涵与诗意,第二课时可以通过"分析归纳法""合作探究法"提高学生的诗歌欣赏能力与鉴赏能力,树立正确的人生观与价值观。

第三,教师要依据教学内容选择教学策略与方法。教材的性质和具体内容的特点是教师在选择教学方法时需要考虑的重要因素。比如,使用"反复诵读法"理解诗词,使用"讲授法"梳理戏剧知识,使用"合作探究法"分析小说人物形象。

第四,教师依据教学过程选择教学策略与方法。一个完整的、科学的教学过程,需要将多种教学方法进行有规律的组合。

比如,在学习关汉卿的《窦娥冤》时,可以先播放五分钟昆剧《窦娥冤》视频,营造气氛,然后让学生自主阅读、归纳故事梗概,最后通过合作探究突出文章主题。

第五,教师还要依据学生特点选择教学策略与方法。在整个中学阶段的语文教学中,学生的语文学习心理会随着年龄的增长不断变化,语文教学方法的选择必须适应这种心理变化。比如,在初中阶段多使用图画、视频等教学来吸引学生兴趣,而在高中阶段多抛出有价值的问题来加强学生的思辨能力训练。

第六,任何教学策略与方法都必须通过教师的具体教学来实施。教师应根据自身素养,选用最适合自己的教学方法。“每位教师拥有的知识体系是不一样的,要通过个人努力来提高教学效率,就意味着要充分发挥他们自己在知识与态度上的优势,将自己的‘不一样’和‘不一致’发展成自己的‘教学风格’”①。教师依据自身素养选择的教学方法运用起来才能够得心应手。

具体到中学语文课堂,除了常用的讲授法、诵读法和讨论法等之外,教师还要不断探索具有创新性的教学方法。

第一,生活化教学。生活化教学的理念最早是由我国教育学家陶行知提出的,他倡导“生活即教育”。将语文的教学内容等同于教材知识的传授就太狭隘,语文存在于生活的每一个角落,语文素材处处可见。所以,教师可以组织学生结合当下热点新闻进行即兴演讲的活动,培养学生多方面的语文能力。

第二,个性化教学。很多教师采用固有的教学理论进行重复的教学工作,缺乏个性与创新,忽视了对学生的“因材施教”。个性化教学强调尊重学生的个性,要求教师不仅要做到与时俱进,也要善于发现学生个人在语文学习方面的闪光点。

第三,情境教学法。创设情境是语文学科必不可少的教学方法,有利于学生对所学内容进行逐步的感知、理解和深化,在教学过程中教师要善于利用多媒体,通过有声的画面、优美的旋律和富有动感的视频帮助学生走进情境中去。

第四,提问教学法。提问教学法又叫“问题式教学法”,通过提出问题让学生进行思考,培养学生的思维能力。提问方式是多样的,比如集体式提问、自问自答式提问、学生间相互提问等。教师在进行提问时也要注意多方面的问题,比如要结合学生个人特点与实际生活,要注意提问的语气和态度,问题要有引导性和发散性。

第五,“线上+线下”混合教学法。新媒体技术可以帮助教师对传统教学模式进行改善。教师可以用网络平台的教育功能进行“线上+线下”混合教学。课前进行线上“教”与“学”的预习环节,教师可以将备好的课推送到相关网络平台上给学生提供预习途径,并将学生的预习反馈提出的问题放到线下课堂教学中解决。课中进行线下“学”与“教”,将课前预习的知识内化到学生的心中。课后进行线下“学”并“教”,教师可以将知识总结、课后作业等内容上传到网络平台中,学生通过线上进行复习和提交作业,教师通

① 周彬:《知识驱动教学:论有效教学的知识路径》,《课程·教材·教法》,2020年第3期,第83页。

过网络群组与学生及时沟通交流。

除此之外，还有自学指导法、比较教学法、得得教学法（一课一得，得得相连）、思路教学法（叶圣陶提："作者有思路，遵路识斯真"）、SQ3R学习法（美国艾奥瓦大学五步阅读法：纵览-发问-阅读-背诵-复习）、科学扫描法（速法）等国内外教学方法。对于以上教学方法，教师不能全盘吸收，而是要批判借鉴、优化组合、推陈出新，促进语文教学方法的创新。

思考：

1. 假如你是一位中学语文教师，面对学生层次差别较大的班级，应该怎样进行教学策略设计？

2. 假如你是一位中学语文教师，面对学校给的成绩压力和学生语文学习不积极的情况，应该怎样进行教学策略设计？

四、教学评价的组织

"教学评价是以教学目的为依据，按照科学的标准，运用一切有效的技术手段，对教学过程及结果进行测量，并给予价值判断的过程。"①。它既包括对教师教学的评价，也包括对学生学习的评价。

《义务教育语文课程标准（2022年版）》在评价建议中指出："语文课程评价包括过程性评价和终结性评价。过程性评价重点考察学生在语文学习过程中表现出来的学习态度、参与程度和核心素养的发展水平。"②《义务教育语文课程标准（2022年版）》中则细化了评价建议的做法，针对各部分教学内容提出了具体的评价建议。在《普通高中语文课程标准（2017年版2020年修订）》中也指出，"普通高中的培养目标是进一步提高学生的综合素质，注重发展核心素养，使学生在具有理想信念和社会责任感的同时，具有科学文化素养，具有终身学习、自主发展和沟通合作能力"③。

由此可见，语文课程标准坚持以综合素质的视角，去考查学生语文学科的学业水平，关心学生学习过程和发展，注重发掘每个学生的语文潜能，从而促进学生的个性发展和全面发展。所以在进行语文教学评价时，需要注意以下几方面的组织策略。

第一，评价内容多维发展。从评价内容上来说，新课标要求的教学评价既

---

① 赖鹿粦、陈代娟：《现代教育技术》，四川大学出版社，2014年，第290页。

② 中华人民共和国教育部：《义务教育语文课程标准（2022年版）》，北京师范大学出版社，2022年，第46页。

③ 中华人民共和国教育部：《普通高中语文课程标准（2017年版2020年修订）》，人民教育出版社，2020年，第4页。

要体现共性，更要重视学生的个性；既要关注评价结果，更要注重评价过程。评价看重的是学生学习的创造性和积极性。评价可以是多方面的，比如，关注学生在学习的责任感、自信心、进取心、意志力等方面的自我认识和发展。对于学生学习的评价不再仅仅依靠对成绩的测验，还包括了对学生的学习态度、学习行为等方面的考查。由此凸显语文课程的整体性和综合性的特点，有利于学生语言能力、交际能力、逻辑能力等多种语文素养的形成。

第二，评价主体多元互动。教师要打破单一的评价模式，注重多元主体的参与，将教师评价、学生自评与学生间的互评结合起来。其中，特别要加强学生的自我评价和相互评价能力，在自比和自控中激发自尊和自信，在自我反思和自我教育中提高学生学习的能力。

第三，评价手段多样开放。任何一种评价方法都存在弊端，如量化评价客观精确却忽视了学生活泼的个性，质性评价生动活泼却受到评价主体的主观性影响，在公平性上大打折扣。所以，教师的评价手段也应该更加多元开放，如笔试与口试相结合、开卷和闭卷相结合、分项与综合相结合、平时与阶段相结合、课内与课外相结合等多种结合的方式都值得一试。真正做到关注学生个体差异，促进每一位学生的成长。

第四，评价结果注重激励。评价的主要功效之一就在于给评价双方带来有利的反馈信号。评价不是为了给学生定性，而是要不断激励学生增强自信，从而促使自身不断进步。所以，除了量化的分数，教师还应该给予学生质性的评价指导，在评价中既要关注学生在语文学习中的努力付出与进展程度，也要突出老师对学生语文学习的兴趣、心态、习惯、个性特点以及创造精神等进行评估，以便让学生的语文学习呈现出一个动态的发展过程。此外，还要充分发挥评价结果的激励性，关注个体差异性，通过学生自我反思总结，使其更加准确地了解自身的优缺点，调动学生的主体性和积极性，促使其最大限度地挖掘自身的潜能，高效自主地进行学习。

综上所述，语文教学评价的内容要灵活多样，能够充分考查学生的语文综合能力；语文教学评价的主体要多元化，评价手段要多样开放，这样才能全面了解学生语文学习的发展过程，做到个性化教学；评价结果要注重激励，这样才能够调动学生学习的积极性。教师要合理设计运用教学评价，最终达到提高教学质量，促进师生双向发展的作用。

思考：

1. 根据课标要求，当前我国语文教学评价发展的趋势是什么？
2. 语文教师在进行教学评价时需要注意哪些方面？

第四节 语文教学设计的原则及意义

教学设计是课堂教学的基础环节。宏观层次上的中学语文教学设计是指整个中学阶段的语文教学安排,一般由学校系统或教育机构负责研制课程的人(如教研员)设计和编制。微观层次上的教学设计,是指一个单元或一篇课文的课堂教学设计,由教师个人完成。中学语文教材有小说、散文、诗歌、戏剧等不同体裁,对于不同类型的课文,如果使用统一的设计模式,往往效果不佳。因此,针对不同的篇目就要编制相应的教学设计。此外,在进行教学设计时更应在此基础上把握更深层次的设计原则。

一、坚持以学生为主体

"为学习设计教学"是美国教学设计领域巨匠加涅提出的名言,意为教师进行课堂教学设计,归根结底是为了提高学生的学习效率。教师所追求的语文教学目的,最终要通过学生的学习活动来实现,教学设计应考虑学生的认知和接受能力。忽视学生的教学设计,既违背了教学的宗旨,也使学生的学习失去了意义。因此,教学设计的思路不是教师怎么教的思路,而是学生怎么学的思路。教师应多激励学生思考,多当学生的顾问,帮助学生发现问题,并引导学生自己去解决问题。例如,初、高中学生的认知能力和水平不同,教学设计要结合学生的发展,制定适合的语文教学设计。

二、坚持师生研读交流

中学语文教学设计离不开教师与学生的交流和互动,教师既是教学设计者,又是教学实施者。实现语文教学设计的最优化需要师生共同参与。师生共同进行对话交流,如在学习《老王》这篇课文时,请学生先从课文中找到老王关爱、帮助作者以及家人的语句,然后老师与学生共同展开阅读与探讨,以引领学生进入老王的内心世界,从而认识并体会老王善良、宽厚、朴实等品德。

三、坚持整体性与阶段性相联系

语文教学设计应注重整体与部分、连续性与阶段性的教学思想。教师要树立整体观念,从总体上了解全套教材,了解编者的意图;再去了解每篇课文的特点、重难点。像在学习《林教头风雪山神庙》时,我们可以从小说单元的总体要求出发,了解本文的社会批判性,鉴赏人物形象,分析情节、环境与人物的关系，把握人物性格的多样性和丰富性。

四、坚持科学、灵活地安排课时

在中国语文课堂教学中，有不少课文都是一课时教不完的，这就要求教师在制定教学设计时，要依照学生的实际状况进行调整，分课时编写好教学设计。例如，在学习高中统编本语文课文《拿来主义》和《祝福》时，由于二者的文体特征（杂文和小说）、篇幅长短和知识点梳理情况都具有较大差异，教师在进行课时分配时又要考虑到单元教学目标、学情分析等因素，故《拿来主义》建议1课时，《祝福》建议安排2~3课时的教学时间。

五、坚持操作性与灵活性

操作性是语文教学设计的一个重要特点，教学过程的师生活动应是明确的、可操作的。无论一个语文教学设计多么有特色，如果缺乏可操作性，就不能称为一个好的语文教学设计。因此，要从实际出发制定可操作的语文教学设计。灵活性原则是指语文教师要根据实际情况按设定好的教学设计把控课堂。语文教学涉及一系列复杂的因素，在课堂实施中，往往会发生老师意想不到的情况，例如，学生回答不出所提的问题，或者在小组讨论时自由谈论自己感兴趣的话题等。这就要求教师必须具备灵活处理意外情况的经验与能力，对教学经验不足的新手老师而言，在教学设计时准备好应急方案是十分必要的，只有这样才能取得最佳的教学效果。

教学是一项有着目的性的活动，教学设计在这项活动中有非常重要的意义。通过教学设计，教师可以根据教学目标和学情特点，采取有效的教学模式，选择合适的教学媒介与教学方法，执行既定的教学方案，更好地保障教学活动的正常进行。语文教学设计的意义决定着其在语文教学中的地位，也决定着语文教学质量的高低，不容忽视和敷衍。

思考：

1. 怎样在实际的教学过程中贯彻灵活性原则？
2. 语文教师在进行教学设计的时候应该把什么作为终极目标？

文献选读：

[1]〔美〕罗伯特·加涅等：《教学设计原理（第五版修订本）》，华东师范大学出版社，2018年。

[2]〔美〕沃尔特·迪克等：《系统化教学设计》，华东师范大学出版社，2007年。

［3］〔美〕格兰特·威金斯，杰伊·麦克泰格：《追求理解的教学设计（第二版）》，华东师范大学出版社，2017 年。

［4］皮连生：《教学设计——心理学的理论与技术》，高等教育出版社，2000 年。

［5］王荣生：《语文科课程论基础》，上海教育出版社，2003 年。

第二章　阅读教学设计

阅读是获取知识的重要途径之一，语文阅读教学在整个语文教学中占据重要地位。叶圣陶先生曾说过，国文课教学内容主要包括两个方面：一是阅读，一是写作，而阅读又是写作的基础。在注重学生全面发展的当今看来，这种说法有其不当之处。但不可否认的是，阅读仍是学生汲取知识的重要途径。统编语文教材总主编温儒敏教授在关于统编语文教材现代文学作品教学的专题报告中指出："语文核心素养的四个方面，最基础的，是语言文字运用的能力，特别是语体文书面语的阅读写作能力……从长远看，语文学习主要还是让学生日后具有基本的阅读和思考能力，这是他们生存发展的必备能力。"①因此，课程标准和教材虽然常变常新，但阅读作为语文教学的基础内容一直是广大语文工作者的共识。

作为语文教学的基础模块，相较其他模块而言，阅读教学已经有漫长的发展历史。"阅读教学"这一概念是从西方引进的，中国古代教育对于这一概念没有清晰、明确的定义，不过存在这种教学内容，并且遵循"书读百遍，其义自见"的教学方法，学生对文章熟读成诵之后，教师才对文章内容进行大致讲解。现代传统的中学语文阅读教学，以西方心理学中行为主义和认知主义学习理论为基础，形成了教师讲、学生听记的"灌输式"课堂教学模式。"文学作品曾经从属于文章教学或语言教学，即便在当下，语文课堂中还常常把一篇优美的文学作品解构为分段、概括段落大意、归纳中心等"②。课文几乎每一句话都被教师拆解分析；而学生被动听讲，不求理解，只求能够完整记住。而且，标准化的考试模式，使语文这一本该更注重人文性的科目也变成追求统一答案的工具性科目。针对语文教学存在的问题，学界曾展开激烈讨论。1978 年，吕叔湘发表《当前语文教学中的两个迫切问题》，指出语文教学存在"少、慢、差、费"的问题。同年叶圣陶发表《大力研究语文教学，尽快改进语文教学》的讲话，提出"教材只是例子"的观点，教师要通过课文讲解使学生达到举一反三的能力。这种观点成为此后二十多年语文阅读教学改革的指导思想。这也正是注重学生主体性，培养学生思维能

① 温儒敏：《教出现代文学作品的文学味——以统编语文教材 15 篇经典课文为例》，《语文学习》，2021 年第 6 期，第 14 页。

② 王本华：《作家眼中的文学作品教学——兼谈中学语文的文学作品解读》，《课程·教材·教法》，2013 年第 3 期，第 55-60 页。

力观点的雏形。2001年,教育部颁布了《基础教育课程改革纲要(试行)》,以此为基础,开始了新中国成立以后规模最大的基础教育课程改革。语文阅读教学方面,课程改革中提出很多新理念,个性化阅读、整体感知等。不只出现新理论,很多一线教师在教学实践中也提出了很多新的课堂模式,例如,钱梦龙"三主四式的导读式"、于漪的"情感教学"和魏书生的"自学辅导式"等。这些新理念的提出主要为了解决语文课堂"灌输式"问题,主张变被动阅读为主动阅读,封闭式阅读变为开放性阅读,课内外阅读结合。这场声势浩大的阅读教学改革产生了一些有利的影响。但是,关于阅读教学的根本性问题还是没有解决。"解剖式"的阅读教学模式依然没有改变,只不过"解剖医生"从教师自己变成教师和学生。但是,从真正意义上来说,学生依然是在教师或明示或暗示的指导下,对课文进行从内容到形式的拆解,使课文达到明明白白的效果。从表面上看,课文再没有意义不明的句子,似乎每句话都被清清楚楚地解读了。从深层来看,学生依然不明白为何这样解读,只是按照固定的步骤进行程序化的学习。不同课文在不同环境、不同主体下的生成性意义则一点也没有。一篇课文在今天和在十年前,甚至二十年前的解读完全一样,在不同年龄阶段的学生面前,解读也完全一样。

目前,关于阅读教学,受到广泛关注与讨论的教学模式是单篇教学、群文教学与整本书教学。单篇教学与之前的教学模式类似,就是针对一篇课文进行教学设计与教学实践。2022年,教育部颁发新的语文课程标准,明确提出语文教学要积极倡导"自主、合作、探究"的学习方式,并指出,"学会运用多种阅读方法,具有独立阅读能力。能阅读日常的书报杂志,初步鉴赏文学作品,能借助工具书阅读浅易文言文"①。基于此,"群文阅读"的概念越来越被大众所关注。2008年,赵镜中老师在全国第七届阅读教学观摩会上提出:"随着统整课程的概念推广,教师也开始尝试群文的阅读教学活动,结合教材及课外读物,针对相同的议题,进行多文本的阅读教学。"②这段话中,出现了"群文阅读教学"这个名词,并且指出了群文阅读的大致方向,即"相同议题","多个文本"。群文阅读在实践中把自主阅读和议论结合起来,为解决"灌输式""死板化"的阅读教学提供了新思路。围绕群文阅读,出现了单元整合、同一阅读主题多文本整合的群文阅读等新的阅读教学实践。在此基础上,新的统编高中语文教材在一课当中设置两到三篇课文,其实就是教材编写受到群文阅读理念影响的结果。群文阅读相对于传统的单篇阅读,以培养学生的自学能力为目标。因为在群文阅读中,一节课要学习

---

① 中华人民共和国教育部:《义务教育语文课程标准(2022版)》,北京师范大学出版社,2022年,第6页。

② 赵镜中:《从"教课文"到"教阅读"》,《小学语文老师》,2010年第5期,第16页。

几篇文章，只靠教师的课堂讲解肯定是不够的。教师在课前应提供相关的课外阅读资料，学生则借助这些资料完成预习工作。课堂上，教师讲解也不再是一成不变的输出，而是应该根据学生的反馈情况，结合教学目标与内容引导。这种教学模式对于教师的要求更高，教师要通过少讲、精讲来达到让学生多读多思的目的。一堂四十五分钟的课程，要涉及几篇文章，课堂结构、课堂流程也必然发生很大变化，不可能像传统课堂一样句句落实。学生的阅读也就介乎于课堂阅读和课外阅读之间，而更倾向于生活中真实的阅读状态。① “整本书”阅读的理念在我国古代教育中就已有萌芽，在长期的封建教育中，“四书五经”作为主要教材，都是要求学生整本背诵的。近代以来，西方行为主义、认知主义与社会建构主义阅读观从不同层面论述语文教育是一个整体，提倡“全语文”理念。而我国的教育家们也从不同角度阐述了自己关于“读整本书”的理解。胡适在《中学国文的教授》中认为，中学国文应该要求学生读二十本以上的小说与戏剧文本。何仲英在《国语文的教材与小说》中论证了白话小说作为教材的必要性与重要性。真正对“读整本书”的理念进行详细阐述的是著名语文教育学家叶圣陶，他从语文课程建设、教材选编、教学实践等角度详细阐述了“读整本书”的思想，形成了相对完善的体系。新中国成立之后，各个时期的课程标准或教学大纲中，一直有“读整本书”的影子。直到 2001 年《全日制义务教育语文课程标准(实验稿)》“教学建议”中明确提出“读整本的书”，后来这个表述又分别出现在 2004 年的《普通高中语文课程标准(实验)》和 2011 年《义务教育语文课程标准》中。至此，“读整本书”的理念已被广泛接受，但是问题是教师怎么样把“整本书”运用到教学中，即如何通过合理的教学设计帮助学生进行整本书阅读，而不只是把“整本书教学”当作“时髦的花架子”。

在新的时代背景下，关于阅读教学，学界仍存在很多讨论，但在阅读教学亟须创新这一点达成共识。如何通过阅读锻炼学生思维能力，发展情感能力，使阅读教学不仅达到自身目标，而且成为学习其他知识的“垫脚石”，这个问题的解决仍需要广大语文工作者为之努力。

---

① 李祖文:《关于“群文阅读”教学的一些冷思考》,《语文教学通讯》,2015 年第 1 期,第 55 页。

第一节　阅读教学设计的指导思想与语文课程标准的相关解读

以文本为核心编制的语文教材,阅读教学是其主要的表征方式,也是教师必须具备的教学能力。语文课程标准中对"阅读教学"及"学生阅读能力"等方面都有所阐释,对阅读要求和所应达到的水平做出了规定。而且,统编教材的编写严格落实了新课标的规定。"课标组和指导组除了审查教材外,几乎全程指导并参与部分编写"①。因此,从课标中了解阅读的根本目的及要求对于后续教学的设计、生成、反思都具有指导意义。

阅读教学是语文课堂教学的主体部分,是语文教育工作者不断思考、探索,并寻求变革的主要部分。加涅在《教学设计原理》中提出:"教学设计的最终目的是产生有效教学。"②因此,高效的阅读教学必须有一个完整且合适的阅读教学设计。阅读教学设计包含很多元素:学生、老师、作者、写作背景、文本特征等。但阅读教学的设计师只有一位,那就是老师。每一篇文章的呈现方式都需要经过老师的认真解读和精心设计,再转化为教学过程,引导学生去感知、体悟。教师究竟按何种标准进行阅读教学设计呢?不同学段对阅读的要求也不同。阅读是一切知识的获取途径,是终身学习的必要手段。值得注意的一点是,阅读的实现途径需要运用"语言文字",呼应了"前言"中提出的"语言文字是人类最重要的交际工具和信息载体"③。这也足以证明语文教学中语言文字的重要性。《普通高中语文课程标准(2017年版2020年修订)》则认为:"学习多角度、多层次地阅读,对优秀作品能够常读常新,获得新的体验和发现。"④要求教师指导学生学会多方位阅读,不同阶段读同本书也会有新的感悟与体验。

《义务教育语文课程标准(2022年版)》在整本书阅读的学习任务群中指出:本任务群旨在引导学生在语言实践活动加,根据阅读目的和兴趣选择合适的图书,制订阅读计划,综合运用多种方法阅读整本书;借助多种方式

---

① 温儒敏:《不能以"认知方式"取代"筹划问题"》,《课程·教材·教法》,2021年第2期,第8-10页。

② [美]R·M·加涅、W·W·韦杰等著,王小明等译:《教学设计原理(第五版修订本)》,华东师范大学出版社,2018年,第233页。

③ 中华人民共和国教育部:《义务教育语文课程标准(2022版)》,北京师范大学出版社,2022年,第1页。

④ 中华人民共和国教育部:《普通高中语文课程标准(2017年版2020年修订)》,人民教育出版社,2020年,第34页。

分享阅读心得，交流研讨阅读中的问题，积累阅读整本书的经验，养成良好的阅读习惯，提高整体认知能力，丰富精神世界。① 而《普通高中语文课程标准（2017年版2020年修订）》指出："发展独立阅读的能力。灵活运用精读、略读、浏览等阅读方法，从整体上把握文本内容，理清思路，概括要点，理解文本所表达的思想、观点和感情。"②这就能够看到新课标中对学生独立自主读书、思考、学习才能的强调，需要学生学会运用和掌握各种读书方式，达到对文本的多层次解读。

在当前课堂变革正逐步深入、重视学生核心素质培育的情形下，怎样构建一个更加严谨的、具有吸引力的新课程体系，注重理解，关注学生的创新能力提高是亟待思索的重要命题。格兰特威金斯和杰伊麦克泰格在《追求理解的教育设计》中对上述提问进行了解答，在该书第三章的"明确目标"中提出了"标准制定"和"解析标准"等问题。③ "标准制定"较容易理解，可参考《课程标准》来学习和实践。如果老师严格地依照教学规范来设计教学，就不会发生老师越位甚至缺席的问题。但如何贯彻这项规范，就需要考虑"教什么""教到什么程度""怎么教"等问题。在中国语文课堂上，所有老师都必须按照语文课标的有关规定，甚至结合历年的考题，综合判断某一篇文章需要讲解的深度。该书第十一章《设计过程》中谈到"修订已有设计"和"调整"等内容，指出"好的教学设计是改出来的"。我们的教学设计是基于课程标准的设计，这其中还有一个很重要的元素需要充分考虑——学情。以语文教材中的课文《老王》为例，部编版选编在初中七年级下册，苏教版则选编在高中必修三第八课。学生基础不同，课堂教学内容当然也不应相同。教师讲解时只有充分研究学生，把握学情，进行了充分行为研究的教学设计才是真正被理解的教学设计。

首先，教学设计应该包括哪些步骤？

加涅在《教学设计原理》中提出ADDIE教学设计模型，该模型主要包括五个步骤：分析（analysis）、设计（design）、开发（development）、应用（implementation）、评价（evaluation）④，基本的操作流程是从分析、设计、开发、应用到评价，最后根据评价的结果再对整个教学设计进行修改，并且设计者可以

---

① 中华人民共和国教育部：《义务教育语文课程标准（2022版）》，北京师范大学出版社，2022年，第32页。

② 中华人民共和国教育部：《普通高中语文课程标准（2017年版2022年修订），人民教育出版社，2022年，第32页。

③ ［美］格兰·威金斯、杰伊·麦克泰格著，闫寒冰等译：《追求理解的教学设计（第二版）》，2017年，第61–71页。

④ ［美］罗伯特·加涅著，王小明等译：《教学设计原理（第五版修订版）》，华东师范大学出版社，2018年。

根据情境的变化做出相应的调整，设计出符合情境特点的课程。第一步，分析阶段，设计者要了解学情，对教学目标和内容有初步规划；第二步，设计阶段，设计者要将预期成果转化为具体目标，从而制定合理计划；第三步，开发阶段，设计者要确定学习活动类型，制定学习活动流程，并对学习活动进行实验、修改调整；第四步，应用阶段，教师在设计实施过程中给予学生必要的技术指导和支持；第五步，评价阶段，设计者通过对学生和教师的评价，制定出该项教学设计的修改和调整计划。一个完整的教学设计应该包括上述五个步骤，但如何把这套流程应用于具体教学中仍需要探讨。

其次，为了更好地进行教学设计，须先论清语文阅读教学的总任务。

在新课程改革的形势下，语文阅读教学的任务有两个：一是要不断提高学生的阅读能力，培养语言建构与运用及其筛选信息的能力；二是要提高学生的文学素养，培养健康的人格。《义务教育语文课程标准（2022年）》将语文课程定义为“一门学习语言文字运用的综合性、实践性课程”①。在《普通高中语文课程标准（2017年版2020年修订）》中这个关于语文课程性质的论述继续被沿用，并且高度凝练了语文学科核心素养的四个方面。《普通高中语文课程标准（2017年版2020年修订）》明确指出：“语文学科核心素养的四个方面是一个整体，在语文课程中，学生的思维发展与提升、审美鉴赏与创造、文化传承与理解，都是以语言的建构与运用为基础。”②所以无论是《义务教育语文课程标准（2022年）》还是《普通高中语文课程标准（2017年版2020年修订）》都统一将语言运用作为语文教学的落脚点。语言使用是语文教学的目的，目前语文研究内容的一般性分类，大致可分为阅读、写作、口语交际、综合实践与考试评价。在此主要对阅读进行展开探讨。

那么在课堂中教师应如何提升阅读教学质量呢？这也是个常说常新的话题，根据新课标的有关阅读要求，再结合阅读教学的相关理论，列出以下几种方法。

一、设立阅读教学总目标，关注阅读教学的阶段性

叶圣陶先生把语文教学分为阅读和写作两大类。其中，阅读教学作为获取知识的途径，是写作的基础，也是语文教学的首要内容。因此，阅读教学是语文教学的重中之重。目标明确才有利于达到，因此，阅读教学首先须有一个明确的总目标，即阅读教学应注重学生综合能力的培养，这种综合能

---

① 中华人民共和国教育部：《义务教育语文课程标准（2022版）》，北京师范大学出版社，2022年，第1页。

② 中华人民共和国教育部：《普通高中语文课程标准（2017年版2020年修订）》，人民教育出版社，2020年，第4页。

力的培养，各学段可以有所侧重，但不应把它们机械地割裂开来。培养学生感受文本、理解文本、欣赏文本和评价文本的能力是最基本的，每一个学段都应该涉及。

其次，文体不同，采用不同的阅读方法。加涅教学设计理论的第一步分析不仅包括对学生学情的分析，也包括对教学内容的分析。教学不是千篇一律的，而是教师在充分了解教学情况下的开发与创新。“课标”中对于不同文体有不同的要求。因此，教师在进行教学设计时应根据不同文体特征设置不同教学目标。如叙事性文体，应在整体了解讲了一件什么事情的基础上，引导学生关注作品中的场景、人物、细节，感受形象，体悟情感，品味语言，表达自己的阅读感受。诗歌类文体要掌握整体诗意，体会诗歌中描写的意境，感受诗歌作品的思想内容与情感。阅读说明性文体的文章，要能抓住要点，了解文章的基本说明方法。阅读简单的非连续性文本，能从图文等组合材料中找出有价值的信息。总之，要想培养学生的独立阅读的能力，教师就要设置目标，分阶段分文体让学生慢慢接受，学会运用多种阅读方法，形成较为丰富的积累和良好的语感，增加情感体验，丰富自己的精神世界。

二、阅读教学体现对话阅读本质观

阅读就是读者与作者心灵之间的一场对话。艾布拉姆斯在《镜与灯——浪漫主义文论及批评传统》中提出了文学作品四要素：作者、读者、作品、世界。① 这四者都是独立的个体，而通过阅读这一途径成为不可分割的整体。那么，这种理论应用在学校的课堂中，阅读教学应是学生、教师、教科书编者、文本之间的一场对话过程。阅读对话包含着这样几层意思：阅读是读者与文本的主体间的对话过程；教学是教师与学生以及学生与学生的主体间的对话过程；教学过程平等的对话铸造了新型的师生关系，传统的“师道”变成平等的“人道”。在走向对话的阅读教学中，教师是从独霸讲坛的“独奏者”角色转变为“伴奏者”角色，从传递知识的“权威者”越来越多地变为思考的“激励者”，成为学生的顾问、交换意见的“参与者”，进而帮助学生发现真理，坚持真理。

阅读是通过对话完成课程目标的过程，了解编者意图可以提升阅读教学对话的质量，这是西方的解释学、文学批评理论在教学领域的借用。如何让阅读对话上一个高的台阶，提升阅读对话的质量呢？文本一经创造便是独立的个体，“一千个读者眼里有一千个哈姆雷特”，ADDIE 教学设计模型

① 〔美〕艾布拉姆斯著，郦稚牛等译：《镜与灯——浪漫主义文论及批评传统》，北京大学出版社，2015 年。

的第三步开发要求设计者(大多数情况下也就是教师本人)应具有开发文本的能力。文本开发不是无中生有,不是牵强附会,而是在熟悉文本、理解文本的基础上的开发。首先,教师作为课堂中的引导者,应熟练掌握文本,把握阅读文本的思想,领会作者的意图。研究型教师要有研究课程、教材、学生、文本的意识,不断体会教材编者的意图,要揣摩如何引导学生们理解文本的深层次价值,让学生多角度解读,体会文本的深意,寻找和挖掘文本所蕴含的语文核心价值,让学生在阅读教学中提升语文核心素养,从"肤浅对话"走向"深层对话"。其次,阅读教学要深层次化进行,教师要多学习阅读理论,提升自身的阅读理论素养。如艾布拉姆斯的《镜与灯——浪漫主义理论与批评传统》中,将"作品"置于三角的中央①,"作品"所处的三角是"世界""艺术家"和"欣赏者",进而分析它们之间的相互关系。在阅读教学中就要引导学生学会与"教科书编者"对话,体会教科书编者的意图,分析学生与教科书编者之间的关系,这样才有可能对文本有深入的理解,实现对话的阅读教学本质观。另外,阅读教学中教师要注意阅读教学策略,如情境式教学法、问题式教学法,学会和学生实现真正对话。对话的核心是寻找按钮:一是反常处。作者用词反常,要么是作者的失误,要么就是给读者留的一个明显的对话按钮,按动这样的按钮,就能与作者形成心的交流。这类对话按钮,只要有心,找起来并不困难。例如,《荷塘月色》中有这么一句话:"薄薄的青雾浮起在荷塘里。"不少同学在默写这句话的时候,往往将文中的"青"误写成"轻"。那么你能不能想一想,一般情况下不是都写成"轻雾"吗?为什么作者要写成"青雾"?是笔误还是另有玄机?循此追寻,也许你会发现,这"青"下得太妙了:雾本白色或灰色,但因雾薄,透过雾见到荷叶的颜色;而荷叶本是绿的,但夜晚在月光照耀下,绿色变成青色,于是雾成了"青雾"。如果用"轻",只写出了雾之薄,而用一"青"字,既写雾之薄,还写出荷塘的背景,更写出荷塘上的月色,这样的体物是何等精准!二是矛盾处。文章中出现的前后矛盾,要么是作者的疏漏,要么就是作者"别具匠心"。抓住这矛盾处询问作者(即自问),然后在文章中寻找作者对这矛盾的或明或暗的解释,就能与作者形成一种对话。《红楼梦》写林黛玉进贾府时,细心的读者会发现,林黛玉在回答读书的问题时前后明显矛盾。贾母问黛玉念何书时,她回答:"只刚念了《四书》。"而当宝玉问她"妹妹可曾读书?"她却回答:"不曾读,只上了一年学,些许认得几个字。"这种前后不一致的回答说明黛玉怎样的性格特征。三是强调处。作者既然在反复强调,就像电影的主题曲一样,

① 〔美〕艾布拉姆斯著,郦稚牛等译:《镜与灯——浪漫主义文论及批评传统》,北京大学出版社,2015年,第6页。

或者像乐章的主旋律一样，当然应该是为你留意的重中之重了。这种强调常常表现为一些修辞手法的运用，如反复、排比等，还有一些副词的运用。像《祝福》中，祥林嫂关于阿毛的念叨，作者不停地重复，作者是想告诉我们阿毛的死对于祥林嫂的打击。

三、加强个性化阅读教学，提升阅读品质

《义务教育语文课程标准（2022 年版）》指出："整本书阅读教学，应以学生自主阅读活动为主，阅读是学生的个性化行为。"①《普通高中语文课程标准（2017 年版 2020 年修订）》也指出："注重个性化阅读，学会探究性阅读和创造性阅读。养成相互切磋的习惯，乐于与他人交流自己的心得，展示自己的学习成果。"②阅读教学中，教师应启发学生心智，让学生在阅读中勇于展示自己的个性，不能以教师的阅读代替学生个人的阅读，抹杀学生的个性化阅读思维，要在理解课文的基础上，提倡全方位、多角度、有创意、有思想的阅读。

教师要有自己的设计理念，成长为一名匠心独具的教学设计者。在谈到小说教学设计一章时，王荣生教授特别强调，设计前不要先去看教参，文字是带有情绪和情感的。当你与她亲近了，她才会告诉你，她想表达什么。这就涉及一个理解力的问题。阅读教学中，阅读的主体是学生，学生都有自身的独立人格，作为独立的个体，每个学生有自己的思想、需要、情感、爱好、愿望和尊严。同时，学生又是具有独立个性的人，每个人的个性，只有通过恰当的教育才能健康地发展。在阅读教学中可以让学生自主设置开放性的问题，在学习《祝福》时，笔者首先引导学生自主阅读文本，然后，让学生结合自己的阅读理解提出开放性的问题，同学之间进行探讨、交流，如：你认为祥林嫂有没有反抗精神呢。电影《祝福》中有这样一个情节：祥林嫂捐了门槛，仍然被禁止参与祭祀活动，于是拿起菜刀，跑到土地庙砍门槛。你怎么看这个情节？让学生有发挥自我、开展个性化的空间，进而为个性化阅读教学奠定有效基础。

四、构建"必要的语文知识"，提升语文素养

阅读教学设计不应过于复杂，要少一些华丽烦冗的设计，多一些叩问心灵的问题。要做到这点，一定要深读文本，多读作者写的文章，做一场酣畅

---

① 中华人民共和国教育部：《义务教育语文课程标准（2022 版）》，北京师范大学出版社，2022 年，第 33 页。

② 中华人民共和国教育部：《普通高中语文课程标准（2017 年版 2020 年修订）》，人民教育出版社，2020 年，第 12 页。

淋漓的心灵对话。构建"必要的语文知识"。怎样筛选出"必要的语文知识"呢？一是关注知识的有用价值，二是要关注知识的"精神价值"。也就是适应语境方面的知识、选择语料方面的知识、切合语体方面的知识、语言创新方面的知识、组织话语方面的知识。

阅读教学的本质还是语文学习，目的在于提高学生的语文素养。阅读教学可以提升语文知识素养，帮助理解课文，提升学生语言建构与运用、思维发展与提升，审美鉴赏与创造、文化传承与理解的能力。但同时也要注意不能脱离语文运用的实际去进行"系统"的讲授和操练，更不应要求学生死记硬背概念、定义。重视对学生多角度、有创意阅读的评价。

五、重视阅读中的文化建构

核心素养中有"文化传承与理解"，那么在阅读中，我们也应该注意文本中的"文化"含义，时代的进步对人们的语言文字运用能力和文化传承能力提出了更高的要求，也给语文课程提出了新的要求。语文课程对继承和弘扬中华优秀传统文化，增强文化认同感，增强民族凝聚力和创造力，具有不可替代的优势。《义务教育语文课程标准（2022 年版）》中提出："应引导学生热爱国家通用语言文字，在真实的语言运用情境中，通过积极的语言实践，积累语言经验，体会语言文字的特点和运用规律，培养语言运用能力，同时，发展思维能力，提升思维品质，形成自觉的审美意识，培养高雅的审美情趣，积淀丰厚的文化底蕴，继承和弘扬中华优秀传统文化、革命文化、社会主义先进文化，增强对习近平新时代中国特色社会主义思想的理解和认识，全面提升核心素养。"①《普通高中语文课程标准（2017 年版 2020 年修订）》也指出："选读古今中外文化论著，在整体了解论著内容的基础上，把握论著的主要观点和基本倾向，了解用以支撑观点的关键材料，拓宽文化视野和思维空间，提高文化修养。"②这也提醒我们，在阅读中要学会尊重古今中外文化差异，以世界性、发展性的眼光看待古今中外文化。

六、加强对课外阅读的指导

《义务教育语文课程标准（2022 年版）》在"教学提示"中说："引导学生了解阅读的多种策略，运用浏览、略读、精读等不同的阅读方法，通读整本书，了解主要内容，关注整体与局部、局部与局部之间的关系；根据开展读书

---

① 中华人民共和国教育部：《义务教育语文课程标准（2022 版）》，北京师范大学出版社，2022 年，第 1 页。

② 中华人民共和国教育部：《普通高中语文课程标准（2017 年版 2020 年修订）》，人民教育出版社，2020 年，第 21 页。

活动的实际需要,合理推荐和利用适宜的学习资源。"①《普通高中语文课程标准(2017 年版)》首次在课标中提到"读整本的书"。2017 年教育部将"整本书阅读与研讨"纳入《普通高中语文课程标准(2017 年版)》,整本书阅读以课程内容的形式出现在新课标中,对高中语文阅读教学改革产生不可小觑的影响。长篇小说的节选作为语文教材的重要组成部分,较之非节选课文有着鲜明的教学特质与目的,教材编者在处理节选课文时,就隐含的有整本书或整篇长文的教学要求。基于课标对"整本书阅读"的重视,"整本书阅读不仅是语文课程标准的要求,也是语文阅读教学的发展趋势"。

《普通高中语文课程标准(2017 年版 2020 年修订)》强调:"多读多想多写,多角度地观察生活,多方面地增进语文积累,丰富自己的精神世界、生活经历和情感体验,完善自我人格,提升人生境界。培养广泛的阅读兴趣,努力扩大阅读视野。"②同时,新的课标调整了高中语文的课程结构,设计了 18 个"学习任务群",如何落实这 18 个"学习任务群",是每一个语文教育工作者需要总结和反思的问题。群文阅读围绕多文阅读,立足教材和语文教学过程,将教材内有生发延展价值的文本和教材的内容联结整合,进行"1+X"教学,对深入阅读教学有重要的促进作用。"1+X"阅读总体上跟群文阅读的指向是一致的。今天我们如此重视群文阅读,正是因为它契合了统编教材关于阅读的教学理念。"1+X"里"1"是议题,每一个议题除了生发于、生根于教材之外,还要照顾到人文性和工具性两方面。"1+X"群文阅读读本是教材的延伸和有效补充,其选文在强调经典性的同时注重时代性和趣味性,尽量和学生生活相贴近。

总之,教师要重视培养学生广泛的阅读兴趣,扩大阅读面,增加阅读量,提高阅读品位。关注学生通过多种媒介的阅读,鼓励学生自主选择优秀的阅读文本。学校要加强对课外阅读的指导,开展各种课外阅读活动,创造展示与交流的机会,营造人人爱读书的良好氛围。

课外阅读指导课的结构要素有以下几个方面:(1)阅读对象,即作品。(2)阅读主体,即学生。(3)阅读情境,即内容。(4)阅读话题,即支架。(5)阅读引领,即教师。

培育学生语文素养是每位语文教师所要追求的目标。《普通高中语文课程标准(2017 年版 2020 年修订)》中提出:"语文学科核心素养是学生在积极的语言实践活动中积累与构建起来,并在真实的语言运用情境中表现

① 中华人民共和国教育部:《义务教育课程标准(2022 年版)》,北京师范大学出版社,2022 年,第 33 页。

② 中华人民共和国教育部:《普通高中语文课程标准(2017 年版 2020 年修订)》,人民教育出版社,2020 年,第 32 页。

出来的语言能力及其品质……主要包括‘语言建构与运用’‘思维发展与提升’‘审美鉴赏与创造’‘文化传承与理解’四个方面。”语文核心素养可以这样理解:“语文课程应培育学生热爱祖国语文的思想感情,指导学生正确地理解和运用祖国语文,丰富语言的积累,培养语感,发展思维,使他们具有实际需要的识字写字能力、阅读能力、写作能力、口语交际能力。”其核心要素包括四个方面:“语言”“思维”“审美”“文化”。我们要凝聚语文核心素养,重视发挥语文课程的立德树人之重任。

当前的语文教学发展要与时俱进,跟上时代前进的脚步。阅读作为语文教学的重要内容,直接关系到学生语文综合能力与素质培养。因此,教师要重视阅读教学改革工作,结合以往语文阅读教学中存在的问题,及时采取有效的改进措施,提高语文课堂阅读教学的有效性,帮助学生提高自身语文阅读学习理解水平,并培养他们良好的创新思维能力。

文献选读:

[1] 中华人民共和国教育部:《义务教育语文课程标准(2022 版)》,北京师范大学出版社,2022 年。

[2] 中华人民共和国教育部:《普通高中语文课程标准(2017 年版 2020 年修订)》,人民教育出版社,2020 年。

[3] 〔美〕艾布拉姆斯著,郦稚牛等译:《镜与灯——浪漫主义文论及批评传统》, 北京大学出版社,2015 年。

[4] 〔美〕罗伯特·加涅等著,王小明等译:《教学设计原理(第五版修订版)》,华东师范大学出版社,2018 年。

[5] 钱梦龙:《钱梦龙与导读艺术》,北京师范大学出版社,2012 年。

第二节　不同文体的单篇阅读教学设计

上一节针对阅读教学设计的指导思想与语文课程标准的相关解读进行了介绍。在阅读教学中,单篇教学有其必要性和意义,也仍是现今大多数教师的选择,且群文和整本书的设计也需从单篇的基础开始。“语文教师当前最主要的或者说最重要的工作,就是基于语文教育研究者和语文教育研究者共同体所达成的一些共识,按照我们已经知晓的一些教学原理,去做好课文教学。在此基础上,在此前提下,再去探讨、实践、学习基础教育课程改革中一些新兴的教学模式和教学方法"①。因此，本节将对诗歌、小说、散文和戏剧这四个文体进行阅读教学设计指导，从理论层面上介绍对该文体进行教学设计的原则、方法和策略，并结合案例加深理解，每小节附一篇完整的教学设计以供研讨学习。

一、诗歌教学设计

此处之"诗歌"包含外国诗歌，也包含中国诗词与散曲。本小节主要从诗歌教学设计的原则、方法和策略三方面出发，介绍诗歌教学设计的相关理论与方法，最后附《蜀道难》这首诗的教学设计案例以供研讨学习。

（一）诗歌教学设计的原则

1. 整体性原则——"诗歌教学需从整体把握"

诗歌独特的文体特征决定了诗歌的理解必须从整体把握，局部意象的分析也必须置于整体的意境之下。在诗歌教学中，教师不仅要传授学生整体性理解的方法和技巧，更要以身示范，引导学生掌握正确的诗歌鉴赏方法。

首先，对诗歌内容的理解需要从整体进行把握，在整体理解意义的基础上进行感情的体会与深入。初读时可以疏通文义，把握整体基调，留下初步"印象"。诗歌中蕴含的情感也是丰富且变化的，如果不注意这些变化和多样性，在理解的过程中，就容易出现偏差甚至是误解。单纯就某个词或者某个意象进行分析理解，必须建立在知人论世、全面整体的基础上，否则就会有失偏颇，不仅无助于正确理解诗歌，而且会距离诗人越来越远，无法领会诗人丰富的内心世界。

其次，诗歌是非常讲究艺术性的文学体裁，其表达的含蓄委婉，象征、比喻、衬托等多种艺术手法的运用，使诗歌充满无穷的艺术魅力，如果不能从整体上去解读、赏鉴，就不能真正感受到诗歌艺术的无穷魅力，不能准确解读诗人的情感，不能领会诗人丰富多彩的内心世界。如《沁园春·雪》的教学设计中作者把眼中的景色和胸中情感相互交融形成的整首诗的感情基调的体悟就是整体领悟原则的体现。

2. 量力性原则——"诗歌教学需适度合宜"

量力性原则又称可接受原则，是指学习内容、方法和时间都要有益于学生的身心发展，是学生所能够接受的，但同时又要有一定的学习难度，要让学生必须经过努力才能完全学会，以促进学生的身心发展。在诗歌教学中也是如此，教师要教的知识不是学生看一眼就能掌握的，而应是那些在教师

① 王荣生：《课文教学设计的四个要点（下）》，《语文建设》2020年第19期，第34页。

的引导下学生经过思考和训练以后才能掌握的知识。

诗歌通常是抒情的,“感情”是理解诗歌的关键一环。老师在引导学生分析诗词情感之时,不能仅仅停留于诗词的表层,而是应该结合历史以及作者背景,对诗意情感做更进一步的挖掘,使学生全面地读懂、吃透所学的内涵。因此,在进行教学设计时要适合学生的理解水平,在学生理解范畴内自由展开,这样的教学才遵循量力性原则。

同时,诗歌教学方式也需切合诗歌特征及学生发展水平,古代诗歌和现代诗歌不能同一而论,不同学段年级侧重也应不同,都需从“适切”出发,寻找恰当合宜的路径进行教学设计。初高中诗词涵盖范围广,题材多样,内容丰富,如初中教材中每册设置“课外古诗词诵读”部分,高中语文课程标准中仅推荐的“诗词曲”就达40篇,面对如此庞杂的诗歌群,如何找到与每篇相适应的方法设计教学,对教师而言也是一种考验。

部编本初中语文　诗词篇目

七年级(上)	1. 金色花/泰戈尔　2. 荷叶母亲/冰心　3. 观沧海/曹操　4. 闻王昌龄左迁龙标遥有此寄/李白　5. 次北固山下/王湾　6. 天净沙·秋思/马致远　7. 峨眉山月歌/李白　8. 江南逢李龟年/杜甫　9. 行军九日思长安故园/岑参　10. 夜上受降城闻笛/　11. 秋词(其一)/刘禹锡　12. 夜雨寄北/李商隐　13. 十一月四日风雨大作(其二)/陆游　14. 潼关/谭嗣同
七年级(下)	15. 木兰诗　16. 竹里馆/王维　17. 春夜洛城闻笛/李白　18. 逢入京使/岑参　19. 晚春/韩愈　20. 登幽州台歌/陈子昂　21. 望岳/杜甫　22. 登飞来峰/王安石　23. 游山西村/陆游　24. 己亥杂诗(其五)/龚自珍　25. 泊秦淮/杜牧　26. 贾生/李商隐　27. 过松源晨饮漆公店(其五)/杨万里　28. 约客/赵师秀　29. 假如生活欺骗了你/普希金　30. 未选择的路/弗罗斯特

八年级(上)	31. 黄鹤楼/崔颢　32. 使至塞上/王维　33. 渡荆门送别/李白　34. 春望/杜甫 35. 钱塘湖春行/白居易 36. 龟虽寿/曹操　37. 赠从弟(其二)/刘桢　38. 梁甫行/曹植　39. 移居(其二)/陶渊明　40. 饮酒(其五)/陶渊明　41. 行路难/李白　42. 雁门太守行/李贺　43. 赤壁/杜牧　44. 渔家傲(天接云涛连晓雾)/李清照　45. 相见欢(无言独上西楼)/李煜　46. 相见欢(金陵城上西楼)/朱敦儒　47. 浣溪沙(一曲新词酒一杯)/晏殊　48. 如梦令(常记溪亭日暮)/李清照
八年级(下)	49. 关雎 /《诗经》　50. 蒹葭 /《诗经》　51. 式微/《诗经》　52. 子衿/《诗经》　53. 送杜少府之任蜀州/王勃　54. 望洞庭湖赠张丞相/孟浩然　55. 题破山寺后禅院/常建　56. 送友人/李白　57. 卜算子·定慧院寓居作/苏轼　58. 卜算子·咏梅/陆游
九年级(上)	59. 沁园春·雪/毛泽东　60. 我爱这土地/艾青　61. 乡愁/余光中　62. 你是人间的四月天/林徽因　63. 我看/穆旦　64. 茅屋为秋风所破歌/杜甫　65. 酬乐天扬州初逢席上见赠/刘禹锡　66. 水调歌头(明月几时有)/苏轼　67. 月夜忆舍弟/杜甫　68. 商山早行/温庭筠　69. 长沙过贾谊宅/刘长卿　70. 左迁至蓝关示侄孙湘/韩愈　71. 咸阳城东楼 /许浑　72. 无题 /李商隐　73. 行香子(树绕村庄)/秦观　74. 丑奴儿·书博山道中壁/辛弃疾
九年级(下)	75. 祖国啊,我亲爱的祖国/舒婷　76. 梅岭三章/陈毅　77. 月夜/沈尹默　78. 萧红墓畔口占/戴望舒　79. 断章/卞之琳　80. 风雨吟/芦荻　81. 统一/聂鲁达　82. 渔家傲·秋思/范仲淹　83. 江城子·密州出猎/苏轼　84. 破阵子·为陈同甫赋壮词以寄之/辛弃疾　85. 满江红(小住京华)/秋瑾　86. 定风波(莫听穿林打叶声)/苏轼　87. 临江仙·夜登小阁,忆洛中旧游/陈与义　88. 太常引·建康中秋夜为吕叔潜赋/辛弃疾　89. 浣溪沙(身向云山那畔行)/纳兰性德　90. 十五从军征　91. 白雪歌送武判官归京/岑参　92. 南乡子·登京口北固亭有怀/辛弃疾　93. 过零丁洋/文天祥　94. 山坡羊·潼关怀古/张养浩　95. 南安军/文天祥　96. 别云间/夏完淳　97. 山坡羊·骊山怀古/张养浩　98. 朝天子·咏喇叭/王磐

统编版高中语文必修 诗词篇目

必修(上)	1. 沁园春·长沙/毛泽东　2. 立在地球边上放号/郭沫若　3. 红烛/闻一多　4. 峨日朵雪峰之侧/昌耀　5. 致云雀/雪莱　6. 芣苢/诗经　7. 文氏外孙入村收麦/苏辙　8. 短歌行/曹操　9. 归园田居/陶渊明　10. 梦游天姥吟留别/李白　11. 登高/杜甫　12. 琵琶行/白居易　13. 念奴娇·赤壁怀古/苏轼　14. 永遇乐·京口北固亭怀古/辛弃疾　15. 声声慢/李清照　16. 静女/诗经　17. 涉江采芙蓉/古诗十九首　18. 虞美人/李煜　19. 鹊桥仙/秦观
必修(下)	20. 桂枝香·金陵怀古/王安石　21. 登岳阳楼/杜甫　22. 念奴娇·过洞庭/张孝祥
选择性必修(上)	23. 秦风·无衣/诗经　24. 春江花月夜·张若虚　25. 将进酒/李白　26. 江城子·乙卯正月二十日夜记梦/苏轼
选择性必修(中)	27. 致大海/普希金　28. 迷娘(之一)歌德　29. 自己之歌/惠特曼　30. 树和天空/特朗斯特罗姆　31. 燕歌行并序/高适　32. 李凭箜篌引/李贺　33. 锦瑟/李商隐　34. 书愤/陆游
选择性必修(下)	35. 氓/诗经　36. 离骚/屈原　37. 孔雀东南飞/乐府民歌　38. 蜀道难/李白　39. 蜀相/杜甫　40. 望海潮(东南形胜)/柳永　41. 扬州慢(淮左名都)/姜夔　42. 登快阁/黄庭坚　43. 客至/杜甫　44. 临安春雨初霁/陆游　45. 拟行路难(其四)/鲍照

(二) 诗歌教学设计的基本方法

1. 情境教学法

叶维廉先生说:“语言和思想都是一个牢房,不断地在一个‘封闭的’思维系统里、语规系统里反复成规、解规;但另一方面,传释中对话的活动,又使思想和语言成为一个‘开放的’系统,在不同的历史和时间的相遇与交谈下,不断生长,不断变化。”①也就是说,诗歌语言是思想的牢笼,但同时又是解诗的工具。因而,从诗歌语言入境,是“进入”诗歌进而赏析诗歌的重要突破口。诗歌语言具有高度的抽象性,学生深刻领悟其诗情画意,需要借助情境的创设。为学生营造各种生动、具体、形象的诗歌学习情景,可以用画面展现情境,用音乐渲染情境,用语言描述情境,用诗意拓展情境,将诗歌学习

① 叶维廉:《中国诗学》,生活·读书·新知三联书店出版社,1992年,第144页。

融入学生的生活认知中,加深学生的理解,从而帮助学生享受诗意美感,提高学习诗歌的兴趣。

现代技术与网络信息的发展,也为教师创设情境提供了有力支持,善用、适用多媒体等技术将有助于课堂的生成与学生的沉浸与体验。音乐、图像、影视……多种多样的感官体验,对于营造更加真实立体的诗歌意境有重要的意义,也是学生感受诗歌氛围,培养诗歌欣赏能力的重要凭借。而置身于诗歌情景中,学生对内容和主题也更易形成整体印象,并不断深化,而非碎片化的"知识点"。

总之,运用一切有利条件创设有助于学生理解诗歌的真实课堂情境。

• 在课堂教学《将进酒》时,以充满感情的朗诵与讲解是营造情境气氛的主要手法,"君不见,黄河之水天上来,奔流到海不复回;君不见,高堂明镜悲白发,朝如青丝暮成雪"。将诗意化的语句与充满感染力的声调糅合在一起,学习者将更易沐浴到浓浓的诗意的气息里,同时辅以音乐伴奏与视频,促使学习者通过不断的吟咏体会语气变化,利用各种感官多维地体验诗境诗意,让其在不知不觉中体会思想与韵味。

• 教学《过故人庄》,教师在有感情地讲解的同时,可展示一张或一组画面:青山绿地、清溪金菊、堆满谷垛的稻场、旺盛的菜地、善良的村民、做游戏的孩子;同时以音乐伴奏,悠扬婉转,有鸡叫、犬吠、举杯相碰,声音、画面和讲解共生互融,创设更加真实的情景以使学生在不自觉中"耳濡目染",留下对诗的深刻印象。

• 教学白居易的《琵琶行》时,教师在凄切悠扬的琵琶曲背景音下,组织学生观看动画视频:友人已经上船,白居易站在马下和友人依依惜别,忽然听见远处传来伤感的琵琶声。在如此画面感召下,教师不必烦琐地讲解,学生也能体会到诗文的深层情感。

2. *意象分析法*

意象分析法是诗词教学中的一个重要方法。所谓"意象",就是作者的主观意念和客观物象的结合,是融入诗人情感的"物象",是"特殊化"了的具体形象。运用意象是诗人创作诗歌常用的方法,尤其在中国古典诗词中,诗人"立象尽意",用意象表达不可道明的情韵与感怀。意象是诗词最重要的审美领域,是融入了诗人主观情感的客观物象,是诗人内在情感的外在投射,学生可以沿着作者意象的踪迹,欣赏"象外之境",溯洄"象外之意",收获读诗的审美体验。在分析意象时,既要积累一些古典诗歌中常见的意象,如对于古诗词中"月亮"这一意象,《静夜思》中,"床前明月光,疑是地上霜,举头望明月,低头思故乡",表现出诗人浓浓的思乡之情,诗中的月亮就不再是客体,而是包含了诗人情感的意象了。杜甫的《月夜忆舍弟》,"露从今夜白，月是故乡明”，月在哪里都是亮的，但诗人却说故乡的月更亮，因为思念亲人，唯有家乡那轮明月才是心中牵挂的。诗人用主观想法代替客观事实，为了显示自己对亲人的思念。又“但愿人长久，千里共婵娟”也是写月和怀人，却与前两首不尽相同，多了层期愿与开解，同样都是“月”，也都有“思乡怀人”之意，却各有千秋，有微妙的差别，通过深入研读挖掘这些意象，诗歌背后的情和意也将浮出水面。

另一方面，通过比较意象的内涵也有利于分析不同诗歌的深层感情。例如，同样写《秋思》，张籍和刘禹锡展现的感情完全不一样，张籍用“洛阳城里见秋风，欲作家书意万重。复恐匆匆说不尽，行人临发又开封”，充分展现了自己对亲人的想念；而刘禹锡用“古逢秋悲寂寥，我言秋日胜春朝。晴空一鹤排云上，便引诗情到碧霄”，表现了自己对秋天的赞颂与喜爱。同样的意象拥有了不同的情感色彩，正如王国维所言：“以我观物，则物皆着我之色彩。”①周振甫先生也曾说过：“作家的风格，除了他的作品的风格之外，还要加上作家的气质个性来考虑。”②不同作者在不同时间不同感受下选取的“意象”就是解开诗歌象征意义的线索，教师在设计时也应以有价值的“意象”作为切口，深入挖掘其背后的情感意蕴，引导学生发现、分析、探究、积累“意象”，提升学生的审美感受力和鉴赏力。

- 柳树：“昔我往矣，杨柳依依；今我来矣，雨雪霏霏”；“今宵酒醒何处？杨柳岸，晓风残月”；“枝上柳绵吹又少，天涯何处无芳草”……
- 月亮：“雁字回时，月满西楼”；“但愿人长久，千里共婵娟”；“我寄愁心与明月，随君直到夜郎西”；“月明星稀，乌鹊南飞”；“海日生残夜，江春入旧年”……
- 长亭、酒、管弦、杜鹃、花、雨……

3. 对比性赏读法

在诗歌学习过程中，教师可以进行对比性学习，将两首或者更多的诗歌融合在一起，从诗人风格、创作背景、情感质态等多个维度辨析鉴赏，探寻诗歌之间同中有异、异中有同的联系，强化学生对诗歌理解的广度和深度。现行教材对于中国古代诗歌的编排通常借助“古诗两首”或“古诗三首”形式，而且选择在同章节出现，一组诗歌在描写内容、情感主题上、表现方式上，都存在或多或少的共性特征。如果只局限于某一篇，学生对诗歌的把握可能仅从固有的视角展开，无法在对比中感受相似与反差，情感的认知张力也就无法真正地揭示出来，自然也就违背了教材编者的实际用意。教材的“古诗

① 王国维：《人间词话》，上海古籍出版社，1998年，第1页。

② 杨牧之、余喆编：《诗文鉴赏方法二十讲》，中华书局，1988年，第65页。

词集中”编排方式为学生的对比阅读提供了天然的依托，也为教师进行对比阅读教学设计提供了路径。

九年级下册中《江城子·密州出猎》的作者苏轼与《破阵子·为陈同甫赋壮词以寄之》的作者辛弃疾，均是宋代杰出的词家，辛弃疾更是将豪放词发扬光大，他们生活环境不同，经历也不尽相同，但两首词都带有壮志未酬、家国天下之感。通过比较分析两首词中的意象、意境、事件等，可以加深学生对作者独特性的认识，了解人物背后的经历与时代，帮助其更全面地解读诗词。

（三）诗歌教学设计策略

1. 重构诗群，强化诗词教学的课程意识

“理解一篇古诗词，既离不开语言环境，也离不开诗人的生活处境，更离不开特定的历史、社会和人文语境。诗和诗很可能在某个场景下，彼此阐释，相互映现，相互敞开。因此，我们能把对于一首诗的孤立理解带入多诗‘互文’的场景下，以重构诗词教学的内容。在教学内容重构下，教师所注意的重点不再是教材里作为‘课文’的诗篇，则是作为‘课程’的诗群”①。这些诗群，在主题、题材、意象、结构、手法等方面具有不同的相关性，其关联的方式多种多样。

杜甫的《登岳阳楼》是在暮年写成的，饱含着“亲朋无一字，老病有孤舟”的困窘、凄惨和孤独，又充满“戎马关山北，凭轩涕泗流”的感伤、痛苦与忧患。如果从整个古典文学角度来看，我们可以将杜甫的这首《登岳阳楼》与很多登临诗联系起来。比如，李商隐的《安定城楼》、陈子昂的《登幽州台歌》、王之涣的《登鹳雀楼》，等等。由此建立起“以一带多”的诗群后，就可以从文学视角出发，更好地引导学生读懂杜甫的“沉郁顿挫”不同于李白的“轻灵飘逸”，也更易于体会杜甫的“老泪纵横”区别于陈子昂的“独怆然而涕下”。

又如，诗人写于不同时间的诗歌也可构建连接，杜甫《望岳》《春望》《蜀相》《登高》《茅屋为秋风所破歌》等也能以一带多，建立诗群，引导学生全面了解其人其诗，在教学设计中也可将诗群整合，关照学生的整体思维与诗歌鉴赏能力。

2. 以诗解诗，聚焦诗词欣赏的审美意象

中国古代诗词里的意象颇为丰富，但也有类型化特征。因不同诗人的反复吟诵，不同场景下的意象已经凝聚了共同的情感，形成了一种文化符

---

① 黄耀红：《古诗词教学的文字立场、文学场域与文化取向》，《中国教育学刊》，2020年第6期，第35页。

号。比如"月亮"意象,"月亮"是古诗词中出现频率最高的意象之一,傅道彬先生说:"月亮作为一种象征形式,它唤起了人们苍茫浩渺的宇宙意识和历史意识,唤起了具有广大空间的人生喟叹,触动着悠远荒古的文化原始意象,因此月亮意象的出现总伴随着阔大苍凉的宇宙空间、浩渺悲壮的天问意识和雄浑高古的审美境界。月亮在中国文化里构成了两个传统,一个是历史的传统,一个是审美的传统。"①从古诗词教学的视角出发,这种类型化的意象表达也有助于我们建立对经典诗歌的整体印象,从而涵养对古典的审美趣味。

从小学至高中,教材中共选了十多首李白的诗。如果我们关注"月亮"这个意象,将这些创作于不同时期的"月亮"放在一起,李白一生的境遇与情感变化都显露出来。从少年到出蜀,从漫游到应召,从辞官到遇祸,李白的诗里一直有"月亮"。从这种相同的审美意象切入,"李白的诗"和"诗的李白"就能相互阐释。

为什么提倡"以诗解诗"呢?古诗词的意象里充满隐喻、象征和多义。以诗解诗,是让诗人用自己语言来"说话",是用诗性的思维回避确定性,而敞开了多向性。就像不能把古诗词中的"孤舟"简单翻译为"孤独的船"一样,以诗解诗的真实含义是拓展符号和生命之间的诗性对话。

3. 以评带议,开掘诗词教学的对话空间

"一首诗歌的流传史往往就是其意义的建构史"。经典诗词之所以"经典",离不开一代代众多名家学者对它们的评论和诠释,其所指和意义不断扩充丰富,文学艺术性也随之加强。对诗词教学来说,前人对于某诗或某个诗人的评论,往往是激起学生阅读兴趣的最好方式,它有利于助推课堂对话走向深入,实现课堂理解的融合。

统编版高中语文必修教科书中的《梦游天姥吟留别》,李白对仙境的描述是这样的:"青冥浩荡不见底,日月照耀金银台。霓为衣兮风为马,云之君兮纷纷而来下。虎鼓瑟兮鸾回车,仙之人兮列如麻。"怎样理解这种诗境呢?我们可以引用名家对李白诗风的评价。一是杜甫曰:"白也诗无敌,飘然思不群。"二是赵翼《瓯北诗话》中所说:"诗之不可及处,在乎神识越迈,飘然而来,忽然而去,不屑屑于雕章琢句,亦不劳于镂心刻骨,自有天马行空不可羁勒之势。"②为什么说李白的诗"飘然思不群"?他的飘然到底展现在何处?"天马行空不可羁勒之势"又体现在哪里?

将这样的"评论"放在讲解中以引起学生思考,则对于这首诗的鉴赏和

---

① 傅道彬:《晚唐钟声:中国文化的原型批评》,东方出版社,1996年,第54页。

② 〔清〕赵翼:《赵翼全集(五)》,凤凰出版社,2009年,第1页。

分析就会不只停留在孤立片面的字句分析，而是全面地进入诗意鉴赏的更高层次。在引入他人评论的同时也可以鼓励学生在深入理解之上，提出自己的“诗评”，从“解诗评”到“解诗”再到“评诗”，逐层深入，反复强化，构建系统的诗歌鉴赏空间，兼顾思维与能力的共同提升。

“诗歌”有音乐的一面，是必须宣之于口的抒情方式。在贯彻以上提到的三个诗歌策略时，要特别注意指导学生进行多次诵读，在诵读中体会诗歌的语言和魅力，品味诗歌中所表达的情感，学习鉴赏方法，增强语感，从而提高学生语文素养。同时也应注意诗歌间的差别联系，善用比较和联想，更要注重想象，“要欣赏或批评词，光是了解字句、故实、章法等项是不够的，还得有想象力”①。在教学设计时，针对中外不同风格题材的诗歌，找到最切合、最适宜的教学方法，围绕正确目标进行有助于诗歌理解的环节设计，使学生得到情感的熏陶、能力的训练、思维的提升及审美的发展。

在教学诗歌时，教师也应讲授节奏韵律、音调等基本知识，提醒学生在日常学习中注意积累，寻找掌握“知识”与发展“能力”的平衡点，使二者共同服务于学生的智力提升与素养提升。“知识”是理解诗歌的必要准备，是“能力”提升的必备因素，而能力的提升也使学习和运用知识更加灵活自如，二者相辅相成，从未剥离。在进行教学设计时，教师可以设置丰富多样的“知识型”或“能力型”环节，如：

“小组朗诵”

“赛诗会”

“飞花令”

“诗词接龙”

“畅所欲言——你心中的李白”

“月是故乡明——为家乡写一首小诗”

……

这些环节或注重记忆理解，或注重思考运用，有巩固也有拓展，教师可以根据现实需要灵活设计，激发学生的参与热情，同时注重启发引导，将清晰明确的任务要求与自主探究的氛围相结合，使学生真正参与其中并得到能力的提升。最后，也应注重反思评测环节的有效性与发散性，不能仅仅停留于背诵默写，而应建立丰富的课后研讨机制，激发学生主动性，使诗歌走进学生生活，在真实的生活体验中不断加深理解。

---

① 杨牧之、余喆：《诗文鉴赏方法二十讲》，中华书局，1988 年，第 8 页。

研讨·反思——教学设计案例:《蜀道难》

研讨提示:

- 教学目标是否设置合理?
- 教学重点是否合理?
- 教学目标是否实现?
- 教学环节设置是否有利于目标实现、是否有效科学?
- 学生能否通过教学得到能力的提升?
- 教师的问题提出方式与问题设置是否存在问题?
- ……

【案例】

《蜀道难》教学设计①

设计者	刘学飞(江苏省淮阴中学)
题目	《蜀道难》教学设计
时间	2019 年

编者按:

朗读法是中学诗歌教学的主要教学方法之一,通过多种形式的朗读,学生能够和晦涩的诗歌产生联系,体会诗歌蕴含的感情。《蜀道难》是一首较难的诗歌,因为其具有篇幅长、生字多、内容不易理解等特点。

本设计通过学生自读、教师范读、名家听读三种方式,在多次诵读中,学生读准字音,掌握诗歌节奏与韵律。通过题解和细读文本,刘老师设计了“五难”问题帮助学生读懂诗歌内容,梳理清楚全诗结构。在此基础上,引导学生从语言、写作手法、情感表达、艺术想象等角度思考诗歌之美。从浅层到深层,引领学生逐步领会诗歌魅力。最后以开放性的作业设计引导学生思考诗歌主旨,体现了“课有尽而思无穷”的设计理念,符合课标对于引导学生自主阅读,重视学生自身的阅读感受的要求。

【教学目标】

1. 以诵读方式表达诗句理解,呈现对诗歌内容的初步感知。
2. 以赏读方式研习诗文内容,概述对诗歌内容的梳理。
3. 以引介方式探读诗作魅力,引发对诗歌价值的不同解说。

评点:教学目标清晰,具有可操作性。三步骤由浅入深,符合学生接受能力。

① 刘学飞:《〈蜀道难〉教学设计》,《中学语文教学》,2019 年第 7 期,第 66-69 页。

【教学重点】

细读诗句内容，引发对《蜀道难》诗作魅力的读赏表达。

【课前准备】

借助课下注释及工具书疏通诗句，放声试读，感受诗作的豪情与别具风格的描写。

【教学过程】

一、诵读导入

（一）检查预习情况

1. 指读，纠正加点字音

PPT：鱼凫（fú）西当/一夫当关（dāng）石栈（zhàn）抚膺（yīng）崔嵬（wéi）匪（fēi）亲。

2. 自读整首诗

（二）诵读，表达初步感知

1. 找出自己最喜欢的诗句，自由读，感受诗人的豪气抒情。

2. 全班齐读《蜀道难》，感受诗人别具风格的描写。

（三）范读典型诗句

1. 开篇三句：噫/吁/嚱！危乎/高哉！蜀道/之难，难于/上/青天。

朗读指导："噫吁嚱！"一字一读，"危乎高哉"两字一断，句式参差，节奏起伏，语调缓急，形成情感高潮，感受行走蜀道之艰难。

2. 最长句子：嗟/尔远道之人/胡为乎/来哉？

朗读指导：领字单读，毛泽东诗词中有这种现象，比如"问/苍茫大地""望/长城内外"等，"尔"和"远道之人"是复指，若"嗟尔"连读意思不通。

（四）再读，表达诗句理解

1. 听名家表演读，感受诗句理解。

2. 请学生尝试读，表达对诗句的理解。

评点：多种形式诵读诗歌，学生可以先从语言上与诗歌建立联系，为下面的文本细读打基础。

二、译题深入，细读诗歌内容

（一）读译诗题，概说诗歌内容

翻译题名"蜀道难"，补充诗题中的省略部分，使意思表述完整。

明确：蜀道难，难于"攀越/行走/通好/乐居/开通/……"

（二）研读诗句，细说诗歌内容

- 问题一：作者是如何表达蜀道"难攀越"的？

明确:诗句“上有六龙回日之高标”直接道出蜀道有让“六龙回日”的“高标”,长于腾飞的黄鹤“尚不得过”,善于攀登的猿猱也发愁,从正、侧两面写出蜀道“难攀越”;“连峰去天不盈尺”和“扪参历井”更是夸说蜀道“连峰”之高,“仰胁息”“以手抚膺坐长叹”极写人行其上的艰难情状和畏惧心理,表面上是突显蜀道的高危,实际是说“绝巘巉岩不可攀”。

• 问题二:作者是如何表达蜀道“难行走”的?

明确:“人道”青泥岭多雨常泥泞,诗人以“萦岩峦”和“百步九折”等词语直写蜀道“盘盘”之状,又着一“何”字在抒情中明告蜀道曲折,难以行走。

• 问题三:作者是如何表达蜀道“难通好”的?

明确:诗人选取悲鸟、古木、子规、夜月、空山、枯松、绝壁、飞湍、瀑流、回川等一系列意象,从视听、动静、声色、上下等多个角度,描写蜀道空旷可怖的环境,渲染蜀道惨淡悲凉的气氛,显现蜀道川险、境凄、景异的特征;“其险也如此,嗟尔远道之人胡为乎来哉”在作结叹问中,暗示蜀道是“险境”、蜀道“难通好”。

• 问题四:作者是如何表达蜀道“难乐居”的?

明确:由“面”向“点”,剪取蜀道上“峥嵘而崔嵬”的剑阁,从“一夫当关,万夫莫开”的险要地势和“守或匪亲,化为狼豺”的人事变动,呈现蜀地“猛虎长蛇”“磨牙吮血,杀人如麻”的社会现实和政治动荡,劝告世人锦城实非乐土,蜀道或将“势乱”,不如早早“还家”。

• 问题五:作者是如何表达蜀道“难开通”的?

明确:“蚕丛及鱼凫”开创的古蜀国是有的,但是有些“茫然”了,“四万八千”年来,“不与秦塞通人烟”;入蜀的道路也是有的,在太白山西面有一条“鸟道”,“可以横绝峨眉巅”,后来五壮士献命,勾连“天梯”和“石栈”,才有了罕见人迹的险峻“蜀道”。诗人从开国的古老传说,追溯到隔绝的漫长历史,又引用古书记载的蜀国神话,以强调“蜀道开通艰难,得来不易”。

评点:“五难”问题设计,清晰明了,引导学生抓住重点词句疏通诗意。

(三) 借助阅读材料,梳理行文思路

阅读下面的材料,划分全诗结构。(PPT)

以蜀道艰难为中心,从山的高峻崔嵬、山路的险阻难行、山林环境的危险和气氛的凄厉、人事的变幻莫测等方面,发挥了丰富的想象,以极其夸张的语言,刻画了不平凡的自然面貌,抒发了诗人激越的感情。

—— 王运熙《汉魏六朝唐代文学论丛》

明确:全诗大致分成三个部分:第一部分,从“噫吁嚱”到“然后天梯石栈相勾连”,以叹词叹句奠定基调、点出主题后,主要写道路开辟之艰难;第二部分:从“上有六龙回日之高标”到“嗟尔远道之人胡为乎来哉”,主要写攀登跋涉之艰难;第三部分,从“剑阁峥嵘而崔嵬”到“不如早还家”,主要写由剑阁地理形势之险要联想到蜀地社会形势之险恶,进而规劝友人及早还家。

三、观点引入,探究诗作魅力

阅读下面的材料,说一说这首诗有何奇特魅力?(PPT)

奇之又奇,自骚人以还,鲜有此体调也。——唐·殷璠《河岳英灵集》

点拨:可从作品的语言、写作手法、情感表达、艺术想象等角度去鉴赏。

示例:

(一)语言奇崛

——《蜀道难》采用七言歌行体,以七言为主,杂以四言、五言、六言、八言等灵活多变的句式,加入“之、乎、也、哉”等不常用于诗的语助词,短者仅三字,长者十一字,长短错落,时而散漫,时而整齐,完全是散文的自由笔法。

(二)手法多样

——夸张是《蜀道难》最显著的艺术手法,诗中事物往往被夸张到极度,如“难于上青天”“连峰去天不盈尺”等,夸说蜀道高耸难越,以“使人听此凋朱颜”显示蜀道奇险可怖,以“四万八千岁”强调秦蜀交通阻隔久远,以“百步九折”突出青泥岭山路盘曲,虽不符合实际却有力地突出了蜀道的艰险雄奇和不可攀越的凛然气势。此外,还引用神话传说,摹写神情动作,化用诗句,正侧相衬,动静结合,声色相辅,寥寥数语即描绘出高险奇绝的蜀道场景和惶恐惊惧的行走情态,形成了多种手法交融的艺术特色。

(三)抒情强烈

——开头连用三个惊叹语“噫吁嚱”“危乎”“高哉”,直接抒发对蜀道之高峻的惊愕和感慨,为全诗奠下咏叹的感情基调;而后在诗的开篇、中间和结尾,反复三次出现“蜀道之难,难于上青天”的诗句,直泻奔腾、激荡的感情,给人以一唱三叹、回环往复的感觉,使整首诗前后呼应,绵连一体。

(四)想象奇特

——从开国、开山的古老传说到“朝避猛虎,夕避长蛇”的蜀道现实,从六龙回日之“高标”到冲波逆折之“回川”,既展现“百步九折”“连峰去天不盈尺”“枯松倒挂倚绝壁”等蜀道之图景,又激荡“悲鸟号”“子规啼”“砯崖转石万壑雷”等蜀道之音响,甚而还有“扪参历井仰胁息,以手抚膺坐长叹”等感受;凭借奇特想象描绘出具体的蜀道面貌,渲染出幽森的蜀地氛围,为作品增添了浓郁的浪漫气息。

明确:此题答案为开放性,以培养学生的鉴赏与思辨性思维为目的,只要能自圆其说即可。

评点:开放性问题设计,但又给学生提供思考角度,既能够提高学生鉴赏能力,又重视学生自身阅读感受。但是关于如何引导学生从这些角度鉴赏分析缺乏设计。

四、布置作业

有人认为,《蜀道难》一诗的主旨自唐代以来见仁见智,众说纷纭,代表性说法有五种:其一"危房杜"说,认为是为杜甫、房琯担忧而作;其二"讽幸蜀"说,认为是为规劝唐玄宗而作;其三"刺章仇"说,认为是讥刺章仇兼琼;其四"咏蜀"说,认为是歌咏蜀地山川;其五"仕途坎坷"说,认为是李白自叹人间行路难、仕进难。① 对此,请谈谈你的看法。要求:可从中"采纳一说",来表达自己的观点;或不拘泥于以上观点,可肯定,亦可否定,完成一份评说《蜀道难》的书面作业,字数600字。

板书设计:

蜀道	有"高标"	难	攀越
	"萦岩峦"		行走
	是险境		通好
	或势乱		乐居
	久隔绝		开通

评点:板书设计简洁又具有概括性,表格式使教学内容清晰明了。

【总 评】

《蜀道难》位于高中选择性必修下册,作为李白的经典诗歌,与其他篇幅短小、极富浪漫主义与想象色彩的诗篇有所不同,它篇幅较长、生字多、内容不易理解。

刘学飞老师的设计借助"读"串联全文,通过学生自读、教师范读、名家听读三种方式,在多次诵读中使学生读准字音,掌握诗歌节奏与韵律,完成了诗歌教学的知识层面,也将诵读方法运用到了教学过程中,对学生"读"进行了点拨。随后通过题解和细读文本,刘老师设计了"五难"问题帮助学生读懂诗歌内容,梳理全诗结构。体现了从"读"到"读懂"的思维发展过程。进而引导学生从语言、写作手法、情感表达、艺术想象等角度思考诗歌之美,领略艺术手法和情感表达上的妙处。整个教学过程从浅层到深层,从"读"到"读懂"再到"深入体会",遵循学生理解思考规律,适时引导,水到渠成,每一环都建立在前一层的基础上并能有所发展,学生也能在循序渐进中领会诗歌魅力,掌握鉴赏诗歌的方法。

最后,刘老师以《蜀道难》一诗的主旨众说纷纭为切入点,设计开放性作业,引导学生思考诗歌主旨,体现了"课有尽而思无穷"的设计理念,符合课标中对于引导学生自主阅读,重视学生自身的阅读感受的要求。

---

① 陆精康:《〈蜀道难〉主旨争鸣及教学处理》,《中学语文教学》,2002年第9期。

拓展阅读	
高冰峰	《蜀道难》研究综述及教学建议①
杨仕威	笔落惊风雨,诗成泣鬼神——《蜀道难》教学设计②
金新宇	《蜀道难》教学设计③

思考

1. 结合所学,针对以上教学设计讨论优点与不足,自选角度对该教学设计进行评述。

2. 该教学设计的目标是否合理?是否在教学过程中得到了有效实施?

3. 你认为诗歌教学的方式有哪些。怎么培养学生对诗歌的鉴赏能力?

4. 任选一中学语文教材中“诗歌”篇目完成一篇教学设计。

文献选读:

[1] 王国维:《人间词话》,上海古籍出版社,1998年。

[2] 朱光潜:《诗论》,华东师范大学出版社,2018年。

[3] 温儒敏:《统编高中语文教材的特色与使用建议——在统编高中语文教材国家级培训班的讲话》,《课程·教材·教法》,2019年第10期。

二、小说教学设计

“小说”是初高中教材的重要组成部分,或长或短的篇幅,兼具思想性与故事性,是培养学生阅读能力与思维能力的有效途径。本节主要从小说教学设计的原则、方法和策略三方面,介绍小说教学的理论与方法,探究小说教学设计中的问题与对策,最后附《祝福》的两篇教学设计案例以供研讨学习。

教材中的小说包含中外古今,题材、风格、语言都极为丰富,且多是名篇,具有很高的文学艺术价值与思想性。

---

① 高冰峰:《〈蜀道难〉研究综述及教学建议》,《中学语文教学》,2015年第1期,第59-64页。

② 杨仕威:《笔落惊风雨,诗成泣鬼神——〈蜀道难〉教学设计》,《中学语文教学》,2010年第11期,第59-61页。

③ 金新宇:《〈蜀道难〉教学设计》,《中学语文教学》,2008年第2期,第55-57页。

部编版初中语文教材 小说篇目

七年级(上)	刘义庆《世说新语》两则(《咏雪》《陈太丘与友期行》) 让·乔诺《植树的牧羊人》 蒲松龄《狼》
七年级(下)	陆定一《老山界》 李森祥《台阶》 彭荆风《驿路梨花》 刘慈欣《带上她的眼睛》 纪昀《河中石兽》
八年级(上)	\\
八年级(下)	鲁迅《社戏》
九年级(上)	鲁迅《故乡》 曹文轩《孤独之旅》 莫泊桑《我的叔叔于勒》 吴敬梓《范进中举》 曹雪芹《刘姥姥进大观园》 罗贯中《三顾茅庐》 施耐庵《智取生辰纲》
九年级(下)	契诃夫《变色龙》 阿城《溜索》 鲁迅《孔乙己》 刘绍棠《蒲柳人家》(节选)

统编版高中语文教材 小说篇目

必修(上)	茹志鹃《百合花》 铁凝《哦,香雪》
必修(下)	鲁迅《祝福》 施耐庵《林教头风雪山神庙》 契诃夫《装在套子里的人》 蒲松龄《促织》 卡夫卡《变形记》 曹雪芹、高鹗《红楼梦》(整本书)

选择性必修（上）	狄更斯《大卫·科波菲尔》（节选） 列夫·托尔斯泰《复活》（节选） 海明威《老人与海》（节选） 加西亚·马尔克斯《百年孤独》（节选）
选择性必修（中）	孙犁《荷花淀》 赵树理《小二黑结婚》（节选） 王愿坚《党费》
选择性必修（下）	鲁迅《阿Q正传》（节选） 沈从文《边城》（节选） 贾平凹《秦腔》

（一）小说教学设计的原则

1. 处理好"类"与"类"的关系

"类"与"类"指文类与文类（或文体与文体）的关系，也指作家本人不同时期所写作品的"类"之间的比较——如散文与小说的比较、现实主义小说与现代主义小说的比较、作家本人与其他作家之间所写的同类或不同类作品的比较，等等。相同文类或文体的作品，文学理论中固然界定了其类性特征，但这些类性特征多是静止的、抽象的，学生尤其是低年级的学生不易理解。教师直接教授时学生或可认知，但如果不注意与具体作品建立真实的紧密的联系，与其他文类作品互相烛照，类性特征永远只是冷漠的存在，并不能化为学生的审美体知，进而积淀为学生言语表现的势能。因此，处理好"类"与"类"之间的关系，对教师来说是一大考验。

落实到具体作家作品的"类性"鉴别也是如此。就单一作品看，的确无法置评，但是将该作家作品与别的作家作品联系起来看，或是将此作家前后期的作品放在一起观照，"类"的特征便能水落石出。

- 从鲁迅《阿Q正传》《孔乙己》《祝福》中可以看出当时怎样的社会环境？鲁迅小说在语言风格上有哪些特点？《呐喊》《彷徨》中都有哪些主题，作者为何要写这些主题？
- 古代小说有哪些相似点？科幻小说与现实小说有哪些不同？……

2. 处理好"类"与"时"的关系

文类与时代存在着联系，这是常识也是必然。一时代有一时代之文学，文学作品都是作者内心情感的真实写照，而作者的内心情感又受制于当时的社会条件，因而作家反映的"类"现实、"类"命运与时代的关联，更是不争的事实。比如，统编高中语文必修上册《百合花》一文，茹志鹃之所以在小说中用力歌颂战争年代的青春美、人性美和人情美，是因为她在写作此文的时间是反右派斗争年代，丈夫王啸平受到了严重冲击，无疑给作者带来了巨大的痛苦，使她不由自主地陷入沉思与回忆，联想到战火中人与人之间的温情。因此，解读分析小说时应有时代观，将事件还原于真实的历史环境中，既看到当时时代的个性问题，又看到时代之外的人类共性问题，从而构建起小说阅读的空间场域。

- 沈从文《边城》发生在淳朴秀丽的湘西山城，是作者精心打造的理想图卷，其中的人、事、景，都必须放在这一环境下才能成立，翠翠的命运与湘西人们的风俗、生活日常，乃至一草一木都紧密相连，在教学设计时也必定要引导学生进入文本环境，置身于其中去感受人事的沉浮变迁。

3. 处理好“类”与“篇”的关系

“类”与“篇”的关系即是从“这一类”文本与“这一篇”文本的关系来说的。单元整合教学和专题教学并非丢弃单篇教学，反而应当建立在扎实的单篇教学之上，单篇的学习也同样不能忽视“文类”的价值。“类”指同类、相似，中国古代书籍就多采用主题或同类相聚的编写方式，如《论语》《孟子》《荀子》《吕氏春秋》等，刘向的《说苑》也采用这种“以类相从”的编写法，梁启超说文章要一组一组地学①……这些都给我们处理“类”“篇”关系提供了借鉴，“以一带多”“一篇带多篇”正是引导学生由单篇走向综合、由浅入深、由表及里的有效教学路径，是提高学生阅读能力及语文素养的良方，同时，这也对教师挑选、组织、编排篇章的能力提出了挑战。

- 蒲松龄《聊斋志异》中的《狼》《促织》；
- 鲁迅《呐喊》中的《狂人日记》《孔乙己》《药》《故乡》等篇目。

（二）小说教学设计的方法

1. 构建故事情境

小说通常具有很强的故事性，教师可以根据小说特点进行适当的课堂情境创设，还原小说情节发生的情境与氛围。这种情景的创设不同于剧本的排演，它立足于小说人物与情节，以帮助学生感知人物心理、理解文本为重心。高中教材中的部分小说情节复杂多变、人物众多，有些小说的作者的生平、经历和写作背景距离学生非常遥远，且学生的社会经验不足，在解读小说方面不能全方位、多角度地理解，这时候情境的创设将有助于学生理解文本，引发思考，教师也要在过程中及时引导，提出有价值的问题，借助音像、画面、多人朗读等创设故事性情景，进而深入文本。

2. 立足问题，聚焦核心

教师所提出的问题往往是解读文本的关键，好的问题应当在学生与文

① 程翔：《“类文本”与“单元教学”》，《中学语文教学》，2021年第7期，第19页。

本之间搭建桥梁，帮助学生深入文本，获得思想的启迪。启发式的问题能够使学生独立思考，提高学生的逻辑思维能力与思维深度广度。比如，在分析《老人与海》中桑地亚哥的人物形象过程中，如果学生遇到困难，教师可以提示学生：作者是如何描写鲨鱼的？同学们可以将这些语段找出来，细细地品读、分析，说说作者为何这样写。教师从侧面引导、启发学生，学生不难从中分析出作者通过写鲨鱼的凶猛、残忍、强大，衬托出了桑地亚哥的勇敢、坚毅。有学生说老人桑地亚哥过于固执，是个失败的人，也有人说老人是成功者，说老人是失败者的学生肯定也是读出了自己的理解，教师让学生讨论后，可以适当引导学生理解勇气是海明威作品的中心主题，作者自己也说《老人与海》描写的是人的灵魂与尊严，所以万万不可过于贬低老人的这种执着精神。

3. 巧用思维导图

思维导图是一种发散性思维的表达，将其引入语文教学中，对小说教学设计有积极的作用。面对选自古代长篇小说的《林黛玉进贾府》《林教头风雪山神庙》这两篇小说，如果学生预习了之后，让他们运用自己擅长的方式画出思维导图，厘清故事情节以及人物关系，不但有助于培养学生的创新能力和思维发散能力，教师也可以更有效地进行后续讲解，使学生在理解文本内容的基础上思考深层问题。

（三）小说教学设计的策略

1. “解读小说始于复述情节”

复述发源于文本，是在文本的基础上进行二次叙事。复述者凭借自身的体验和记忆，在这些材料的基础上进行文本重构。“真正的复述是一种叙述的特殊安排，是试图从不同角度说明同一件事”①。复述这一过程，既是对情节的梳理，又是对学生口语交际的训练。相对来讲，小说的篇幅会比较长，复述过程也是对学生记忆整合能力的考验，学生在这个过程当中，需要对材料进行一定的组合与改变，还需要有穿插、过渡，在这个过程中学生的表达能力和写作能力也会相应地得到提高。

小说的三要素是情节、人物和环境，其中人物关系是重要的社会环境。环境通常分为自然环境和社会环境，但是最真实、最能表现人物生存的环境，除了自然环境、社会背景之外，还有人与人之间的关系。比如，在《孔乙己》一课中，就体现了方方面面的人物关系：12 岁的小伙计冷漠地对待孔乙己，掌柜只在乎孔乙己欠的钱，短衣帮们讽刺挖苦孔乙己，何大人和丁举人

---

① 赵毅衡：《当说者被说的时候——比较叙述学导论》，四川文艺出版社，2013 年，第 118 页。

随心所欲暴打孔乙己,等等。这些人物关系就是孔乙己所生活的社会环境,在这样的环境中孔乙己的命运可想而知。

2. “关注人物性格的复杂性和发展性”

人物的性格往往是矛盾的、纠结的、复杂的、立体的、活生生的,真正成功的人物形象看似简单,其实饱满而充实。性格的复杂性往往会通过心理描写表现出来,因为人在面对自己的时候是最真实的。《老人与海》这篇文章,向我们展现了一个刚强、坚毅、执着、不向命运低头、即使一无所获也要奋斗到底、敢于担当、充满智慧、尊重对手的硬汉子的形象。但老人又并不完全是一个钢铁战士,也不是什么神人、圣人,在这个过程中,他也有过脆弱、黯然伤神,甚至懊恼和后悔。也正是因为这样,老人的形象才更真实,更饱满。老人身上的那种单纯、温暖,还有孤独、迷茫,甚至沮丧、恐惧,都会让我们心生亲近、悲悯,而不仅仅是敬仰,或者正因为他的人生境遇和我们或远或近的相似,我们才真正懂得和尊敬他的勇敢和坚持。

3. “开掘深刻而多元的主题”

鲁迅曾经教导青年作家:“选材要严,开掘要深,不可将一点琐屑的没有意思的事故,便填成一篇,以创作丰富自乐。”①这就是说,“要按照现实主义的要求,从生活素材中精选题材”,并且“充分地深刻地挖掘它的意义和价值,洞察它的本质,并把它们艺术地表现出来”②。一般来讲,优秀小说的主题都是比较含蓄的,作者总是把自己的思想感情隐蔽在人物形象之中,所以,主题的深刻和多元往往都是通过我们对人物的认知和评价得来的。

《孔乙己》这篇小说,大家较为公认的主题是:封建科举制度对读书人的残害。可是,过去的科举制度也为中国选拔了很多优秀的读书人,所以我们不能“一刀切”地将这篇小说的主题定义于此。作者通过描写一个性格有残缺但又不乏善良的读书人在社会中所经历的遭遇,给我们展示了人类灵魂的麻木与愚昧——身材高大的孔乙己明明可以自食其力却自命清高,鄙视劳动,不能正确地认识社会,认识自我,终究被社会抛弃。我们说孔乙己的悲剧是那个罪恶的社会的悲剧,但这难道不是他个人性格的悲剧吗?当我们周围有人经历苦难和不幸的时候,我们应该何为呢?是幸灾乐祸还是拔刀相助?是掬一捧同情的泪水还是袖手旁观?他人的境遇不是对自我人格的一种检验吗?

让学生理解主题的多元,其实就是拓展学生多侧面、多角度的思维,是提升学生思维广度、深度的有效方式。在解读小说时,我们往往注重对情节

---

① 鲁迅:《鲁迅全集(第四卷)》,人民文学出版社,2005年,第377页。

② 黎风:《鲁迅小说艺术讲话》,陕西师范大学出版社,1986年,第111-112页。

的分析，忽视细节和伏笔，而这些细微的地方，有时正是作家高超的艺术匠心之所在，深入挖掘将会有意想不到的收获。

所以，我们在进行教学设计时既要重"情节"，也要重"细节"，小说故事的关键点往往隐藏在细微之处。

在《林黛玉进贾府》这篇文章中，我们可以引导学生关注这个细节。黛玉初到贾府，贾母因问黛王念何书。黛玉道："只刚念了'四书'。"对于黛玉来讲，从小父亲就给她请先生读书，她怎么能只刚念了"四书"呢？显然黛玉的回答是极尽低调的了。但是当黛玉问姊妹们读何书时，贾母道："读的是什么书，不过是认得两个字，不是睁眼的瞎子罢了！"天啊，贾家的正宗大小姐都没读什么书，而自己却说只刚念了"四书"，黛玉此刻一定羞愧极了，恨自己说了不合宜的话。这之后，宝玉又问："妹妹可曾读书？"黛玉这次可是会说话了："不曾读，只上了一年学，些许认得几个字"。更加小心地来弥补刚才的言语"过失"，"不曾读，些许认得几个字。"寥寥几语，一个小心谨慎、寄人篱下、步步留心、时时在意、不可多说一句话、不可多行一步路的形象跃然纸上。

4．"视频"并不能代替"文字的阅读"

在插入影视作品之前一定要考虑到它对课堂教学的辅助作用，而绝不是仅仅让学生获得一些感官的刺激或者是活跃一下课堂气氛而已。对于影视作品的选择，也应该尽可能地找一些经典的版本。需要注意的是，影视作品的播放，尽量在学生学习文章之后，否则容易先入为主，影响教学效果。

- 在教学《边城》时，教师如果要播放《边城》电影，应如何设置环节？播放哪一片段？
- 87版电视剧《红楼梦》经久不衰，塑造出很多经典的影视剧形象，他们和书中的形象有何联系与区别？如何在《红楼梦》教学中引入影视剧资源，使其促进学生理解与领悟？

研讨·反思——教学设计案例：《祝福》

研讨提示：

- 教学目标是否设置合理？
- 教学重点是否合理？
- 教学目标是否实现？
- 教学环节设置是否有利于目标实现、是否有效科学？
- 学生能否通过教学得到能力的提升？
- 教师的问题提出方式与问题设置是否存在问题？
- ……

【案例】

《祝福》教学设计①

设计者	李倩(西安交通大学苏州附属中学)
题目	《再读〈祝福〉,走近"我"》教学设计
时间	2014 年

编者按:

《祝福》一直是众多一线教师及专家"常教常新"的一篇文章,是教材不断变化却一直未割舍的"经典",从不同角度的解读和讲解也层出不穷。作为一篇老课文,它的重读和新教一直是个话题,特别是新教,新在教法、结构、手段方面,新角度的发现固然可喜,但究其根本,教学内容的优化与组织才是最根本的新教。

【设计意图】

小说教学的重点就在于人物形象,对人物形象的多元解读是小说教学极为重要的关键环节。在《祝福》这篇小说中,突出的人物形象就是祥林嫂以及"我",这篇教学设计的关键创新之处就在于分析"我"这个知识分子的人物形象,通过这个人物形象的重新解读来探寻作者创作的本意。

【教学目标】

深入研读文本,重新解读文中"我"的形象,探寻作者创作的本意。

评点:小说教学的落点应该落在小说文本的解读方式上而不仅仅是小说的内容上。小说教学的内容要随小说的类型特征来确定,读小说不仅要关注小说写了什么,更要关注小说是怎么写的,即关注作者的叙述技巧。从关注小说的艺术效果到关注艺术效果的达成。从关注作品的人物关系到关注作品与读者的关系。今天这节课,再读《祝福》,走进小说中的"我",从文本入手,做一番深入的解读,这个设计的重点清晰明确,探寻作者创作的本意多方位可以带领学生学习小说文本。

【教学重点】

解读文中"我"的形象。

【教学过程】

一、导入新课

初读鲁迅先生的《祝福》,小说塑造的人物形象,给你留下最深印象的是哪一位?(自由谈)的确,《祝福》中的每一个人物形象都值得我们再三品读。今天这节课,让我们再读《祝福》,一起走近小说中的"我",从文本入手,做一番深入的解读。(板书:再读《祝福》走近"我")

---

① 李倩:《再读〈祝福〉,走近"我"》,《语文知识》,2014 年第 6 期,第 12-14 页。

二、品味探究

小说第一部分是写“我”笔墨较为集中的地方。这一部分，涉及“我”的地方有三处：一处与“鲁四老爷”，一处与“祥林嫂”，一处与“短工”。

我们先一起来看第一处。（老师明确指出在哪个地方，各请一位同学朗读）

——（问一）PPT1：“我”与鲁四老爷（个别回答）

1. 鲁四老爷是个什么样的人？

2. “我”对鲁四老爷这样一个人的态度是怎样的？

3. “我”是个什么样的人？

● 明确：

1. 鲁四老爷：“旧人”“假人”。（守旧、虚伪、自私、迂腐、顽固，反对一切改革与革命，思想上反动，推崇理学及孔孟之道，自觉维护封建制度和封建礼教的地位）

2. 总不投机、无聊赖、明天决计要走——反感。

3.“我”：“新人”“真人”（结合注释）

点评：同学们使用的是很好的阅读方法，所谓“厚书薄读”，如果能用一句话或一个词概括自己的读后感，就算真正读进去，也读出来了。

（板书：“我”——新人、真人）

这样一个既“新”又“真”的“我”，遇到祥林嫂的一番追问，却乱了阵脚。我们来看“我”和祥林嫂相遇的那个部分。

——（问二）PPT2：“我”与祥林嫂（思考）

1. 祥林嫂向我追问求助的核心问题是什么？

2. 在追问求助前，祥林嫂原本对这个问题有没有答案？（讨论）

3. 面对祥林嫂的追问求助，“我”为什么有三种不同的答案？

（明确文中位置，先自由读。回答第一个问题后，组织讨论，讨论前明确：分组，推选同学发言）

● 明确：

1. 有关灵魂有无的问题。

2. 有的，文中“这里的人照例相信鬼”。

3. 同情、善良、软弱、矛盾、苦闷、缺乏责任感、逃避……（对祥林嫂不太了解，没有真正深入下层劳动人民的生活圈，不清楚她问话的意图，万一回答导致不好的结果，担心承担任何责任——“新人”未说“新话”，“真人”说了“假话”）

（板书：“我”——软弱、逃避）

鲁迅的作品不能只看，非朗读不可，那种韵味，那种不可言传的东西，都需要通过朗读来触动你的心灵——请同学分角色朗读，同学们听他们对人物的理解，对朗读的处理是否到位。

请男生自己说说是怎么处理朗读的？（回到人物评价）

一个因软弱而逃避的“我”，并没有真正“一走了之”。我们来看看，“我”的灵魂，受到了怎样的煎熬。我们一起来找“我”和短工对话的部分。（老师明确在文中地方）

——（问三）PPT3：“我”与短工：（讨论）

1. 对祥林嫂的死，“我”和短工的态度是否一致？

2. “负疚”在这里如何理解？“我”为什么会“负疚”？

● 明确：

1. 短工：淡然、麻木、愚昧、冷漠、无所谓、不关心，他们对天上的神灵祝福，对身边的人却充满冷漠。让我们读到了鲁迅对这一类人“哀其不幸、怒其不争”的沉重情感。

2. “我”：有同情、有感情、有温度。代表封建礼教、封建思想，把祥林嫂看作“谬种”的鲁四老爷固然可恶，但和祥林嫂处在同样的社会底层、同一个社会阶层的短工，对祥林嫂的死也居然如此“淡然”，如此冷漠，可见，活着的祥林嫂所处的社会环境是多么恶劣！在这样恶劣的社会环境中，一个见过世面、读过书，既是“新人”，又是“真人”的“我”被祥林嫂看作唯一的希望，最后的救命稻草，可“我”却因为自身的软弱而采取了逃避的态度，在祥林嫂生命的最后一息也没有给予她任何帮助。所以，“我”是深深地“负疚”。这里的负疚，是作为知识分子的“我”的一种自责和反思。

（板书：“我”：自责、反思）

——（问四）小结“我”的形象：（教师小结）

再读《祝福》，走进“我”，我们看到的是一个软弱而逃避，但又能及时自责和反思的“新人”“真人”，或称新型知识分子的形象。

三、知人论世

鲁迅先生为什么要塑造这样一个新的又有缺点的“我”的形象？

补充一：我们有必要了解一下鲁迅先生弃医从文的目的。

PPT4：从文目的“愚弱的国民……首推文艺”（齐读）

● 明确：

愚弱的国民——祥林嫂、短工、鲁镇的民众等；改变——知识分子，五四运动期间集聚起来的知识分子群体，具有新的时代特征。鲁迅一开始很希望这些五四运动催生的新型知识分子能够解放个性，发扬精神，成为精神界的战士，去启发民众的觉悟，唤起民众的精神。他自己就立志要充当这样的战士，所以才弃医从文。

补充二:再看看当时社会

《祝福》写于 1924 年,《彷徨》成集于 1926 年。1918 年—1926 年,短短八年间,做过北洋政府总统的超过四位,做过北洋政府国务总理的则有数十人,中国社会政治、经济、文化教育一片混乱。(关键词:乱世)

PPT5:“五四”后……(关键词:失去同伴,孤独)

(散兵游勇——没有加入某项集体活动中而独自行动的人)

让我们看看那一时期的鲁迅的精神状态。

(板书——鲁迅)

——(问五)PPT6:“荷戟独彷徨”+ 图片

●明确:

孤独、迷茫、拿着武器,“持戟之士”就是战士,拿着武器,他知道斗争的方式,(结合刚才时代背景的两个关键词:乱世、失去同伴)不知该走向何方?不知同伴是谁?

四、追本溯源

一个“荷戟独彷徨”的鲁迅,塑造了一个新的又有缺点的“我”,为什么?

PPT7:钱理群“指路”:北大教授钱理群说:鲁迅是“思想的启迪”,和我们一起“寻找道路”,而非“行动的指导”。给我们“指路”,这才是鲁迅对我们的意义。(关注“一起”)(讨论、交流)

(板书—指路)

●明确:

指路——包括鲁迅在内的知识分子关注知识分子的内心世界,发现并反思自身的弱点和局限性,这样才能更好地改变那些愚弱的国民的精神,更好地肩负起改革社会的责任。

(板书—关注内心 反思自我)

从《祝福》中的“我”开始,鲁迅用《在酒楼上》《孤独者》《伤逝》等一系列的作品,展开对知识分子的弱点的批判,展开对启蒙主义和启蒙主义者的反思,鲁迅表达出了对社会革命、对革命者、对社会现实的深刻怀疑。

五、联系现实

PPT8:自然,也不满于现在的,但是,无须反顾,因为前面还有道路在。而创造这种历史上未曾有过的第三样时代,则是现在的青年的使命!

——鲁迅《灯下漫笔》

鲁迅在《灯下漫笔》中说:“……”各位同学,你们就是现在的青年,你们正有创造的使命!

六、推荐阅读

鲁迅与青年本身就是一个讲不完的话题,鲁迅无论在其生前还是去世后都对一代又一代的青年产生巨大的吸引力，推荐以下书目，让我们和他进行心灵的对话与交流。

《呐喊》《彷徨》（鲁迅著）；

《与鲁迅相遇》（钱理群著）；

《无法直面的人生——鲁迅传》（王晓明著）。

【总评】

《祝福》在高中必修下册，作者为鲁迅，是教材几经变换却依然保留的经典小说篇目，篇幅较长，思想较深，需要相关的时代背景支撑，教师在教授时多围绕"祥林嫂""我"等人物形象进行分析，或通过探究"导致祥林嫂之死的原因"引向对封建礼教的批判，文中的语言，尤其是人物间的对话是教学时的重点，用合适方法对"对话"进行挖掘将有利于学生思维能力的提升。

在《祝福》这篇小说中，突出的人物形象是祥林嫂以及"我"，而设计者将设计关键放在了分析"我"这个知识分子人物形象上，通过这个人物形象的重新解读来探寻作者创作的本意，也是对分析"祥林嫂形象"之上的更深入解读。李老师通过"我"与文中不同人物间的互动，对比分析"我"这一形象，聚焦"我"与鲁四老爷、祥林嫂、短工的对话，体现"我"的不同反应与特点，同时追问作者为何塑造这一"我"的形象，使学生思考其时代原因与深意，层层深入，加深学生理解。最后以补充相关阅读，拓展知识面，回顾课上所学，加深认识与记忆，也有利于学生建立自己的思维路径，有针对性地进行自主学习。

拓展阅读	
夏红梅	小说张力显意蕴——《祝福》教学实录及感言①
傅祝琴	鲁镇——一座被禁锢的城堡——《祝福》教学实录片段②
方依德	基于文学形象阅读和学习支架的小说教学——《祝福》阅读活动设计③
万福成	祥林嫂没有春天——《祝福》教学设计④

---

① 夏红梅：《小说张力显意蕴——〈祝福〉教学实录及感言》，《语文教学通讯（高中）》，2021年第10期，第46-50页。

② 傅祝琴：《鲁镇——一座被禁锢的城堡——〈祝福〉教学实录片段》，《语文教学通讯（高中）》，2017年第34期，第43-44页。

③ 方依德：《基于文学形象阅读和学习支架的小说教学——〈祝福〉阅读活动设计》，《中学语文教学》，2017年第9期，第61-63页。

④ 万福成：《祥林嫂没有春天——〈祝福〉教学设计》，《语文建设》，2012年第3期，第16-19页。

思考

1. 你认为小说的教学重点是什么？

2. 结合所学，针对以上教学设计讨论优点与不足，自选角度对该教学设计进行评述。

3. 教学设计的目标是否合理？是否在教学过程中得到了有效实施？

文献选读：

[1] 谭帆：《中国小说评点研究》，华东师范大学出版社，2001年。

[2] 王荣生：《听王荣生教授评课》，华东师范大学出版社，2007年。

[3] 王荣生：《阅读教学设计的要诀（王荣生给语文教师的建议）》，中国轻工业出版社，2014年。

[4] 马辉才：《课改背景下的教学思考与探索》，宁夏人民出版社，2017年。

[5] 程红兵：《听程红兵老师说课评课》，长江文艺出版社，2017年。

三、散文教学设计

散文或记事记人，或抒情引思，通常是作者个人的所思所感，与作者感情与日常生活紧密相连，带有强烈的个人色彩。初高中教材所选散文篇目数量多，内容广，大多为中国古代或现代散文经典篇目，包括中国古代诸子论说文，也有外国经典哲思散文，它们历来被不断解读诠释，或富有哲思，或韵味深长，是提升学生表达力、思维力、审美力的重要依托。

本节主要包含散文教学设计的原则、方法和策略，介绍散文教学的相关知识与理论方法，最后附朱自清《背影》的教学设计案例，以供学习研讨。

部编版初中语文教材 散文篇目

七年级(上)	朱自清《春》 老舍《济南的冬天》 刘湛秋《雨的四季》 史铁生《秋天的怀念》 莫怀戚《散步》 鲁迅《从百草园到三味书屋》 海伦凯勒《再塑生命的人》 毛泽东《纪念白求恩》 莫顿·亨特《走一步,再走一步》 梁实秋《鸟》 诸葛亮《诫子书》 《杞人忧天》 《论语》十二章
七年级(下)	臧克家《说和做——记闻一多先生言行片段》 萧红《回忆鲁迅先生》 端木蕻良《土地的誓言》 鲁迅《阿长与〈山海经〉》 张中行《叶圣陶先生二三事》 梁启超《最苦与最乐》 贾平凹《一颗小桃树》 宗璞《紫藤萝瀑布》 杨利伟《太空一日》 司马光《孙权劝学》 周敦颐《爱莲说》 刘禹锡《陋室铭》

八年级(上)	鲁迅《藤野先生》 朱德《回忆我的母亲》 朱自清《背影》 艾夫·居里《美丽的颜色》 茅盾《白杨礼赞》 散文两篇:严文井《永久的生命》、罗素《我为什么而活着》 汪曾祺《昆明的雨》 《愚公移山》 司马迁《周亚夫军细柳》 苏轼《记承天寺夜游》 《富贵不能淫》《生于忧患,死于安乐》 郦道元《三峡》 陶弘景《答谢中书书》 吴均《与朱元思书》
八年级(下)	刘成章《安塞腰鼓》 吴伯箫《灯笼》 梁衡《壶口瀑布》 马丽华《在长江源头格拉丹东》 魏学洢《核舟记》 《北冥有鱼》《庄子与惠子游于濠梁之上》 《虽有佳肴》《大道之行也》 韩愈《马说》 陶渊明《桃花源记》 柳宗元《小石潭记》
九年级(上)	毕淑敏《精神的三间小屋》 鲁迅《中国人失掉自信力了吗》 顾颉刚《怀疑与学问》 罗迦·费《谈创造性思维》 陶行知《创造宣言》 范仲淹《岳阳楼记》 欧阳修《醉翁亭记》 张岱《湖心亭看雪》

九年级(下)	普朗西斯·培根《谈读书》 马南邨《不求甚解》 李可染《山水画的意境》 朱光潜《无言之美》 叶圣陶《驱使我们的想象》 《曹刿论战》 《唐雎不辱使命》 《鱼我所欲也》 《邹忌讽秦王纳谏》 诸葛亮《出师表》 宋濂《送东阳马生序》

统编版高中语文教材 散文篇目

必修(上)	郁达夫《故都的秋》 朱自清《荷塘月色》 史铁生《我与地坛》(节选) 苏轼《赤壁赋》 姚鼐《登泰山记》
必修(下)	《子路、曾皙、冉有、公西华侍坐》 《齐桓晋文之事》 《庖丁解牛》 《烛之武退秦师》 《鸿门宴》
选择性必修(上)	《论语》十二章 《大学之道》 《人皆有不忍人之心》 《老子》四章 《五石之瓠》 《兼爱》
选择性必修(中)	鲁迅《记念刘和珍君》 鲁迅《为了忘却的纪念》 司马迁《屈原列传》 班固《苏武传》 贾谊《过秦论》 欧阳修《五代史伶官传序》

选择性必修（下）	归有光《项脊轩志》

（一）散文教学设计的原则

1. 切合性原则

散文是作者面对客观对象有感而发的一种文体，诚如俞元桂先生所说："它是最足以发挥个性、表现自己的文体。"①阅读散文就是透过作者的语言文字，去感受其所描述的带有个人情感的景和物、人和事，去体悟作者的感与思。开展散文教学时首先要关注文本选择的切合性原则，这是保证教学效果的前提和基础。教师一方面要关注教学目标与教学内容，另一方面不可忽视学生的实际学情，更要注重选择经典性较强的文质兼美的优秀散文，如教材中《荷塘月色》《秋天的怀念》《背影》等篇目兼顾情感与审美，也有许多名家从不同角度对其进行分析解读，这些篇目即教学的重点与着力点。

2. 欣赏性原则

散文中饱含了作者真挚的情感，而这真挚的情感大多通过语言、意象、意境等传达给读者，因而阅读散文，是最能唤醒学生的审美感受力的一种方式，在朗读中涵咏，在涵咏中思考，在思考中想象，在想象中获得审美体验，增强审美鉴赏能力。教学过程中可适时采用"自主、合作、探究"的学习方式，引导学生通过自主欣赏来感知文本，通过交流产生思想的碰撞，将作者的体悟与自身生活实际结合起来，从而激发散文阅读的兴趣。比如《滕王阁序》是古代经典散文，大量引经据典，描写气势恢宏，具有文言文的语言和意境之美，构思巧妙、引人入胜。在典故运用上，综合多种典故运用手法如明典、暗典、翻典、合典等。比如，其中的"落霞与孤鹜齐飞，秋水共长天一色"等写景的句子都具有极高的审美内涵，值得反复玩味，教师可以借此引导学生关注语言与意境，不断提升其审美鉴赏能力。遵循欣赏性原则，也是文言散文教学中对"美"进行探究的回应，进而理解思想，品味语言，不断递进式地提升语言素养，掌握古代散文鉴赏方法，自觉传承中华优秀传统文化。

3. 启迪性原则

能够对个人思想和情感带来启发，能够引人深思的散文就能称得上优秀散文，每个人都有自己的评判标准，但大体都离不开这一点。国外的学者有一种共识就是中国没有哲学，这是大错特错的，中国不是没有哲学，而是哲学蕴含在了文学里，正所谓"文史哲不分家"。中国的"哲学"最早可以追溯到先秦时期，先秦诸子百家的文章无不蕴含深厚的哲理，儒道思想也因此成了后世文人的精神源泉。有一类散文被称为"哲理散文"，就是因为其中

① 俞元桂：《中国现代散文史》，山东文艺出版社，1988年，第2页。

蕴含了作者对宇宙、对自然、对生命、对社会等方方面面的思考，使人读之不禁喟然长叹，甚至有种说出了自己内心的所思所想的感觉，给人以无限的启迪。比如，苏轼的《赤壁赋》可以说是哲理散文的代表作，其中蕴含的对万物"变与不变"哲理性的思考，启迪了无数人。很多现代优秀散文也是如此，比如史铁生的《我与地坛》，其中对生命的敬畏与对人生的思考，值得每个人去深思。因此，教师在课堂上要注意挖掘散文中的哲理性内涵，启迪学生的智慧，唤醒学生对人生、对生命的思考。

（二）散文教学设计的方法

1. 比较法

每一篇文学性散文呈现的都是作者语言所创造的世界。这个世界包含两个层面：一个是写实世界，另一个是作者的心灵世界。而中学生的学情状况和日常生活经验等会影响他们对单篇文本主题与情感的把握。因此，教师可运用比较法进行教学，关注连续性文本内的阅读，改变传统的单篇教学模式，加深学生的情感体验，调动学生的情感共鸣。

同一作家的不同作品：朱自清《春》与《荷塘月色》中思想感情进行比较教学；《春》《背影》《桨声灯影里的秦淮河》进行对比教学；鲁迅《记念刘和珍君》和《为了忘却的纪念》进行对比教学……

具有相似点的作品：《济南的冬天》与《春》中的写作技法进行比较；郁达夫《故都的秋》与老舍《济南的冬天》；李可染《山水画的意境》与朱光潜《无言之美》……

在文本选择上，也不一定局限于教材篇目，可根据学情与教学需要引入合适的文本进行分析解读。

2. 读写结合法

散文不仅美在情思，还美在语言。恰切的活动是完成教学任务的有效路径，朗读作为散文学习最行之有效的方法之一，对语句进行品味，对情感进行悟思，对手法进行鉴赏等都能提高散文学习的效率。在开展散文阅读教学时，要充分运用自由朗读、跟读学读、分角色朗读、个性化朗读等手段和方法对学生进行训练，培养学生的语感。

对散文的鉴赏不能仅停留在语言的赏析理解上，还应关注学生的个人体验，指导学生以读促写，进行迁移训练。任务设计是中学语文教材中的应有之义，合理的任务驱动能使教学效果事半功倍，教师可布置适当的任务对学生进行散文写作训练。一种是结合作品写鉴赏札记或评论，这种评价和鉴赏的训练，既是以原有的知识和能力为基础，对课堂学习的总结、思路的整理，又能使知识和能力进一步提高，使学生愿意表达自己的独特体验和独到看法。可以说，散文学习是一种情感内化的过程，将自己的情感以写作的形式表现出来则是“外化”的过程。黄厚江老师说：“现在学生的作文内容苍白的原因之一，就是缺少了这样的丰富的内化过程，缺少自我交流，只是到了写作的时候要形成理想的‘外化’。”①另一种练笔方法是指导学生写日记、随笔，记录日常发生的人或事，也可以抒写自己的心情感受。怀特海说：“教育只有一个主题，那就是五彩缤纷的生活。”②散文中表现的本来就是日常生活中形形色色的人和事，因此教师要调动学生的生活经验，指导学生学会观察，用善于发现的眼睛观察日常生活，发现并描摹出美的事物、美的生活，抒写心中美的情愫。

• 《安塞腰鼓》中的排比句富有气势和感染力，可以先引导学生品味赏析，理解这组排比句也是一组喻体前置的对称的比喻句，达到了气势宏大而又生动形象的表达效果。

• 鲁迅的杂文具有很强的批判性与逻辑性，往往针砭时弊，又生动深刻，运用的比喻也巧妙传神，可组织学生针对如今社会生活中的某一现象谈谈看法，进行仿写练习。

3. *思辨法*

散文的阅读和鉴赏应是学生的主体活动，教师在教学中起引导作用。因此，教师应注重学生“原生态”的阅读体验，即“素读”，帮助学生领会文本深意，获得原汁原味的阅读感受，让深度阅读真正发生。哲理散文作为散文文体的一个重要分支，通常以种种形象来参与生命的真理，透过现象深入本质，揭示事物的底蕴，但这类散文对中学生来说有一定难度。在进行教学时要尤为注意把课堂还给学生，引导学生通过讨论和自我探寻，理解文本背后所含的深意，留给学生质疑和思考的空间，这往往比教师单向的语言传授更有效果。如在讲解古代经典散文《桃花源记》时，许多教师将文本的讲解重点放在“作者通过虚构美好生活的桃花源，表达对现实社会的不满”。这一主旨虽然明确，但要想让学生对文章主旨有更加深刻的理解，就应该更进一步，比如将虚实两个世界进行对比，将两个世界中的鲜明对比进行条理清晰的剖析。因而在教学中，教师应立足于多方面的对立性，深刻揭示作者所表达的主旨，启迪学生思考辩驳。文章的多义性和学生理解的差异导致对同一问题的看法很可能大不相同，教师应及时引导点拨，尊重学生思想的独特性，以发展性评价和过程性评价为主，激发学生思考积极性，同时也应善于发现生活中的“问题”，在生活、文本、问题之间构建思考场域，不断促进学生思维向纵深发展。

---

① 黄厚江：《黄厚江讲语文》，语文出版社，2007年，第20页。

② ［英］阿尔弗雷德·怀特海著，徐汝舟译：《教育的目的》，北京师范大学出版社，2018年，第8页。

（三）散文教学设计的策略

1. 探寻文眼，梳理线索

散文行文自由，运笔自如不拘成法，无论是思路还是结构，均重“自由”，“但常行于所当行，常止于所不可不止”（苏轼《与谢民师推官书》），意到言尽，不拘一格。清代文论家刘熙载说：“（文章的）字句能与篇章映照，始为文中藏眼。”①语文教育大家于漪也说：“就文章而言，‘睛’是精粹所在，得神之处，它通过牵一发而动全身的词句来表现。这些词句或在气势上牵动全篇，或使描绘的境界突出，或将包含的情意挑破，或把深邃的见解点明。拎之，通篇皆活，意味隽永，情趣横生。”“文眼是文章的行文线索，也是情感走向的引擎，更是主旨思想的集中展现，发动学生寻找文眼、分析文眼、运用文眼，可以给学生规划清晰阅读学习思路，形成重要学习启迪”②。因此，抓住“文眼”进行分析，能理清文章脉络，便于学生把握文章主旨。此外，就散文来讲，线索有时不止一条，且有明有暗，抓住了文章线索，也就抓住了作者的写作思路。

如《荷塘月色》的首句便是“这几天心里颇不宁静”，这是文章文眼，表达了作者此时此刻的心情，奠定了全文的感情基调。文本以作者的行走路线和心情变化为线索展开叙述，一明一暗相互交织。教学活动以文眼和线索为中心展开，干净利落，学生也更容易理解，利于提高教学效果。

郁达夫的《故都的秋》中，文眼非常明显，是“可是啊，北国的秋，却特别地来得清，来得静，来得悲凉”。此为作者对秋的总体感觉，奠定了全文的感情基调。因此，抓住此句展开文章的分析，就能体会到郁达夫对北国之秋的眷恋。请看相关课堂实录③：

- 教学情形一：整体感知，品读文眼

> 师：秋天是个多情的季节，它撩拨起文人的无限情思。老年凄苦的杜甫秋日登高，满眼是“无边落木萧萧下，不尽长江滚滚来”；秋日别离的柳永听到的是一声声“寒蝉凄切，对长亭晚”；而心怀天下的毛泽东即使“独立寒秋”却感受到“万类霜天竞自由”的生机勃勃。可以说，由于作者心绪的不同，在他们的笔下，秋自然而然显示出不同的特点。这节课，我们来学习《故都的秋》，看看在郁达夫先生的笔下，秋又是怎样的一番景象，融入了作者怎样的情感。

---

① 刘熙载：《艺概》，上海古籍出版社，1978 年，第 178 页。
② 刘昌海：《围绕文眼激活阅读》，《中学语文教学参考》，2019 年第 18 期，第 49 页。
③ 柯慧明：《〈故都的秋〉教学案例》，《中学语文》，2014 年第 15 期，第 81-84 页。

师：故都，即北平，历史上作过都城，后不是了，所以称故都。可是作者为何不直接亲切地提名为“北平的秋”呢？

生：故都，给人一种眷念、淡淡的忧伤的味道，以“故都的秋”为题，就给全文笼上了这样的一种氛围。

师：嗯，这叫“未成曲调先有情”。那咱们来放声朗读全文，看看故都的秋有怎样的特点。（生放声朗读）

生：故都的秋的特点是“清、静、悲凉”

师：在哪一段？

生：第一段。

师：咱们读读这一段。

（生齐读）

师：听你们刚才读的语速和语调，其中有一句如果改成这样：“可是啊，北国的秋却特别地来得清、静、悲凉。”行不行？

生齐喊不行，师追问：为什么不行？

生1：原文“来得清，来得静，来得悲凉”是个排比句式，读起来觉得有强调的意味。

生2：原文“来得清，来得静，来得悲凉”读起来语气凝重些。

生3：原文有三个“来得”，就觉得好像多了些感伤的味道。

师：品味得很好，原文的句式有强调意味，语气舒缓，为全文笼上了一种感伤的氛围。我们一起读这一句。

（师生齐读这句文眼）

师：句式既改不得，咱把顺序改一下行吗？（屏幕显示：来得悲凉，来得清，来得静）

生：不行，因为清、静的秋才蕴含了悲凉的味道，由景到情合理一些。

师：对，悲凉是人对景的主观感受，由景到情，这更符合人的认知规律。

师：同学们对本文文眼句的品味很到位，现在，我们再来读读第一段，这一次，要读出我们的理解。

（学生再一次齐读第一段，这一次，学生读得很有情味）

2. 体悟语言，明晰手法

优秀的散文，是非常讲究节奏的，既包括语言的节奏，又包括情感的节奏，从而使作品所展现的艺术审美焕发出更独特的魅力。散文的语言非常自由，不受束缚，只需顺应内心情感的流动即可，但高明的作家，会在语言文字上下大功夫，使语言朴素自然又毫无雕琢的痕迹，因而阅读散文名篇，总会获得精神上如沐春风般的愉悦享受。对于散文的语言，要关注两点：说什么？如何说的？这两者同等重要。“说什么”是浅层的理解文字的准确意义，感受文字跃动的美感；“如何说”是作者是怎样组织文字、表达情感的。

在教学过程中，应寻找语言落点，关注非常态词语。一般来说，作品中不常见的词语是经过锤炼和反复思量才得以运用的，含有作者需要传达的复杂情感和日常词语无法表达的深意，如郁达夫《故都的秋》，题目写“故都”，而非“北平”，这就值得寻味。教师要善于寻找这类词语，通过替换、比较让学生感知语言之美，比如《我与地坛》中明明既写了地坛，又写了母亲，为什么题目中只有地坛呢？可否换成“我的地坛和母亲”呢？引起学生对文章内容和题目语言的思考。同时，关注文中的景物描写，正所谓“一切景语皆情语”。作者在散文中经常借景抒情，寓情于景，这些景物描写都蕴含着作者的特殊情感。如莫怀戚的《散步》全文一共几百字，而景物描写就用了百余字，这些描写为“散步”这一家庭活动营造了美妙温馨的氛围。

最后，关注文中的写作手法，特别是特殊修辞手法和有特点的表现手法。如《故都的秋》一文大量运用排比句式，且多为短排，语意畅达，工致典雅；《荷塘月色》中则运用通感，将通过嗅觉得到的“清香”比喻成听觉上的“歌声”，将光与影、明与暗的组合比喻成音乐，展现出奇妙的和谐之美；《海燕》一文全篇运用象征手法，表面上是暴风雨来前的海景，实则却是一幅革命与反革命殊死较量的战斗图景。

3. 体会情感，触发共鸣

不论是以记叙为主的散文，还是以抒情为主的散文；不论是对自然世界景和物的灵性透视，还是对社会生活中幽微心态的描述，都无不是作家的真切感悟。因此，情感的把握与文章内涵的哲理性就成了散文的教学重点。散文具有“形散神不散”的文体特征，优秀散文的“神”，首先抒发的是作者的个性化情思，其次这种情思是通过“形散”传达出来的。而最关键的是，“形”与“神”均需通过语言来表现，因此散文教学的要领是“体味精准的言语表达，分享作者在日常生活中感悟的人生经验”。对于单篇文本情感的理解离不开作者的创作背景，特殊的经历会影响作品的最终呈现，只有了解了一部作品产生的前因后果，才能更深刻地体会作者所要表达的情感。当然，教师还应注意创设与散文情感基调相一致的教学情境，以提高课堂参与感与沉浸感，可以借助现代网络技术与多种传媒手段，放映相关图片或者播放音乐视频等，构建与文本和谐的课堂情景，激起学生情感共鸣。《老王》虽然属于叙事散文，但是作者以饱含深情的笔调叙述，使文章富有丰厚的意蕴，感情在平实的语言中更显真挚。

“形散神聚”是散文的文类特性，“形散”是指题材广泛，写法多样，结构自由、不拘一格；“神聚”既指中心集中，又指有贯穿全文的线索。散文写人记事都只是表面现象，从根本上来说则写的是情感体验。因此，对于以感情为主的散文,教师应该注重学生的审美和情感体验,引导学生沉浸在人物的感情当中,体悟情感,洞察人心,丰富人格,涵养心灵。

4. 展开想象,创设意境

优秀的散文在意象组合上,一般都注重意象审美空间的营造,特别是散文中的诸多意象群看似"杂乱无章",其实是作家心灵的映射,是根据作家情思的需要,在某种向心力指引下黏合形成的意象群体。分析意象,体察意境是散文的教学任务,通过意象进入意境,才能更好地理解作品的言外之意和意外之思。可以说,意境是一个相对抽象的概念,学生不容易理解,这个时候就可以借助想象这一手段来达到教学效果,也可借助古诗词或生活中情景理解较为陌生的文本情景,以帮助学生理解与体悟。

●《背影》一文描写较平淡朴实,对于初中生来说,仅有的几个简单画面比较单薄,他们理解这样厚重又沉默的父爱有难度,教师可以通过描述性话语丰富"场景",启发学生通过联想进行场景再现,带动学生的情感体验。

研讨·反思——教学设计案例:《背影》

研讨提示:

- 教学目标是否设置合理?
- 教学重点是否合理?
- 教学目标是否实现?
- 教学环节设置是否有利于目标实现,是否有效科学?
- 学生能否通过教学得到能力的提升?
- 教师的问题提出方式与问题设置是否存在问题?
- ……

【案例一】

《背影》教学设计①

设计者	田玲
题目	《背影》教学设计及点评
时间	2013 年

编者按：

本设计的核心是批注的指导和拟写，学生在此过程中完成阅读学习的任务。因此，学生拟写批注的情况、教师的有效指导以及学生展示交流批注的方式就成了本次教学不能忽视的几个方面。建议可以尝试一下信息技术与学科整合式的语文教学。如果本节课能到计算机教室上（通过计算机技术手段实现所有学生批注的时时动态展示和交流）或充分利用多体和实物投影技术（亦可让学生写在黑板上），就可以较全面、充分地展示学生的思维水平、语言能力，同时也便于教师指导。如果真能如此，生生之间、师生之间的比较、碰撞、争论、补充也更便于形成。

【设计意图】

该设计以指导写批注的教学方式进行教学，既有创意而且有效。这种教学策略既符合文本特点，又能多方面训练学生的语文能力。教师适时、恰当的学法指导和点拨亦很到位，让学生收获颇多；提供的旁批范例简单明了，示范性、指导性强。具体训练时，教师充分考虑到了八年级学生的实际，给学生一定的选择权和自由度。这虽然增加了教学的不确定性和难度，但这种生成性教学设计必然会唤起学生真切的情感体验，激发学生无限的创造力。

【教学目标】

1. 学习文章抓住细节描写刻画人物形象的写法

2. 学习使用旁批的方法，从文章朴素自然的语言中感受父子之间的浓浓亲情，体会父爱的深沉

> 评点：从旁批的教学方法入手，启发学生学会这一方法进行阅读和运用，抓住文本的情感这一关键切入点进行教学，可以使学生体会到父子间的深沉爱意，学会细节描写的运用来加强感情的渲染，使学生能够在写作实践中进行创作。

① 田玲：《〈背影〉教学设计及点评》，《语文教学通讯》，2013 年第 8 期，第 33-34 页。

【教学重点】

学习使用旁批的方法

【教学过程】

一、画面导入

教师引言：今天，老师先请同学们欣赏一幅曾经代表了一个时代艺术理想和进程的油画作品《父亲》(屏显)。它曾获"中国青年美展"一等奖。这幅画的面部特写极具震撼力。同学们从画面中读出了一位怎样的父亲？(艰辛的父亲、沧桑的父亲等)从哪里读出来的？(皱纹、眼神等)

接下来，我们再来欣赏一幅用文字勾勒出的父亲的特写镜头——背影，看看能从中读出什么。(屏显课文"背影"第二次描写的段落并齐读)

● 明确：这是一个肥胖的父亲，这位父亲在艰难爬月台，这是一个衣着朴素的父亲…从衣着、动作可以读出。

二、美读赏析，聚焦"背影"

阅读课文，理清文章思路，突出作品描写的重点，进行初步赏析。

1. 自读，提问，感知。

文题为"背影"，文中几次写到了父亲的背影？"背影"在全文中起什么作用？

● 明确：共四次线索，贯穿全文。

2. 你认为最感人的是哪一次"背影"？

● 明确：第二次具体描写的"背影"。

3. 文中描写普普通通的"背影"为什么会如此感人？

描写"背影"时主要刻画了哪些细节？(理解细节描写的作用)现在，再读这幅文字描绘的画面，你又读出了哪些刚才没读出的东西？(学生朗读，再次体会第二次描写的"背影")

● 明确：穿戴、动作等细节。通过细节描写，把父亲最本质、最真诚的内心情感鲜明而又逼真地呈现在读者面前，从而增强作品的真实性和艺术感染力。读出深沉的父爱，是爱让"背影"定格在作者心中，也永恒地驻在读者心里，成为一幅质朴深沉的父爱图。

三、圈点旁批体会情感

这爱，让作者潸然泪下，也让我们感动至极。为了更好地体悟文章的情感，再学习一种阅读的方法——旁批法。

1. 什么是旁批法？

● 明确：顾名思义，就是在文章旁边写批语。批语可以是赏析式的，也可以是感悟式的，还可以是拓展式的。

赏析式旁批示例：

原文	旁批
他戴着黑布小帽，穿着黑布大马褂，深青布棉袍，蹒跚地走到铁道边，慢慢探身下去，尚不大难。可是他穿过铁道，要爬上那边月台，就不容易了。他用两手攀着上面，两脚再向上缩；他肥胖的身子向左微倾，显出努力的样子。	“攀”“缩”“微”连用三个动词，完整地表现了父亲慢爬月台，也和父亲是一个胖子相对应。如此艰难，父亲也在所不辞，更能突出父亲心中深深的爱子之情，生动形象极具表现力。

感悟式旁批示例：

原文	旁批
他戴着黑布小帽，穿着黑布大马褂，深青布棉袍，蹒跚地走到铁道边，慢慢探身下去，尚不大难。可是他穿过铁道，要爬上那边月台，就不容易了。他用两手攀着上面，两脚再向上缩；他肥胖的身子向左微倾，显出努力的样子。	我看到一个为了儿子不辞辛劳的父亲。我看到老人艰难、凝铸着爱的深情背影。

拓展式旁批示例：

原文	旁批
他戴着黑布小帽，穿着黑布大马褂，深青布棉袍，蹒跚地走到铁道边，慢慢探身下去，尚不大难。可是他穿过铁道，要爬上那边月台，就不容易了。他用两手攀着上面，两脚再向上缩；他肥胖的身子向左微倾，显出努力的样子。	我想起母亲在巷口等我回家时被路灯拉长的身影，那被晚风掠起的衣襟，看到我时高高扬起的手臂，拉着她的手靠着她回家的温暖感觉。读了这段文字，终于明白，那等待里饱含着母亲深沉的爱。

2. 学生默读课文中几次写作者流泪的句子，选择感受深刻的一次作旁批，可以使用一种旁批的方式，也可以几种方式杂糅在一起。

示例：

流泪的句子	旁批
到徐州见着父亲，看见满院狼藉的东西，又想起祖母，不禁簌簌地流下眼泪。	见到父亲，目睹破落家境，又想起祖母——这是难过的泪！

这时我看见他的背影，我的泪很快地流下来了。	望见父亲为自己买橘时艰难的背影——这是感动之泪！
再找不着了，我便进来坐下，我的眼泪又来了。	看不见送别的父亲的背影了——这是惜别的惆怅之泪！
我读到此处，在晶莹的泪光中，又看见那肥胖的、青布棉袍黑布马褂的背影。	读父亲信，再现父亲背影——这是思念之泪！

3. 阅读时还在哪些令人感动的地方做了旁批？

教师指导学生分组采用旁批的形式，品味语言，体会其中所表达的思想感情。教学时，学生通过自主阅读、旁批、合作交流、研讨、完善等方式，体会作者的情感。

4. 小结

我们会发现，如此深沉的情感，有没有华丽的辞藻？有没有大量的修辞？本文的语言有什么特点？你是通过什么方法品味到情感的？

• 明确：朴素、自然的语言也能感人。

四、迁移延伸，布置作业

播放黄磊的《背影》，聆听时回忆生活中那些令人感动的细节：母亲掠起我们遮住眼睛的刘海，翻好我们的衣领，递上一杯牛奶；没有汽车的父亲骑着摩托车或自行车在校门口的守候，接过你沉甸甸的书包……只要你善于观察，拥有感动，就会写出美文。今天，请同学们仔细回顾一下父亲或者母亲还有哪些令怦然心动的细节，请用朴素自然的语言把这个细节描述出来。

（注：本课例为"陕西省名师大篷车送教下乡"示范课例。）

评点：通过旁批的教学方法来训练学生的能力，其中，借助旁批引导学生重点赏析"我"四次流泪描写的设计，与此前师生重点关注并研读四处背影描写的做法相得益彰。并且选取了合适的教学切入点，紧扣教材的核心，由此展开对父亲情感的体会和对父亲形象的把握，让整堂课都变得顺理成章。顺利地完成了教学目标和任务，是一个较为成功的教学设计。

【案例二】

《背影》微课教学设计

设计者	王时物、王思聪(河南大学文学院)
题目	《背影》微课教学设计
时间	2021 年

编者按:

本设计是基于情感的角度来解读文本进行十分钟的微课教学,微课教学的重点突出,抓住情感的变化这一细微目标进行教学设计,可以使课程主题清晰,内容明确,便于学生理解。对第六段的“买橘”“爬月台”的动作进行详细的讲解,可以使学生在阅读中体悟父子之间的深情,感悟到作者对父亲的情感态度变化的过程。

【设计意图】

散文是一种抒发作者真情实感、写作方式灵活的记叙类文学体裁。散文教学中,教师如同导游,带领学生一同畅游。师生共入意境,深情涵泳。在赏析中感受、思索,作品感染了学生,学生领悟了作品,教学收到了事半功倍的效果。所以说,散文教学就是再现散文以情感人的真面目。从这一意义上讲,散文教学的过程也是艺术再创造的过程。引导学生成功完成这个艺术再创造过程则是教学难点。因此,这个微课的设计从“我”的情感变化入手,引导学生进入作者自发的真情的感情世界,体悟父子之间的深情。

【教学目标】

1. 分析文中“我”对父亲的情感变化,体味父子深情。

评点:《背影》的情感变化一直以来都是教师教学关注的重点,抓住整篇文章的情感变化来体味父子之间的深情,更有助于使学生进入情境,实现情境化教学。

【教学过程】

一、导入

上一节课,我们仔细分析了朱自清先生刻画的“背影”形象,文中深沉的父爱,令人感动。细心的同学恐怕已经明显地感受到朱自清对父亲的情感在文中有极大的变化。这节课,就让我们更加深入地走进作者的情感世界。(板书:背影　朱自清)

二、学习目标

(本节课我们的学习目标是)分析文中“我”对父亲的情感变化及原因,体味父子深情。

三、分析情感变化

（一）整体感知，理清思路

本文除了记述父子车站送别这一核心事件之外，还写了另外几件事。请默读文章2至5段，说说在这几段文字中记述了哪几件事？

预设：回家奔丧；亲自送行；照看行李；讲定价钱；拣定座位；嘱托茶房等。

点评：谢谢！你能用很简洁的语言概括事件。

（二）聚焦细节，感知态度

父亲做的这一件件小事中蕴含着浓浓的父爱，但是当时只有二十岁的我对父亲为我做的这些事是什么态度呢？请同学们结合第4段和第5段的内容具体分析。

预设1：你先举手你来说。你通过第四段"其实我那年已二十岁，北京已来往过两三次，是没有什么要紧的了"和"我再三劝他不必去"这两句，看出了"我"的心理。"没有什么要紧"的心理描写暗藏着一个大男孩的数落和埋怨："我"已成年，是北大学生，而且路熟，父亲总把"我"当成孩子，烦不烦呀……"再三劝"的动作描写也可以看出我的不耐烦，觉得父亲完全可以不送，不送更深得儿子之心。

点评：谢谢你！你通过分析心理描写和动作描写，看出了在对待父亲送行这件事上，朱自清的情感态度是不理解，不耐烦。（板书：不理解）

预设2：好，这一位同学来说。你通过父亲和脚夫讲价钱时"总觉得他说话不太漂亮，非自己插嘴不可"这一句心理描写，看出了朱自清嫌弃父亲说话不漂亮，非要自己插嘴，觉得自己比父亲强，对父亲的态度是嫌弃的，不满意的。

点评：谢谢！你很敏锐！在讲价钱这事上，朱自清对父亲是嫌弃的。（板书：嫌弃）

预设3：还有没有同学分享你的发现？好，请你来说！"我心里暗笑他的迂；他们只认得钱，托他们只是白托！而且我这样大年纪的人，难道还不能料理自己吗？"这两句是心理描写，"暗笑"是指内心暗中嘲笑，"迂"是迂腐、不切实际的意思，可以看出朱自清认为父亲嘱托茶房的做法是迂腐的，很傻很天真，对父亲的态度是嘲笑的。

点评：谢谢！你抓住心理描写中的关键词，读出了在嘱咐茶房这件事上，朱自清对父亲的态度是嘲笑的。很好！（板书：嘲笑）

小结：通过同学们以上的分析，我们把握了朱自清在开始时对父亲的情感态度是不理解、嫌弃和嘲笑的。

2. 这种情感态度在什么时候发生了转变呢？对，是在父亲为儿子买橘时，朱自清看见了父亲攀爬月台的艰难背影。（要不要加一个小组活动？）

请同学们标出第6段中看到父亲的背影之后描述“我”的反应的句子，批注自己的体会。

预设1：来分享你的批注。“这时我看见他的背影，我的泪很快地流下来了”。“流泪”可见感动；“赶紧拭干”可见“我”对父亲的体贴，不想再给父亲带来任何心理的负担。

预设2：你接着说。“等他的背影混入来来往往的人里，再找不着了”可见作者对父亲的留恋与不舍。

点评：谢谢你们两位的批注。也就是说，在看到父亲为“我”买橘子的背影之前，尽管父亲对“我”也是关爱有加，但是当时的“我”并没有体会到父亲对自己的爱。可是，父亲买橘子时艰难笨拙的背影，让儿子发生了从不理解父亲到对父爱有所感动、有所体会的转变。（板书：感动）

3. 这时候的儿子对父亲的理解已经足够深了吗？没有。什么时候真正理解父亲了呢？我们请一位同学范读一下第7段。

谢谢你深情的朗读，让我们深受感动。这一段哪些句子能看出朱自清对父亲的态度呢？请同学们思考后发言。

预设1：“他触目伤怀，自然情不能自已。情郁于中，自然要发之于外；家庭琐屑便往往触他之怒”。两个“自然”，可以看出“我”理解了当时父亲是因为家庭衰落、工作被免而情郁于中，所以遇到家庭琐事便容易发怒。

点评：谢谢！你善于抓住关键词分析问题。在八年之后，这时朱自清已经28岁，早已成家，早已为人父。直到这时，他才终于真正理解了父亲。（板书：理解）

预设2：“我读到此处，在晶莹的泪光中，又看见那肥胖的、青布棉袍黑布马褂的背影。唉！我不知何时再能与他相见！”作者读到信泪如泉涌，既有对父亲的理解，也有了一种愧疚。“唉”的一声叹息，包含着遗憾、失落、无奈等复杂的感情，“我不知何时再能与他相见”则表现了作者对父亲的思念之情，渴望与他相见。

点评：谢谢你的分析。从不相见到何时才能相见，这是一个巨大的转变，饱含对父亲的思念之情。（板书：思念）

4. 那今日之“我”在回忆起昔日之“我”对父亲的态度时又是什么感情呢？在哪里有体现？没错，在第四段。我们一起回到第4段找出来分析。

预设：有两处：“我那时真是聪明过分”和“我现在想想，我那时真是太聪明了”。“聪明 ”这个词，在这里是作为反语使用的，带有一种讽刺的意味，是作者对自己行为的一种自嘲。可以看出今日之“我”对父亲的愧疚之情。

点评：好，谢谢！年轻时总是不理解，长大后明白了就会愧疚和自责。正如倪文尖在《〈背影〉何以成为经典》一文中所说：“朱自清是怀着羞愧、伤

悲、感恩等复杂的情感写作《背影》的，作者写《背影》其实用情极深、用力极猛。”（板书：愧疚　自责）

四、结语

父亲一直用他的爱深深地关怀着儿子，但年轻的儿子并不理解，直到他看到父亲那艰难的背影，才有所体会，有所感动，但理解还不够深，直到多年以后，儿子才最终真正理解父亲的付出。

纵使时间流逝，尽管家庭变故，哪怕偶尔争吵，就算暂时分别……这些都统统不能阻断父子之间的感情。父亲关爱儿子，儿子理解父亲，可谓父子情深。（板书：父子情深）

五、作业

课下请大家完成一个作业：在父母面前，你是否有过曾经认为“聪明”的举动呢？什么时候意识到“聪明过分”了呢？请写下你对父母的情感态度转变的一个节点，200字左右。

六、板书

朱自清

父子

失意衰老

迂腐天真　颓唐易怒　惦记儿子　年迈慈爱

朴素笨拙

别扭爱子

【总评】

《背影》位于统编语文教材八年级上册第四单元，作者为朱自清，它是散文篇目中不可回避的经典名篇。

本设计的核心为“批注的指导和拟写”，教师指导使学生在此过程中完成阅读学习的任务。不同于以往的《背影》教学中直接通过句子“赏析语言美”，设计者以“批注指导”为抓手，借助批注帮助学生掌握方法与技能，理解文意，赏析语言，注重方法的指导和点拨，使“赏析语言”有了依托。

在整个设计中，学生拟写批注的情况、教师的有效指导以及学生展示交流批注的方式是其中不能忽视的几个方面。通过“批注式阅读”达到训练学生思维水平、语言能力的效果，也符合课标中对于语文核心素养“语言建构和运用”“思维发展与提升”的要求，且注重方法、技巧的传授，符合学生发展特点与学段目标。另一方面，如何通过“批注”使学生理解散文语言、提高审美与鉴赏力将是一大难点，教师的指导方法和教学方式格外重要，教学过程的实时调控与反馈也不容忽视，总之，本设计为我们提供了值得借鉴学习的“批注”阅读教学路径，也激励我们提升问题设计能力和整体统筹设计能力。

拓展阅读	
张广武	《背影》教学设计①
施黎明	《背影》"情感体验式"教学设计②
边玉春、提运福、单波	背影，到底深藏着什么？——评《背影》教学设计③
程日东	背影的背后——《背影》教学设计④

思考

1. 以上两份教学设计各存在哪些优缺点？自选角度详细说明。
2. 《背影》的微课教学的重点应该如何选择才更为合理？
3. 任选一中学语文教材中的散文篇目完成一篇微课教学设计。

文献选读：

[1] 盛群力：《教学设计》，高等教育出版社，2005年。
[2] 裴娣娜：《现代教学论》，人民教育出版社，2005年。
[3] 于漪：《语文的尊严》，山西教育出版社，2014年。
[4] 郑艳：《中学语文教学设计》，西南大学出版社，2017年。
[5] 王荣生：《中小学散文教学的问题及对策》，《课程·教材·教法》，2011年第9期。

四、戏剧教学设计

戏剧虽在教材中选用不多，但其作为文学艺术的重要形式之一，有不可替代的作用。它往往与舞台、表演、音乐等相连，是综合性的艺术表现形式。教材中的"戏剧"通常指戏剧文本，如何通过文本使学生感受戏剧魅力，提升综合审美能力是教师在教学设计时应当关照的重要问题之一。

本节从戏剧教学设计的原则、方法和策略出发，介绍戏剧教学相关知识与设计理论，最后附戏剧《雷雨》的教学设计案例，以供学习研讨。

① 张广武：《〈背影〉教学设计》，《中学语文教学》，2009年第4期，第53-54页。

② 施黎明：《〈背影〉"情感体验式"教学设计》，《语文建设》，2012，(17)，第26-27页。

③ 边玉春、提运福、单波：《背影，到底深藏着什么？——评〈背影〉教学设计》，《中学语文教学参考》，2015年第11期，第42-46页。

④ 程日东：《背影的背后——〈背影〉教学设计》，《语文教学通讯》，2009第29期，第23-24页。

部编版初高中教材 戏剧篇目(均为选段)

九年级(下)	《屈原》(节选)郭沫若 《天下第一楼》(节选)何冀平 《枣儿》孙鸿
必修下 (第二单元)	《窦娥冤》关汉卿 《雷雨》曹禺 《哈姆莱特》(英)莎士比亚

(一) 戏剧教学设计原则

1. 个性化原则

戏剧与小说、散文等其他文体不同,它不是直接描写人物的心理活动、动作、神态等,而是通过人物的语言来把握故事情节和戏剧冲突,从而更好地展现人物的性格特点。戏剧语言富有独特性,每个角色都有符合自身的性别、地位、年龄、气质的语言。在特定的戏剧情境中也有特定的词汇,这样可以使人物形象更加饱满、立体。因此,在戏剧教学中要遵循个性化的教学原则,要抓住人物的主要特点和语言来进行教学和解读,同时也要尊重学生的阅读情感,注重学生阅读戏剧的个性化体验。

2. 情境性原则

所谓剧本,一般被认为是"以代言体方式为主、表现故事情节的文学样式,戏剧演出的文字依据"①,"最主要的功能是在戏剧实践领域里作为戏剧活动的基础和起点,是戏剧演出中行动的依据和戏剧演出活动的蓝本"②。因此,教师在戏剧阅读教学中应充分利用这个特征,将戏剧知识放在戏剧影像或者学生的戏剧朗诵中,让学生在情境性的实践活动中感悟戏剧,从而更准确地理解和掌握戏剧作品的内涵。

3. 艺术性原则

戏剧作为一种综合性的艺术,它的艺术手段的多样性及运作流程的集体性,都使戏剧具有群体性的特点。小说阅读是"个人化"的;电影的观看虽然有观众在场,但基本上也是"个人化"的;戏剧这种艺术存在着演员与演员之间、舞台与舞台之间、观众与观众之间三个维度的交流与"分享"。因此,在戏剧教学中可以通过让学生进行戏剧表演来实现三个维度的交流与"分享",有条件的可以带领学生走进剧院感受戏剧的艺术魅力。

① 中华人民共和国国务院:《中国大百科全书·戏剧卷》,中国大百科全书出版社,1989年,第198页。

② 张先等:《戏剧艺术》,广西师范大学出版社,2005年9月,第23页。

戏剧的文化艺术意义归根结底还是“人”的意义。参与戏剧实践创作的人,可以养成自我表达与群体协调的能力,观察与分析社会人生的能力,从而健全自我的个性。而参与戏剧欣赏与批评的人,可以养成丰富、高尚的审美情趣,使自己作为一个健康、独立的个性被社会所接纳。因此,在戏剧教学过程中要充分挖掘戏剧的文化艺术意义,培养学生高尚的审美情趣。

（二）戏剧教学设计的方法

1. 阅读鉴赏式教学方法

作为剧本文学的戏剧与诗歌、小说、散文等文体相比又有自己独特的个性,它是通过语言来塑造人物形象、体现戏剧冲突、推动情节发展、揭示人物情感变化的,因而戏剧的语言更具个性化、动作化、口语化的特点。所以,在戏剧教学中虽然同样采用阅读的方法,但却与小说等文体存在着很大的差异。在这里我们把不同于其他文体的戏剧教学中的阅读法称为“阅读鉴赏式戏剧教学法”,它主要是指学生在教师的引导下,通过各种形式的阅读对戏剧作品的语言、情节、冲突、人物形象及艺术手法等进行鉴赏,从而不断提高戏剧鉴赏能力的教学方法。在具体的阅读鉴赏中,可以从演员视角阅读以获得舞台感、演员感;从观众视角阅读以获得观众感、剧场感。阅读剧本既要能够读出角色的命运、性格和内涵,也要能够想象出演员的表演;既要能够像演员那样读剧本,将剧本转化为舞台上的表演;也要能够像观众一样切身体验剧场的氛围。此外,在阅读鉴赏时不要将人物简单化地理解。

分析人物形象时教师要引导学生用多元化的眼光看到“圆形人物”的描绘,不要将人物脸谱化、程式化。例如,周朴园故意让江桥出险、赶走鲁侍萍、逼迫繁漪等事件,表现出资本家的专横跋扈、自私冷酷,同时周朴园因为鲁侍萍而保留着夏天关窗户的习惯、留着当年的旧衬衫等,又可以看出他对侍萍,或者说是对自己的年轻时代仍然有一定的怀念,这也是周朴园人性的一个方面。

2. 体验式教学方法

体验式教学最基本的特征是其亲历性,通过行为和心理上的亲身经历建构知识。指学生通过表演还原教学作品,从而在切身体验中感知作品语言、感受人物内心、产生情感共鸣、体会作品内涵的教学形式。学生们只有亲身经历过戏剧的表演形式,才能了解戏剧的文体知识、把握剧中的矛盾冲突、品味个性化的人物语言,去感悟戏剧的艺术魅力,提升审美情趣。在进行戏剧教学设计时,教师可以采用体验式教学法,指导学生以体验戏剧的形式展开作品学习,从舞台布置、布景编排、灯光设置、道具设计、服装选取、人物台词、剧情发展等方面给予学生理论上和实践上的指导,使学生在亲身经历中感悟更深刻的戏剧文化。这种集中的体验式的教学方法更有利于学生们了解戏剧文学的特点，直观地面对剧中人物，与人物进行深层次的对话，明白现象背后的实质，形成自己的人生感悟。美国教育家杜威提出"在做中学"，就是在体验中学习，学习的过程与生活是合二为一的。戏剧文学的体验式教学也就是教师帮助学生创设学习情境，让学生在戏剧情境中提高鉴赏力，进而提高语文审美能力与应用能力的学习形式。例如，在分角色朗读中感受语言的特点，体会情感的激荡。教师在指导学生进行朗读时，要引导学生融入情境，心中有舞台，体会剧中人物的情绪变化，从而体会语言的抒情性、性格化、动作性和隐含其中的潜台词。例如，《雷雨》中周朴园与鲁侍萍相认的情节，周朴园的语气由镇定转为慌张，鲁侍萍在逐渐地试探中情感终于爆发："命！不公平的命指使我来的！"①

3. 创作实践教学方法

戏剧创作可以在创意写作教学中尝试。学生先内化对戏剧艺术的理解，再以文字或演出实践的外化形式表现，通过这种方式，学生对戏剧艺术的理解程度会更加深刻，同时又能体现个人的独特理解。戏剧创作教学法可以分为三类：一是鼓励学生写戏剧评论。可以让学生就戏剧教学的某个方面展开评论，发表自己的独特看法，把在课堂上思维碰撞的火花用文字记录下来。二是鼓励学生改编课本剧。在苏教版戏剧选修教材中，编者就鼓励学生选择自己熟悉并且有"戏"的小说，将其改编成话剧剧本，彼此交流。学生对熟悉的小说、散文，甚至诗歌，都可以改编成剧本。三是鼓励学生创作剧本，进行创意写作。戏剧文本中有许多没有展示在读者面前的情节或背景信息，在教学分析之后，可以让学生尝试将隐藏其后的故事编写出来，学习剧本的写作方法，提高其实际应用能力。

● 例如：《雷雨》中发生在三十年前周家将生完孩子三天的鲁侍萍在雪夜赶出门，这样的场景就可以鼓励学生将其补充出来，帮助学生对戏剧内容完整化，学生就要思考赶走鲁侍萍的时候周朴园是什么立场、何种表现，是冷酷无情抑或无可奈何，在补充续写的过程中要遵循人物的性格特征，这就必然要求学生深入挖掘文本中人物的性格刻画，促进学生进一步思考周朴园对鲁侍萍有无真感情，在三十年后保留旧衬衫和夏季关窗的旧习惯是否对鲁侍萍心怀愧疚？而在两人相认之后周朴园即刻变换了态度又表现了怎样的一种心理？在不断的追问中将学生思考引向深层，帮助学生理解人物性格的多元化和复杂性。

① 曹禺：《曹禺选集》，人民文学出版社，2004年，第90页。

（三）戏剧教学设计的策略

1．通过对比教学，渗透戏剧基础知识

戏剧是一种综合性的艺术表现形态，它有自己独特的特点，文学因素是其成型的根本，语言是其载体，其中添加音乐、舞蹈、美术等内容。由于学生在初中阶段接触的戏剧较少，有关戏剧的基础知识较为匮乏。进入高中阶段，学生在学习戏剧时首先需要了解一些戏剧的相关理论基础知识，在进行戏剧的理论基础知识教学时可以通过对比教学来进行基础知识的渗透。比如，可以将古典戏剧和现代戏剧进行对比、中国戏剧和外国戏剧进行对比来进行基础知识的介绍和讲解。

2．通过矛盾教学，引导学生关注人物形象

戏剧基本元素是戏剧冲突与人物对话。从艺术呈现方式角度来说，戏剧是一门冲突的艺术。它主要是通过矛盾冲突来推动故事情节发展，刻画人物形象。高中语文教学中节选的戏剧文本内容大都是矛盾冲突表现较为突出的部分。教材中的戏剧是以文本的形式出现的，是一个剧本，而它本身就有多方面元素的显示，其故事的情节也就必须是在一定的时空中展示的。从整体的戏剧结构上来说，任何情节的出现和开展都是围绕矛盾进行的，诸如：戏剧的开端往往是介绍人物，提示矛盾；进而根据提示的人物矛盾来进行发展，形成矛盾；高潮部分则是矛盾尖锐冲突，戏剧情节达到顶端；最后充分展示人物形象的内心，对矛盾的一个别样性的总结。在教学过程中可以开展矛盾教学，即将戏剧中的矛盾冲突抛出来引发学生深思，促使学生深入研究戏剧，有意识地关注人物形象。让学生们表述自己喜欢或者憎恶的剧中人物，并阐明原因，在这一过程中，可以帮助学生重读文本，并且进一步思考剧中各个人物的性格特征，以及由于这样的特点所决定的说话方式和行为方式，深入理解文本及剧作家的写作意图。

● 如《窦娥冤》中的蔡婆，作为母亲，她靠一个人放高利贷维持家中生计；作为商人，她也有唯利是图、胆小怕事的一面。元代蒙古人入主中原后，社会观念有了新变化，男子入赘与女子改嫁在当时已经成为常见的社会现象。守寡多年的蔡婆常年一个人外出索债，张父又是一位相对温和的男子，蔡婆便从开始的被迫招赘转变为主动追求自身的晚年幸福，这与窦娥代表的传统儒家观念相左，在评论人物时也要结合时代背景和人物身份进行多元化的思考。

3．通过表演教学，促进学生提升体验层次

埃里克森人格发展阶段理论认为，中学时期是学生自我同一性获得的关键时期。所谓的自我同一性，是“逐渐生长的一种信念，认为自我能将有效的步骤整合而为一个有形的集体性未来，认为它正发展成在社会现实范围内一个组织得很好的自我"①。也就是说，这一阶段的学生有极强的自我表现力并力图通过自己的努力得到家人、同学、老师、社会等对自己学业以及才艺能力等方面的认同，而戏剧教学建设和发展正好可以满足学生这方面的需求。从戏剧的角度来说，语言不仅仅是人物之间简单的对话，同时也包括旁白场景、舞台说明等。单一的对话教学不能让学生真止地走进戏剧，感受戏剧中语言的个性、人物形象的性格特征等，需要学生不断地去揣摩、感受，反复从语言中获取信息。为了更好地升华学生对戏剧的感悟和体验，可以在教学中运用表演教学手法来促使学生提升体验层次。一方面，通过表演教学学生能够亲身感受人物，产生自我情感和阅读体验；另一方面，通过表演能够将静态的教材内容动态化、形象化展示，有助于学生更深刻地认知和了解。

> 在学习《窦娥冤》教学内容时，让学生将戏剧表演出来，每个人选取一个角色，自由组合剧组进行排练、表演。

学生为了表演好自己的角色会多方面地收集相关信息，将反复揣摩人物心理，与剧中人物建立情感联结，使自我与人物融合在一起。如扮演窦娥的学生为了演好角色，反复地品读文本，并从网上查阅多个窦娥的表演信息，总结人物内心、性格特点等，将自我塑造成为窦娥，感受窦娥从被卖做童养媳到发生卢塞医事件再到张驴父子事件等，感受人物的多重矛盾冲突，体验窦娥的艰辛人生路和顽强不屈的刚毅品质。

研讨·反思——教学设计案例：《雷雨》

研讨提示：

- 教学目标是否设置合理？
- 教学重点是否合理？
- 教学目标是否实现？
- 教学环节设置是否有利于目标实现、是否有效科学？
- 学生能否通过教学得到能力的提升？
- 教师的问题提出方式与问题设置是否存在问题？
- ……

① 〔美〕埃里克森著，孙名之译：《同一性：青少年与危机》，浙江教育出版社，2000年，第50页。

【案例一】

《雷雨》(第二课时)教学设计①

设计者	奚畔(北京师范大学第二附属中学)
题目	《雷雨》(第二课时)教学设计
时间	2018年

编者按:

戏剧通过"动作"交代情节、塑造人物、展现主题,戏剧的"动作"功能相当于小说中的"叙述",但又和小说相区别。如何立足戏剧"动作"进行教学设计?又如何把握戏剧教学重点?

本设计是在完成第一课时的基础上(第一课时:梳理故事脉络及人物关系;第二课时:理解戏剧"动作";第三课时:分析戏剧冲突的作用;第四课时:鉴赏人物形象)进一步引导学生理解"动作"与"叙述"的区别及其对情节发展与展现人物心理的作用,即围绕《雷雨》中人物"动作"进行的第二课时教学设计。设计者从"戏剧"与"小说"的区别入手,以戏剧人物的"动作"着力,带领学生体会戏剧文学的独特魅力。

【设计意图】

戏剧作为四大文学体裁之一,具有其独特的表达方式,即通过"动作"交代情节、塑造人物、展现主题。戏剧的"动作"功能相当于小说中的"叙述",那么戏剧中的"动作"与小说中的"叙述"有何不同?戏剧的"动作"与其他文学体裁中的"叙述"又有何不同?"动作"如何创作?这启发我们:解读经典戏剧剧本时,可从人物的"动作"着力,带领学生体会戏剧文学的独特魅力。

《雷雨》专题教学共设计四课时:第一课时,梳理故事脉络及人物关系;第二课时,理解戏剧"动作";第三课时,分析戏剧冲突的作用;第四课时,鉴赏人物形象。本设计是在完成第一课时的基础上,进一步引导学生理解"动作"与"叙述"的区别及其对情节发展与展现人物心理的作用。

【教学目标】

1. 通过文体对比,理解戏剧"动作"的特点及作用。
2. 通过细节研读与模仿实践,学习并运用"动作"进行戏剧剧本写作。

① 奚畔:《〈雷雨〉(第二课时)教学设计》,《中学语文教学》,2018年第9期,第65-68页。

评点：从“小说”和“戏剧”的文体差别入手，启发学生发现戏剧的独特性，从戏剧“动作”中感受情节与人物心理，抓住了戏剧文本的特性。同时，指导学生模仿练习进行剧本写作，实践所学，照顾到学生应用能力。总体上目标具有可操作性，但其落实与否还需通过教学环节的检验。

【教学重点】

学习戏剧剧本通过“动作”交代故事情节以及展现人物心理活动的写作方法。

【教学过程】

一、导入

亚里士多德认为：“剧作家要表现的是人们在做什么，只能通过人们的行动来说明人们是在想什么或者是什么。”根据亚里士多德所说，对比一下，同是讲故事，戏剧《雷雨》与小说《林冲棒打洪教头》在表达方式上有何不同？

明确：戏剧区别于小说的根本要素是“动作”，“动作”包括语言动作、行为动作及心理动作。戏剧通过“对话”展开故事、表现人物；小说则通过“叙述”交代故事、塑造人物。

二、研析文本中的“动作”

（一）深入研读：用“动作”交代事件

1. 默读周、鲁二人相认前的片段，简要概括内容大意。

• 明确：周朴园想知道鲁侍萍的下落；鲁侍萍愤懑说出真相，并不断引导周朴园回忆真实的往事。

2. 找出“周朴园打听鲁侍萍下落”片段中能够表现以上“叙述”的“动作”词句，并按照动作类型分类。

朴：我派人到无锡打听过。—— 不过也许凑巧你会知道。三十年前在无锡有一家姓梅的。

鲁：姓梅的？

……

鲁：这个梅姑娘倒是有一天晚上跳的河，可是不是一个，她手里抱着一个刚生下三天的男孩。听人说她生前是不规矩的。

朴：（苦痛）哦！

预设：“派人打听过”“不妨说说看”——“想知道”；“我倒认识”——“说出”；“姓梅的”“不敢说”——“引导”；“不是小姐，不贤惠，不大规矩，生前不规矩”——“愤懑”。“说出”“引导”是行为动作，“想知道”“愤懑”是心理活动，心理活动属于动作范畴。

●明确:戏剧是通过“动作”来说明人物是什么、想什么、做什么的,而“动作”主要通过人物的对话来展现。

3. 模仿实践,进一步理解。

——请将“妈妈因回来得比平时早了半小时而十分开心”改写成“动作”。

提示:这句话中的行为动作“回来”和心理动作“开心”是关键“动作”;“妈妈”是角色,“早半小时”是通过行为动作表现的重要信息。

预设:

学生 1:

妈妈:我回来了,嘿,比平时早半小时呢!

学生 2:

(敲门声,我去开门)

小明:妈妈!

妈妈:你干吗呢?我今天回来得早吧?哈哈哈!

小明:我,我没干什么。

学生 3:

(妈妈开门进来)

妈妈:你干什么呢?

小李:我写作业呢。

妈妈:妈妈今天回来得早,我们出去吃饭,今天高兴!

●明确:通过实践,让学生体会“动作”与“叙述”的区别。虽然这三种表达方式形似剧本,且学生 2、学生 3 加入了对话和想象,相比“独白”更具互动性,但在戏剧语言的“动作性”表现方面还是有所欠缺。

(二) 对比阅读:用“动作”控制叙事节奏

1. 下面两组对话,哪一组对话在表现戏剧“动作”方面更胜一筹?为什么?

【对话一】

朴:我派人到无锡打听过。—— 不过也许凑巧你会知道。三十年前在无锡有一家姓梅的。

鲁:我倒认识一个年轻的姑娘姓梅的。这个梅姑娘倒是有一天晚上跳的河,可是不是一个,她手里抱着一个刚生下三天的男孩。听人说她不是小姐,她也不贤惠,生前是不规矩的。

【对话二】

朴:我派人到无锡打听过。—— 不过也许凑巧你会知道。三十年前在无锡有一家姓梅的。

鲁：姓梅的？

朴：梅家的一个年轻小姐，很贤惠，也很规矩，有一天夜里，忽然地投水死了。后来，后来——你知道吗？

鲁：不敢说。

朴：哦。

鲁：我倒认识一个年轻的姑娘姓梅的。

朴：哦？你说说看。

鲁：可是她不是小姐，她也不贤惠，并且听说是不大规矩的。

朴：也许，也许你弄错了，不过你不妨说说看。

鲁：这个梅姑娘倒是有一天晚上跳的河，可是不是一个，她手里抱着一个刚生下三天的男孩。听人说她生前是不规矩的。

朴：（苦痛）哦！

● 明确：对话一只有一组对话，采用"你问一句——我全说完"的方式，鲁侍萍的回答与小说中的"叙述"类似，侧重于交代故事情节；对话二有五组对话，采用"你说半句——我答半句"的互动方式。相比之下，对话二在交代事件的节奏上更显从容，对话所传递的信息量更加平衡，由于每一组对话中叙事的信息量减少，反而更能激发观众（读者）对故事情节的好奇。

> 评点：通过对比对话的方式让学生更加直观地感受表达效果的差别，也为下阶段戏剧叙事语言表达方法的教授铺垫。

2. 思考画线句子对叙事节奏的作用。

● 点拨：鲁侍萍有很多次机会结束对话，比如"不认识姓梅的""我不知道梅小姐的事"，她却用"姓梅的？"抛出疑问，引发周朴园继续说下去；"不敢说"意味深长，传递的是她不仅知道此事，还知道其中有不能告人的秘密，从而引发周朴园的好奇；原本周朴园用"哦"已经结束了对话，但鲁侍萍紧追不舍，用"我倒认识一个"继续引起新话题，以此推动故事的发展。

——请学生再找出剧本节选中类似的"问答互动"的片段，深入体会。

如鲁侍萍给周朴园找衬衣一幕：

鲁侍萍说："老爷，没有事了？（望着朴园，泪要涌出）""旧衬衣？""老爷那种绸衬衣不是一共有五件？您要哪一件？""不是有一件，……后来用丝线绣成一朵梅花补上的？还有一件——""旁边还绣着一个萍字。"

● 明确：鲁侍萍、周朴园二人对话采用"引出话题——回答——再引起新话题"的方式。相对于"一人独白"，或者"你问一句——我全说完"的表达方式，这种对话方式不仅能够充分调动角色互动，更好地展现人物的心理活动，而且对剧情的发展起到推动作用。

3. 模仿实践,加深理解。

请采用“问答互动”的方式控制叙事节奏,将“妈妈因回来得比平时早了半小时而十分开心”改写成不少于5组对话的剧本。

预设:

妈妈:我回来啦!

我:妈,您今天怎么回来这么早?

妈妈:你老妈我厉害呗!

我:怎么个厉害法了?

妈妈:会抓时机呀!

我:什么时机?

妈妈:外出开会呀!

我:开会是个什么时机?

妈妈:会早散了半小时!

我:那你怎么不回单位?

妈妈:路这么堵,到单位得五点!再回家得六点了!

我:还真是!

妈妈:果断决定——回家,这才四点半!

●明确:通过实践,让学生体会戏剧可以通过“动作”来控制对话内容,实现不疾不徐的叙事节奏,从而加深对戏剧的“动作”特点及作用的理解。

(三)探究阅读:用“动作”展现人物心理

1. 揣摩周朴园台词中的六个“哦”,思考同一个字配合不同标点,分别表达了周朴园怎样的心理活动?将揣摩的想法写在每个“哦”字后面。

预设:

(1)鲁:不敢说。

朴:哦。(句号表示话题完结,心里的石头暂时落了地)

鲁:我倒认识一个年轻的姑娘姓梅的。

朴:哦?你说说看。(问号表示好奇,很想知道这个梅姑娘是否就是曾经的那位“梅小姐”)

(2)朴(苦痛):哦!(鲁侍萍描述梅姑娘跳河的细节顿时将周朴园美好的回忆击碎,那些痛苦、不堪回首的往事瞬间冲击着他的心)

(3)朴:(汗涔涔地)哦。(这些真相令周朴园陷入苦痛的回忆中,既愧疚悲哀,又恐惧紧张,他不希望侍萍再说下去)

(4)朴:哦,救活啦?(这个消息令周朴园既惊讶又紧张,惊讶的是侍萍没有死,紧张的是别人就会知道真相)

(5)鲁:我是这儿四凤的妈,老爷。

朴：哦。（确认眼前这位老太太既不是“梅小姐”，也不是“梅小姐”的亲戚，不会对他造成威胁，便放下心来）

• 明确：通过揣摩，让学生关注人物语言中的“细节动作”。“苦痛”“汗涔涔”这类细节属于“动作”范畴，但它是舞台说明，起到辅助提示作用。人物对话中的“细节动作”更值得关注，“言由心生”，每一处语气词都代表着人物的心理活动，每一处标点都展现出人物此刻的情绪，这是展示剧作家高超功力之所在。

2. 模仿实践，加深理解。

请为“我和妈妈”的对话加入能够展现人物心理活动的语气词或合适的标点符号。

点拨：先设定角色关系——妈妈和“我”无话不说、关系和谐；再设定人物性格特征——妈妈聪敏灵活、自信开朗，常常由于自己的机智而洋洋得意，“我”乐于交流、认真好问，对妈妈的机智赞赏有加；根据以上设定揣摩妈妈与“我”的心理活动并设计字、词、标点。

• 明确：人物性格、人物关系引发人物的心理活动，继而引发人物的“行动”。模仿练习旨在调动学生通过设定人物关系与人物性格，设计语气词与标点，揣摩人物的心理活动，继而设计人物的“动作”。

小结：设计戏剧“动作”时不仅要设计人物的外在动作，更要设计人物的心理动作，而心理动作恰恰是外在动作的根基。

四、作业

请将小说《林冲棒打洪教头》（节选）中的“叙述”改编成“动作”，要求台词不少于五句话，运用“细节动作”体现人物行为动作、展现心理活动。

林冲未见柴进，别了众庄客，和两个公人再回旧路，肚里好生愁闷。

点拨：揣摩林冲、董超和薛霸的人物形象与心理，即林冲为何前来拜见柴进，以及二人为何同意在押送路上“浪费时间”陪同林冲前来拜见。

> 评点：作业的布置与所授内容贴合，且关注到教材中其他文本。如果让你设计本课作业，你会怎样设置？

【课后小结】通过深入研读《雷雨》（片段）、模仿改编等方式，我们走进戏剧文学的世界，理解戏剧“动作”与“叙述”的区别，“动作”对戏剧叙事节奏的作用，以及“细节动作”对刻画人物心理的作用，从而深入体会亚里士多德对于戏剧特点的定义“剧作家只能通过人们的行动来说明人们是在想什么或者是什么”。

【总评】

《雷雨》在高中必修下第二单元，同单元还有《窦娥冤》《哈姆莱特》，集中于戏剧，且均为中外名篇，极富代表性和艺术价值。

在戏剧教学中，许多教师面临教授重点的选择疑惑，是集中于戏剧人物分析其性格特点与人物关系，还是集中于语言描写回溯人物历程和性格，抑或是整体的中心思想表达，再或是回归戏剧本身研究其艺术手法，凡此种种，不一而足，于是在戏剧教学时也呈现出“千人千面”的现象，有的疏通文义后草草略过，有的当成小说细究人物与内心，有的改编排演热热闹闹……而“戏剧”教学究竟该如何设计则至今未有明确定论，课程标准中所列18个任务群也包含戏剧，无外乎“欣赏、感受、审美”等字眼。本设计在完成第一课时“梳理故事脉络及人物关系”的基础上，进行第二课时“理解戏剧‘动作’”，并为第三课时“分析戏剧冲突的作用”和第四课时“鉴赏人物形象”做铺垫。设计者从“戏剧”与“小说”的区别入手，围绕《雷雨》中人物“动作”进行设计，进一步引导学生理解“动作”与“叙述”的区别及其对情节发展与展现人物心理的作用，以戏剧人物的“动作”着力，带领学生体会戏剧文学的独特魅力。

本教学设计注意到了“小说”与“戏剧”文体上的不同，并以此为出发点区分二者的概念，有利于学生感受戏剧的独特性，同时通过对戏剧“动作”的生活迁移，使学生感受语言差别，进而学习仿写以掌握技能，关照学生日常现实生活，深入浅出，具有一定的借鉴意义。

拓展阅读	
程翔	《雷雨》教学实录①
韩军	《雷雨》课堂实录②
童志斌	“由语言走进文本，由语言深入内心”——《雷雨》教学实录③
潘易	戏剧独特之美的微探究教学——以《雷雨》教学为例④

思考

1. 结合所学，针对以上教学设计讨论其优点与不足，自选角度对该教学设计进行评述。

---

① 程翔：《〈雷雨〉教学实录》，《山东教育》，2015年第Z3期，第88-91页。

② 韩军：《〈雷雨〉教学实录》，《语文教学通讯》，2015年第10期，第34-40页。

③ 童志斌：《由语言走进文本，由语言深入内心——〈雷雨〉教学实录》，《中学语文教学》，2005年第3期，第15-18页。

④ 潘易：《戏剧独特之美的微探究教学——以〈雷雨〉教学为例》，《中学语文教学参考》，2016年第28期，第11-13页。

2. 该教学设计的目标是否合理？是否在教学过程中得到了有效实施？

3. 你认为戏剧教学的重点是什么。戏剧教学与小说、散文教学有何区别？

4. 任选中学语文教材中一个“戏剧”篇目完成一篇教学设计。

文献选读：

[1] 曹禺:《曹禺选集》,人民文学出版社,2013年。

[2] 陈锋:《高中语文戏剧教学综合实践活动课程探索》,厦门大学出版社, 2013年。

[3] 张晓华:《创作性戏剧教学原理与实作》,上海书店出版社, 2011年。

[4] 秦勤:《语文名篇教学研究丛书 · 小说戏剧名篇教学研究》,高等教育出版社, 2018年。

第三节 群文阅读教学设计

上一节对诗歌、散文、小说、戏剧四种文体的单篇教学设计进行了原则和方法的梳理与探究,虽然单篇教学在一线教师的探索之下不断臻于完善,但从所列举出的部分单篇教学案例中能看出,其中仍存在不少问题,如知识点琐碎、教学模式化、易造成思维定式等。“实施‘学习任务群’单元教学时,‘课’的构成原则也发生了变化,不再以单篇课文或者课时作为‘课’的基本构成单位……因此,教学方式要发生变化,不再是一课一课地教,而是一组一组地学”①。相较于单篇教学,群文阅读教学指向的是多文本,有助于使学生从一篇文本中“跳”出来,驰骋于多个文本之中,发现文本之间的同中之异和异中之同,从而建立系统化的语文知识网络。本节将对群文阅读教学设计的理论基础与三种组元模式进行介绍,并附案例以供思考与研讨。

① 温儒敏:《守正创新用好普通高中语文统编教材》,《人民教育》,2020年第17期,第51-57页。

课前研读清单	
蒋军晶	《让学生学会阅读——群文阅读这样做》(北京：中国人民大学出版社,2016)
于泽元、王雁玲	《群文阅读的理论与实践》(重庆：西南大学出版社,2018)
陈赟	《初中语文群文阅读教学研究》(上海：华东师范大学,2019)
于泽元、王雁玲、黄利梅	《群文阅读：从形式变化到理念变革》,《中国教育学刊》,2013(06)

一、群文阅读教学设计的理论基础

群文阅读教学不是无本之木、无源之水,也不是随意的、无序的,而是根植于一定的理论基础,有特定设计原则的阅读教学方式。本小节主要从群文阅读教学的概念入手,介绍其理论基础,从多角度提出群文阅读教学设计应遵循的原则,并提示设计时需注意的问题。

(一)群文阅读教学的概念

“群文”,顾名思义,是“多个文本”的意思。群文阅读教学是指在单位时间内师生围绕一个议题进行阅读,让学生在有限的课堂时间内,有针对性地开展多文本阅读,扩大自己的阅读量,同时使学生掌握精读、略读、跳读等方法的一种阅读教学模式。于泽元、王雁玲等人对群文阅读的界定极具操作性,他们认为,群文阅读是“围绕着一个或多个议题选择一组文章,而后教师和学生围绕议题展开阅读和集体建构,最终达成共识的过程”①。其实施流程为：

当“学习任务群”明确成为“新课标”的重要组成部分后,如何处理“群文”与“单篇”的关系,成了一项极具挑战性的问题。伴随着“群文热”也出现了一种倾向：过于强调文本的整合式教学,从而忽视了单篇文本的教学价值,尤其是经典文本,只是“蜻蜓点水”式的教学,不按照文本自身的内部逻辑解读,从而导致表面上看起来活动设计得热热闹闹、新颖别致,然则细究起来,活动与语文学习并没有多大关系。这种设计无疑是脱离了语文教学本身,文本阅读首先要“入乎其内”,只有进入文本之中,才能发现其价值所

① 于泽元、王雁玲:《群文阅读:从形式变化到理念变革》,《中国教育学刊》,2013年第6期,第63页。

在，在此基础上开展群文阅读才能有的放矢，不会空无一物，流于表面。此外，学生的经典阅读量尚未达到一定的程度，良好的语感尚未建立时，就要求学生有真知灼见，甚至批判精神，显然是不现实的。因此，经典文本的群文阅读要以单篇精读为基础，由"一篇"到"多篇"进而到"整本书"，这是一个阶梯式螺旋上升的过程。

以部编本初中语文七年级下册《老王》一文为例，在进行群文阅读设计时，可以推荐学生阅读更多的散文佳作：

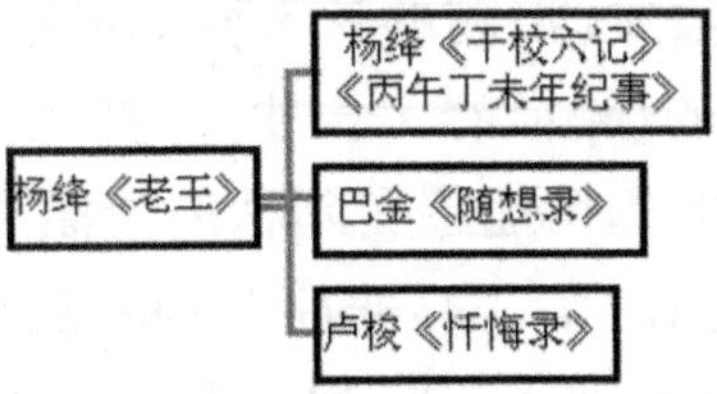

阅读以上这些不同风格且具有相关性的文学作品，是为了"披文入情"，走进丰盈的生命深处，感悟高尚的人格魅力，加深对文本和人物内心的深层理解。发挥"以点带面"的点有：精读单篇、泛读群文、指导阅读整本书，带着"研究知识分子救赎意识""人性的温度"等任务进行比较阅读，不仅有利于学生将阅读内容逐步迁移和延伸为写作素材，还有助于在深度学习中提升学生的横向和纵向思维，在读写结合中涵养心灵，对人性有更加深刻的体悟，从而提高学生的语文素养。另一方面，文学阅读与教学也应遵循"文学"本身的学习规律——立足文本、尊重文本，是永远也不能逾越的"底线"。

（二）群文阅读教学的理论支撑

1. "建构——统整模式"教学理论

"建构——统整模式"是读者如何理解当前所阅读的文本以及如何将当前阅读的文本与先前学习内容联结起来的一种模式。在此模式下，读者能够初步解读文本，概述文本内容，然后依据文本信息和先前的知识经验对文本进行深层次推论，最后，能够将新获得的组合性知识应用于新环境之下，解决现实问题，从而对文本信息有更深入的理解。因此，在语文课堂教学中，群文阅读教学的实质就是建构整合的学习过程，重在彰显学生的主体性，让学生在大量阅读中提高知识组合能力，在面对新问题时，能够发散思维、整合知识以解决新问题。

2. “文本互织理论”

“文本互织理论”又被称为“互文性理论”，文本互织要求读者在阅读文章时，将当前文本融入另一文本，也就是多文本联结的过程。群文阅读实际上就是多文本交织的过程，重在引导学生实现由单一文本阅读向多样化文本阅读的转变。在群文阅读课堂教学过程中要选择有关联的文章，阅读某篇文章时能够找出与此相关的文章来参考、印证，从而达到对一篇文章更加全面的理解。比如，以“作家笔下的秋味”为议题，在学习郁达夫的《故都的秋》时，可以引入老舍的散文《济南的秋天》（《济南的冬天》的姊妹篇）、何其芳的《秋天》以及毛泽东的《沁园春·长沙》。郁达夫笔下的“秋”是“清、净、悲凉”的，置身其中仿佛能真切地感受到秋的澄澈和凉意；老舍笔下的“秋”则是另一番模样，虽然也有“清、净、悲凉”的特点，但总体的调子是温暖的、热闹的，如“蓝的天，晴暖的阳光”等；何其芳笔下的“秋天”则更别具一格，诗人以富有浪漫诗意的笔调描绘了一幅令人神往的乡村秋景图；毛泽东笔下的“秋”则不同于前三者，其中体现了一代伟人的豪情壮志与伟大抱负，在他笔下，秋天是“万类霜天竞自由”的乐园，热烈奔放。

3. 迁移理论

“迁移（transfer）指将知识从一个问题或情境中迁移到新的问题中”①。“学习迁移”是指人们先前所获得的知识和技能，对后来学习的知识、技能的影响，通常所说的“举一反三”就可以用这一理论来解释。格兰特·威金斯认为：“对知识与技能的有效迁移能力是我们在不同的情境和问题面前创造性地、灵活地、流畅地应用所学知识的能力。”②“迁移理论”也被广泛应用于语文阅读中，可以称之为“阅读迁移”。群文阅读是一个知识迁移的过程，通过对一篇文章的分析，使学生掌握相应的阅读方法，再将其迁移到其他文章中。作为教师，在语文教学中更要注重多方面引导学生，要注重传授方法而非机械的知识，使“授人以渔”落到实处。比如，文言文用词简练，典故众多，在格式上又有创新，也有助于提升学生的写作能力，通过对文言文的分类，将同一主题不同的文章放在一起阅读，如将《烛之武退秦师》《邹忌讽齐王纳谏》《谏逐客书》等文章组成一组，让学生从中体会谏客的智慧，提升思辨力逻辑力的同时也为议论文写作提供了丰富素材。

4. “1+X”阅读模式

“1+X”的阅读理念是温儒敏在回答“吕叔湘之问”时提出的，从严格意

① 〔美〕斯滕伯格、威廉姆斯著，张厚粲译：《教育心理学》，机械工业出版社，2012年，第28页。

② 〔美〕格兰特·威金斯、杰伊·麦克泰格著，闫寒冰等译：《追求理解的教学设计》，华东师范大学出版社，2017年，第42页。

义上来说，它并不是一种理论，而是一种类似于群文阅读的新型阅读方式。“1”即是单篇文章，“X”指一篇或多篇文章，因此，可以将“X”看作群文。“1+X”的阅读模式，“即每讲一课（主要是精读课），就附加若干篇同类或者相关的作品，让学生自己去读”①。现在的学生阅读量少，阅读效果差，就连课文也是学一篇丢一篇，教师也将教读课文和自读课文都上成精读课，“吕叔湘之问”（语文教学少慢差费）至今仍未得到彻底解决。因此，温儒敏教授提出要想抓住语文教学的“牛鼻子”，就必须培养学生的阅读兴趣，让学生多读书、读好书，提高阅读效率，群文阅读则是实现大量阅读的重要路径之一。

（三）群文阅读教学应遵循的原则

1. 从师生关系来看，群文阅读教学要坚持以学生为主体的原则

（1）以学生为主体

在群文阅读教学中，学生是学习的主体，要充分发挥学生的主观能动性。教师要引导学生在不同的文本中学会概括知识、内容、方法，并在差异文本的重叠下，自主与文本进行对话，通过求同、比异，不断迁移运用所学的知识；组织学生互相交流探讨，让学生能够在讨论中表达、反思、完善自己的想法，听取他人想法并学会沟通。为此，教师要努力营造轻松的、平等的课堂氛围，不论学生观点是否正确，教师都应认真倾听，给予每个学生发表见解的机会，体现在教学设计上则是将话语权交给学生，注意引导，用围绕主题的开放性问题使学生沉浸思考、主动进入研讨。

（2）以教师为主导

以学生为主体的群文阅读教学并不意味着学生的集体建构是没有边界的，教师不能完全退居“幕后”，唯学生马首是瞻。钱梦龙老师曾说：“‘教师为主导’则是对教师在教学过程中的地位、作用的描述和限制。‘主导’的重点在于‘导’。”②尽管群文阅读教学中的阅读对话与教学对话具有一定的开放性，学生可以结合自己学习经验和生活经验阐述自己的理解，但是这种理解必须建立在对文本的理解之上，不能脱离文本。否则，群文阅读的效果就无从谈起。因此，教师要在保证学生主体性地位的前提下，有针对性地进行引导。一方面尊重学生的个性化行为，另一方面要对错误的阅读取向加以纠正，确保群文阅读的集体建构既多元有界，又能发挥学生的主体性。

2. 就课程设计来说，在群文阅读的选文组织上，要坚持以教材为基础的原则

---

① 温儒敏：《培养读书兴趣是语文教学的“牛鼻子”——从“吕叔湘之问”说起》，《课程·教材·教法》，2016年第6期，第6页。

② 钱梦龙：《钱梦龙与导读艺术》，北京师范大学出版社，2016年，第42页。

群文阅读教学的选文并不是随意组合的，而是有一定的原则和要求的。选文首先应该立足教材。教材是编写专家与教学研究者结合课程标准和不同学习阶段学生的学习经验以及认知水平，在海量的文本中精心挑选出来编排而成的，具有一定的科学性和目的性。因此，群文阅读教学的文本组合不应该无视教材、脱离教材。以统编版教材为例，它提供了丰富的课外阅读材料，在组织群文阅读教学时，应充分地利用教材资源。通过群文阅读教学将课内阅读与课外阅读联系起来，通过不同文本的比较分析，激发学生课外阅读的兴趣。但是，应该注意，课外文本的加入是为了更好地补充教材，而不是为了取代教材。唯有利用好教材，“以一带多”，相互贯通，才能更好地落实课程标准的要求，否则，群文阅读教学将成为空中楼阁。

3. *群文阅读组织选文时也要坚持互文性原则*

(1) 文本要有聚焦性

“互文”，指的是文本之间要有关联，文本与文本之间要共同聚焦到同一层面。这里的同一层面可以是指同一种情感、同一种艺术手法、同一个写作对象等。只有文本之间具备了互文性，学生才能尽快捕捉文本与文本之间的关联和规律。例如，以诗词里“愁情”为例，可以将李煜的《虞美人·春花秋月何时了》、李白的《秋浦歌十七首》（其十五）、李清照的《声声慢·寻寻觅觅》组合成一组文本，将这三首诗词组成群文进行学习，比较不同时代、不同境遇下作者的不同愁思，通过此种方式，学生对诗人（词人）的情感会有更深刻的理解。同时也可以让学生体会到不同的情感表达方式，为以后的写作积累经验。一言以蔽之，群文阅读就是语言的理解、运用与创造的过程，能够通过群文阅读教学的方式大大提高学生学习语言的效率，激发学生主动创作的欲望。

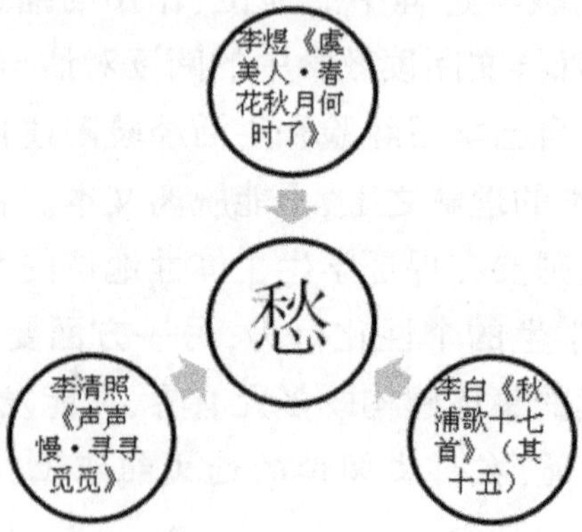

(2) 文本要有丰富性

文本与文本之间除了具备聚焦性以外，也要具备丰富性。教师要能够区分共性之外的个性特点，进行“同中求异”的比较阅读。因此，在建构多文本时，教师要有意识地选择“多元异质”性的文本，尽量涵盖多种文本类型，从多个角度、多个层面分析。例如，以“《诗经》中的女性形象”为例，将《氓》《蒹葭》《关雎》三首诗组合成一组文本，这些各具特色的女性形象，能形成较强的互补性，可以让学生对《诗经》中丰富的女性形象有更加全面系统的认识。群文阅读教学中文本选择的丰富性还体现在文本体裁的丰富性上。为了让学生获得比较准确、规范的语言表达方式，现行教材从语言的表达形式，到篇章的结构布局都过于注重模仿性。如写景的文章常常以方位为序，说明文则用总分结构，这样编写，好处是便于学生从读到写的模仿，却抹杀了文章的个性表达，容易使学生产生阅读倦怠和审美疲劳。所以，教师在进行选材时也要注意体裁的丰富性。

(3) 文本要有适切性

群文阅读教学中的多篇文本不是随意选择的，也不是只要内容相似、主题相关、体裁相同的篇目皆可入选，而是要考虑学生的认知特点和接受能力，选择难度适中、贴近生活的文本，过难和过易的文本都难以达到群文阅读教学的目的。在时间、条件允许的情况下，可以根据某一议题，在教师的引导下由学生自主选择文本，选择文本的过程本身就是学习与建构的过程，也是增强学生的分析与筛选能力的过程。此外，所选文本要文质兼美，具有经典性，将经典文本共组，在比较中鉴别，在联系中欣赏，提升阅读体验。

比如，在教学八年级下册的《庄子与惠子游于濠梁之上》时，有的老师为了引导学生理解庄子所谓“大”的学问，开展了以“庄子的‘大’境界”为议题的群文阅读教学，所选择的篇目有《逍遥游》(全篇)、《五石之瓠》、《齐物论》，深入《庄子》原典探究庄子深邃的思想是值得肯定的，但忽视了初中生的文言阅读水平和经典阅读储备，不利于实施和展开，该教师所选取的文本在一定意义上超出了学生已有的文言文学习经验，不具有适切性。

4. 在系统选文之后，还需遵循任务驱动建构原则

有任务就有方向。在任务的驱动下，学生能够更好地运用自主合作探究的学习方式有效地进行集体建构。许多经典的群文阅读教学课例都不约而同地设计了阅读任务单、思考清单等，这一形式有助于学生提前进入文本。

从形式上看，任务的设置可以激发学生的阅读兴趣。在信息提取的效率方面，通过阅读单呈现问题的方式，有助于培养学生在单位时间内获取信息的能力，让学生学会筛选和提取有用的信息，屏蔽无用的信息。这样一来，学生能够更快地捕捉到多文本之间的关联，提高学生的阅读速度和阅读能力。

从内容上看，通过布置阅读单、思考清单等方式，对群文进行问题设计，将多个问题、多篇文章融合在一张表格或图表当中，这样有助于学生对文本的梳理、整合，也可以有效地避免问题太多、太杂的现象。因此好的阅读单，不仅要有深度，还要有创意，这需要教师不断地思考与总结。例如，统编版高中语文必修上册第二单元(“劳动光荣”单元)第四课选编了三篇人物通讯，可以在课前布置思考清单，如下表所示，让学生在群文阅读中梳理文本、把握细节，从典型事件中挖掘人物的精神品质。

文章	人物	典型事件	品质
《喜看稻菽千重浪——记首届国家最高科技奖获得者袁隆平》	袁隆平	……	……
《心有一团火，温暖众人心》	张秉贵	……	……
《“探界者”钟扬》	钟扬	……	……

总之，在进行群文阅读教学设计时要从师生关系、选文准则以及任务建构等方面去考虑，不断完善、不断创新，努力让学生的阅读变得更加丰富多彩。

但是，也要注意群文阅读教学并不是十全十美的，群文阅读教学作为一种新型的阅读教学模式，由于教师理论驾驭能力和学生多文本阅读能力有限，加之对群文阅读的研究缺乏系统性和特殊性，使群文阅读教学在实施方面存在很多不成熟的因素，因而在实际的教学中也不可避免地存在一些问题。

(四) 群文阅读教学设计应注意的问题

1. 学生的阅读能力有限

在群文阅读教学中，需要学生利用有限的时间完成相关性较强的多篇文章的阅读，这对学生的阅读能力有很高的要求。学生的阅读基础不一样，阅读能力有差别，在开展群文阅读教学时不可“拍脑袋”随意选取文本，这就要求教师充分分析和考虑学生的学情，根据学生的阅读能力选择适量、恰切的文本。根据现实情况来看，一线群文阅读教学还存在很多问题，最突出的一点是教师选择的关联性文本高于学生的实际阅读水平，导致阅读效果差、教学效率低，也严重打击了学生的阅读兴趣，因此，开展群文阅读教学之前，调查学生的阅读状况是十分必要的。

2. 教师的教学模式固化

开展群文阅读教学，是为了让学生享受阅读的乐趣，打破固有阅读模式,实现阅读教学的创新。但在实践教学中却出现了群文阅读模式固化的问题,以至于群文阅读“名存实亡”,教师看似提供了多篇文本,但在具体的问题设计和过程的开展中,仍是单篇孤立地阅读,篇与篇之间并无实际的联系,教学仍侧重语文知识的讲解。可以说,教师仅仅是把群文阅读教学看作扩展知识面的手段,在群文阅读教学中偏重理论知识教学,未能对学生思维能力、应用能力等各方面能力进行培养,因此很难达到群文阅读教学目标。

3. 阅读教学“表面化”

群文阅读教学并非单篇阅读,在阅读教学中要做到环环相扣,才能体现阅读的整体性与深入性。现阶段,教师在教学中为了在短时间内完成群文阅读任务,通常会对部分文章阅读时间进行缩减,以至于文章之间的联系性和共通点难以得到体现,使群文阅读出现了“割裂化”现象,学生在阅读中始终处于“浅阅读”状态,表面上热闹非凡,实际上浅尝辄止,无法实现文本内容的深入理解,最终导致群文阅读教学效果不佳。

因此,在群文阅读教学中,教师应注意避免这些问题,勤于思考,努力改进,不断提升群文设计能力,用实践促进群文教学的深化发展,使学生真正从群文阅读中受益。

二、群文阅读教学设计的三种组元模式

群文阅读教学设计可以从多角度、多主题组合文本,但前提是立足文本,总的来说可以将其归纳为三种组元模式:课内文章群文阅读教学、课外文章群文阅读教学以及课内外文章群文阅读教学。本节将从群文阅读教学设计的三种组元模式展开,介绍开展设计的策略与注意事项,并展示相关案例以供思考与借鉴。

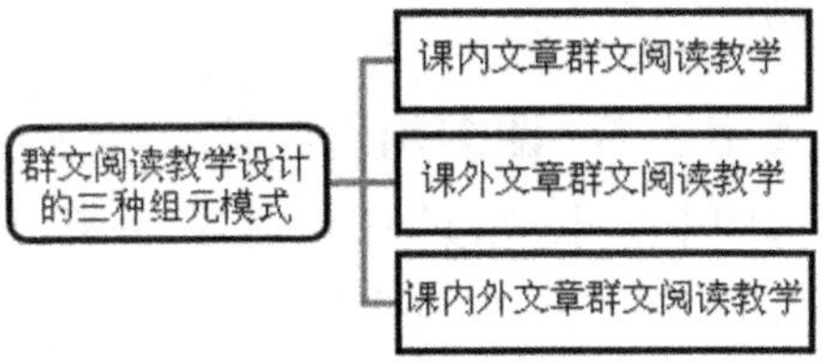

(一) 课内文章群文阅读教学

1. 课内文章群文阅读教学的概念

课内文章群文阅读教学就是着眼于教材,按照一定规律将相似的文章组合在一起,指导学生对一组文章进行阅读,在阅读的过程中引导学生形成自己的观点。

课内文章群文阅读的特点就是立足教材,将教材上的篇目打乱重组,选择合适的议题,通过比较、探究等方法进行学习。其次是整体设计,在同一

个主题内对单个篇目一篇一篇地教，就知识而言，学生获得的是反复性的训练，而进行课内文章群文阅读教学，则可以从不同角度，不同程度理解整体性的知识，将机械单调的学习转变为“学习——运用——巩固——提高”的学习模式，使学生的能力得到切实提高。

2. 课内文章群文阅读教学的选文策略

(1) 从课内主题角度进行整合

主题角度是课内文章群文阅读中最直接的一种形式，师生通过阅读群文将主题进一步提升，形成多元拓展。

比如以“诗词中对秋的不同感悟”为议题，将教材中《秋词》《登高》《雨霖铃》三首诗词组成群文进行学习。杜甫《登高》“万里悲秋常作客，百年多病独登台”，眼见秋天的空旷寂寥之景，流寓他乡的悲哀之情油然而生；柳永的《雨霖铃》“多情自古伤离别，更那堪冷落清秋节”，离愁别绪在清秋时节更是难以抑制。而刘禹锡《秋词》的“自古逢秋悲寂寥，我言秋日胜春朝”却一反常态，写秋天的秋高气爽，胜过春朝的明亮景色。《登高》《雨霖铃》中的悲秋之感与《秋词》中的秋高气爽、明亮景色形成对比。把这三篇诗词组成群文学习，可以体会作者在不同的心境下流露出对秋天的不同感受。

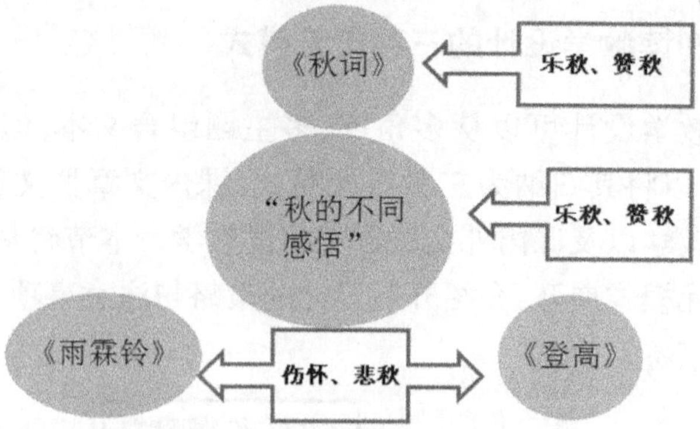

统编版高中语文采用了“一课多篇”的编排体例，这本身就为开展群文阅读教学提供了极大的便利。比如必修上册第一单元，该单元的人文主题为“青春”，其中，第二课选编了四首现代诗，包含中国的和外国的，这四首现代诗的主题无疑都是关于“青春”的，在教学时可以围绕“多样的青春”展开群文阅读教学；另外，四首诗多借助意象抒发情感，或通过“洪涛”释放郁积已久的灵魂，或赋予“蜡炬”新的内涵，或以“蜘蛛”体察个体生命的脆弱，或以“云雀”感受自由的快乐，因此，可以将四首诗整合起来，开展“青春的‘意象’”专题探究，通过意象的内涵，整体把握诗歌的情感。可以通过表格的形式引导学生自主梳理：

单元人文主题	作者(创作此诗时的年龄)	诗歌题目	典型意象	内涵	我为诗歌拟主题
青春	郭沫若（27岁）	《立在地球边上放号》	北冰洋 洪涛	无穷的“力”；对不断毁坏、不断创造的冲破枷锁、创造新生活的向往	“青春的放号”
	闻一多(24岁)	《红烛》	红烛	不惜牺牲、甘于奉献	“青春的奉献”
	昌耀(27岁)	《峨日朵雪峰之侧》	太阳 巨石 蜘蛛	壮阔、凝重、渺小。	“青春的顿挫”
	雪莱(28岁)	《致云雀》	云雀	对自由的向往	“青春的追求”

通过表格的梳理可以看出，这四首诗歌都是诗人在青春年华时写就的，或表现“狂飙突进”般的时代精神；或表现“烧蜡成灰”的奉献精神；或展现“谦卑而强劲”的生命之力；或借“欢乐的精灵”表达对自由的追求，而这些情感大都蕴藏在意象之中，诗人的情感不同，所选择的意象也就不同，通过群文联读的方式，可以引导学生学习青年诗人们对青春的不同感悟，从而引起个体对青春的思考。

（2）从课后练习的角度进行整合

课后练习为群文阅读教学提供了又一组合文本的角度，既可以从课后练习中寻找同一情感主题，也可以开掘同一写作手法。比如，《紫藤萝瀑布》课后习题是：“作者借紫藤萝来暗示自己的情思，于是紫藤萝就有了某种寓意，成为作者志趣意愿的寄托。上个单元学习的课文中，是不是也有使用这种托物言志写法的文章？”因此，可以以“托物言志”为议题，将教材中《紫藤萝瀑布》《陋室铭》《爱莲说》三篇进行组合，三者都是托物言志的典范之作，同时又各具特点：《紫藤萝瀑布》以花喻人，紫藤萝成了生命美好和永恒的象征；《陋室铭》借陋室来表明自己不慕荣华的高洁志趣；《爱莲说》通过对莲的形象和品质的描写，歌颂了莲花坚贞的品格，表现出作者不慕名利、洁身自好、不与世俗同流合污的品格。通过学习，理解托物言志的具体方法和作用，分析不同文本的表达效果，提高学生的学习能力。

(3) 从文体的角度进行整合

初中语文的文体教学很分明,七年级紧承小学以写人叙事、描写景物为主,八年级开始学习说明文,九年级逐渐过渡到议论文的学习。在描写、说明、议论这几种表达方式的学习上,也很适合进行课内文章群文阅读教学。

比如"以说明方法知多少"为议题,将《中国石拱桥》《苏州园林》《大自然的语言》等课文进行整合教学,使学生明确该怎样阅读说明文,在阅读过程中应该注意什么。学生自读、填写阅读记录表,并且进行详细梳理,通过反复强化训练,以一篇带多篇,教师指导性强,教师教得轻松,学生学得愉快,这样能够有效地提高课堂教学效率。

(4) 从作者的角度进行整合

在统编版教材中,不少作家的作品多次出现,因此也可以从作者的角度进行群文阅读。比如鲁迅先生的作品在教材中屡见不鲜,可以"同一作者不同作品"为议题,将教材中《从百草园到三味书屋》《藤野先生》《孔乙己》这三篇文章进行整合。《从百草园到三味书屋》可以了解到儿时鲁迅的生活环境;从《藤野先生》中可以学习到青年鲁迅求学的经历,从《孔乙己》中我们能看到中年鲁迅犀利讽刺的精神。"同一作者不同作品"的课内文章群文阅读教学活动,将作者的生活经历、人生感悟展现得淋漓尽致,使作者的形象更加立体,更加丰满,从而能更深刻地体会到文章所要表达的思想主旨。

教材上出现的很多文化名人,由于各方面原因,特别是长期模式化的单篇教学,固化了学生的思维,使学生头脑中"套板反应"(stock response)的观念根深蒂固,比如提起李清照,就会在脑海浮现"眉头紧皱、满目愁情"的形象;提起苏轼就是"豪放派词人";提起曹操就是"乱世奸雄、诡计多端"的白脸奸臣……造成这一现象的原因有多种,其中的一个原因就是教材的固定篇目窄化了学生的视野,而教师又对此种情况置之不理,这样还何谈语文学科核心素养呢?因此,作为教师,要有意识地开发课程资源,提供阅读支架,还原"一人千面"。比如"千古第一才女"李清照,她作为一位女性词人,并不是从始至终都郁郁寡欢,她和普通女性一样,也有活泼天真的少女时期,造成她满腹愁情的原因很多,主要是家庭的因素和当时的社会现状。因此,在教学中可以以"南渡前后的李清照"为议题,引导学生通过不同词作欣赏去体会李清照前后期词风的变化。

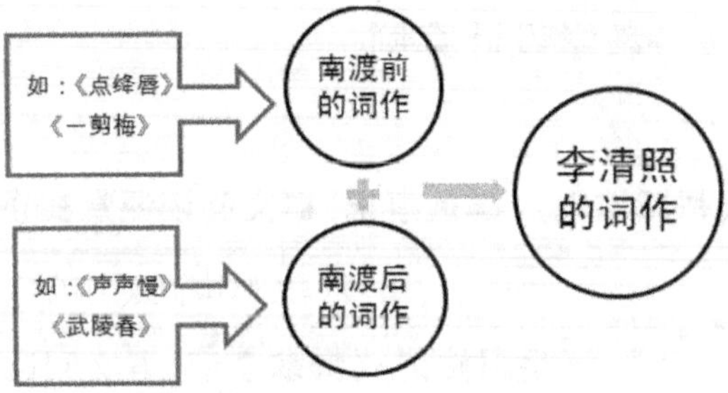

3. 开展课内文章群文阅读教学需注意的事项

(1) 注意课内教学时间的安排

选定了群文阅读的“议题”与篇目之后，接着便要进行教学设计，在设计教学的过程中，需要重点关注的是教学时数的安排，避免因课时紧张而敷衍了事，完不成既定目标。在单篇精读课堂上，多数教师只讲解一篇文章，教学时间充足，学生可以在课堂上认真阅读分析一篇文章的内容，深入文本内部。但是，课内群文阅读要求学生在有限的时间内阅读多篇文章，一堂课的时间难以完成如此重任。因此，教师在进行课内群文阅读教学活动时要把握好课堂时间，合理分配阅读、思考、交流讨论、总结的时间，提前让学生做好准备工作，比如提前把作者的个人资料、文章的创作背景、字词的认读等工作做好，或者印发相关背景资料让学生自学，这样便于教师更好地进行课内群文阅读的教学活动，高效利用课堂。

(2) 避免出现文本选择不合适的现象

课内群文阅读教学的选文来自课内文章，教师在进行教学活动的时候要根据议题选取相互之间关联性较强的文本，切勿出现生拉硬扯、以少凑多的情况。如以“欲扬先抑写作手法”为议题的课内群文阅读教学活动中，执教老师选择《蝉》《阿长与山海经》《背影》等几篇文章进行教学，这几篇文章长短都较为适中，但《背影》这篇文章是否有明显的欲扬先抑手法值得商榷。如果在阅读中牵强附会，不仅难以充分理解议题，甚至可能出现误导现象。因此，在课内群文阅读教学中，教师一定要结合议题从不同的角度选取文本，并且要对所选择的文本有充分的了解。这样才能使学生通过课内群文阅读教学这一活动拓展思维空间，提高阅读能力。

研讨·反思——教学设计案例

【案例】

《〈岳阳楼记〉〈醉翁亭记〉群文阅读课堂实录》①

设计者	田玲(宝鸡市高新中学)
题目	《〈岳阳楼记〉〈醉翁亭记〉群文阅读课堂实录》
时间	2020 年

编者按:

《岳阳楼记》和《醉翁亭记》都是脍炙人口的古代散文名篇,其中所描绘之景与所抒发之情历来为人称道,也因此在中学语文教材中有着不可撼动的地位,也正是由于其经典性,一线教师不遗余力地深入解读,在单篇教学上积累了丰富的经验。作为同类型的散文名篇,如果开展群文阅读会擦出怎样的思想火花呢?

本案例选取的是田玲老师的群文阅读教学课堂实录,在大体了解《岳阳楼记》和《醉翁亭记》内容的基础上,探究两篇文章的"异中之同"和"同中之异",切实尊重学生的主体性,在"学"中"思",在"思"中"悟",在"悟"中"得",由点到面,由表及里,使群文阅读教学的价值真正得以体现,使学生的人文素养在潜移默化中得到了提升。

一、温故启思

师:我们已学过范仲淹的《岳阳楼记》和欧阳修的《醉翁亭记》,早读时大家进行了诵读巩固,并默写了其中的名句,同学们都掌握得不错。众所周知,登亭台楼阁,观湖光山色,可以让人感受自然之美,领略文化底蕴,抒发理想抱负。这节课我们将一起登"楼"赏"亭",比较阅读两篇名作,看看是否会有新的收获。

二、比读知新

1. 多元探究觅共性

师:首先来看这两篇佳作有哪些相同之处?可以从写作背景、作者生平、文体、写法、主题等方面去探究。

生:这两篇文章的文体都是"记",类似于记叙文。

生:不对,《核舟记》就是一篇说明文。

师:有争鸣,就有思考。"记"是一种古代文体,可以通过记人、记事、记物、绘景等,来抒发作者的感情和主张。记叙、说明、议论、描写、抒情这五种表达方式都可以融合运用。"记"可以写成记叙文,也可以写成说明文或者

① 田玲:《〈岳阳楼记〉〈醉翁亭记〉群文阅读课堂实录》,《语文教学通讯》,2020 年第 2 期,第 19-20 页。

议论文,只是写成记叙文的占大多数。

评点:教师提示要从诸如写作背景、作者生平等角度寻找两篇文章的共同之处,无形之中"圈定"了回答的范围,提供了回答的角度,避免了学生漫无目的地作答,这一点很重要。

生:我注意到了写作时间,《岳阳楼记》中提到"庆历四年春""越明年""时六年九月十五日";《醉翁亭记》的预习提示里说"庆历五年,欧阳修被贬为滁州知州。到任以后,他寄情山水,与民同乐。本文就写于这一时期"。可见,这两篇"记"写作于同一时期。历史书上有关于宋仁宗年间庆历新政的介绍,范仲淹是推行者之一,欧阳修也支持他。失败后,他们都被贬了,范仲淹被贬到邓州,欧阳修被贬到滁州。这两篇"记"的创作时间和背景基本一致。

师:你读书读得很仔细,文史贯通,有理有据,这种思维的方式值得同学们借鉴。

生:老师常说"知人论世",范仲淹和欧阳修不仅都是北宋著名的文学家,而且他们的人生经历也很相似。他们都是在小时候失去了父亲,家境贫寒,通过勤奋刻苦的学习考取了功名,在朝为官。欧阳修的母亲曾"画荻教子",这个故事就在这一课的练习册上。讲这个故事时老师提到范仲淹"断齑画粥",说勤奋成就理想,我做了批注。我想,相似的人生经历,或许是他们志同道合的基础。

师:可见,做批注是学习的好方法。知识迁移是拓展思维的途径之一。你所言颇有道理。

评点:教师对学生的回答予以及时、恰切的反馈是至关重要的。学生能在教师的提示下关注到写作时间、作者经历,并敢于表达自己的观点,分享自己的学习方法,可见,学生是进行了认真思考的,教师的评价并不是"好""不错"这样生硬、机械的回应,而是有针对性地以赞扬、鼓励为主,关注了学生内在的学习品质。

生:从主题上来讲,这两篇文章都表现了忧国忧民的思想,范仲淹的《岳阳楼记》说"居庙堂之高则忧其民,处江湖之远则忧其君",指出"古仁人"的高尚在于"先天下之忧而忧,后天下之乐而乐",言下之意就是说自己和好友滕子京也是这样忧国忧民的人。这和欧阳修"与民共乐"的思想境界是一致的。

生:我认为《醉翁亭记》中只有"乐",没有"忧",全文一个和"忧"相关的字都没有。

生:欧阳修能"与民同乐",肯定也忧国忧民,为老百姓考虑,才能把滁州治理得那样好。所以,我觉得他被贬后虽然以醉忘忧,但依然心系百姓。

师：理不辩不明。你们俩能立足文本展开思考，这一点很值得学习。同学们再想想，欧阳修《醉翁亭记》中“醉”和“乐”贯穿始终，通篇以“太守”自称，游山玩水喝酒设宴，轻轻松松就把滁州治理得政通人和，老百姓安居乐业。当时，这篇文章一问世，天下莫不传诵，家至户到，足见受欢迎的程度。换个角度想，欧阳修用这篇“记”告诉宋仁宗，也告诉朝廷，自己被贬之后没有意志消沉，而是“不以己悲”，积极从政，把滁州这个小地方治理得井井有条。因此说，《醉翁亭记》中滁州人民安居乐业也是欧阳修“先天下之忧而忧，后天下之乐而乐”的具体表现，只是他含蓄深沉，极力表现自然与社会、官与民的和谐喜乐。《岳阳楼记》则对“忧与乐”进行了反复探讨，忧患之感更沉郁。所以，“忧国忧民”这一点可以作为这两篇文章的共性。

评点：对学生的回答进行总结，并通过柳宗元和范仲淹一同遭贬的处境和在文中所表现出来态度，得出两篇文章的共同之处——“忧国忧民”。这一结论并不是教师直接告诉学生的，而是先由学生自行探究，教师在适当的时间予以点拨和总结出来的。

2. 立足写法论差异

生：这两篇“记”都是古代散文名篇，景物描写都很出色，都使用了借景抒情的写法。

师：是的，但侧重点有所不同。下面，我们就紧扣文章写法来思考差异。可以从记叙角度、表达方式、修辞手法、写景状物给人的感觉等方面来比较。

生：范仲淹用第一人称写《岳阳楼记》，而欧阳修用第三人称写《醉翁亭记》。

师：采用第一人称有什么作用？

生：可以使文章更具真实性，读来亲切自然，便于直接抒发情感。

师：《岳阳楼记》达到这些效果了吗？

生：我觉得达到了。学这篇文章时老师说这对范仲淹来讲是一篇命题作文，因为他当时并不在巴陵郡，也没有登上岳阳楼去看，他是应滕子京要求写了这一篇《岳阳楼记》，来记录重修岳阳楼这件事的，用第一人称写好像他真的在岳阳楼上观看了洞庭湖的景象一样。比如，“予观夫巴陵胜状，在洞庭一湖。衔远山，吞长江，浩浩汤汤，横无际涯，朝晖夕阴，气象万千”，增加了真实性，后面就可直抒胸臆了。

师：我不明白，那欧阳修明明自己亲自参与了，为什么却要用第三人称来写呢？谁来告诉我原因？

评点：教学语言是一门艺术。教师的不断追问其实就是点拨、启发与促思的过程，由以上的师生问答可以看出，“说话者”主要是学生，而教师只不过是做适时的反馈与追问而已，由“是什么”到“什么用”再到“什么效果”到最后的“为什么”，层层递进，直指作者的写作目的，为后面鞭辟入里地总结写作效果做准备。

生：第三人称可以直接客观地叙事，不受时间和空间的限制，形式更为灵活自由。再说，最后他也说了，太守就是他自己。

生：我认为这应该是欧阳修低调的表现。如果用第一人称写，好像在向大家宣扬自己把滁州治理得多么好，和老百姓游山玩水多么快乐。自己夸耀自己，总是不好的。

师：有意思。欧阳修作为当事人，把自己置身在旁观者的角度，从一个勤政亲民的“太守”视角来叙事、写景、抒情，躲在背后，描写自己与民同乐的情形，展现自己的功绩，结尾揭开谜底，让人恍然大悟。第三人称使我们的认识由模糊到清晰，看到了太守在滁州当政期间百姓安居乐业的美好、幸福生活，既吸引了读者兴趣，又避免了自夸的嫌疑，实在是妙！这就是人称的神奇效果。我们在写作时不妨学学这两位高人，换个视角试试，说不定也会收到意想不到的效果！

评点：文言文中包含了“文言”“文章”“文化”，其中，“文章”指的是文章的辞章与写作手法，这也是学生写作时可以借鉴之处。田老师从两篇文章的写作角度出发，分析了其作用，并注重指导学生将其运用到自己的写作中。

生：从表达方式来看，《岳阳楼记》抒情和议论更为突出，《醉翁亭记》记叙和描写更多一些。

师：确实，侧重点不同。能具体说说吗？

生：《岳阳楼记》只有第 1 段交代作记缘由时用了记叙，后面写景也是为抒情和议论作铺垫。而《醉翁亭记》主要记叙了游山玩水的过程，描写了醉翁亭周围的环境和四季朝暮的景色。

师：文章题目同样是“某某亭（楼）记”，《醉翁亭记》并不仅仅局限于醉翁亭，而是围绕醉翁亭记一日之游，呈现官民同游同乐的和谐融洽，展现政绩；《岳阳楼记》不是仅局限于岳阳楼，而是在“前人之述备矣”的基础上，另辟蹊径，引出迁客骚人的览物之情，讨论古仁人之心，表明自己的政见。这就是我们常说的作文立意高远，有思想，不人云亦云。

生：我觉得《岳阳楼记》给人以霸气之感，而《醉翁亭记》让人觉得很有趣。

师：很好。《岳阳楼记》写景状物，气势恢宏，理想抱负深沉博大，从审美角度来讲，给人以充满阳刚之气的壮美感；《醉翁亭记》叙事写景，就像一幅民俗风情画，接地气，充满乐趣，无论是滁人游还是众宾欢，都具体细腻，很生活化。有人评价这篇文章时说，欧阳修“以文为戏者也”“以文滑稽”，都是觉得充满趣味。同学们还比较出了哪些不同呢？

生：《岳阳楼记》使用了大量的修辞，比如比喻、拟人、夸张、借代，还有反问，《醉翁亭记》修辞不多，好像只有设问。

（生举例说了文中夸张、对偶、借代、反问、对比、设问等修辞手法的具体运用）

师：从修辞上比较，两篇“记”的风格差异挺大：范文庄重宏大，文采飞扬；欧文娓娓道来，亲切自然。与前面我们说到的写景状物差异一致。

评点：此环节主要是围绕《岳阳楼记》和《醉翁亭记》的表达方式展开分析的。古人不论是登高远眺，还是神游故国，基本上都是为了表达个人情感，抒发胸中块垒。作者个性的不同，往往选取的表达方式和文风也不尽相同，田老师抓住二者的“同中之异”，从写景方式到写作手法，比较分析了二者的风格。在这一过程中，注重学生的自主发现，辅以即时的引导与总结。

三、归纳延伸

师：这节课我们多角度比较了两篇经典佳作的异同，同学们有哪些收获呢？

生：叙述人称不同，效果不同，写作时可以换个视角试试。

生：写文章可以亦庄亦谐，各有千秋。

师：这两个词用得极好。

生：“记”这种文体，好像什么都能写。

生：没去过的地方竟然能描绘得如此逼真，仿佛身临其境。以后，我得好好想想怎么突破命题作文。

生：表达方式可以灵活使用，比如叙议结合、描写和抒情联合作战、抒情与议论合作，都很不错。

师：宋代的亭台楼阁记佳作频出，是文学史上一大特色。欧阳修的“记”就很出名。课后同学们不妨读读《醉翁亭记》的姊妹篇《丰乐亭记》，感兴趣的同学还可以读读苏轼的《喜雨亭记》，喜雨亭就在咱们凤翔的东湖，大多数同学都曾游览过。学过一种文体，能自己读懂难易相当的同类篇目，也是学以致用。今天的课就上到这里，下课。

评点：课堂总结是十分必要却往往被众多教师所忽视的关键一步。归纳总结既是对一节课的梳理与回顾，也是检测学习目标达成与否的重要步骤，像是“过电影”一般，使学生回顾学习的“痕迹”。另外，提供了拓展阅读篇目，可以将本节课学习到的群文比读的切入点运用到拓展阅读篇目的探究中，从而实现由“一”到“多”。

【总评】

《岳阳楼记》和《醉翁亭记》是九年级上册第三单元的两篇同类型的散文，两位作者即范仲淹和欧阳修同是遭贬之人，但是所描写之景和所抒发之情却截然不同，孙绍振先生说两篇文章分别是“永远忧愁和无限快乐”①，如何引导学生探究两篇经典作品的同中之异和异中之同是教学设计的重点和难点。田玲老师设计了“多元探究觅共性”的环节，引导学生从多个角度探究共性，在这一环节中，教师只是起到了“穿针引线”的作用，并予以适时恰当的评价。学生有输出，教师必须予以及时、恰当的回应，这一点非常重要。新手教师可以借鉴田玲老师开掘“共同点”所选取的角度，且在教学实施的过程中，注意提示学生自觉总结学习方法；第二环节是“立足写法论差异”，田老师提示学生可以从“记叙角度、表达方式、修辞手法、写景状物”等方面寻找差异，这就是在无形中传授文本分析的方法。这两个环节都是设计《岳阳楼记》与《醉翁亭记》群文阅读教学的重要突破口。

拓展阅读	
王金伟、崔晶	《〈岳阳楼记〉与〈醉翁亭记〉比较阐释》②
穆亚涛	《“古代失意文人精神气质”主题探究——以〈桃花源记〉〈小石潭记〉〈岳阳楼记〉等为例群文设计》③

思考：

1. 你认为《岳阳楼记》和《醉翁亭记》群文联读还可以从哪些角度进行设计？

2. 你认为，古诗文群文阅读教学中有必要强调文言字词、特殊句式等语言基础知识吗？

---

① 孙绍振：《审美阅读十五讲》，北京大学出版社，2013 年，第 229 页。

② 王金伟，崔晶：《〈岳阳楼记〉与〈醉翁亭记〉比较阐释》，《中学语文教学》，2016 年第 6 期，第 36-40 页。

③ 穆亚涛：《“古代失意文人精神气质”主题探究——以〈桃花源记〉〈小石潭记〉〈岳阳楼记〉等为例群文设计》，《语文教学与研究》，2020 年第 2 期，第 154-155 页。

（二）课外文章群文阅读教学

课内教材文本作为现阶段教师组织编排群文的主要依托固然重要，但也不能忽视课外文本的积累拓展。诸多实践证明，课外的阅读积累是学生提高语文素养的有效途径，大量的课外阅读不仅能够提高学生阅读能力，提升语文素养，丰富认知阅读经历，还能提高学生的语言表达水平以满足当前社会对人才的更高要求。如何让学生通过课外阅读，更有效运用语言、提升语言运用能力及思维力，是我们应当不断思考探索的问题。本节将聚焦课外文章，从概念阐述、教学价值、选文策略与案例研究这四个方面学习课外文章群文阅读教学设计。

目前，语文阅读教学中重阅读方法的指点，轻阅读兴趣的激发；重课内精读，轻博览群书；重单篇文章的阅读，轻多文本和整本书的阅读。教师对教学内容和教学资源缺乏整合利用，导致阅读教学效率不高，而且很难实现教师、学生和文本的三重对话，同时，学生缺乏课内外阅读有机结合，导致学生很难在语言表达能力方面得到很好的训练。

但从学生的整体学习、生活的现实状况来看，学生的课外作业较少，课余时间比较充裕，这给学生群文阅读提供了另一种实施路径，那就是课外群文阅读。就目前语文教学来看，群文阅读教学仍然集中于课堂教学中，对于学生课外"群文阅读"教学的实施与研究较少，这不得不引起我们的深入思考与认真探索，应该将学生课外群文阅读作为阅读教学的重中之重。

1. 课外文章群文阅读教学的概念

课外文章群文阅读教学是指在语文教学中以一个议题为中心，选择与议题相关的多篇课外文章，并在单位课时内围绕着中心议题展开集体教学，引导学生进行自主阅读、探究阅读，增加学生的阅读量，提升学生的阅读能力，最终达成共识的阅读教学。

2. 课外文章群文阅读教学的价值

（1）课外文章群文阅读教学更加贴近学情，指导更具有针对性

课外文章群文阅读教学，一定是从具体学情出发的，对学生需要加强或补充的点更有针对性。例如，课外文章群文阅读教学大多选取学生学习中的兴趣点、能力上的薄弱点、考试中的失分点等进行指导。因此，课外文章群文阅读教学最大的价值就在于它能够根据学情进行有的放矢的指导，效率更高，效果更好。

（2）课外文章群文阅读教学的选文更加灵活，指导更具有操作性

与课内群文阅读与课内外结合的群文阅读教学不同，课外文章群文阅读教学所选择的文本全在课外，选文难度虽然会增大，但同时也会更加灵活，比如，可以有多种组合文本的标准，但仍然不能脱离语文阅读教学的"边

界”。另外，在选文时，可以密切结合考题，选取全国各地的历年真题组合文本。

(3) 课外文章群文阅读教学的选文范围更广，可以增加学生的阅读量

新课标对中学生的课外阅读量提出了较高的要求，比如，《普通高中语文课程标准(2017年版2020年修订)》中明确要求：“培养广泛的阅读兴趣，努力扩大阅读视野。学会正确、自主地选择阅读材料，读好书，读整本书，多媒介获取信息，提高文化品位，提高阅读与表达能力。必修阶段各类文本的阅读量不低于150万字。”①在实际的学习中，学生的课外阅读量是非常有限的，但课外文章群文阅读教学能帮助我们很好地弥补这一不足。完全选择课外文章的群文阅读，不仅有助于学生拓宽阅读视野，提高阅读能力，同时还能增加学生的阅读量，这与新课标的理念也不谋而合。

3. 课外文章群文阅读教学的选文策略

(1) 根据“兴趣点”选择议题

尽管教材的主题已涵盖诸多方面，语文素养的训练也尽可能地体现在每一篇选文中，但由于学情的差异，有些学生在学习中很感兴趣的点在课内的阅读教学中却难以展开。因此，选取学生感兴趣的点进行课外文章群文阅读教学是很有价值的。

例如，学生在七年级学习了寓言之后，对寓言的文体形式特别感兴趣。那么就可以选择一些中国文言文中的短篇寓言，结合西方《伊索寓言》进行组文。比如选择《郑人买履》《刻舟求剑》《蚊子与狮子》《赫尔墨斯与雕像者》等文章，来探讨寓言文体形式的特征、寓意是如何体现的、寓言表达方式的特点以及中西方寓言有何差异等问题。

(2) 根据学生学习能力的“薄弱点”选择议题

教材是统一的，但每个学生都是独立的个体，千差万别。所以教材中语文要素的训练未必能满足所有学生的要求。教师需要根据学情，选择学生学习能力中的“薄弱点”开展课外文章的群文阅读教学。

现在越来越流行对非连续性文本阅读的考查，生活中的阅读也越来越多地呈现出碎片化倾向。然而，相比于写人叙事类的完整文本，学生对各种非连续性文本的掌握却差强人意。所以，针对学生非连续性文本阅读能力较弱的问题，可以开展课外文章群文阅读教学。

比如，将议题定为“表格阅读”，选择《残疾人》《保修单》《莫兰图书馆的时间表》《劳动力》《国际计划》等文章，来指导学生阅读表格的方法，训练学

---

① 中华人民共和国教育部：《普通高中语文课程标准(2017年版2020年修订)》，人民教育出版社，2020年，第32页。

生阅读表格时的信息梳理能力、信息筛选能力和整合能力，理解表格在工作生活中的作用以及表格在文学作品中的表达效果。

（3）根据考试中的“丢分点”选择议题

学生在考试中最容易丢分的就是课外现代文阅读，这就需要在成绩分析中找出具体题型中的丢分点来进行课外文章群文阅读教学。

比如，学生在考点“景物描写的作用”上失分比较多，即可将议题定为“环境描写的作用”，选择《永远的蝴蝶》《悬崖》《一棵开花的树》《哭泣的圆明园》《罗生门》等文章来进行阅读对比，找出不同篇目中的景物描写语句，分析景物的特点，再结合上下文判断其作用，最后整理归纳出景物描写的作用有哪些。

研讨·反思——教学设计案例

【案例】

《纵横思悟看“侠义”——“侠之大者”群文思辨阅读教学实践》①（节选）

授课教师	张歆（四川成都七中嘉祥外国语学校）
题目	《纵横思悟看“侠义”——“侠之大者”群文思辨阅读教学实践》
时间	2021 年

编者按：

由于课时限制和考试的压力等外部原因，课外文章群文阅读教学的开展受到多重阻碍，但在一线语文教学中，也有老师能够大胆突破，勇于探索，开阔学生的阅读视野，积累阅读经验。

课外文章群文阅读教学的设计并没有严格意义上的要求，主要是在规定教学课时充足的情况下，结合学生的兴趣点，有选择地组合文本，提升学生的阅读兴趣，引导学生在群文阅读中掌握同类型的阅读方法。接下来展示的是张歆老师的案例，以学生感兴趣的“侠文化”为开掘点，探索武侠小说中“侠义精神”的内涵并予以现代性审视，通过多文本横向比对，扩大阅读量，促进学生的辩证性思考。

……（节选）

课堂推进

• 环节一：回溯“侠之流”，导入议题“侠义精神”

资料呈现：

汉代史书——《史记·刺客列传》《史记·游侠列传》

---

① 张歆：《纵横思悟看“侠义”——“侠之大者”群文思辨阅读教学实践》，《语文学习》，2021 年第 2 期，第 47–51 页。

隋唐传奇——《虬髯客传》《聂隐娘》《红线》

明清小说——《儿女英雄传》《三侠五义》

民国武侠——《卧虎藏龙》《蜀山剑侠传》

现代武侠——《射雕英雄传》《天龙八部》《七剑下天山》《小李飞刀》

评点:课外文章群文阅读一旦确定了探究的议题之后,就要围绕议题选择合适的课外阅读材料,且要注意选取的阅读材料要有丰富性和指向性。群文阅读教学中最关键的一步就是整合和组织阅读材料,这也是关系到教学效果好坏的关键步骤。由以上众多选文可以看出,张老师选取的阅读文本贯穿了整个历史发展的重要阶段,体现了丰富性的特点,有助于接下来开展“侠义精神”之演化的探究。

● 环节二:探寻“ 侠之源”,诠释古代“ 侠义精神”内涵

1. 前置学习反馈:修改完善学习单,初步把握不同侠客的侠义行为(事件),侠义精神。

示例:

人物	时代	侠义行为(事件)	侠义精神
豫让	春秋	为报智伯知遇之恩,漆身吞炭刺杀赵襄子	士为知己者死
荆轲	战国	为得约契以报燕太子,深入宫廷刺秦王。事败倚柱而笑,箕踞以骂, 慷慨赴死	不畏强暴、视死如归
朱家、剧孟	汉初	(朱家)藏活救人、振人不赡、趋人之急,却终不伐其能、歆其德 (剧孟)大类朱家,好博棋。其母死后送葬者盖千乘。自己死后家无十金之财	救人之困、先人后己、助人不留名
郭解	汉初	事件一:亲侄仗势欺人被杀,郭解明辨是非曲直, 不追究杀人者 事件二:有人箕踞以待郭解,郭解反以仁义待之, 嘱托县吏免除其差役,最终感化此人 事件三:郭解帮助两家调解,成功后悄然离去,不居功自傲	明辨是非、仁爱待人、助人不留名
李靖	隋末	事件一:以布衣谒见杨素,献奇策,被杨素轻视也不卑不亢 事件二:与虬髯客结交,一心辅佐明主,匡扶天下	心怀天下、志向远大

人物	时代	侠义行为(事件)	侠义精神
虬髯客	隋末	事件一:初遇红拂女,不顾礼节看其梳头。后结为兄妹 事件二:杀天下负心之人,切其心肝下酒 事件三:听闻李世民有天子之气,遂将家产尽数赠予李靖,令其匡扶明主。自己与妻子翩然离去 事件四:离去海外十年,入扶余国,杀其主自立	豪放不羁、不拘礼节、疾恶如仇、率性洒脱

1. 思考并交流:如果你是一位随从,你更愿意追随上述哪一位侠客?文中的哪些文字让你有了追随他的冲动?中国古代作品中的“侠义精神”有哪些可贵之处?

学生交流,教师点拨、强化,引导学生重点回顾文本中的关键句段,感知并提炼不同侠客的侠义精神,进而援引司马迁《史记·游侠列传》的内容,实现对古代“侠义精神”的理性认知:

今游侠,其行虽不轨于正义,然其言必信,其行必果,已诺必诚,不爱其躯,赴士之厄困。既已存亡死生矣,而不矜其能,羞伐其德,盖亦有足多者焉。

2. 反思并讨论:司马迁在《史记》中既有对人物事迹的记叙,也有对侠义精神的概括。正是这样的侠义精神感染、影响着我们,才让我们愿意去追随他们。时代在变,侠义精神的内核始终不变。不过,这些古代侠客身上或多或少有一些你可能不认同之处。上述人物,你最不愿追随的又是哪一位呢?请结合文本说明原因。

小结:本环节意在引导学生从具体感知文本到理性分析文本,能依据文本对人物做出个性化评价,既把握古代“侠义精神”的共性,又能思辨审视古代作品中的“侠义精神”,明确其积极意义和历史局限性。从学生的交流看,有学生赞颂豫让为报答智伯的知遇之恩,漆身吞炭刺杀赵襄子,赞颂侠士视死如归的精神;也有学生不愿追随豫让,认为身体发肤,受之父母,而他视自己的生命于无物,漆身吞炭是对生命的不尊重。有学生赞颂郭解以仁义感化不喜欢他的人,也有学生批评他推崇暴力,以致追随者目无法纪。有学生赞颂虬髯客虽有志于天下,但当他发现李世民更有天子之相时,毅然放弃的果断果决;也有学生认为其信奉上天之命,不够明智。教师由此引导学生认识中国古代不同类型的侠客的光彩,也从当代立场反思其局限性,指出古代侠士的某些做法或思想已经不适合现代人的价值观。

评点：此环节的目标很明确，就是探究“侠义精神”在古代的源流。从文本出发，走近典型侠客，通过表格的形式梳理侠客们的行为及其体现出的侠义精神，并且关注学生的个人感受和体悟，以富有情境性的问题引起学生的思考，体会古代侠客身上的独特魅力。群文阅读不是走马观花地泛泛浏览，而是要真正入乎文本之内，同时也要出乎文本之外。

● 环节三：思考“侠之承”，审视现代“侠义精神”的发展

1. 阅读论文《金庸、古龙武侠小说比较论》，思考：随着时代的发展，后人对侠义精神有了新的突破，开创了属于武侠的新天地。武侠成就较高的是金庸和古龙。他们赋予了“侠”哪些新的意义？（请快速阅读本文，勾画相关语句）

学生交流，突出关键：

——金庸赋予侠以“家国情怀”，古龙赋予侠以“尊重生命”的意义。

2. 阅读金庸《神雕侠侣》《天龙八部》、古龙《多情剑客无情剑》小说选段，具体感知郭靖、萧峰、李寻欢三个最具代表性的大侠形象，思考他们分别体现出怎样的侠义精神。在与古代侠士对比后，你会在横线处用什么词语来评价他们？

郭靖为__________之侠；萧峰__________之侠；李寻欢为__________之侠。

交流示例：

我们评价郭靖为“家国之侠”。因为他说过“为国为民，侠之大者”，把家国放在个人私利之前，正是一种“苟利国家生死以，岂因祸福避趋之”的家国情怀。我们评价李寻欢为“性情之侠”。从选文来看，他与高手对决，坦然认输，直面自己的怯懦，这种勇气是我们很多人所缺乏的。我们评价萧峰为“天下之侠”。和古代的豫让、荆轲相比，萧峰超越了狭隘的国家与民族界限，他已经把对人、对生命的悲悯放在了一个更高的位置。

3. 重新诠释现代“侠义精神”：金庸、古龙丰富了侠的内涵，金庸写尽侠之大者，古龙写尽侠之性情，现在我们不妨在司马迁的基础上，再一次丰富侠义精神的内涵。请同学们根据刚才的探究，完善下面这段文字。

昔日之游侠，他们的行为虽不符合道德法律的准则，但是他们出言必定守信，做事必定果敢，已承诺的必定实现，敢于牺牲生命，救助他人。经历过生死考验，却不自我夸耀，也羞于夸耀。今日之大侠，__________，大概这也是很值得赞美的地方吧。

学生示例：今日之大侠，他们的行为虽未名垂青史，然而他们或肩担家国大义，为国为民；或直面人性、尊重生命；或胸怀天下，悲悯众生，大概这也

是很值得赞美的地方吧。

小结:本环节意在通过阅读学术论文,了解现代武侠小说中的侠义精神,同时通过具体感知和对比分析金庸、古龙武侠小说相关片段,对侠客形象有新的感悟,进而思辨发现,读写转换,丰富侠义精神的内涵,做出自己的个性化评价。从学生交流看,学习学术论文,学生能提炼关键信息,在具体文本感知时有较浓厚的兴趣,也能根据写作情境做出合理的诠释和补写。

评点:群文阅读主要包括两个方面的内容:一是求同,二是寻异。此环节主要是通过金庸和古龙的武侠小说,探究"侠义精神"的流变。金庸赋予"侠义精神"以"家国情怀"的内涵;古龙则赋予"侠义精神"以"尊重生命"的意义,再联系上一个学习环节的内容可以看出,不同时代的不同作家,对同一概念——"侠义精神"都有个性化的理解,如今的学生处于新时代之下,但"侠义精神"是永恒的话题,因此,教师引导学生也以自己的理解,以当下的价值观来阐述"侠义精神"时代意义。可见,前后两个环节是前后相继的。

● 环节四:追问"侠之思",思考侠文化的发展

评点:由古思今,通过前几个环节对"侠义精神"的内涵、发展的探究,引起学生对当下"侠文化"的思考,将多文本聚合在一起展开深入思考,于无形之中提高学生的思辨能力。

1. 追问质疑:侠之大者,传承千古。侠文化作为中华传统文化的一部分,至今仍在影响着我们。那么,如今的武侠文学又面临怎样的局面呢?

补充提问:

当金庸写尽侠之大者,古龙写尽侠之性情后,武侠文学还可否进步?

当网络游戏风靡时,玄幻仙侠开始流行,武侠作品是否式微?

在流量为王的时代,武侠剧的审美也从粗犷雄浑的侠之大者变为披着武侠外衣的男欢女爱。当令狐冲和东方不败谈起了恋爱,侠义精神是否没落?

2. 课后探究:侠文化的式微是时代的进步还是遗憾?课后查找相关资料,并就"'侠'没落了吗"展开讨论。

评点:群文阅读不仅是对主题内容的探究,更是对阅读方法的掌握,教给学生如何将一篇文本变为多篇文本,寻找其中的共性与不同。课上的探究是有限的,可一旦掌握方法,就可以自由地游走于"一篇"与"多篇"之间。以上的课外群文阅读教学实录,任务明确,目标清晰,由浅入深,即由"侠义精神"的表现到内涵,由内涵到流变,最后上升到"狭义文化"的角度,但探究仍未停止,教师以课后任务的方式延续了群文阅读的探究。

【总评】

课外文章群文阅读教学在一线教学中是最受“冷落”的,很多教师都认为课内文章教学时数已经不够用了,更无时间和精力开展与教材无关的课外文章群文阅读教学,由此再看张歆老师对课外文章进行群文阅读教学的探索更显得可贵了。课外文章群文阅读教学最容易出现问题的环节就是确定议题和选择文本,确定的议题既要符合学生的阅读兴趣,又要直指教学目的;选择的文本既要在数量上适当,又要在内容上合适,更要考虑学生的阅读水平,此外还要注意教学过程不能偏离“主航道”。张歆老师的可借鉴之处,一是主题明确,整堂课紧紧围绕“侠义精神”展开探讨,没有涉及无关活动;二是任务的设计由浅入深,比如先探索“侠义精神”的浅层内涵,再审视“侠义精神”的现代发展,最后从文化的高度思考其如今的发展,而整个环节都是以阅读文本为依托的,这一点尤其要注意,群文阅读教学一定不能脱离文本。

拓展阅读	
周祥	《以群文阅读为钥,探究孔子其“仁”》①
鲁金会	《高中语文群文阅读教学探索——以“战争”主题群文阅读教学为例》②
黄军阳	《感受冬至传统文化,书写人间真情美好——浅谈冬至群文阅读读写结合指导》③

思考:

1. 以上案例呈现的文本在数量上是否合适?

2. 群文阅读教学通常呈现多文本为阅读材料,在多文本的阅读中,详略问题如何安排?精读与略读有无侧重?

3. 在群文阅读教学中,怎样突出学生的主体地位?怎样实现学生与文本的“真”对话?

① 周祥:《以群文阅读为钥,探究孔子其“仁”》,《语文教学与研究》,2021 年第 2 期,第 10-12 页。

② 鲁金会:《高中语文群文阅读教学探索——以“战争”主题群文阅读教学为例》,《语文教学通讯》,2018 年第 10 期,第 45-48 页。

③ 黄军阳:《感受冬至传统文化,书写人间美好真情——浅谈冬至群文阅读读写结合指导》,《语文教学通讯》,2019 年第 32 期,第 22-24 页。

（三）课内外文章群文阅读教学

1. 课内外文章群文阅读教学的概念

课内外文章群文阅读教学实际上就是将语文教材内的文本与教材外的文本有机地结合起来，用课外文本补充课内，将课内知识迁移到课外，两者相互促进，加深对学习内容的理解。

与传统的阅读方式相比，课内外文章群文阅读教学实际上就是利用课外文本对教材内容进行拓展和补充。通过课内外文章群文阅读教学，可以增强学生的阅读兴趣，使学生的阅读量得到保障，阅读视野也得到扩展，最终实现学生语文核心素养的提升。因此，在教学过程中应重视将课内外的文本统整起来，进行群文阅读教学。

2. 进行课内外文章群文阅读教学的立足点

可以从立足教材内的学习重难点、立足教材内文本的中心思想、立足教材内文本的创作背景、立足教材内的考试要点四个方面着手。

（1）立足教材内的学习重难点，利用课外文本进行深化

在课内外文章群文阅读教学的过程中，应立足教学的重难点，科学地选择多篇文章，整合文本，通过课外文本的阅读深化对教材中内容和知识的理解。比如，写作手法一直是语文教学过程中不可忽视的教学重难点，可以通过课外阅读，加深学生的理解，促进知识的内化。部编本初中语文教材七年级上册第二单元中的《散步》，在描写亲情的同时，也是以小见大的典范之作。为了让学生更好地学习和运用这种写作手法，可以适当补充课外文本，如以小人物凸显大主题的《一个车夫》，以小事情揭示大道理的《走一步，再走一步》，以小景物表达大主题的《生命的胡杨》等。通过这三篇文章的阅读和讲解，学生可以多角度、全方位、立体化地理解以小见大的写作手法。

（2）立足教材内文本的中心思想，利用课外文本进行拓展

在课内外文章群文阅读教学的过程中，可以结合所学文本的内容，补充多篇课外文本。通过相同主题的对接，引导学生理解文本的主要内容，体会文本的深层内涵。比如，在讲解《爱莲说》的过程中，就可以引导学生阅读季羡林的《清塘荷韵》、颜元叔的《荷塘风起》、林清玄的《洁净之莲》等文章，让学生围绕“莲”这个明确的事物，一起谈论交流“莲”的特点。通过课内外文本的结合，不仅会对《爱莲说》的主题有进一步的了解，同时也会对“莲”这一事物所蕴含的精神内涵有更深刻的体会。另外，还可以以“莲”为题，让学生自主写作，在阅读过程中输出知识，表达自己独特的审美体验，提高语言表达能力。

（3）立足教材内文本的创作背景，利用课外文本进行补充

在语文学习的过程中，有些文本由于时代遥远，或者背景特殊，在实际

教学过程中会有一定的难度，可以通过课内外文章群文阅读教学，结合文章的相关背景，选择适合的课外文本，帮助学生更好地理解。比如，部编本初中语文教材七年级下册第三单元的《老王》是作为以“文革”为背景的作品，在阅读过程中，学生会因为不了解“文化大革命”，而无法真正把握穷苦卑微但心地善良、老实厚道的“老王”的形象，也难以理解杨绛先生的“愧怍”。因此，就可以根据“文化大革命”这一事件背景，补充相关的课外作品，如杨绛先生的《干校六记》《丙午丁未年纪事》，巴金先生的《怀念萧珊》《怀念老舍同志》《“文革”博物馆》，选择合适的片段，以文解文，从而加深学生对课文内容的理解。

（4）立足教材内的考试要点，利用课外文本进行训练

《普通高中语文课程标准（2017 版 2020 年修订）》中就有强调，在教学过程中要“促进教、学、考有机衔接”①，但是，平常教学中经常使用的单篇文本的讲解会使学生对于“考点”的认识不够深入，无法真正把握。在课内外群文阅读中，就可以从教材内的某一个考点着手，在教材以外寻找包含相同考点的文本，加强训练，让学生真正掌握考点。比如，人物形象的分析就一直是中考、高考的重点，可以在群文阅读教学中有针对性地、集中地训练学生找准分析人物形象的角度，从而掌握答题方法。《背影》作为朱自清最为人所熟知的一篇散文，文中父亲的形象更是深入人心，通过对《背影》中父亲形象的分析，可以让学生学会人物分析的方法和技巧。在此基础上，可以利用课内外文本——《藤野先生》（鲁迅）、《父亲的长笛》（2018 年河南省普通高中招生考试）、《回忆父亲》（冰心），让学生使用之前学习到的方法，来分析文本中的人物形象，在训练的过程中真正掌握方法和技巧，由“会做一道题”到“会做一类题”。

3. 开展课内外文章群文阅读的过程中需注意的问题

（1）避免课外文章仅仅作为资料补充

在课内外文章群文阅读中，课外文章应该依托于课内文章，是课内文章的自然延伸。但是，在实际教学过程中，许多老师将课外文章仅仅作为资料补充，缺乏对课内外教学材料的有机整合，也没有将学到的阅读方法运用到课外文章阅读中。因此，在课内外文章阅读过程中，要将两者有机结合，利用课外补充课内的同时，也要将课内学到的知识和方法运用到课外。

（2）避免课外选文脱离课内教材，且过多过难

在课内外文章群文阅读的过程中，最重要的就是依托于教材内文本，抓

---

① 中华人民共和国教育部:《普通高中语文课程标准(2017 年版 2020 年修订)》,人民教育出版社,2020 年,第 5 页。

住课内拓展点选择课外文章。但是，在实际教学过程中，许多教师的课外选文脱离课内，并且忽略学生的情况，选用的文章过多过难，以至于学生读不懂，或读不透，整个教学效果也不如预期。因此，在进行课内外文章群文阅读时，应该结合所讲解课文的拓展点，带领学生进行课外阅读延伸。课外选文也应该考虑学生的能力，选择数量适当、难度合适的文本，组织课内外群文阅读。

研讨 · 反思——教学设计案例

在群文阅读教学时，首先应明确议题，清晰明了、具有操作性的议题有助于凸显设计的意图，指明教学的方向。以下展示的是张威老师的课内外文章群文阅读教学设计《基于〈再别康桥〉的群文阅读设计》的节选部分，其议题隐藏在“文本解读”（此处未录）部分，为“品味意象之美感悟新诗之美”①，在教学中是否完成了教学目标呢？

【案例】

《基于〈再别康桥〉的群文阅读设计》②

授课教师	张威（云南省曲靖市民族中学）
题目	《基于〈再别康桥〉的群文阅读设计》
时间	2020 年
编者按： 现代诗歌与古典诗歌一样，同样散发出独特的魅力。诗歌教学非涵咏品味不能感悟其情。意象往往承载了诗人丰富的情感，且经过岁月的沉淀逐渐定型，因而是品味诗情的重要突破口。 课内外文章群文阅读教学，极大地丰富了课堂教学内容，为单调的课堂增加了一抹亮色。本案例选取的是张威老师发表在《语文教学与研究》上的课内外文章群文阅读教学设计，以徐志摩的《再别康桥》为主，拓展阅读其他课外现代诗歌，引导学生将《再别康桥》的单篇精读中学到的意象分析的方法迁移到其他几首诗歌中，并落实到写作实践上。	

【教学目标】

1. 理解《再别康桥》的意象美。
2. 把握意象特征，品味新诗情感。

---

① 张威：《基于〈再别康桥〉的群文阅读设计》，《语文教学与研究》，2020 年第 14 期，第 139 页。

② 张威：《基于〈再别康桥〉的群文阅读设计》，《语文教学与研究》，2020 年第 14 期，第 139 –141 页。

3. 尝试现代诗创作，培养热爱诗歌、热爱生活的情感态度。

【教学重难点】

1．教学重点：以读带悟，理解《再别康桥》的意象美。

2. 教学难点：(1)通过意象理解新诗的情感。

(2) 悟诗写诗，培养学生观察生活、热爱诗歌的情感态度。

【群文议题】

> 评点："群文议题"在此处并没有再次说明，但在前文的"文本解读"部分一语带过，其"议题"是"通过品味意象之美感悟新诗之美"，由此可见，本次新诗的群文阅读教学主要是品味其中的意象，感受意象背后的情感。

课内篇目：《再别康桥》

课外篇目：现当代新诗群：《泥土》(鲁藜、20 世纪 40 年代、七月诗派)《热爱生命》(汪国真、20 世纪 90 年代) 《你还在我身旁》(戴畅、21 世纪、香港中文大学)

原创生活诗群：郑可《奶奶桥》 龙晓丹《红豆》 张威《致你们》

> 评点：所选文本类型丰富，既有课内诗歌，也有课外诗歌，且具有一定的时代性。难能可贵的是，教师将自己创作的诗歌引入课堂，与学生分享、交流，相互促进，正所谓"教学相长"，更体现了课堂内容的生成性。课内外文章群文阅读主要强调的是学生的建构、整合与迁移，整合新、旧学习经验，将已有文章的学习经验迁移至新的学习情境和所学篇目中，由读"一篇"到读"多篇"，进而读"整本书"，在读中思，在思中悟。

【教学流程】

1. 导入：中国是一个诗的国度，中华民族历来是个以诗语领悟自然和人生的民族。清代的大学问家刘熙载说过这么一段话：

PPT：山之精神写不出，以烟霞写之。

春之精神写不出，以草木写之。

老师往后加了些内容，请同学们尝试补全空格：

思乡之情写不出，以______写之。(预设：月)

隐逸之情写不出，以______写之。(预设：菊)

腹有诗书气自华，同学们阅读积累都很丰富。我们看，上文中以"烟霞"写山，以"草木"写春，以"月"写思乡，以"菊"写隐逸，这横线里面的部分我们称之为意象。诗歌其实就是通过意象来抒情、言志("孩儿立志出乡关，学不成名誓不还")、说理("欲穷千里目，更上一层楼")

(板书) 意象：客观的景 主观的情

意境意象抒情、言志、说理

——今天,我们就用这样的思路学习《再别康桥》和现当代诗歌。

2. 读诗,品意象美

(1) 题解:"再别"是什么意思?"康桥"是什么?为什么是"再别"?

"再别":再次告别。

"康桥":今剑桥大学,是作者的母校。

作者徐志摩1921-1922年曾在剑桥大学进修,他曾说过,"我这一辈子只有那一春算是不曾辜负",有着深厚的"母校情结"。1928年,徐志摩重历欧洲,再返母校,归国途中写下这首脍炙人口的名篇。

(2) 自由诵读,回答问题

①你认为这首诗主要抒发了什么情感?

预设:不舍、眷恋、忧伤

②哪些意象表达了这种情感呢?请大家动笔勾画出来。

预设:第一节:云彩

第二节:金柳、夕阳中的新娘、艳影

第三节:青荇、柔波、水草

第四节:清泉、虹、浮藻、彩虹似的梦

第五节:长篙、青草、船、星辉

第六节:笙箫、夏虫

第七节:云彩

(3) 活动1:同学们,你喜欢里面的哪个意象?请自由诵读你最喜欢的一节,3分钟以后大家彼此分享。

预设:

①金柳(古人折柳送别,"柳条折尽花飞尽,借问行人归不归"。可什么是金柳?比喻成了什么?这一节中哪个词用得最好?)

②青荇(一个词把青荇给写活了?招摇:拟人,贬词褒用。诗人有心,草木多情,不由让人想到"参差荇菜,左右流之"。)"甘心",做一条怎样的水草?自由。胡适先生曾说过,徐志摩的人生就是三个词:爱,美,自由。为什么甘心做水草?陪伴、眷恋)

③彩虹似的梦。(对大家来讲,什么样的梦算彩虹似的梦?象征着作者的美好理想)

④星辉。(徐志摩在《我所知道的康桥》一文中写道:"我这一辈子就只那一春,算是不曾虚度,对往昔的追忆。为什么不放歌?怕搅扰康桥的宁静)

⑤笙箫。(凝聚着古典神韵的传统意象。电视剧《何以笙箫默》,千言

万语尽在不言中,“此时无声胜有声”的效果)

⑥夏虫。(“明月别枝惊鹊,清风半夜鸣蝉。稻花香里说丰年,听取蛙声一片。”本该是多么热闹的一幅画面,可志摩的夏虫却偏偏要沉默,以动写静)

⑦云彩。(其实云之于志摩,就像月之于李白,菊之于陶渊明)“云”也是作者心中自由的象征。

“我是天空里的一片云,偶尔投影在你的波心”——《偶然》。

小结:诗贵含蓄,意象如花。诗人别出心裁,能将“西天的云彩”揽入怀中,并创造出“金柳”“青荇”等诸多绚丽的意象,来表达对母校深深的眷恋和对离别淡淡的忧伤,实在是潇洒、浪漫而又飘逸。

3. 赏诗,寻情感美

从古至今,诗歌的发展一脉相承。现代诗发端于 1919 年新文化运动之后,是中国传统文化同西方文化交融的产物,而究其本源,却也是在用意象表达情感、表达志向、说明道理。

> 评点:《再别康桥》是中国新诗史上的经典作品,诗人将自己的情感与心绪灌注到意象当中,只有细细咀嚼意象,才能感受到诗人的情感。对于经典名篇来说,单篇精讲是重要且必要的,张老师注重创设情境,调动学生的个体感知,引导学生从意象中品味情感,为接下来进行的课外诗歌分析提供了方法论基础。

活动 2:请同学们欣赏 3 首现代诗,以小组为单位,分析你们最喜欢的一首,勾画意象,分析通过意象表达的情感、志向或者道理。时间 5 分钟。

预设:

(1)《泥土》(鲁藜、20 世纪 40 年代、七月诗派)

意象:珍珠、泥土、路

分析:“珍珠”光泽诱人,价格昂贵,喻指孤芳自赏、孤高自傲的人;“泥土”朴实无华,平凡卑微,象征乐于奉献的人。本诗劝诫骄傲自负的“珍珠”们要融入人民,奉献自我,实现自身价值。

(2)《热爱生命》(汪国真、20 世纪 90 年代)

意象:远方、玫瑰、地平线

分析:通过 3 个外在化的意象,展现了成功、爱情、奋斗、未来 4 大主题,诠释“热爱生命”的内涵,表明追求的不是最终的成功和美好的结局,而应是奋力追求的过程。

(3)《你还在我身旁》(戴畅、21 世纪、香港中文大学)

意象:瀑布的水、蒲公英的种子、太阳;子弹、运动员、录取通知书;厨房、卷子、电视、书包分析:用超常规的叙事手法表达分离的遗憾,用时光倒流的方式,以小见大,表达对亲人的怀念。

评点:此活动充分发挥了学生的主观能动性。每个学生对诗歌语言和意象的感知是不尽相同的,教师通过营造开放的课堂,将《再别康桥》中分析意象的方法迁移到三首课外现代诗歌中,注重学生对意象的感知。

4. 写诗,悟生活美

(1) 悟诗:

生命因诗歌而苏醒,诗歌因意象而精彩。我们今天通过大量阅读明白了诗歌就是通过意象、营造意境、表达情感志向的,那我们能不能学以致用,尝试写诗呢?写诗难不难?写诗其实很容易。

PPT:写诗就是用意象说______

预设:情感、哲理、志向、生活、爱

(2) 赏诗:

(欣赏原创作品)

奶奶桥(郑可)

奶奶的背/以前是屹立的山峰/后来变成滑梯/最后成了拱桥

红豆(龙晓丹)

红豆发了芽

也就长出了相思

(3) 写诗:

活动3:意象是诗歌的重要部分,品意象就是要留心生活、观察生活、热爱生活。在座的大家都是生活的诗人,请拿起手中的笔,选择一个意象,创作一首诗歌。

学生写诗,点评及分享。

老师原创:《致你们》

致你们(张威)

我们读他们的意象/读他们的辞藻/读他们长长的复沓/以及文质兼美的韵脚

我们读他们的志向/读他们的成长/读他们高洁的品行/以及胸怀天下的度量

我们写我们的期待/写我们的烦恼/写我们小小的骄傲/以及内心微微的波涛

腹有诗书气自华/玫瑰,请给他们/墨水里捞出的心/我们彼此分享

5. 结语

海子说："晚霞燃烧，厄运难逃，我在人生的尽头，抱住一位宝贵的诗人痛哭失声。"有人说，这是一个"诗歌已死"的年代。可今天，在我们的彼此的分享中，我看到了大家的功底、兴趣、志向、爱好和情怀。少年情怀总是诗！希望大家永远做一个留心生活、热爱诗歌、与诗为伴的人，因为，诗歌的本质就是——热爱生活！

板书：诗歌的本质就是热爱生活

八、作业布置：阅读朱光潜《谈读诗与趣味的培养》

九、板书设计：

赏意象神韵，解新诗风情

意象　主观的情　客观的景

意境　意象　抒情、言志、说理

诗歌的本质就是热爱生活

评点：此环节既"入乎其内"，又"出乎其外"。通过大量的意象分析，使学生掌握了意象的选择要紧扣情感表达的方法；通过创作诗歌环节，一方面能检测学生是否能选择合适的意象表达情感，另一方面也锻炼了写作能力，丰富了情感。

【总评】

课内外文章群文阅读教学是教学中最为常见的一种类型。在课堂教学中，教师总是有意无意地引用课外文本，或横向比较课内外文本写作手法的异同，或加深对课内文本抒发情感的认识，比如一位教师在教完《琵琶行并序》后，引入了李白的《听蜀僧睿弹琴》和韩愈的《听颖师弹琴》，目的很明显，是为了加深对琴音描写手法的印象。要注意的是，在开展课内外文章群文阅读教学时，要考虑的首要问题便是教学目的究竟为何？也即我想通过拓展阅读使学生获得什么能力；其次就是如何选取恰当文本的问题。明显能够看出，张威老师的设计，是想通过《再别康桥》这首诗使学生获得通过意象把握诗歌情感的能力，先以《再别康桥》的单篇精讲教方法，引导学生将此种方法迁移到其他几首现代诗中，迁移的过程就是运用和掌握的过程，也是检验学生是否达到预期教学目标的"证据"。

拓展阅读	
龙芙蓉	《至情散文群文阅读教学设计——以〈祭十二郎文〉〈项脊轩志〉〈与妻书〉〈在你身旁〉为例》①
董一菲	《〈诗经·郑风〉爱情诗群文阅读》②
任玲	《听,那诗意的传唱——董一菲〈诗经·郑风〉爱情诗群文阅读课点评》③

思考

1. 根据自己的理解,为"群文阅读教学"下定义。

2. 群文阅读教学中应如何处理"单篇"与"群文"的关系?

3. 群文阅读教学中如何处理文本的详略问题?

4. 请自选篇目,自选角度,设计一个完整的课内外文章群文阅读教学设计。

文献选读:

[1] 蒋军晶:《让学生学会阅读——群文阅读这样做》,中国人民大学出版社,2016年。

[2] 王君:《更美语文课——王君群文教学课例品读》,长江文艺出版社,2018年。

[3] 刘大伟、蒋军晶:《群文阅读教学:概念、价值及实现路径》,《南京晓庄学院学报》,2016年第1期。

[4] 倪文锦:《语文核心素养视野中的群文阅读》,《课程·教材·教法》,2017年第6期。

[5] 郑桂华:《指向积极语言实践活动的群文阅读教学》,《语文建设》,2020年第1期。

[6] 易晓:《在群文关联中走向有价值的思辨阅读》,《语文学习》,2021年第2期。

① 龙芙蓉:《至情散文群文阅读教学设计——以〈祭十二郎文〉〈项脊轩志〉〈与妻书〉〈在你身旁〉为例》,《语文教学与研究》,2020年第18期,第122-123页。

② 董一菲:《〈诗经·郑风〉爱情诗群文阅读》,《语文建设》,2020年第17期,第27-30+33页。

③ 任玲:《听,那诗意的传唱——董一菲〈诗经·郑风〉爱情诗群文阅读课点评》,《语文建设》,2020年第17期,第31-33页。

第四节　中学语文学习任务群与整本书阅读教学设计

回顾我国语文课程的发展历程，从20世纪20年代到90年代，语文知识体系逐渐完善，语文知识体系在语文课程中的地位逐渐凸显。1952年教育部颁布《中学暂行规程（草案）》，要求学生要掌握现代科学的基础知识和基本技能。1963年教育部颁布了《全日制中学语文教学大纲（草案）》，确定了“双基”的重要地位。2001年语文课程改革提出“三维”目标：知识与技能，过程与方法，情感态度与价值观。鼓励师生采用自主、合作、探究的学习方式，注重学生听、说、读、写能力的培养。《普通高中语文课程标准（2017年版2020年修订）》提出18个学习任务群，具体包括“整本书阅读与研讨”“当代文化参与”“跨媒介阅读与交流”“语言积累、梳理与探究”“文学阅读与写作”“思辨性阅读与表达”“实用性阅读与交流”“中华传统文化经典研习”“中国革命传统作品研习”“中国现当代作家作品研习”“外国作家作品研习”“科学与文化论著研习”“汉字汉语专题研讨”“中华传统文化专题研讨”“中国革命传统作品专题研讨”“中国现当代作家作品专题研讨”“跨文化专题研讨”“学术论著专题研讨”。任务群倡导以语文核心为纲的大单元设计、倡导真实语文生活情境中的深度学习、倡导以学生的语文实践活动为中心的教学过程。课程标准通过这样的设置安排，将语文知识融入学生的学习任务。但是，任何一项改革都不可能立刻取得满意的效果，当下有的语文教师依然按照“双基”传统，机械、僵化地传递语文知识，有的教师甚至误解知识教学的课程理念。因此，语文课标提到的学习任务群的真正落实还需要一定的时间。

整本书阅读是《普通高中语文课程标准（2017年版2020年修订）》提出18个学习任务群中的第一个学习任务群，可见其地位的重要性。中国传统教育就非常重视整本书阅读。古人提倡学习《诗》《书》《礼》《易》《乐》《春秋》整本的书。近代诸多文人、教育家都表达了对“整本书”的看法。1931年，夏丏尊先生首次提出整册书的阅读①，这可以说是中国现代语文教育史上最早提出有关“整本书阅读”的概念。梁启超先生站在民族的立场上强调：“好文学是涵养情趣的工具，做一个民族的分子，总须对本民族的好文学十分领略。”②他从文言阅读的角度出发推荐了“整本书阅读”的书目。胡适

---

① 夏丏尊：《卷首》，《语文建设》，2017年第16期，第1页。

② 梁启超：《治国学杂话》，《出版参考》，2006年第35期，第6页。

先生也为学生开列《最低限度的国学书目》，主张看整本的书。1941 年，叶圣陶在《论中学国文课程的改订》一文中指出："国文教材似乎该用整本的书，而不该用单篇短章，像以往和现在的办法。退一步来说，也该把整本书作主体，把单篇短章作辅助。"①叶圣陶先生希望高中语文教材选编也能够吸收整本的书，只是阅读单篇的书是不足够学生提升语文能力的。1981 年，顾黄初在《提倡读点整本的书——叶圣陶语文教学思想研究》中分析了叶圣陶提出"读整本的书"的意义后，关于整本书阅读的观念再次陷入沉寂。整本书阅读重新得到大众的关注是由于 1996 年王孝坤发表《应重视"整本书"阅读能力的培养》，2000 年冯连贵在《教书育人》期刊上刊登了一篇有关整本书阅读的文献。自 2009 年以来，教育界关于整本书的阅读文献逐渐多了起来，但是关于整本书阅读的研究还没有大面积地完全展开。自新的课程标准进行改革之后，把整本书阅读列入语文教学计划，这就引起了人们的极大关注。

"整本书阅读"重新出现在人们的视野中，作为核心任务群得到了极大的重视。2003 年版的《普通高中语文课程标准（实验）》就已经提出："学会正确、自主地选择阅读材料，读好书，读整本的书，丰富自己的精神世界，提高文化品位。课外自读文学名著（五部以上）及其他读物，总量不少于 150 万字。"②《义务教育语文课程标准（2022 年版）》指出："要关注个体差异和不同的学习需求，鼓励自主阅读、自由表达；倡导少做题、多读书、读好书、读整本书，注意阅读引导，培养读书兴趣，提高读书品位。"③《普通高中语文课程标准（2017 年版 2020 年修订）》根据要求的四项核心素养，设计出 15 项任务群来实现语文课程标准的要求，而整本书阅读作为一个独立的部分，更是体现出当代学生阅读整本书的重要性。学生通过阅读整本的书，学习不同类型书籍的阅读方法，积累经验，养成良好的阅读习惯，进而提升自身的核心素养。

本节关于中学语文学习任务群与整本书阅读教学设计的内容主要从四个方面进行分析：首先阐释学习任务群与整本书阅读教学设计的理论基础，其次分析整本书阅读教学设计的意义与现实困境，然后提出整本书阅读教学设计的实施方法，最后以部编版高中语文必修第七单元的《红楼梦》整本书阅读教学设计为例进行整本书阅读的课例展示。本部分先从理论着手深

---

① 叶圣陶：《论中学国文课程的改订》，《语文建设》，2018 年第 13 期，第 1 页。

② 中华人民共和国教育部：《普通高中语文课程标准（实验）》，人民教育出版社，2003 年，第 5 页。

③ 中华人民共和国教育部：《义务教育语文课程标准（2022 年版）》，北京师范大学出版社，2022 年，第 23 页。

入分析中学学习任务群以及整本书阅读教学设计，然后具体分析教学实践中遇到的问题，与现实的教学相结合，从而使本部分内容对研究整本书教学具有一定的借鉴意义。

课前研读清单	
费孝通	《乡土中国》(商务印书馆,2018)
曹雪芹	《红楼梦》(人民文学出版社,2008)
邓彤	《整本书阅读六项核心技术》(华东师范大学出版社,2019)
王宁	《整本书阅读与研讨》(语文出版社,2021)

一、学习任务群的解读与整本书阅读教学设计的理论基础

《普通高中语文课程标准(2017年版2020年修订)》提出了"学习任务群"这样一个新概念，一共18个任务群，而"整本书阅读与研讨"处于首要位置，可见整本书阅读的重要性。

(一)"学习任务群"解读

1. 定义

"'学习任务群'就是以任务为导向，以学习项目为载体，整合学习情境、学习内容、学习方法和学习资源，引导学生在运用语言的过程中提升语文素养。"语文学习任务群的任务导向就要求师生要明确每一个学习项目的学习任务，能够结合各种资源设计教学，继而投入实践。

结构上，普通高中语文课程由必修、选择性必修、选修三类课程构成，三类课程中分别安排7-9个学习任务群。共包含了18个学习任务群，分属于语文学科核心素养的四个领域，分别是语言建构与运用、思维发展与提升、审美鉴赏与创造、文化传承与理解。以学习任务群作为培养途径，最为关键的就是这个"群"字，它强调语文学习的整体性，而不再是单篇教学。这18个任务群作为一个完整的学习项目，不仅包括学习目标、学习内容，还包括学习情境、学习方法和必要的学习资源及获取路径的建议。

2. 学分设置

前3个学习任务群("整本书阅读与研讨""当代文化参与""跨媒介阅读与交流")在选择性必修和选修阶段不设学分，是穿插在其他学习任务群中的。必修、选择性必修、选修这三类课程，每类课程开设2个学期。其中必修共设8学分，包含7个学习任务群；选择性必修共设6学分，包含6个学习任务群；选修共设12学分，包括6个学习任务群。

3. 实施建议

必修教材的教学要立足于共同基础，重视日常语文积累。"重点考查学

生语文学习过程中的体验和感受、学习策略，以及梳理、探究能力，尤其是基于社会情境的阅读、表达与交流的能力，读写活动中的思维表现以及不同体裁文学作品的审美感知、评价欣赏、独立创作情况”。选择性必修应关注学生语文学习“面”的广度，包括语言积累、梳理与迁移运用能力、独立阅读古今中外经典文本的能力、语言实践中的逻辑推理能力等。选修就应该关注学生语文学习“点”的深度，突出差异性和层次性，鼓励开展个性探究，充分激发学生的学习兴趣和潜能。它包括学生在专题学习中对语言运用现象和规律的探究、个性化理解经典作家作品及思想内涵、艺术价值等。

（二）“整本书阅读与研讨”的提出背景、课标要求及核心素养

“整本书阅读与研讨”是 18 个学习任务群之首，也是贯穿必修、选择性必修、选修的任务群之一。“整本书阅读”并不是现代人的首创，在高中语文新课标中再次提出，并放到第一个学习任务群是有重要意义的。

1. 整本书提出的相关背景

在《义务教育语文课程标准（2022 年版）》第四学段，七到九年级的阅读教学部分提出：“要重视培养学生广泛的阅读兴趣，扩大阅读面，增加阅读量，提高阅读品位，提倡少做题，多读书，好读书，读好书，读整本的书。加强对课外阅读的指导，开展各种课外阅读活动，创造展示与交流的机会，营造人人爱读书的良好氛围。”《普通高中语文课程标准（2017 年版 2020 年修订）》在课程内容学习任务群中，整本书阅读与研讨作为第一个学习任务群。该任务群贯穿了必修、选择性必修和选修三个阶段，课程标准分别从学习目标与内容教学提示这两个大方面进行研讨，足见整本书阅读的重要性。现在语文教学普遍存在的问题是精读两多一少：精读讲太多，反复操练太多，学生读书太少。因此统编语文教材注意到了这个问题，采取了一些改进的方法。比如在小学一年级安排“和大人一起读”栏目，到了高年级和初中，每单元都设置有名著导读。高中部编版语文教材也设置了单元的整本书阅读，同时整本书阅读更加重视多种阅读方法的教学。

2. 语文课程标准对“读整本书”的描述

从课程标准中对“读整本书”的“回归”可以看出“读整本书”思想的回暖，也看到了经历了一个相对曲折的过程以后，社会对阅读的重新审视。

（1）2003 年教育部颁布的《普通高中语文课程标准（实验）》首次在课标中明确提出“读整本书”的理念，要求学生“学会正确、自主地选择阅读材料，读好书，读整本书，丰富自己的精神世界，提高文化品位，课外自读文学名著（五部以上）及其他读物，总量不少于 150 万字”。由此可以看出新课程改革对阅读的重视。

（2）《义务教育语文课程标准（2022 年版）》延续《九年义务教育语文课

程标准》,强调要重视“鼓励自主阅读,自由表达,倡导少做题、多读书、读好书、读整本书,注重阅读引导,培养读书兴趣,提高读书品位”①。除此之外,课程标准中还列出了以名著阅读为主的阅读书目。

(3)《普通高中语文课程标准(2017年版2020年修订)》正式将“整本书阅读与研讨”纳入学习任务群,且是第一个学习任务群。课标强调引导学生通过阅读整本书,拓展阅读视野,培养阅读整本书的经验和方法,提升阅读鉴赏能力,养成良好的阅读习惯。高中语文部编教材中,名著任务群的学习在必修、选择性必修和选修中都有所体现,且对名著阅读提出了更高的要求。这是让人心头一震的描述,也是最直接的描述,至此整本书阅读真正被纳入课堂。

3. 整本书的课标要求

不论是初中还是高中,都提到了整本书阅读。课标对整本书阅读的具体阐释能够帮助我们理解教学内容、完善教学活动。

初中阶段关于整本书阅读在阅读教学部分也提及了要读“整本的书”,具体阐述为:“在阅读教学中,为了帮助理解课文,可以引导学生随文学习必要的语文知识,但不能脱离语文运用的实际去进行‘系统’的讲授和操练,更不应要求学生死记硬背概念、定义。要重视培养学生广泛的阅读兴趣,扩大阅读面,增加阅读量,提高阅读品位。提倡少做题,多读书,好读书,读好书,读整本的书。”

高中阶段整本书阅读与研讨作为第一个学习任务群,“旨在引导学生通过阅读整本书,拓展阅读视野,建构阅读整本书的经验,形成适合自己的读书方法,提升阅读鉴赏能力,养成良好的阅读习惯,促进学生对中华优秀传统文化、革命文化、社会主义先进文化的深入学习和思考,形成正确的世界观、人生观和价值观。本任务群的学习贯串必修、选择性必修和选修三个阶段”。

高中阶段整本书阅读的任务规定包括以下几个重要内容:

(1)在阅读过程中,探索阅读整本书的门径,形成和积累自己阅读整本书的经验和阅读方法。重视学习前人的阅读经验,根据不同的阅读目的,综合运用精读、略读与浏览的方法阅读整本书,读懂文本,把握文本丰富的内涵和精髓。

(2)在指定范围内选择阅读一部长篇小说。可以参考《普通高中语文课程标准(2017年版2020年修订)》后面的附录2关于课内外读物的建议。

① 中华人民共和国教育部:《义务教育语文课程标准(2022年版)》,北京师范大学出版社,2022年,第3页。

小说类重点参考路遥的《平凡的世界》和曹雪芹的《红楼梦》等。通读全书，整体把握其思想内容和艺术特点。从最使自己感动的故事、人物、场景、语言等方面入手，反复阅读品味，深入探究，欣赏语言表达的精彩之处，梳理小说的感人场景乃至整体的艺术架构，厘清人物关系，感受、欣赏人物形象，探究人物的精神世界，体会小说的主旨，研究小说的艺术价值。

(3) 在指定范围内选择阅读一部学术著作，学术著作重点参考费孝通的《乡土中国》。通读全书，勾画圈点，争取读懂；梳理全书大纲小目及其关联，做出全书内容提要；把握书中的重要观点和作品的价值取向。阅读与本书相关的资料，了解本书的学术思想及学术价值。通过反复阅读和思考，探究本书的语言特点和论述逻辑。

(4) 利用书中的目录、序跋、注释等，学习检索作者信息、作品背景、相关评价等资料，深入研读作家作品。

(5) 联系个人经验，深入理解作品；享受读书的愉悦，从作品中汲取营养，丰富自己的精神世界，逐步形成正确的世界观、人生观和价值观。用自己的语言撰写全书梗概或提要、读书笔记与作品评价，通过口头、书面形式或其他媒介与他人分享。

4. *需要落实的核心素养*

《普通高中语文课程标准(2017 年版 2020 年修订)》中第二部分——学科核心素养在课程标准中的界定：学科核心素养是学科育人价值的集中体现，学生在学习过程中逐渐形成正确的价值观念、必备品格和关键能力。新课标作为国家意志的体现，更倡导“语文核心素养”新理念。“整本书阅读与研讨”任务群便成了落实语文教学理念和推进语文学科素养的手段之一。

①在语言建构与运用方面。新课程改革强调的“语言建构”强调拓展学生的阅读经验。“整本书阅读与研讨”先是在阅读环节促成个体内部“言语图式”的契机，而后又在研讨环节使原先的语言概念和新习得的语言概念建立联结，最终塑造出个性化的语言表达体系。语言建构的基础是知识的积累，教师要将“整本书阅读与研讨”与“听说写作”等静态的教学观念视为动态的语文知识，在真实的阅读语境中实现能力的转换与生成。

②在思维发展与提升方面。训练学生的“逻辑性思维”和“辩证性思维”是“语文核心素养”的正确指向。思维发展既是“整本书阅读与研讨”的重难点，也是高中阅读能力更高层次的要求。

③在审美鉴赏与创造方面。“整本书阅读与研讨”是以文字符号为载体，借助作者的创造艺术和语言风格将中国的文学和文化适度渲染，呈现出饱含别致情调和难言美感的文本。

④在文化传承与理解方面。文化资源作为一种新型的教学内容融入了语文教学的舞台。整本书篇幅驳杂，情节跌宕，结构灵活，意蕴丰富，解读多元，作为保存文化、选择文化、传承文化和更新文化的载体是非常合适的。

(三)"整本书阅读与研讨"的理论基础

教师在进行整本书阅读的教学设计时，思路一定要有理论基础做支撑，这样你的设计才不会天马行空。"整本书阅读"有两个最主要的理论基础：系统论和建构主义学习理论。

1. 系统论

奥地利科学家贝塔朗菲在20世纪40年代创立了系统论这一学科。他指出系统就是处在一定相互联系中，并与环境发生关系的各个组成部分构成的整体。用这一原理来观察语文，可以发现语文教学也是一个系统，语文教学内部也处在一定的相互联系中。同时也在一定程度上为整本书阅读教学设计研究奠定了理论基础。

整本书阅读相较于单篇阅读而言信息量更大、章节关系更丰富，更具有阅读价值。运用系统论的思维进行整本书阅读教学设计，能够帮助我们理清全书的逻辑关系和内部联系，因此以系统论为基础进行整本书阅读教学设计，能够让我们更加重视整体和各要素之间的联系，从而更有效地实现整本书阅读的教学设计。

教学设计的各个环节是紧密联系的，既有相关性又层层递进。整本书阅读教学设计以系统化作为理论基础，要求教师从系统的角度出发，依据文本类别、文本特性，合理地对整本书阅读教学进行具体的活动规划和设计，这样才能使整本书阅读教学设计既有灵活性又有系统性。

2. 建构主义学习理论

建构主义学习理论是进行整本书阅读教学设计的重要理论基础。建构主义学习理论指出：学习者建构他们对于所学知识的理解而不是通过其他外部渠道而获得知识(比如其他人或阅读材料)。

具体来说，依据建构主义学习理论，"整本书阅读与研讨"学习任务的设计应该围绕培养学生的自主合作学习能力等目标进行，从而提高学生自主合作探究的能力。而教师在教学实践中应该注意以下几点：第一，要充分考虑学生的个体差异性，设计内容丰富、形式多样的学习任务与学习活动；第二，学习任务与学习活动的设置要具有操作性，且要有真实的情境；第三，引导学生通过交流、合作对获得的知识进行有意义的建构；第四，注意培养学生自主学习能力，引导学生制订个人学习计划、学会总结反思和归纳整理，从而进行自我探究和发现性学习。

在此我们对学习任务群和整本书阅读的相关理论进行了解读，并针对整本书阅读教学设计讨论了两个较为重要的理论基础。“整本书阅读与研讨”作为新课标18个任务群之首,其重要性是不言而喻的。教师在进行整本书阅读教学设计的过程中,需要准确认识到它的理论基础,才能更好地进行教学实践。

思考:

1. 整本书阅读的理论基础对整本书阅读教学有什么帮助?
2. 整本书阅读教学设计在实际操作时应注意哪些事项?
3. 联系课程标准,思考学习任务群与整本书阅读的关系。

二、整本书阅读教学设计的意义与现实困境

随着课程改革的推进,整本书阅读在语文教学中举足轻重,贯穿必修、选择性必修、选修三类课程,足以看出当下语文教学对其重视程度。整本书阅读教学设计可以提高整本书阅读教学效率和教学质量,对教学设计进行研究,具有重要的意义。而当下受各种因素影响,整本书阅读教学设计还面临许多困境,因此需要走出困境,才能寻找合适的应对措施。以下对整本书阅读教学设计的意义与现实困境进行研究,以期帮助一线教师有序面对困境,寻找解决策略。

(一)整本书阅读教学设计的意义

1. 理论意义

现阶段有关整本书阅读教学设计,大多是对一线教师经验的归纳与总结,而专门的、具有指导意义的理论相对较少。对整本书阅读教学设计各个层次进行研究与开发,不仅有助于丰富整本书阅读教学设计的理论,还有助于推动整本书阅读教学设计的深入发展。从中既能完善设计教学时所依靠的理论,如建构主义学习理论、“整体性策略”理论等,还能从教学实际理论出发,提供阅读方法、评价方法等选择策略的依据,一改以往单篇阅读的模式。同时从整体和系统的角度整合支离破碎的知识理论系统,打破阅读教学碎片化、片面化的窠臼,建构教师系统理论观。

(1)指导与启发

整本书阅读教学设计处于初步探索阶段,对其进行研究,可以指导教师在进行整本书教学设计时形成清晰而明确的设计思路,避免整本书阅读教学设计流于形式,同时加深教师对理论内容的认识。研究整本书阅读教学设计可对现有的理论做出指正与启发,达到当下课程标准对整本书阅读的要求,也是对整本书阅读原则与策略的理论补充。

(2) 完善与优化

整本书阅读教学设计根据学生和文本选择合适的阅读目标、方法、活动、模式、评价方式,有助于完善和优化教学目标、丰富补充活动模式和阅读方法,弥补单一形式带来的不足。另外对课程理论做出补充完善,对课程资源做出整合,教师可以围绕具体理论建构课程系统。

2. 实践意义

(1) 提升教师整本书阅读教学的水平

指导教师根据文本与学生的个性差异,运用专业理论合理制定教学课时与计划,提出教学目标,组织学习活动,选择针对性的实施方法,这也有助于教师优化教学过程,达到课程标准中整本书阅读的要求,进而提升自身的专业素养。

(2) 有效促进学生整本书阅读的学习

整本书阅读是一个积淀的过程,通过对课内与课外、整本书与课内单篇、语文与其他科目进行联合统整,实现学生的深度学习。在此基础上,激发学生阅读兴趣、提高学生的阅读能力、丰富学生的阅读方法、拓展学生阅读视野、锻炼学生整体性思维。如果说单篇阅读培养学生的深度和细读,整本书阅读就是培养学生的广度和泛读。

(3) 有助于构建师生阅读共同体

整本书阅读教学设计为教师提供可借鉴的经验,教师由此明确自己的引导作用,激发学生阅读兴趣,引导学生形成自己的阅读经验与方法,进而有效地进行整本书阅读;学生能够在教师的指导下完成阅读计划,教师在教学设计的指引下对学生的阅读情况进行指导与反馈,平等参与整本书阅读交流与讨论,在这个过程中,师生阅读共同体得以构建。

(二) 整本书阅读教学设计的现实困境

1. 从课程建构方面来看,整本书阅读教学设计的困境体现在课程构建缺乏必要的借鉴经验。很多学校并未设置有关整本书阅读教学的课程,而且缺乏相应的考察机制。在整本书阅读教学课程缺乏保障的情况下,教师主动开展整本书阅读教学设计的积极性自然也在无形中被压制了。

2. 从评价方式方面来看,当前整本书阅读教学设计的评价方式尚需进一步探索完善。评价方式,它不仅包括教师的教学评价方式,还包括学生学习的评价方式。

3. 从教师教学设计的评价方式来看,目前这一评价方式是缺失的。这也就导致教师的整本书阅读教学设计没有一个客观的标准,同时又缺乏必要的外界反馈与指导。自然,很多一线教师在进行整本书阅读教学设计时容易流于形式,浮于表面。

4. 从学生学习的评价方式来看,当前整本书阅读教学设计的评价方式以终结性评价为主,缺乏必要的诊断性评价、形成性评价。换言之,学生学习的评价方式过于单一。

5. 从教师专业素养方面来看,教师知识素养有待提升,很多一线教师在进行整本书阅读教学设计时,存在这样一个问题,忽视学生的阅读视野和过程。在以考定教的今天,教师主要围绕教材、习题册展开教学,对于这之外的内容,基本一带而过,此外,教师对于学情的分析不到位。从现状来看,许多教师在进行整本书阅读教学设计时,未对学情进行充分的分析,因此无法为形成相应的整本书阅读方法打好基础,也就是说教师忽视分析已有经验,未充分关注学生的建构意识。教师缺乏深入研读课标、领会课标精神的意识。当前教师在进行整本书阅读教学设计时,存在这样一个问题:过多关注学生阅读任务的完成情况,未关注学生阅读经验的建构。而《普通高中语文课程标准(2017 年版 2020 年修订)》中明确指出,"教师要引导学生通过阅读整本书,拓宽阅读视野,建构读整本书的经验",这也就表明教师对课程标准理解得不够深入。

(三) 初中语文整本书阅读教学设计的困境

1. 教学形式单一

当下进行整本书阅读教学设计的教师,有很大一部分依照的是传统的阅读教学形式。在整本书阅读的课堂中,教师主要通过介绍作者的生平经历,作品的创作背景,分析作品中的人物性格以及归纳全文中心思想,这几个方面来进行整本书阅读。这种方法是应对应试教育的最普遍的教学方法。虽然这种方法可以让学生在短时间内抓住整本书的主要内容,但是由于教学形式单一,导致学生只能死记硬背,难以培养学生的发散辩证性思维,更不用说提高学生的综合语文素养了。所以针对初中不同种类的整本书阅读比如《傅雷家书》《儒林外史》《红星照耀中国》《呼兰河传》《艾青诗选》等,要采取灵活多样的阅读教学形式和方法。

2. 课型单一

现在整本书阅读是语文教育界关注的一个热点话题,因其阅读内容多,所以在实施过程中存在很多问题。其中教师教学实施方面也是一部分原因,一些教师可能忙于各项教育工作,没有对整本书阅读课型进行深入的研究,导致整本阅读教学课型单一。教师如果用同样的课型在学生阅读的不同阶段来教授不同的整本书名著导读,长此以往将导致学生对整本书阅读丧失乐趣,最终学生会把阅读整本书作为任务进行完成。传统的教学主要是分析这本书的主题思想、讲了什么事、得到什么启发等方面,并没有针对学生阅读整本书的不同阶段的不同情况采用不同的课型。比如科普作品

《昆虫记》和需要做摘抄笔记的《钢铁是怎样炼成的》，古代长篇小说《西游记》，外国小说《格列佛游记》《简·爱》等所采用的课型是不同的。教师必须清楚这一点才能因书施教，高效率地进行整本书阅读的教学设计工作。

3. 整本书阅读教学视野狭隘

在应试教育这根指挥棒下，初中生整本书阅读教学的重点主要集中于课内推荐的阅读书目。以部编版初中语文教材为例，每册语文书推荐两部中外名著，整个初中阶段，教师需要引导学生对这十二部名著进行全面的了解，并且这十二部名著的知识点会以各种形式出现在学生的试卷上，来检验教师是否引导学生完成阅读任务。《义务教育语文课程标准（2011年版）》对义务教育阶段学生的阅读总量做出了明确的规定："要求学生9年课外阅读总量达到400万字以上。"小学阶段的学生，阅读能力较弱，因此初中阶段是学生完成阅读总量任务的关键阶段。这就需要教师打开整本书阅读教学的视野，合理选择阅读对象，如革命文学作品《红岩》《革命烈士诗抄》，外国文学《鲁滨孙漂流记》，长篇文学名著《西游记》《水浒传》等整本书阅读需要寻找阅读契机，以提升学生阅读素养。

4. 整本书阅读教学书目适宜性欠缺

初中阶段，教师不仅要完成教材推荐阅读书目的教学任务，也要合理选择课外整本书阅读对象，以此帮助学生获得阅读积累。在这个选择的过程中，就存在这样一个问题，阅读书目是否适宜中学生阅读。以《唐诗三百首》为例，它究竟是否可以被称为整本书？如果要以其为对象开展整本书阅读教学，怎样引导学生整体来读带有汇编性质的书籍？

（四）高中整本书阅读教学设计面临的困境

1. 教师开展教学设计，缺乏可借鉴的经验

从课程标准层面来看，整本书这一概念在《普通高中语文课程标准（2017年版2020年修订）》中出现18次，整本书阅读的要求贯穿必修、选择性必修、选修三大类课程，可见整本书阅读在高中课程标准中举足轻重。但在学校现行的整本书阅读教学环境下，整本书阅读与研讨任务群的落地并非易事，还有诸多难题有待破解。其中，教师整本书阅读教学设计缺乏可借鉴的经验，便是教师在进行整本书阅读教学设计时面临的首要困境。目前，整本书阅读教学设计的成果多集中在小学、初中，高中整本书阅读教学设计的案例研究得还相对较少，因此教师只能在课标与教材的支撑下摸索，无法取得理想的教学效果。如文化经典类著作《论语》《孟子》，诗歌类著作《女神》《贺敬之诗选》。

2. 教师未完成知识观到素养观的转变

《普通高中语文课程标准（2017年版2020年修订）》中明确指出，要注

重学生学科核心素养的培养。这一要求落实到整本书阅读教学设计时,则要求教师在进行教学设计时转变知识本位的观念,以学生为主体,注重学生阅读方法的掌握,阅读经验的建构。目前,教师进行整本书阅读教学设计时,存在这样一个问题,未彻底完成知识观到素养观的转变。具体表现为:在整本书阅读教学设计上,教师忽略学生的主体地位,整个教学过程只是教师在单向地传授知识,缺乏与学生之间的互动。在这样的教学设计下学生的学习不是基于指导的发现,而是信息的传递。这样的教学设计理念显然是与新课程标准倡导的素养观违背的,这也正是教师进行整本书阅读和教学设计时面临的困境——未完成知识观到素养观的转变。如进行剧本《窦娥冤》《牡丹亭》《雷雨》等整本书阅读时仍停留在情节梳理层面,未深入探究学生阅读方法、阅读能力的提升。

3. 教师在进行教学设计时缺乏有效的评价方式

整本书阅读的教学效果需要合理的方式进行评价,学习效果的评价是教师教学设计质量的保障。从当下高中整本书阅读教学设计来看,评价方式以终结性评价为主,大多是带有固定答案的试题形式,只关注学生外在的学习成果,未深入关注内在的学习品质。同时评价主体单一,教师没有关注到每个学习任务群的特点,评价的过程缺少吸引学生阅读兴趣的学习情境与活动。因此教师的教学设计往往流于形式,浮于表面,学生学习效果也未得到实际反馈,整本书阅读无法发挥应有的教学价值。

本节对整本书阅读教学设计的意义与现实困境进行重点解读,以期引起一线教师发现问题、探索问题,提高整本书阅读教学设计的质量。最后,请结合本节内容思考一个问题:整本书阅读教学设计的出路在哪里?

思考:

1. 小学、初中、高中整本书阅读教学设计分别面临怎样的困境,结合具体的作品谈谈。

2. 从教师的角度谈谈,你认为整本书阅读教学设计还存在哪些困境。

3. 立足学生主体,谈一谈整本书阅读教学设计还具有哪些作用及意义。

4. 结合教学实际思考,面对整本书阅读教学设计的现实困境,有哪些合理有效的解决途径?

三、整本书阅读教学设计的实施方法

整本书阅读与研讨是培养学生良好的阅读习惯、拓展阅读视野和建构阅读经验的重要途径,因此整本书阅读与研讨需要正确的方法论指导。

整本书阅读教学设计的第一个大方面是要建构系统的课程体系。在20世纪40年代出版的《略读指导举隅》中,叶圣陶先生曾指出:“就教学而言,精读是主体,略读是补充;但是就效果而言,精读是准备,略读才是应用”,提出了单篇精读和整本书略读相结合,整本书阅读教学理念由此诞生。但是在构建课程体系的同时,教师却缺少教学经验,这也给课程体系的建构增加了困难。整本书阅读是2017年高中语文课本课程标准新提出来的,而在新版的教材中,才刚刚涉及,教学经验少是必然的。针对课程建构缺少实施经验这一问题,这是需要学校、教师和学生一起努力去解决的。学校对整本书阅读活动要重视起来,统筹语文课程时间安排,以课程标准为参照在每周开设固定数量的课时进行整本书阅读。当然,高中学生时间宝贵,在开设固定数量的课程时,就需要教师和学生一起高效运用课堂时间,教师要进行合理安排课堂活动,将整本书书籍文本的有效信息对学生进行讲授,并合理安排阅读计划,定期开展讨论交流活动了解掌握学生的阅读情况,并及时做出调整。同时,在课下需要教师提升自身的专业知识技能,观看名师的教学视频借鉴名师教学经验,阅读关于整本书阅读教学的研究文献,拓展自身的视野,这样才能对学生进行更加专业的讲解和指导。

整本书阅读教学设计还需完成知识观到素养观的转变。教师应该转变教学观念,将核心素养的培养落实到具体的教学实践中。在整本书阅读教学设计环节中,一方面要让学生掌握阅读教学的方法,另一方面也要注重让学生在读书的过程中养成适应终身发展和社会发展的关键能力和必备品格。在进行整本书阅读教学设计时,按照学习任务群的要求,从语言、思维、审美、文化方面出发:语言方面通过阅读培养语感,培养口语能力;思维方面启发学生进行联想想象,构建思维导图;审美方面可以通过情景教学法,通过活动式情景、视听结合等方式培养学生的审美感受;文化方面可以拓展学生的阅读,注重对学生文化的熏陶。把握好课前课上课后的有机统整,推进整本书阅读教学活动的实施。

下面,具体谈一下如何构建课程体系。

(一)如何进行整本书阅读教学设计

1. 讲授阅读方法

中国传统有句老话“授之以鱼,不如授之以渔”,可见方法的重要性,让学生形成良好的阅读习惯至关重要,帮助学生通过阅读方法的学习来建构系统的阅读经验。阅读方法是整本书阅读教学的基石,首先,读书不可呆板固化,要灵活起来,做到精读与泛读相结合;其次,如果是精读,应该交给学生如何做批注式阅读,从不同角度和不同内容对所读文章进行批注,记录阅读感受和困惑;最后,强调问题意识,读书要带着问题去读。

2. “知人论世”,“以意逆志”

孟子在《万章章句下》曰:“颂其诗,读其书,不知其人,可乎?是以论其世也。是尚友也。”这句话意在说明阅读要知人论世,即在阅读文学作品时,也要了解文学作品的作者以及作者所处的时代背景,如此,有助于我们把握作品的主题思想。孟子在《万章章句上》中还曾说:“故说《诗》者,不以文害辞,不以辞害志;以意逆志,是为得之。”这句话的意思是阅读要学会根据文本含义,用自己的想法来揣度作者的写作意图。例如,在读《聊斋志异》时,“聊斋自志”中写道:“集腋为裘,妄续幽冥之录;浮白载笔,仅成孤愤之书。”这一句话就很能表达作者著书目的——以抒心中孤愤之情。结合作者生平便可得知,蒲松龄只以岁贡终老,并未取得理想功名,以此便可对《聊斋志异》的主体思想做更加深入的解读。

3. 划分课程分期,形成核心问题

教师应将课程进行整体规划,然后划分出整本书教学的课程分期。本课程任务在必修阶段是十八个课时,划分一个学期为九个课时,教师可以利用一个课时讲解《红楼梦》其人其书,三个课时进行情节疏导,两个课时学生提问讨论,两个课时进行小组汇报与课堂检测。与此同时,我们还需要注意一个问题。《普通高中语文课程标准(2017 年版 2020 年修订)》指出:阅读整本书,应以学生利用课内外时间自主阅读、撰写笔记、交流讨论为主,不以教师的讲解代替或限制学生的阅读与思考。教师应以自己的阅读经验,平等地参与教学讨论,解答学生的疑惑。根据课程标准的教学提示建议,课时安排应缩短教师讲授时间,相对应地扩展学生思考与讨论的自主学习时间。除此之外,教师在进行情节疏导时要寻找良好的教学切入点,明确教学重难点。比如,在进行《乡土中国》这种学术类书籍整本书阅读教学时,可以让同学在读书的同时寻找费孝通先生所提出的概念和理论,并让同学绘制概念推理过程的思维导图或撰写文献综述,如此可以锻炼学生的思维能力和表达能力。

4. 以任务驱动整本书阅读

教师在整本书教学时要注意以任务驱动整本书阅读,在学生阅读书籍时布置任务,这样可以提高学生阅读整本书的认真程度。首先,应让学生撰写读书笔记,记录下自己读书时的思考、探索、研究的心得体会。其次,要让学生形成问题意识,给学生提问题,或者让学生自己发现问题,并且在阅读中寻找问题答案,形成“以读带问——以问带读”的有机循环。那么,在整本书阅读时,教师应如何向学生提出问题?提什么样的问题才能真正有利于学生整本书阅读的学习?例如,在读《红楼梦》前五回时我们可以让学生画出人物关系图,或者读《林黛玉进贾府》画出林黛玉所走的路程图,这些都是很好的问题设置。

5. 从体验式走向审辨式

体验式指的是只注重故事情节刺激的浅层次阅读，而审辨式阅读指的是发展学生思维能力的深层次阅读。依托教材规定的必读名著，通过群书阅读、集中研讨的方式，将学生的"体验式阅读"进化成为"审辨式阅读"的方式，在阅读过程中，把"体验式阅读"作为阅读的第一层级，继而通过群书阅读设计比较阅读活动，促使学生在阅读过程中思考、分析、归纳、质疑，从而达到"审辨式阅读"的效果，提高学生的思维能力。

在整本书阅读教学设计的实施方法中，也要注重学生的主体地位，树立学生本位观。以学生为主体的重要前提就是要关注学生，关注学生的学习经验，让学生自主学习。

（二）以学生为主体构建学生的学习体系

1. 学生自主阅读，独立完成学习任务

《普通高中语文课程标准（2017 年版 2020 年修订）》中提出"学习任务群以自主、合作、探究性学习为主要学习方式，凸显学生学习语文的根本途径"。因此，在进行整本书阅读教学中，设置学习任务，让学生自主进行阅读是开展语文活动的方法之一。在教师讲授完学习方法并对文本进行介绍之后，学生可以综合运用精读、略读和浏览的方式进行阅读，读懂文本，把握文本丰富的内涵和精髓。在此过程中，教师不可过度介入，要起适当的引导作用。

2. 撰写读书笔记

撰写读书笔记是学生进行整本书阅读过程中以及文本阅读完毕后进行自我知识整合的过程，学生将文本内容与自身视野相结合，从自我经历出发接受文学解读，从而内化为自我认知，这对提升学生语文核心素养具有重要作用。《普通高中语文课程标准（2017 年版 2020 年修订）》中在"整本书阅读与研讨"学习任务群中提出"联系个人经验，深入理解作品；享受读书的愉悦，从作品中汲取营养，丰富自己的精神世界，逐步形成正确的世界观、人生观和价值观。用自己的语言撰写全书的梗概或提要、读书笔记与作品评价，通过口头或书面形式或其他媒介与他人分享"。同时，在教学提示中也提出"阅读要有笔记，记下自己的思考、探索和研究的心得"。因此，撰写读书笔记有助于学生开展整本书阅读活动。

3. 小组合作，分享交流

在开展整本书阅读活动中，学生以小组为单位进行合作，将对文本的理解进行讨论交流，分组汇报，教师进行学习评价，便于最后量化学习成果。在教师组织的学习活动的基础上，同学们之间进行思考、讨论和交流。这样有利于加深对整本书阅读文本的多维度认识和把握，拓展学生们的思路，培养学生们的语言和思维能力。

在以教师为主导构建系统的课程体系以及以学生为主体构建学生学习体系之后，还可以建构课后评价与反思体系。我们可以从对整本书教学过程进行反思以及最终的结果进行评价。

第一，进行过程性评价。在整本书阅读教学活动中，教师及时进行教学反思有助于总结教学经验，对未来开展整本书教学活动具有启示作用。教师通过对书籍的认识和解读，以教育者的视角进行教学设计，并在教学活动中实施教学步骤和方法，针对学生的学习情况形成过程性指导与监督机制，同时形成过程性评价，建立科学合理的评价体系。这样有利于保证教学任务的稳步进行，保证一定的教学效果，提高学生学习的有效性。

第二，进行结果性评价。整本书阅读活动存在着自身价值，这也是教育工作者不断推行和改善整本书阅读活动的原因之一。其中最直接的是学生成绩上的体现。成绩能够以量化的形式对整本书阅读活动进行结果性评价。从评价角度来看，评价角度要多元化，教师评价与学生自评互评相结合，教师可以通过测试或者问卷调查的形式对学生的学习结果进行分析，学生也可通过写学习总结的方式进行自评。从评价内容上来看，评价内容要多维度，从学生的知识积累和阅读能力进行多方面的评价。

因此，在整本书阅读教学设计的实施方法中，不仅要以教育者的角度构建系统的课程体系，同时也要注重学生的主体地位，为学生构建学习体系，在整本书阅读教学活动结束后也要及时进行反思和评价，最后还要顾及不同学段具体的教学实施策略，这样才能使整本书教学设计的实施更加完善。

思考：

1. 如何构建整本书阅读教学设计？
2. 整本书阅读教学设计如何从体验式走向审辨式？
3. 请你自选一本文学名著谈谈如何进行整本书阅读教学设计。

文献选读：

［1］中华人民共和国教育部：《普通高中语文课程标准（2017年版2020修订）》，人民教育出版社，2020年。

［2］朱熹：《四书章句集注》，中华书局，2011年。

［3］谭妙蓉：《群书阅读：由“体验式”走向“审辨式”》，《语文教学通讯》2018年第29期。

研讨·反思——《红楼梦》整本书阅读教学设计案例

通过前面几节课的理论学习，了解了学习任务群的相关理念与整本书阅读教学的理论、实施方法等知识。那么如何才能将理论与实践融为一体，使理论推动实践，本节以《红楼梦》整本书阅读教学设计案例为依托，共同探讨整本书教学的有效途径。

【案例】

《红楼梦》整本书阅读教学设计

设计者	李章鑫
题目	《红楼梦》整本书阅读教学设计——鉴赏宝黛钗爱情悲剧之美①
时间	2020 年

编者按：

诵读是学习古诗词的重要途径，《红楼梦》作为我国古代小说的巅峰之作，有高超的思想价值和艺术成就，其塑造了一系列性格鲜明、突出的人物形象，在刻画人物形象的艺术手法中，尤值得一提的是通过委婉含蓄的古诗词来突出人物形象、刻画人物性格，那在教学中教师应如何把握小说中古诗词对人物形象刻画的作用？又如何立足于古诗词进行教学设计？该案例设计者从“诵读”入手，对古诗词进行赏析，带领学生深入古诗词，分析人物形象，感受文学的魅力。

【设计意图】

本案例以宝黛钗的爱情为线索，以“诵读”为核心设计了一个课时的教学，以期通过诵读来增加学生的知识储备，引导学生学习《红楼梦》中通过“诗词”形式来刻画人物形象，暗示人物命运的具体写作特点，提高学生对古诗词的文学鉴赏能力。

【教学目标】

1. 通过诵读、小游戏等途径来增加学生《红楼梦》的诗词积累；提升学生对中国古典诗词的诵读能力和技巧。

2. 通过活动让中小学生仔细品读了有关林黛玉的全篇诗词，使学生了解《红楼梦》中通过“诗词”形式来刻画人物形象，暗示人物命运的具体写作特点。

3. 通过品读和赏析与黛玉相关的诗词，培养学生对古典小说中有关诗词的基本认识和文学鉴赏能力。

4. 通过阅读促进欣赏，激发学生对《红楼梦》经典阅读的兴趣以及对中

① 李章鑫：《〈红楼梦〉整本书审美鉴赏教学研究》，河南大学硕士论文，2021 年。

国传统文化的热爱，丰富学生的文化底蕴。

> 评点：该设计立足于教材，辐射于课内外，将相对零散的黛玉诗词整合到一起进行品读与鉴赏，形成了相对集中的学习链。新课标强调阅读的重要性，该案例以读促赏，帮助学生加深对《红楼梦》整本书的理解，领会《红楼梦》运用诗词来塑造真实的人物形象等多种表达手法，使学生积极主动地参与到前期预习及课堂的各个环节之中，彰显了学生的主体地位。总体目标上具有可操作性，但是否能达到预期的教学目标还需通过实际的教学课堂来检验。

【教学重点】

1. 通过诵读来增加学生对《红楼梦》诗词的积累，提高学生诵读能力和技巧。

2. 通过诵读及赏析与黛玉相关的 4 首重点诗词，让学生深刻地体会黛玉这一人物的性格和命运。

3. 了解《红楼梦》中通过"诗词"形式来刻画人物形象，暗示人物命运的具体写作特点。

【教学难点】

1. 掌握朗诵古典诗词的技巧，感悟诗词情感之美。

2. 培养学生对古典小说中诗词的审美鉴赏能力，养成正确的审美观。

【教学策略】

1. 利用信息网络手段开展充分的课前准备学习，为新课讲授打好基础，扫清障碍。

2. 充分利用《红楼梦》中现有的音乐、影视等资源为学生课堂渲染氛围、入境于情，使学生更好地在诗词"读"与"赏"之间投入教学情景。

3. 开展头脑风暴，使用思维导图的学习方式，让学生能够自主地对所有学习材料进行归纳、分析、整理，最终建立一个清晰明确的知识结构体系。

【教学用具】主要包括电脑多媒体、课件、音频、视频

【教学方法】自主合作探究、对比法、诵读法、游戏竞赛

【教学课时】1 课时

【教学过程】

一、课前准备

（一）教师提供黛玉诗词选篇共 15 首：《世外仙源》《杏帘在望》《更香灯谜》《钗黛判词》《葬花吟》《题帕三绝句》《桃花行》《代别离·秋窗风雨夕》《咏白海棠》《螃蟹吟》《咏菊》《问菊》《菊梦》《五美吟》《唐多令·咏絮》

学生进行自学和诵读练习。

（二）教师引导学生通过各种渠道了解林黛玉的诗词并进行赏析，感受

林黛玉这一人物的风貌及其诗词的人文意蕴，并深入体会作者是如何通过诗词来巧妙塑造林黛玉这一人物形象的。

（三）资料助读

蔡义江《红楼梦诗词曲赋鉴赏》（中华书局）

俞平伯《红楼梦俞平伯点评》（人民文学出版社）

周汝昌《红楼梦小讲》（北京出版社）

学生可以通过借阅《红楼梦》诗词经典入门读物及阅读指导书，进一步了解红学爱好者对于林黛玉诗词特点的深入探究与研读。

二、激趣导入

创设教学情境，播放87版的《红楼梦》和《葬花吟》歌曲视频片段，让学生生动、直观地感受到林黛玉这一多愁善感的人物形象，从而营造课堂教学氛围。

三、活动探究

（一）活动探究一：黛玉诗词知多少——黛玉诗词知识竞猜

1. 教师出示5道与主题相关的题目，各组参与抢答。题目展示（PPT）：

①"玉带林中挂，金簪雪里埋"所指的是哪两个人物？

②你最喜欢《葬花词》中的哪句话？

③"试看春残花渐落，便是红颜老死时。一朝春尽红颜老，花落人亡两不知"这两句诗歌以落花来比喻什么？

④《桃花行》是什么体裁的古诗？

⑤《五美吟》中歌咏的是哪些历史人物？（最少说出三个）

2. 老师给出点评答案，并适当地进行点拨提示。

3. 各组回答一条就获得一张投票。按照各组人员抢答正确的次数，进行累计积分。

（二）活动探究二：各组发言——"我心中的林黛玉"

1. 小组进行了讨论，选取一首你自己认为最好的体现黛玉这个人物性格特征的一首诗，并说明选择的理由。

2. 小组代表发言，师生点评并投票。

（三）活动探究三：黛玉诗词赏析

1. 小组代表配乐朗诵《秋窗风雨夕》。

（1）教师点评朗诵：读音、节奏、韵律、感情。

【教师提出问题】

①诗中的秋夜秋风秋雨给人一种什么感觉？

②本诗抒发了黛玉怎样的情怀？

③本诗体现了林黛玉怎样的性格特点？学生回答问题。

【教师点拨诗歌与人物形象的关系】

①“秋风秋雨愁煞人”,给人一种萧瑟凄凉之感。

②抒发了孤寂凄苦、哀怨苦闷的情怀。

③体现了林黛玉哀怨多情、多愁善感的性格特征。

2. 小组代表配乐朗诵《唐多令·咏絮》。

(1) 教师综合点评朗诵

学生读出了抑扬顿挫的节奏与旋律之美；黛玉以一首春风柳絮抒写自况,寄寓了她对于自己的不幸家庭生活和自己身世坎坷造成的深刻忧愁,因而在课文朗诵中我们应该充分体现出那种令人悲戚的情绪。

(2) 引导学生在朗读课文时关注林黛玉诗词与诗中人物形象之间的密切关系

这首词多表现为诗文双关语,以柳絮来直接类比因悲伤哀愁而突然出现的青春和死亡,这也完全契合了林黛玉的独特个性及其一生的艰难遭遇。与之产生较为鲜明对比的是写薛宝钗的《临江仙》,它也是一首咏柳絮的诗词,然而,一首喜悦自信,一首忧郁凄凉缠绵,这不仅仅是作品在整体风格上的巨大差异,更重要的是,表现了不同的人物性格特征和命运的差别。

3. 小组代表配乐朗诵《咏菊》。

【教师点评朗诵】

①“满纸自怜题素怨”——应读出黛玉平日多愁善感、自怨自艾的情感状态；

②“片言谁解诉秋心”——应读出黛玉那种难被人理解的苦闷之情；

③“千古高风说到今”——应咏出菊花的高风亮节、傲然不屈的品格。

4. 小组代表情景表演朗诵《葬花词》(服装、道具、视频)

【教师点评示范表演】

朗诵时的读音、节奏、语气、感受抒发等内容是否得以充分运用,人物形象的塑造等内容是否与之形神相一致？

【教师点拨诗歌与人物形象关系】

①《葬花词》反映了黛玉这一人物多愁善感、敏而多虑的性格；传达出黛玉寄人篱下的万般凄凉；表达了黛玉孤傲不屈、追求自由与人格尊严的反抗精神。

②《葬花词》借花喻人,一语成谶,这也暗示了宝黛之间的爱情悲剧。

5. 总结评价

小组之间进行讨论,然后选出本组学生认为表现最好的两组,并进行投票。接下来对之前的每个环节中小组所获票数进行审核汇总,对于表现优秀者要予以表扬。

四、黛玉人物形象思维导图

①通过自主合作探究的方式各小组间展开合作，要求每个小组必须绘制一份黛玉人物形象特征的思维导图；

②此过程中，教师需对每一小组进行启发诱导与点拨；

③最后，教师对内容进行概括与总结，并结合各小组绘制的思维导图进行展示。

五、《葬花词》的吟诵和表演

播放相关音频文件，教师随伴奏吟诵《葬花词》，通过背景音乐的熏陶，学生可以更加直观地、深刻地体会《葬花吟》中所蕴含的思想感情。

【总评】

《红楼梦》是中国古典文学的巅峰之作，历代文人学者都对其赞誉有加，它的高超成就主要体现在以下几个方面：首先，红楼人物形象已经深入人心，大部分读者都会利用《红楼梦》中的人物、故事来评析与阐释现实生活中的人和事；其次，《红楼梦》“文备众体”（诗、词、歌、曲、赋、骈文、古文等），并且每体都有传世之作，其语言表达精致、雅洁、优美程度已臻绝境；再次，《红楼梦》的创作及研究几乎同步进行，其中最突出的是脂砚斋评批；总之，《红楼梦》以其独特的文学和思想价值在我国文坛上熠熠生辉，具有很高的艺术价值，也是理解和传承优秀传统文化的有力抓手。

根据新课标学习任务群“整本书阅读与研讨”要求，部编版将《红楼梦》作为整本书阅读的对象，可见其重要价值。该案例的创新及可借鉴之处在于能立足于教材，将相对零散的黛玉诗词聚合在一起，以“诵读”为核心，通过一系列教学环节的设计，将理论与实践融为一体，带领学生深入文本，赏析凝练含蓄的古诗词，走进黛玉这一人物形象，感受其独特的风貌，体会作者塑造黛玉形象的手法，激发学生阅读经典的兴趣，提高学生赏析文本的能力，丰富学生的文化底蕴。整体来看，该设计立足课标精神，目标可行，思路清晰，环节设计有效，兼顾间接与直接经验，能以生为本，指向能力，不失为一篇优秀的设计案例。

拓展阅读	
胡云信	《红楼梦》整本书教学实录①
杨杜菲	《红楼梦》整本书阅读教学实例②
韩丽娜	兴趣引导分析，多元探究见仁见智 ——《林黛玉进贾府》教学设计③

思考

1. 结合所学，针对以上教学设计讨论优点与不足，自选角度对该教学设计进行评述。

2. 该教学设计的目标是否合理？是否在教学过程中得到了有效实施？

3. 你认为小说教学的重点为何？

4. 任选《红楼梦》中其他相关人物的古诗词完成一篇教学设计。

文献选读：

[1] 中华人民共和国教育部：《普通高中语文课程标准（实验）》，人民教育出版社，2003 年。

[2] 中华人民共和国教育部：《普通高中语文课程标准（2017 年版 2020 年修订）》，北京师范大学出版社，2017 年。

[3] 中华人民共和国教育部：《义务教育语文课程标准（2011 年版）》，人民教育出版社，2018 年。

[4] 叶至善、叶至美、叶至诚：《叶圣陶集：第 16 卷》，江苏教育出版社，1993 年。

[5] 梁启超：《读书指南》，安徽人民出版社，2013 年。

[6] 刘祥：《中学整本书阅读教学设计》，华东师范大学出版社，2020 年。

[7] 黄厚江：《整本书阅读教师要先读》，《中学语文教学》，2017 年第 10 期。

[8] 吴欣歆：《阅读整本书，整体提升语文学科核心素养》，《中学语文教学》，2017 年第 1 期。

---

① 胡云信：《〈红楼梦〉整本书阅读教学实录》，《中学语文教学》，2021 年第 4 期，第 31–34 页。

② 杨杜菲：《〈红楼梦〉整本书阅读教学实例》，《语文教学与研究》，2021 年第 16 期，第 16–18 页。

③ 韩丽娜：《兴趣引导分析，多元探究见仁见智——〈林黛玉进贾府〉教学设计》，《语文世界（教师之窗）》，2020 年第 3 期，第 32–33 页。

第三章　口语交际教学设计

口语交际教学是语文五大教学内容之一，叶圣陶先生这样给语文下定义："语就是口头语言，文就是书面语言。把口头语言和书面语言连在一起说，就叫语文。"①可以说，语文＝语＋语文＝口头语言＋书面语言＝语言（广义）。语文渗透在日常生活的各个方面，是人际交往中应用最广泛的交际工具，"语"比"文"有更为直接和广泛的交际作用。语文课堂中的口语交际是学生系统学习口语交际知识的第一步，随着新课改的发展与革新，语文课程标准的不断完善，中学语文口语交际教学板块，无论在理论还是在实践上都有新的突破。

口语交际是现代语文不可或缺的核心构成，本章在研讨口语交际教学概念的基础上，从各部分涉及口语交际的板块导向入手，探讨当下口语交际教学的重要地位。从课堂教学中的资源整合着手，通过分析具体教学案例，探寻有效的口语交际教学设计，方便语文教师更好地理解与落实口语交际教学。

课前研读清单	
叶蜚声、徐通锵	《语言学纲要》（北京大学出版社，1998 年）
赵毅、钱为钢	《言语交际学》（上海三联书店，2004 年）
王志凯、王荣生	《口语交际教例剖析与教案研制》（广西教育出版社，2004 年）
李明洁	《口语交际新视点》（华东师范大学出版社，2004 年）
于漪	《语文教学谈艺录》（上海教育出版社，2012 年）
马志强、石艳华、高文苗	《语言交际艺术（第三版）》（中国社会科学出版社，2013 年）
程培元	《教师口语教程》（高等教育出版社，2019 年）

一、口语交际教学研究概述

（一）口语交际教学研究

纵观历史，春秋战国出现的"百家争鸣"局面是中国古代第一次思想文

① 叶圣陶：《叶圣陶语文教育论集》，教育科学出版社，2015 年，第 102 页。

化发展的高峰，诸子百家通过讲学、辩论等行动宣传自己的政治观点。孔子注重培养学生的说辩艺术，墨子在《墨子·尚贤上》中提出“厚乎德行，辩乎言谈，博乎道术”，认为具备敦厚的德行、善辩的言谈、广博的学识才能成为贤人。

在中华人民共和国成立之初，叶圣陶先生就在《说话训练绝不该疏忽》一文中肯定了口语表达训练的必要性，又进一步提出创设语言环境的概念，强调了要重点培养学生听、说、读、写的综合本领。后来吕叔湘先生借《关于语文教学的两点基本知识》一文，划分了口语与书面语的概念，使口语有了清楚的界定。张志公先生在《语文学科的现代化问题》一文中对口语的交际作用做了细致分析，在一定程度上加强了教育界学者对口语交际教学的关注，推动了口语交际教学研究的发展。

近年来一些学者针对口语交际教学研究也发表了一系列的论文和著作。

朱绍禹在《语文课程与教学论》中提到，口语交际教学是语文教学中的关键组成部分，要注重创设情景进行口语交际教学，培养学生对于交际过程中的对象和背景观念进行分析，能促进学生流利准确的口语表达，同时不断提升他们的人文素养，①以期促进学生口语交际能力的全面发展，为培养综合性人才做出努力。

李明洁老师指出进入教学的口语交际具有口脑一致性和过程互动性两大本质属性，具备全面性、反思性和思辨性的特点，②强调应开展有目的、有原则的言语实践。

(二) 口语交际教学存在的问题研究

在语文教育教学工作中，主要的教学任务包含了听、说、读、写。虽然听与说占据着重要的比例，但是在实际教学中，口语交际板块或多或少被忽略，缺乏对听与说训练的重视。教师在教学中更多地关注阅读与写作教学，落实口语训练不够到位，教学理论和实践运用不成正比，导致口语交际教学一直被弱化和边缘化。针对此教学现状，许多专家和学者提出了自己的观点。

倪文锦教授在研究我国学生口语能力后指出，学生口语能力已经成为限制其成长的重要因素，所以必须要建立完善的口语培养体系，以此来提升学生的思维活跃能力，使学生能够培养出良好的协作能力，培养良好的人际

① 朱绍禹：《语文课程与教学论》，东北师大出版社，2006 年，第 227-230 页。

② 李明洁：《进入教学的口语交际及其特点》，《语文建设》2005 年第 8 期，第 36 页。

关系。①

王漫指出，在教学中要注意“交际性的误区”，我国传统的口语交际能力的培养只重“听说”而缺乏“交际”，把日常生活交往的琐事以“交际”的名义带到语文口语交际教学课堂。②

王荣生教授在《语文课程与教学内容》中指出口语交际教学存在两大问题：一是书面化倾向严重，二是口语交际教学过分日常化。王荣生教授认为口语交际课堂教学中的大量课例，只是将日常生活简单搬进课堂让学生活动一番，过于形式，缺少实际教学价值。③

（三）课程标准中的口语交际理念

1929 年，我国颁布了第一套具有教育法规性质的课程标准《中小学暂行课程标准》，首次全面提出口语和口语教学。在 2000 年开始的全国第八次基础教育课程改革中，正式将“听说”教学改为“口语交际”教学，口语交际作为一项基本的教学内容和教学课型，进入教材和课程标准。《义务教育语文课程标准（实验稿）》将口语交际单设为一个课型，与识字写字教学、阅读教学、习作教学、综合性学习并列，设置了专门的学段内容与目标，并提出具体教学建议。④

《义务教育语文课程标准（2022 年版）》中提出语文课程应注意引导学生“初步具有良好语感，了解国家通用语言文字的特点和运用规律，形成个体语言经验；具有正确、规范适用语言文字的意识和能力，能在具体语言情境中有效交流沟通；感受语言文字的丰富内涵，对国家通用语言文字具有深厚感情”⑤。这就要求口语教学不仅仅局限于课堂上的练习或者讲解，还应立足于真实的生活情境，将教学与社会相结合，加强课外延伸，培养学生的实际运用能力。

《普通高中语文课程标准（2017 年版 2020 年修订）》中也提出了“能凭借语感和对语言运用规律的把握，根据具体的语境和不同的对象，运用口头和书面语言文明得体地进行表达与交流”的课程目标。⑥ 口语交际包括口语表达能力与交际能力，教学中不仅培养学生的逻辑思辨力和语言表达力，

---

① 倪文锦：《语文教育展望》，华东师范大学出版社，2002 年，第 360 页。

② 王漫：《语文新课程教学与教师成长》，北京中国人民大学出版社，2009 年，第 79 页。

③ 王荣生：《语文课程与教学内容》，教育科学出版社，2015 年，第 144 页。

④ 张晨晖：《苏教版与统编教材口语交际的比对研究与教学建议》，《语文建设》2019 年第 14 期，第 17 页。

⑤ 中华人民共和国教育部：《义务教育语文课程标准（2022 年版）》，北京师范大学出版社，2022 年，第 4 页。

⑥ 中华人民共和国教育部：《普通高中语文课程标准（2017 年版 2020 年修订）》，人民教育出版社，2020 年，第 6 页。

还注重培养学生人际交往的意识和习惯,如自信心、独立见解、相互尊重和理解、谈吐文雅等。

二、口语交际教学设计的创新

本章口语交际教学设计的创新之处主要体现:

(一)在明晰口语交际教学课程定论的基础上,从课程标准、语文教材和中考、高考试题几个方面探讨当下口语交际教学举足轻重的作用。

(二)从课堂教学中的资源开发着手,将适合口语交际课堂教学的内容进行选择和重组,并结合具体案例探讨,寻找有针对性的口语交际教学实施策略。

当今社会,语文核心素养成为语文教学的重心,口语交际能力作为其中重要的组成部分,不容忽视。教师在进行口语交际教学设计时要以课程标准为基础,明确教学目标和内容,立足教材,利用教学资源,巧设活动方案,开展有目的、有原则的言语实践,在有形的活动中锻炼无形的口语交际能力。

文献选读:

[1] 张志公:《张志公语文教育论集》,人民教育出版社,1994年。

[2] 吕叔湘:《语文常谈》,生活·读书·新知三联书店,2018年。

[3] 叶圣陶:《叶圣陶语文教育论集》,教育科学出版社,2015年。

[4] 李杏保、顾黄初:《中国现代语文教育史》,四川教育出版社,2007年。

[5] 刘淼:《当代语文教育学》,高等教育出版社,2005年。

[6] 王荣生:《语文科课程论基础》,上海教育出版社,2005年。

[7] 王荣生:《语文课程与教学内容》,教育科学出版社,2015年。

[8] 王漫:《语文新课程教学与教师成长》,中国人民大学出版社,2009年。

第一节　口语交际教学定位

口语交际有自己的独立体系和发展脉络,本节对口语交际、口语交际教学的概念进行界定和诠释,此外,梳理了课程标准、教材、中高考试卷中涉及口语交际的板块位置,为有效开展口语交际教学奠定基础。

一、口语交际教学概念界定

（一）口语交际

《现代汉语词典》对口语的解释有二："一是谈话时使用的语言，二是毁谤的话。口语交际所指的口语应是前者，即口头语言。'交际'一词最早出现《孟子·万章》中：'敢问交际，何心也？'宋代理学家朱熹在《孟子注》中解释：'际，接也。'可见交际发生在两个或两个以上的主体之间，是一种双向或多向的行为。"①

综合目前各界的相关论述，"口语交际"是指：在一定的语言情境中利用口头语相互传递信息、分享信息的过程，借助于标准的口语（有声语言）和非口语（姿态语言）进行听说沟通、双向反馈的一种实践活动，是人与人之间交流和沟通的基本手段。

（二）口语交际教学

口语交际教学主要以学生的实践经验为基础，以口语交际为主要内容，口语交际教学不同于日常生活中的口语交际，它是指在有教师引导学生的情况下，在具体的实践活动中学习口语交际知识，掌握各种口语交际的方法，培养学生的口语交际能力为目的的师生双方共同的教与学的活动。②

在语文教学中培养学生运用规范、简明、连贯而得体的口头语言，再辅以适当的非言语的形式与人交流，实现某种交际之能力。③ 通过理论指导、案例借鉴、实践练习、规律总结等方式，让学生学会与人交往，学会倾听、表达、应对。

二、口语交际教学内涵

（一）口语交际的性质

口语交际是知识与能力的综合应用与体现，其特殊之处在于口语交际的双向互动，在互动的过程中，双方实现了语言的沟通与交流。口语交际是口、脑共同行动，共同完成的交际任务，在口与脑的共同运作下生成口语，在实际训练中需要多种感官参与，不仅包括日常的听话与说话，还包括交际过程中分析、综合、判断、推理、概括、归纳等各项能力的生成，生成过程大致分为四个阶段：

① 李丽：《口语交际学习论》，语言文化出版社，2012 年，第 37 页。
② 倪文锦、谢锡金：《新编语文课程与教学论》，华东师范大学出版社，2006 年，第 191 页。
③ 刘淼：《当代语文教育学》，高等教育出版社，2005 年，第 227 页。

（二）口语交际的特征

1. 交互性。提及口语交际，一般指的是这样一个事实：人们在共同活动中，通过语言彼此交流各种观念、思想、情绪、感情、定向等，着眼于现实生活中的问题和需求，是两方双向的交流与互动。

2. 即时性。口语交际双方是各自在大脑中先由信息译码理解对方的信息内容，然后再经过信息编码加工自己的信息内容，而后输出，交际双方多为面对面的交流，交际双方处于同一交际环境中，现说现听，直接交流，反馈迅速。

3. 直观性。指的是在通常情况下人与人面对面进行的口语交际。人们在交际过程中，双方的口型、表情、动作机器变化，这些可见的"伴随语文现象"能够对言语的理解起到辅助作用。

4. 语境性。口语交际是在真实的情境中进行交流与沟通的，包括交际双方所处的交际情境，即交际的环境、时间和空间等，还包括话语的上下语境，及所处的时代特征和文化背景等因素，口语交际不能脱离社会现实和真实且特定的生活环境。

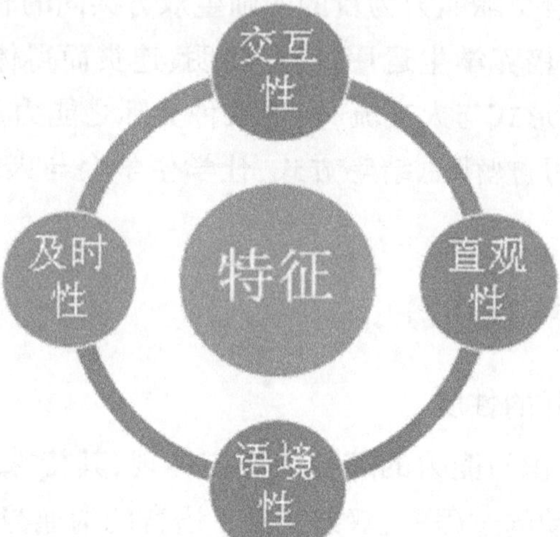

（三）口语交际的原则

1. 合作原则。合作原则最先由美国语言哲学家格莱斯提出，通过合作以求有效地配合从而完成交际任务，是高效、合理的沟通的保证。合作原则是指在参与交谈时，要使你说的话符合你所参与的交谈的公认目的或方向，包括量的准则（提供的所需且不多余的信息）、质的准则（说的话力求真实)、相关准则(说的话是相关的)、方式准则(清楚明白地说出要说的话)①,合作原则重视交际者之间的合作,强调说话有条理、有根据。

2. 礼貌原则。英国语言学家杰弗里·利奇在其著作《语用学原则》中阐释了礼貌在语言交际中的重要性,礼貌原则包含六条准则,分别为得体准则、宽宏准则、赞誉准则、谦虚准则、一致准则和同情准则。② 礼貌原则可以调节交际双方的人际关系,使言语行为在和谐的氛围中顺利进行,从而使发话者的语用意图更容易实现,能让参与交际的各方在交际中都处于愉快舒适的状态。

三、口语交际的板块导向

(一)课程标准的导向性

1. 口语交际的总体目标与内容

具有日常口语交际的基本能力,学会倾听、表达与交流,初步学会运用口头语言文明地进行人际沟通和社会交往。③

培养学生丰富语言积累、梳理语言现象的习惯,在观察、探索语言文字现象,发现语言文字运用问题的过程中,自主积累语文知识,探究语言文字运用规律,增强语言文字运用的敏感性,提高探究、发现的能力,感受祖国语言文字的独特魅力,增强热爱祖国语言文字的感情。④

2. 课程标准中口语交际的目标与内容

随着基础教育课程的不断改革,从新中国成立初的教学大纲到新版课程标准的修订,口语交际教学目标与内容趋于完善,既有整体上的指导又灵活细致,目标与内容相互承接又深入延伸,是一线语文教师进行口语交际教学不可或缺的遵循依据。

---

① 索振羽:《语用学教程》,北京大学出版社,2014 年,第 56 页。

② 〔英〕杰弗里·利奇:《语用学原则》,商务印书馆,2020 年,第 20 页。

③ 中华人民共和国教育部:《义务教育语文课程标准(2011 年版)》,北京师范大学出版社,2011 年,第 7 页。

④ 中华人民共和国教育部:《普通高中语文课程标准(2017 年版 2020 年修订)》,人民教育出版社,2020 年,第 23 页。

1949 年到 2011 年中学语文课程标准中学口语交际教学目标与内容

课程标准	教学目标	教学内容
1956 年 初级中学汉语教学大纲(草案)	1. 掌握汉语的基本科学知识; 2. 结合汉语教学培养爱国教育思想和辩证唯物主义世界观。	语音、词汇、语法、修辞、标点符号
1963 年 全日制中学语文教学大纲(草案)	1. 了解六类实词和五类虚词,掌握词的意义和用法; 2. 构造常用复句,掌握各类标点符号的用法; 3. 掌握常用的修辞手法; 4. 培养一般的逻辑思维。	词汇、语法、修辞、标点符号、逻辑
1978 年 全日制十年制学校中学语文教学大纲(试行草案)	1. 掌握文字和构词知识,以及一定的语法知识; 2. 培养用词造句的能力,掌握复杂单句以及修辞知识。	词汇、语法、修辞
1980 年 全日制十年制学校中学语文教学大纲(试行草案)	1. 提高普通话、朗读口头表达能力; 2. 掌握词汇的知识以及语法知识; 3. 提高用词造句能力,掌握比较复杂单句; 4. 灵活使用修辞手法。	朗读、词汇、语法、修辞
1986 年 全日制中学语文教学大纲	1. 扩大识字量和词汇量,进一步提高运用现代语文的能力; 2. 正确使用标点符号; 3. 能用较流利的普通话发言和交谈。	词汇、标点符号、表达、倾听、讨论、演说、即席发言
1988 年 九年义务教育全日制初级中学语文教学大纲(初审稿)	1. 学生在语言实践中进行听说训练,培养思 维的敏捷性; 2. 训练听话能力,提高说话能力,满足学生日常生活中的交谈需要。	倾听、表达、普通话、思维训练

续表

课程标准	教学目标	教学内容
1990年 全日制中学语文教学大纲(修订本)	1. 具有现代语文的听说能力; 2. 在听说训练中培养学生聆听和表达思维的敏捷性。	倾听、表达、思维训练
1992年 九年义务教育全日制初级中学语文教学大纲(试用)	1. 学生能够正确地理解祖国语言文字,并能够灵活地运用语言文字进行表达; 2. 具有良好的口语交际文明和修养; 3. 发展学生的语感和思维。	表达、倾听、交流、口语交际素养、交际场合、讲述、复述、讨论
2000年 九年义务教育全日制初级中学语文教学大纲(试用修订版)	1. 学生能够正确地理解祖国语言文字,并能够灵活地运用语言文字进行表达; 2. 具有良好的口语交际文明和修养; 3. 发展学生的语感和思维。	表达、倾听、交流、口语交际素养、交际场合、讲述、复述、讨论
2001年 全日制义务教育语文课程标准(实验稿)	1. 具有基本的口语交际能力; 2. 进行文明的人际沟通、社会交往。	表达、倾听、交流、态势语、讲述、即席讲话、复述、演讲、讨论
2011年 义务教育语文课程标准(2011年版)	1. 具有基本的口语交际能力; 2. 进行文明的人际沟通、社会交往。	表达、倾听、交流、态势语、教书、复述、即席讲话、演讲、讨论

(二)语文教材中的知识序列

语文教材是语文口语交际教学最重要的课程资源,是口语交际课堂教学的资源支撑和基础资料。语文教材蕴含丰厚的口语交际教学内容,其中口语交际教学目标既遵从国家课程目标,又依据教材的独特性被细化为单元模块,新课改下,口语交际被列为语文教材中的独立章节,在教材中的地位和比重大大提高,这也对教材的有关内容形成一定的信号提示:序列化、科学化的口语交际必然成为一种新的趋势。

1. 初中语文教材

部编版初中语文教材中独立的口语交际内容

单元	七年级上册	七年级下册	八年级上册	八年级下册	九年级上册	九年级下册
第一单元			口语交际：讲述	口语交际：应对		
第二单元						
第三单元						
第四单元						口语交际：辩论
第五单元			口语交际：复述与转述	口语交际：即席讲话	口语交际：讨论	
第六单元						

2. 高中语文教材

人教版高中语文必修教材“梳理探究”部分口语交际内容

教材	专题	形式
必修一	优美的汉字	讨论交流
		讨论会
	奇妙的对联	诵读
		讨论交流
	新词新语与流行文化	小型座谈会
必修二	成语:中华文化的微缩景观	探讨
	修辞无处不在	讨论交流
	姓氏源流与文化寻根	交流会
必修三	交际中的语言运用	搜集探究与交流
	语文学习的自我评价	采访
必修四	逻辑和语文学习	交流与分析
	影视文化	朗诵或角色表演
必修五	文言词语和句式	辩论
	有趣的语言翻译	讨论交流

统编版高中语文教材部分口语交际内容

教材	专题	形式
专题研讨	从几个话题中任选一个，结合课文具体内容，分组进行专题研讨。	必修上册
	讨论《故都的秋》中哪里可以体现民族审美心理和审美特点。	
	召开关于“责任与担当”的专题讨论会。学生各自准备发言提纲。	必修下册
	组织一次主题为“历史人物纵横谈”的专题讨论会。整理发言提纲，并在讨论会上发言。	选择性必修中册
	以“今天，我们为什么读古诗词”为主题，举办一次班级研讨会。结合学习古诗词的心得，提炼观点，推选代表在会上发言。	选择性必修下册
	在教师指导下举办一次“现当代文学读书研讨会”。	
辩论	读《答司马谏议书》与《与王介甫书》，你认为他们二人谁的观点更合理？举行辩论。	必修下册
	以小组为单位开展班级辩论赛，在辩论中体会逻辑的力量。	选择性必修上册
	对于苏格拉底拒绝越狱逃跑的态度你怎么看？为什么？根据不同观点组成两个小组展开辩论。	选择性必修中册
评点	有感情地朗读本单元诗作，同学之间互相点评。 简要点评《百合花》《哦，香雪》中的一两个感人片段，从人物心理活动、细节描写等角度入手。	必修上册
	品评其文中典型语句的表达效果，并归纳其特点。	
	从本单元所选的古代散文中选择一篇，试做评点，并与同学交流。	选择性必修下册

续表

教材	专题	形式
访谈	采访家乡的有关人物,写一篇《家乡人物(风物)志》并对相关人物进行访谈。	必修上册
演出	尝试自己做一次演讲,学会在公共场合表达意见。	必修下册
	在班中组织演出,从《雷雨》选段和《哈姆莱特》选段中任选其一。	

(三)试卷中的口语交际教学指向

在口语交际日益发展的现代化社会,人与人最基本的交流形式虽然是口语,但是在试题中却通常以书面语的方式呈现。当下教学实际中,大多数教师秉持传统观念,认为口语交际在中考、高考试题中存在缺失,将精力集中于阅读教学和写作教学两方面,忽视、漠视甚至无视口语交际教学。近年来随着语文高考机制的不断完善,口语交际在中考、高考试题中占比逐渐提升,下面以图格的形式总结了近年来中、高考真题中口语交际序列,更加直观地看出口语交际在试卷中的指向。

1. 中考试卷

河南省郑州市中考试卷中涉及“口语交际”部分的序列

年份	中考试题板块	形式要求	题目
2018	积累与运用	图文转化:由漫画转化为介绍文字	6. 介绍漫画画面内容,并揭示其寓意。(要素齐全,顺序合理)
2019	积累与运用	图文转化:由图标转化为介绍文字	6. 右图是中华人民共和国第十一届少数民族传统体育运动会会徽,请你以志愿者的身份,向来自五湖四海的朋友介绍会徽主体图形的构图要素和寓意。
2020	积累与运用	材料转化:限制主题为“家乡旅游”	6. 班级开展“老家河南”文化旅游主题活动,请你积极参加。
2021	积累与运用	材料转化:对博物馆时空舱相关材料内容转述	5. 学校组织到某博物馆研学,请你参与,完成相关任务。

2. 高考试卷

全国高考试卷中涉及“口语交际”部分的序列

年份	高考试卷板块	形式要求	题目
2018 年新课标全国卷Ⅰ	语言文字运用	1. 图文转换：流程图转化为日常的文字介绍 2. 口语和书面语的转换	20. 下面是某校的一则启事初稿的片段，其中有五处不合书面语体的要求，找出并修改。 21. 下面是某校为教师编写个人专业发展规划而提供的流程图，请把这个图转写成一段文字介绍，要求内容完整，表述准确，语言连贯，不超过 90 个字。
2018 年新课标全国卷Ⅲ	语言文字运用	1. 信件的书面语言 2. 图文转换：思维导图转化为日常生活中的交际语	8. 下面是一封信的主要内容，其中有五处不得体，请找出并作修改。 9. 某同学拟了一个被拒绝后常见的四种反应及应对方式的构思框架，请把这个构思框架写成一段话，要求内容完整，表述准确，语言连贯，不超过 100 个字。
2019 年新课标全国卷Ⅰ	写作	演讲稿	请结合材料内容，面向本校（统称“复兴中学”）同学写一篇演讲稿，倡议大家“热爱劳动，从我做起”，体现你的认识与思考，并提出希望与建议。
2019 年新课标全国卷Ⅱ	写作	演讲稿；信件；观后感；慰问信	请从下列任务中任选一个，以青年学生当事人的身份完成写作。 ①1919 年 5 月 4 日，在学生集会上的演讲稿。 ②1949 年 10 月 1 日，参加开国大典庆祝游行后写给家人的信。 ③1979 年 9 月 15 日，参加新生开学典礼后写给同学的信。 ④2019 年 4 月 30 日，收看“纪念五四运动 100 周年大会”后的观后感。 ⑤2049 年 9 月 30 日，写给某位“百年中国功勋人物”的国庆节慰问信。

续表

年份	高考试卷板块	形式要求	题目
2020 年新课标全国卷Ⅰ	写作	读书会:发言稿	班级计划举行读书会,围绕上述材料展开讨论。齐桓公、管仲和鲍叔牙三人,你对哪个感触最深?请结合你的感受和思考写一篇发言稿。
2020 年新课标全国卷Ⅱ	写作	会议论坛:演讲稿	“世界青年与社会发展论坛”邀请你作为中国青年代表参会,发表以“携手同一世界,青年共创未来”为主题的中文演讲。请完成一篇演讲稿。
2020 年新课标全国卷Ⅲ	写作	入学:写作建议	毕业前,学校请你给即将入学的高一新生写一封信,主题是“如何为自己画好像”,与他们分享自己的感悟与思考。
2021 新高考Ⅱ卷	写作	图文转换:写人与做人	漫画材料 请整体把握漫画的内容和寓意写一篇文章,反映你的认识与评价、鉴别与取舍,体现新时代青年的思考。

综上,口语交际的试卷板块与检测内容在不断地深入与扩展,尤其在高考试题中与写作结合更加紧密,这对学生口语表达能力转换为书面表达能力提出新的要求。一言以蔽之,口语交际正进一步被纳入试卷板块且检测形式愈加灵活深入。因此,如何在阅读教学、写作教学中有效地渗透口语交际值得教师注意,教师在日常教学中更应合理规划,在课前有针对性地设计教学,拓宽口语交际训练渠道,切实提高学生的口语交际能力。

思考:

1. 一个有效的口语交际教学设计应当包含哪些要素?
2. 如何在口语交际教学设计中落实课程标准的要求?
3. 口语交际有什么特点?良好的口语交际习惯有哪些?

文献选读:

［1］中华人民共和国教育委员会师范教育司:《教师口语》,北京师范大学出版社,1994 年。

［2］刘伯奎:《教师口语》,华东师范大学出版社,1999 年。

［3］叶蜚声、徐通锵:《语言学纲要》,北京大学出版社,1997 年。

[4] 刘永康:《语文教育学》,高等教育出版社,2005 年。

[5] 李丽:《口语交际学习论》,北京语言文化出版社,2013 年。

[6] 索振羽:《语用学教程》,北京大学出版社,2014 年。

[7] 中华人民共和国教育部:《义务教育语文课程标准(2011 年版)》,北京师范大学出版社,2011 年。

[8] 中华人民共和国教育部:《普通高中语文课程标准(2017 年版 2020 年修订)》,人民教育出版社,2020 年。

第二节　口语交际教学设计策略

本节主要探究口语交际教学设计策略,首先从教学资源整合入手,探讨语文教师如何合理利用各类资源进行口语交际的综合训练,其次在实践中内化,探寻口语交际在课堂教学中有效落实的实施策略,构建口语交际训练机制。

一、创设交际氛围,培养口语交际能力

一个有语文修养的人,其言语必优美得体,这种优美和得体需要长期有效的口语训练累积而成。但是一直以来,在日常教学中,针对口语交际能力的训练很少,效果也不理想,"理论先行、实践不足"成了我国中小学听说教学一直难以摆脱的困扰。① 要真正提升学生的口语交际能力,除了长期系统地训练外,还要提高教学的有效性,引导他们"真说""多说",在语言实践中积累口语交际经验。

(一) 培养学生倾听、表达、应对能力

口语交际能力是现代人才素养中不可或缺的要素,学会倾听、乐于表达、灵活应对是人际交往中必不可少的技能,这种技能只有通过不断的训练才能成为能力。那么,教师如何在教学活动的设计中培养这些能力?

第一,教师在进行教学活动设计时注意引导学生学会倾听。戴尔·卡耐基在《卡耐基口才训练》中说:"有一双灵巧的耳朵,胜于有一张能说会道的嘴。"学生在倾听时应保持谦虚礼貌、积极自觉的态度,尊重他人,理解对方。"细节倾听"可以让学生能够在大量声音信号中快速搜索所需信息,并将注意力聚焦在这些信息上,然后准确记录并进行分析。

第二,教师要教导学生在交流中学会文明表达自己的观点。口语交际

① 曹建召:《口语交际能力训练体系的建构》,《语文建设》2009 年第 6 期,第 4-10 页。

的核心是“交际”二字,注重的是人与人的交流沟通,是一个听与说双方双向互动的过程,口语交际中的“表达”包括发言、对话、演讲、辩论等活动,在进行这些“表达”训练时,要从敢说、能说、会说、善说四个层次有效施行。训练的第一步是让学生“敢说”,当学生不敢说,不知道说什么时,教师可以适当给予学生鼓励,这在增强学生自信心的同时也激发了学生想表达的欲望,帮助学生冲破“不敢说”的障碍。第二步是对“能说”的训练,这个阶段要求学生在规定时间内完成说话内容,具体训练目标依据材料而定。比如,根据记叙人或事的材料,用概括性语言说出主要内容和中心思想;根据议论性的材料,设计论点、论据、论证方法;依据材料发表自己的观点与看法等。第三步是对“会说”的训练,这一阶段的训练主要是发展学生的多角度、多层次、多方位看问题的思维,教师训练选取的情境可以根据话题内容、教学要求、训练目标而定。例如部编本语文教材九年级上册第五单元中的口语实践这样写道:

某中学准备在校园中安放一些名人雕塑,以优化校园文化环境。对此,校学生会向同学们征求意见。下面是几位同学讨论时的记录,你觉得他们各自的表现怎么样?如果你与你的同学讨论这一问题,你会说些什么?不妨找几位同学试一下。①

针对这一活动的设计,教师可以让学生在阐述观点的过程中锻炼语言组织和表达能力,学生可以结合材料侃侃而谈,在练习中得到巩固与提升。训练的最后一步是达到“善说”的水平,这一步训练的目的是让学生能根据不同场合、不同对象,恰当、得体地说话,让学生敢于表达、乐于表达、表达中有思考、思考后敢表达,成为一个善于说话的人。经过这四步的训练,学生的口语交际能力将得到很大提升。

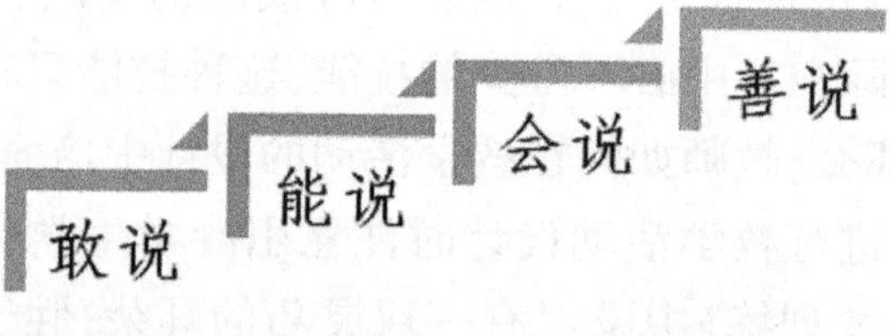

（二）创设特定情境,搭建交流平台,灵活组织教学

课堂中的口语交际活动情境来源于社会情境的浓缩与创设,在语文课堂上要想更好地让学生融入情境当中,有必要精心创设特定的教学情境,营造浓厚的课堂氛围。部编本语文教材在编排上很好地贯彻了课程标准要

① 中华人民共和国教育部:《语文九年级上册》,人民教育出版社,2018年,第108页。

求，凸显口语交际情境，例如八年级下册第一单元口语实践环节二的情境这样写道：

“某中学评选出了五名不同年级的‘读书之星’，他们在读书方面各有高招，对选书、读书、用书也有自己的见解。颁奖之前，学校安排这五名同学参加全校大会，与同学们面对面交流，并回答大家的问题。”①

这一部分主要考查学生的应对能力，对于这一情境，学生可以在课前准备与情境相关的资料，揣摩自己扮演的角色，为活动做好准备；教师可以通过多媒体布置背景图营造场景氛围，情境真实，感情真切，为口语交际的顺利展开打下良好基础。

口语交际过程是师生、生生在特定情境中通过互动实现交流和沟通的目的，学生在与老师、同学的双向交流中，互相启发，互相补充，共同提高交际能力的动态过程。教师作为课堂中的主导者，应尊重教育规律，创设特定情境搭建交流平台，根据课堂实际情况灵活组织教学，建立互动的、生态的、灵活的、平等的新课堂，积极引导学生交流互动。

（三）利用教材和媒体资源组织口语交际活动

语文作为一门语言学科，在培养学生口语交际能力方面具有独特优势。现行语文教材汇集了国内教育专家和学者的智慧结晶，题材多样，内涵丰富，统编版语文教材中每个单元都有一个主题，大部分是以情感话题或者以体裁划分，每一个单元主题的内容都可以作为口语交际教学内容的素材。例如，在学习完七年级上册第一单元描写四季美景的课文后，让同学们以“家乡美景”为主题进行口语练习；在学习完第二单元关于亲情的课文后，可以让学生以“我爱我家”为题进行小型演讲训练。

在进行口语训练时，师生要规范使用普通话，教师除了加强自身语言表达的基本功外，还应训练学生的发音技巧，让学生能够掌握语言表达过程中的节奏、音调起伏等变化，从而提高语言表达的效果。在组织口语交际活动时，除了开发利用教材资源外，媒体信息技术也为口语交际教学提供了一种新手段。多媒体能创造自然轻松的口语交际环境，比如在与同学们分享“我最喜欢的一首歌”时，可以先播放音乐，让学生陶醉在音乐世界，然后再解说自己喜欢的原因。不仅氛围渲染到位，在音乐的感染下，学生情绪更放松，情感更真切。

多媒体课件为口语交际教学提供了实现条件，利用多媒体技术可以展示大量的图片、文字、声音、影视资料，使学生在有限的时间内获得更高效的信息，让口语交际教学更加生动活泼；多媒体课件的使用还可以增强口语交

① 中华人民共和国教育部：《语文九年级上册》，人民教育出版社，2018 年，第 26 页。

际的展示效果，例如，口语交际中的演讲要求非常高，需要演讲者具备高超的演讲技巧，并且能够生动地将意思传达给听众，随着科学技术的发展，现在演讲中关于技术的运用也越来越多，灯光、音响、多媒体等，可以让演讲更富感染力和说服力。处在信息时代，教师也要与时俱进，学习先进教育理念，利用先进技术，充分调动学生学习兴趣，为课堂服务。

（四）结合阅读、写作、社会实践进行口语交际的综合训练

首先，教师在进行教学设计时，可以加强口语交际教学与阅读教学相结合的训练。如在阅读课文内容时，可以先让学生听课文录音或者教师示范朗读，了解文章感情色彩，培养语感，然后让学生对比自己的阅读方式，进行改善。在阅读诗歌、散文等不同题材作品时也可以采用不同的朗读方式，丰富语言的表现力，培养敏锐的语感，锻炼口才，从而提高学生运用语言表情达意的能力。

其次，教师加强口语交际与写作教学相结合的训练。在训练写作时，可以让学生通过“我手写我口”“我手写我心”训练表达能力。在进行口头作文训练时，既能训练学生的口语交际能力，还能攻克写作难的关卡。交际语境成为最近几年的热门议题，为命题人所青睐，有效避免了以往“空大”式的作文格调，增强了作文的情境性和综合性，以 2019 年和 2020 年写作为例：

年份	作文要求
2019 年高考语文全国 I 卷写作	以“热爱劳动，从我做起”为主题写一篇演讲稿
2020 年高考语文全国 I 卷写作	围绕材料中的齐桓公、管仲和鲍叔三人，结合自己的感受和思考写一篇发言稿

• 2019 年和 2020 年高考写作都以演讲稿的形式考察，要求将口头叙述内容以文字形式呈现，需要学生明确题意，活跃思维，理清思路，在日常学习中积累口语素材，在实际写作中将口语表达转化为书面表达。

最后，加强口语交际与社会实践相结合的训练也十分必要。口语交际具有很强的社会性，社会实践活动为口语交际训练提供了舞台，这就强调要在语言环境中使用语言，侧重对真实情境中口语交际活动的考察，包括口语交流的内容、技巧和态度意识。因此在设计活动时，可以创设贴近生活的情境，例如以“安慰别人”为主题的情境——“假设好友在期中考试中成绩不理想，心情低落，请你帮助好友走出失落状态”。在训练考察过程中，既要关注学生说话内容，还要看学生说话方式，可以借助表情、手势、声调、语气、修辞等辅助说明。

总之,要想真正提高学生的口语交际能力,语文教师不仅要从课堂教学的实际情况出发,给学生更多的时间、空间、锻炼和成功的机会,还要充分挖掘一切可以利用的教学资源,结合阅读、写作与社会实践,多维度地培育学生的倾听、表达和反应能力,使每个学生的口语交际能力得到发展的同时,阅读和写作水平也能得以提高,使阅读、写作与口语交际三模块互为补充、良性循环。

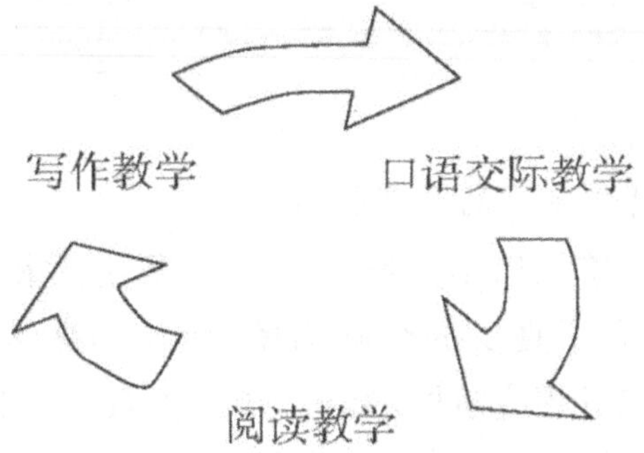

二、在实践中内化,构建口语交际训练常态机制

口语交际需要进行大量的实践练习才能内化为自身能力,在日常的口语训练中,教师需要建立口语交际常态化机制,提供多种形式的表达途径,以确保口语训练的有效性。

(一)确定梯度目标,结合课内外创设训练情境

1. 目标细化,设置递进的目标任务

在横向平铺的口语交际教学中,话题容易泛泛而谈,常常点到即可,没有深入实践真正提高学生的口语交际能力。统编版语文教材设置了口语交际的独立课型与板块,交际话题多种多样,单元要求层次鲜明,整体编排呈现梯度化趋势,并且每个单元内的目标也进行了分层细化,逐步增加难度,与课程标准中口语交际的培养目标相对应。因此,教师在设置口语交际训练时,应纵深推进教学,可根据目标的递进设置三种阶段。

第一阶段,完成独白类口语交际,以自我介绍、复述和转述等简短易进行的方式为主,训练的形式简单且内容贴近学生的实际生活,让学生在实践中逐步学会组织语言,养成良好的表达习惯。例如,在部编本语文教材八年级上册中,设有"复述与转述"的口语交际专题学习,旨在让学生通过对原材料的处理学会复述和转述。

第二阶段,完成对话类口语交际,以访谈和当众发言为主,这类口语交际难度有所提升,是进行拔高性质的训练,更有利于激发学生的高级思维。如部编本语文教材八年级下册有"口语交际:应对"的专题学习,课文《陈太

丘与友期行》中七岁的陈元方的机敏表现，就是巧妙应对的典例。

第三阶段，完成应用类口语交际，如讨论、辩论和即兴演讲等，学生事先对发言材料进行整理、加工，最后恰当地组织语言进行表达，在此过程中提升思维的灵敏性和逻辑性。

2. 课内训练，聚焦适切的交际话题

统编版教材中各单元口语交际话题与现实生活相联系，以学生的实际生活需求为基点，设置了真实的交际语境，旨在提高学生学以致用的能力。教师要引导学生在完成相应阶段的语言知识积累后，结合现实生活需要，能够准确地进行语言的梳理和整合，在训练方式上可以采取多样化的形式开展，如表演、讨论、辩论赛、演讲等。

在设置口语交际训练时，力求场景真实、话题明确，情景建构要具有真实性、形象性和创造性，还原生活常态，在训练过程中突出学生的主体地位，这样训练才更具价值。在话题内容的选择上要贴近学生生活常态，兼顾学生的心理发展特点，也可以适当结合地域特色或者当下的社会热点。此外，也要关注口语交际之间的联系性，如“自我介绍”和“当众演讲”都需要做到语速均衡，大方自然，声音洪亮清晰，用语规范等，面对这些相通的知识，教师要有意识地引导学生在训练中进行知识迁移，这样学生学习口语交际时才能更加得心应手。

3. 课外拓展，活用具体的生活情境

教育的最终目的是应用于现实，课堂上的模拟场景总归与生活真实场景有所出入，口语交际能力更是需要在实践中生成的，具有灵动性和开放性的特点。教师可以整合课内外资源，搭建课内和课外的桥梁，布置课外实践任务，如要求学生针对某一话题和父母、朋友沟通，和售货员沟通商品信息，开展公益志愿者活动，等等，切身考验学生对交际对象、交际场合、交际礼貌、交际时机的把握。

课外场景可以参考马斯洛的人类需要理论，根据学生不同阶段的交际需要，选取生活中的交际场合，重点关注学生的训练成效。对于低年级学生，可根据其对归属和爱的需要，关注学生与家人、亲戚的交往，侧重礼貌与习惯的养成；对于中等年级学生对认知和审美的需要，关注其与好朋友和一般朋友的交往，侧重培养语言达意和精美方面的能力；对于高年级的学生，关注其对陌生人的交往，侧重培养语言目的性和口语交际问题解决的能力。同时，课外实践不仅考查学生交际中有声语言，也包含无声语言，包括口语交际中动态的姿态和静态的姿态，如点头、握手、拥抱、站姿、坐姿的考察。

通过丰富的课外实践活动，学生可以在真实的口语交际场景中进行思考碰撞，设身处地感受不同交际场景，教师在进行教学设计时应积极创造口语交际氛围，有效激发学生的交际热情。

（二）重视教师引领，纵深推进教学活动

1. 提高口语交际的专业素养

口语交际能力是语文核心素养的综合体现，教师口语交际能力对学生口语交际素养的提高起着重要作用。一个优秀的语文教师应具备丰富的口语交际方面的专业知识，有较高的语言修养，在语言表达方面起示范和引导作用。

教师良好的口语交际能力源于扎实的专业知识，教师要与时俱进，严格要求自我，大量阅读国内外口语交际理论书籍、期刊等，吸收最新成果，扩展知识的广度和深度，对口语交际的发展和演进有清晰而全面的认识。此外，教师还可以通过积极参加相关教学培训和交流研讨活动以及公开课的方式提升自己的口语交际素养。教师仅仅拥有丰富的理论知识是不够的，还需要在教学实践中创造性地运用这些理论知识，真正做到理论与实践相结合。基于此，教师才能更好地利用教材中的专题，挖掘更多贴近学生实际生活的交际话题进行高效教学。

2. 营造包容和谐的交际氛围

一方面，教师在充分了解学情的情况下，调动全班学生的积极性和参与度，对学生的表现保持耐心包容的态度，使学生能够积极表达自己的意见。比如，课堂发言时，有的学生积极活跃，语言表达力较强；但是也有学生不敢举手发言，回答问题时也是磕磕巴巴，语无伦次。面对不同学生的不同表现，教师在对表达良好学生赞美的同时，也要兼顾对表述不清的学生鼓励，避免对这些学生的发言进行过多的批评指责，让不善言辞的学生多发言，肯定、鼓励他们的表现以消减其畏难心理。

另一方面，教师要与学生保持平等对话的状态，不是传统意义上学生完全听从教师的指令，而是两者平等地进行交际往来。教师作为活动的组织者和引导者，同时也是参与者、学习者，与学生一起进行口语交际训练，师生之间是平等交流的伙伴关系。教师只有深入学生的学习活动中，才能了解学生的真实能力和水平，更容易发现其中的问题，从而及时反思，对症下药，更好地指导口语交际教学。

3. 加强具体情境的示范作用

学生是学习活动的主体,也是口语交际活动的主体,但这并不意味着教师可以放任学生在口语交际的学习活动中随意发挥,因为学生的生活经验和认知水平等毕竟有限,教师的良好示范和专业指导尤为重要。教师可以结合具体的交际情境传授学生口语交际的基本要领、技巧方法等支架式知识,也可以对学生在交际过程中出现的问题及时纠正,正确示范,学生通过教师的正确示范,对口语交际有整体感知并逐渐内化理解,进而避免自己在口语交际中可能出现的问题。

除此之外,教师还在日常教学活动中对学生还起到无形的示范作用,学生会在潜移默化中受到教师言行举止的影响。教师在训练学生口头语言的同时,兼顾口语和书面语,重视学生书面语言的训练,在日常教学中要注意语言表达的全面性和生动性,用规范、雅正的书面语去提高口语的表达。教师要注意语言表达的生动性,运用贴近学生生活的语言,巧妙地进行课堂教学,生动传神地教授知识。教师及时进行指点,适时示范引领是学生进行口语交际学习时的风向标,具有明确方向、修正路径的重要意义。

(三) 强化评价反馈,建立科学多元的评价体系

1. 评价标准多元化

语文教学评价是对可观察到的学生的行为表现进行有效评估,评价在教学中起着导向作用,是对教学效果进行诊断、预测和激励,是教学的必然要求。进行口语教学评价主要是为了改变学生对口语交际的态度,提高学生的参与意识和表达能力。教师在评价维度的选择上要注意评价标准的多元化,应根据学生的性格、能力水平和发展可能性,站在客观的角度给予评价,而不是仅仅关注学生的表达是否流畅、是否有逻辑和语调的抑扬顿挫等表达能力方面。这就要求,在不同学段的口语交际活动评价的侧重点不同,对于低学段的学生,应重视语言的习惯和态度,是否能正确且有涵养地表达、交流;对于中高学段的学生,应注重交际对象和交际场合的把握,提高应对能力,增强语言的感染力和说服力。

2. 评价方式多样化

在评价方式上,单一的教师主导型评价往往会使学生丧失参与兴趣,需要打破固定的评价方式,可以采取可操作性强和多样化的评价手段,如学生自评、生生互评、教师评价和家长评价等多种评价方式,教师和学生既可以是口语交际教学的主体,也可以是口语交际教学评价的主体。教师还可以通过形成性评价和总结性评价相结合、定性评价和定量评价相结合的方式综合考察,促进学生能力的提升。

教师应该在实施口语交际活动之前把考评内容和评价标准告知学生,

能够让学生在学习进程中有所准备。在评价的过程中，采取灵活的评价方式，尊重学生的主体性和创造性，让学生发现不足之处的同时依然保持高度的学习热情，为提高口语交际能力打下坚实基础。

3. 评价语言有效化

评价的目的是辅助教学，教师要充分发挥评价机制的作用，对学生的口语表达进行有效的评价反馈。首先，教师在评价时要保持客观性，注意学生的口语交际行为是否妥当、是否达到了课程标准中设定的教学目标等；其次，口语交际具有现场性以及互动性的特点，这就要求教师对学生的口语交际水平和能力评价具有及时性，及时的正面评价可以增强学生口语表达的欲望和信心。如学生在讨论时，会出现不同观点的碰撞甚至交锋，教师要及时引导学生合理、客观地发表意见，包容合作，扬长避短。反之，负向评价可以及时给予学生修正的建议和方法，更好地帮助他们提升语言表达能力。

本节主要对创造交际氛围，激发学生口语交际的热情，让学生在实践中内化，养成良好的口语交际习惯等进行了初步探究。教师在推进口语交际教学进程中，让学生能够做到言之有物、乐于交流、表达规范，进而培养学生积极的交际态度与良好的语言习惯。

思考：

1. 在进行口语教学设计时应当注意哪些方面？
2. 教师应当如何选择口语材料？

文献选读：

[1] 倪文锦：《高中语文新课程教学法》，北京高等教育出版社，2004年。

[2] 季森岭：《普通话语音训练教程》，北京大学出版社，2002年。

[3] 赵毅、钱为钢：《言语交际学》，上海三联书店，2004年。

[4] 曹建召：《口语交际能力训练体系的建构》，《语文建设》，2009年，第6期。

[5] 于漪：《语文教学谈艺录》，上海教育出版社，2012年。

[6] 马志强、石艳华、高文苗：《语言交际艺术（第三版）》，中国社会科学出版社，2013年。

[7] 袁湛江：《说一口漂亮的普通话——中学生汉语口语教程》，语文出版社，2014年。

[8] 吕叔湘：《语文常谈》，上海三联书店，2018年。

第三节　言之有物，娓娓动听
——口语交际教学设计案例

研讨提示：

- 活动目标是否设置合理？
- 活动内容是否合理？
- 活动设计是否可行？
- 活动环节设置是否有利于目标实现、是否有效科学？
- 学生能否通过活动得到思维逻辑能力的提升？
- 学生能否通过活动得到口才和表达能力的提升？
- ……

【案例一】

案例来源：未来学堂文案资源库①

口语交际·讨论

【教学目标】

1. 了解讨论的技巧，学会讨论。
2. 根据情境，进行讨论练习。
3. 培养口语表达能力和多角度思维的能力。

【教学重难点】

1. 教学重点：根据情境，进行讨论练习。
2. 教学难点：能根据各种问题进行讨论。

【教法学法】

教师指导，学生练习。

【教学时间】

1 课时

【教学流程】

一、导语

在生活和学习中，我们经常会就某些问题与他人进行讨论，以表达意见，寻求共识或解决问题。

① http://wlxt.jqweike.cn/list

二、讨论的原则

讨论的原则大致可以概括为十二字：紧扣议题，言无不尽，包容合作。

紧扣议题：

与一般意义上的交谈不同，讨论要围绕着议题展开，有的放矢，突出重点，切不可东拉西扯，离题万里。在课堂讨论时，有些小组看起来说得热火朝天，却难以形成成果，其重要原因就在于讨论时偏题跑题，甚至把讨论变成了漫无边际的聊天。

言无不尽：

每个参与讨论者都要积极发言。只有参与者积极发言讨论才能成功。不要因为觉得自己"没想好"而缄口不言，讨论本身就是一个从"没想好"逐渐走向"想好"的过程，"不成形"的观点同样闪烁着智慧的火花，只要大胆地说出来，就有可能互相启发。

包容合作：

讨论规则	简要说明
预先公布相关要求	在开始讨论之前，明确讨论的目的、问题、注意事项等，这些要求必须具体、明确、有可操作性。
主持人要保持中立	基本职责是遵照规则来裁判并执行程序，尽可能不发表自己的意见。不对别人的发言表现出倾向性
参与者发言机会均等	尽量让所有参与者都有发言机会，特别是意见不同的参与者也有表达的权利
发言的观点要明确	发言者要明确表达对相关问题的意见，赞成还是反对他人观点也应清楚
发言时间与次数受限	每人每次发言的时间不能太长；每人对同一问题的发言次数也不宜太多。不能搞一言堂
不同问题依次讨论	发言者不得偏离当前讨论的问题只有在一个问题讨论完毕后，才能讨论另外一个问题
就事论事，文明表达	讨论的目的是研究、解决问题，发言时不得进行人身攻击，不得质疑他人的动机，习惯或爱好
尊重发言的完整性	不能随便打断他人的发言

讨论问题时，会出现不同观点的碰撞甚至交锋，要理性客观地发表意见，坦诚谦虚地对待不同看法，保证讨论在互相信任、互相帮助的氛围中进行。每个人都有自己的优势和局限性，讨论其实就是合作"避短"、共同"扬

长”的过程。

三、讨论

讨论中必须遵守规则，看了以上规则，你自己还想到哪些规则，也填写在课本的表格里。

四、口语实践

（一）某中学准备在校园中安放一些名人雕像，对此，校学生会向同学们征求意见。下面是几位同学讨论时的记录。你觉得他们各自的表现怎么样？如果你与你的同学讨论这一问题，你们会说些什么？不妨找几位同学试一下。

甲：我觉得应该放古代文化名人的雕像，比如孔子、孟子、老子、庄子、司马迁等，这样才有中国味儿。

乙：你要把咱们学校变成国学馆是吗？就知道古代，古代就好吗？照这么说，你干脆穿长袍来上学得了。

丙：我也觉得不能只有古代文化名人的雕像，我们是现代中学生，要全面发展。我觉得托尔斯泰这样的外国作家，爱因斯坦这样的大科学家的雕像都可以考虑。

丁：各位，我们是不是应该把思路打开些？不要总盯着作家、思想家、科学家，革命先烈、英雄模范的雕像也应该在校园里占有重要的地位。

乙同学的表达方式欠妥。在讨论中，如果不同意对方的看法，我们需要委婉地表达反对的观点，如“我反而认为要……才更好”“我有一点不同的意见……”等等，就像是丙、丁两位同学的表达方式，在尊重别人的意见的基础上，提出了自己的不同的观点，这样也更容易让人接受。

如果我在讨论这个问题时，可以把乙同学的观点更换一个表达方式，如：我觉得放古代文化名人的雕像固然能突出校园的中国文化氛围，但校园文化并不局限于中国古代，校园文化应该是多元的，还可以再放一些其他雕像，就不会显得单调了。

（二）请从以下问题中任选一个，以小组为单位进行讨论。讨论结束后，整理出讨论报告，在全班展示问题1：怎样才算是“有教养”？如何做一个有教养的人？

问题2：中学生上学应不应该带手机？为什么？

讨论提示

1. 讨论问题时，思路要开阔，但要有重点，避免多点开花却浅尝辄止。

2. 可以由一名同学担任讨论的主持人，控制每个人的发言时间，调节现场气氛，把握讨论的节奏，避免跑题或陷入无谓的争论。

3. 所有讨论参与者都应主动思考，积极发言，尽量达成最大程度的共识，但也不应该回避不同意见。

4. 可以采用录音、速记等方式记录讨论内容，讨论结束后进行回顾、分析，然后整理成讨论报告。

问题1：

“有教养”是能够以尊重的态度对待别人。这种尊重不仅仅是在社会上对他人的尊重，更体现在对自己的家人、亲人和下属的尊重。

做一个有教养的人，要礼貌待人，这种礼貌待人是出自内心的，是习以为常的，是能够让自己心情愉快的，是一视同仁的；做事不自吹自擂，懂得珍惜别人的时间，承诺的事情一定会做到，不摆架子，在任何场合中，都始终如一，稳重随和。随时注意自己的举止、谈吐和仪表，因为一个人的仪态可以反映出不同的思想境界、精神面貌、道德观念，既构成外在美，也体现内在美。不同意他人观点时，从不打断别人的话，要待对方说完后再去补充或反驳。

问题2：

示例一：我认为中学生可以带手机。手机之所以出现，就是为了人们通信和联系的方便和快捷。放学或放假，孩子还没回家，家长心急如焚：孩子有个手机就会很方便联系。在孩子有事情或者是有情绪的时候，也可以及时联系家长进行倾诉。关于害怕允许带手机会影响孩子学习的问题，学生玩手机不是手机本身的问题，而是学生自制力的问题。所以，我们不应该想着禁止学生带手机，而是应该想如何提高学生自制力，以及引导学生合理利用手机。

示例二：我认为中学生不应该带手机。现在智能手机普及程度高，手机功能也很多，大部分中学生的自制力就不高。一旦允许带手机，学生晚上就可能玩手机玩到很晚，从而影响睡眠质量和第二天上课的精神状态，还可能在上课期间因为接收消息和翻看消息，而打断听课的思路，影响上课的质量，还会对身边的同学造成影响。同时，禁止中学生带手机，也是很多国家都明令禁止了的。如韩国，制定法案规定小学生不能携带手机入校；准许初中生与高中生携带手机，但到校后须将手机交给学校集中保管，放学后还给学生。日本则禁止学生携带手机上学。一些私立学校则规定，统一由学校购置学生的手机，该手机可携带到学校，上课时统一关机，学生与学生或师生通话免费，可通过 GPS 掌握学生发生紧急情况时的位置。英国的教育部也曾致函各学校校长，明确表示除了紧急情况，16 岁以下的学生不准使用手机。

五、布置作业

把小组讨论整理成讨论报告。

六、板书设计

口语交际:讨论

紧扣议题

讨论的原则　言无不尽

包容合作

评点:

此教学设计以讨论为主题,秉持"紧扣议题,言无不尽,包容合作"的原则,设计多个交流环节,以多种活动方式展开,发挥教师的主导作用的同时尊重学生的主体地位,让学生的注意力集中于讨论的各个环节。

各项活动设计让全班同学共同参与到活动中,让学生积极表达自己的想法与情感,培养学生积极主动的探究意识,促进多角度思维能力的发展,为语文课堂注入活力。

【案例二】

设计者	赵芳芳
来源	部编本初中语文口语交际教学策略研究①
时间	2021 年

七年级口语交际教学设计——以演讲为例

设计说明:从如何撰写演讲稿到怎样演讲稿都有详细的指导,并且注重利用视频资源,让学生通过观看视频来学习演讲的技巧,同时也让学生拍摄自己演讲的视频。

【教学目标】

目标 1:理解演讲稿和演讲的特点,及两者之间的关系;掌握基本的演讲稿写作知识,具备初步的演讲能力。

目标 2:在演讲的过程中进一步理解演讲稿的特点,体会演讲的"感觉"。

目标 3:能够在公共场合进行演讲,提升自我语言的表现力和感染力。

① 赵芳芳:《部编本初中语文口语交际教学策略研究》,河北师范大学硕士论文,2021 年,第 49 页。

【教学重、难点】

理解演讲稿的特点，掌握演讲的技巧与方法，形成一定的演讲能力。

【课时】

2 课时

【教学过程】

环节一：导入

1. 什么是演讲？在我们的校园生活中，演讲随处可见，比如每周一全校进行国旗下的演讲、少先队员推优入团、班委的竞选等。你是否参加过演讲？请分享你演讲的经历，并且谈谈自己的感受。

2. 你是否有过作为演讲观众的经历？回忆一下，并且谈一谈自己作为演讲观众的经历和感受。

3. 师生小结：演讲，简而言之就是在公共场合针对某个问题表达自己的观点和主张。演讲是一门语言艺术，具有宣传性和鼓动性。好的演讲能够调动听众的情绪，与听众形成共鸣，从而传递出演讲者的思想和观点。

环节二：学习演讲稿

演讲稿，也叫演说词，是在大会上或其他公开场合发表个人的观点、见解和主张的文稿。演讲稿的好坏直接决定演讲的成败。从文体上来看，演讲稿是议论文和应用文的结合。演讲稿既具有议论文论点鲜明、逻辑性强的特点，同时又经常使用各种修辞手法和艺术手法，是一种带有较强的感染力和号召力的应用文体。

1. 学生交流：回忆自己阅读过哪些演讲稿，其中印象最深刻的是哪一篇，并且试着描述自己的阅读感受。

2. 展示演讲稿范文——马丁·路德金的《我有一个梦想》，让学生阅读演讲稿范文，同桌之间相互探讨这篇演讲稿有怎样的特点。

3. 全班同学一起总结概括演讲稿的一般性特点：

（1）内容要具有针对性，注意演讲的对象和场合。演讲稿最终是为“讲”服务的，而演讲一般都是针对特定的群体，或者有特定的场合。因此，撰写演讲稿时应充分考虑听众的感受和演讲的场合，有针对性地组织演讲的内容。

（2）观点明确、重点突出，条理清晰。演讲作为一项正式场合发言的口语交际活动，要让听众明白演讲的中心内容，最基本的要求就是观点明确、条理清晰、逻辑严密、事例典型。在这方面，演讲稿的要求与书面表达的要求是相同的。

（3）注意运用表达技巧。演讲稿的撰写要避免过于书面化的表达，语言应当通俗易懂,要尽量使用简单的句式,多用短句,并且适当使用排比、反问、设问等修辞手法,以增强语言的感染力。

环节三:撰写演讲稿

1. 任选话题,拟定题目

(1) 中学时代是人生旅途中的一个重要时期。在这段旅程中,你不仅能够看到更广阔的语文世界,还会收获很多的良师益友。为了让老师和同学更好地了解你,请你发表介绍自己的主题演讲。

(2) 民以食为天。古语云:"仓廪实而知礼节,衣食足而知荣辱"。温饱问题不仅仅关系到个人的生存,更关系着民族的道德水平。解决温饱问题曾经是我国的一个阶段性奋斗目标。2020 年,联合国粮农组织发布的报告显示,新冠肺炎疫情可能会导致全球饥饿人口大幅增长,全世界将有 6.9 亿人处于饥饿状态。然而,近几年来,餐桌上的浪费却令人触目惊心。据统计,我国餐桌上一年被倒掉的食物价值高达 2000 亿元,相当于 2 亿人一年的口粮,食物的浪费率保守估计为 11.7%。请你发表以"珍惜粮食,拒绝浪费"为主题的演讲,号召全校师生珍惜粮食,杜绝餐饮浪费。

(3) 网络是一把双刃剑。网络既为人们之间的沟通和交流增加了新的途径,提供了便利,使更加多元的信息共享成为可能;同时网络也使人沉迷于虚拟世界,网络暴力、网络诈骗屡见不鲜。作为青少年学生中的一员,请你发表以"文明上网,快乐成长"为主题的演讲,号召广大青年少年正确、合理利用网络。

2. 明确结构,列出提纲

演讲稿在结构上一般由开场白、正文、结尾三个部分组成。

开场白:开场白是演讲稿中很重要的部分。根据演讲的对象和场合,使用恰当的称呼,并对听众致以问候。良好的开端是成功的一半,恰当的称呼和亲切的问候能够拉近演讲者与听众之间的心理距离,这样才会有利于演讲信息的传播。常用的开场白有点明主题、交代背景、提出问题等类型。

正文:正文是演讲稿的主体。演讲稿的主体必须层次分明,重点突出。层次安排上,可以按时间或空间顺序排列,也可以平行并列、正反对比、逐层深入。围绕主题展开具体的论述,可以使用事例、名言警句等方式增强演讲稿的说服力和感染力。

结尾:结尾是演讲内容的收束,具有深化主题的作用。结尾也可以用感谢、展望、鼓舞等语句作结。

3. 小组交流,互相点评

小组交流,可以从以下三个方面对同学的演讲提纲进行评价,并且提出修改建议。建议可以从以下几个方面进行考虑:

(1) 格式是否正确?

(2) 结构是否完整?

(3) 观点是否明确?

(4) 事例是否能够支持观点?

4. 提笔写作,修改润色

根据他人的修改建议,修改自己的提纲,然后组织材料,初步完成演讲稿的写作。最后,再对演讲稿进行进一步的修改润色。

环节四:学习演讲技巧

1. 观看视频《我是演说家》

2. 总结演讲的特点:

(1) 表达

①观点鲜明。

②重点突出,条理清晰,具有逻辑性。

③适应口语表达的需要,以短句为主,适当重复。

(2) 发音

①发音准确,吐字清晰,音量适中。

②音调高低、语速快慢,停顿有变化。

(3) 体态语

①表情:自信从容,随演讲的内容调整自己的表情。

②体姿:姿势轻松,体态自然、大方。

③眼神:平视前方,与听众适当进行目光交流。

④手势:根据演讲的内容和情感表达的需要,辅以恰当的手势。

3. 在掌握演讲特点的基础之上,用自己撰写的演讲稿进行演讲练习。有条件的同学可以用手机拍摄自己的演讲视频,并且将演讲视频上传至班级群,班级内其他同学观看后,对其进行点评。

4. 分组演讲,师生交流、推荐

根据演讲主题进行分组,每组人数不超过 6 人。组内同学依次进行演讲,其余小组成员认真聆听,为演讲者提出建议。组内演讲结束之后,每个小组推选一位同学参加班级演讲。

环节五:进行演讲比赛

1. 制定评分细则

演讲比赛个人评价表

演讲题目:____________________

被评价者:班级:__________ 姓名:__________ 时间:__________

评价项目	评分要点	分值	得分
演讲内容 (40分)	1. 围绕主题,具有一定的思想性	20	
	2. 观点鲜明,内容充实	10	
	3. 条理清晰,结构严谨	10	
语言表达 (30分)	1. 普通话标准	10	
	2. 音量适中,表达自然、流畅	10	
	3. 语速、语调、语气等符合演讲的思想情感的起伏变化	10	
综合印象 (15分)	1. 演讲者精神饱满,自信、大方		
	2. 根据演讲的需要恰当地使用体态语(动作、手势、表情等)		
现场效果 (15分)	1. 演讲具有吸引力、感染力和号召力	10	
	2. 演讲时间控制在5分钟以内	5	
合计(100分)	原始成绩	折算成绩	
总成绩			
综合评语			
注:①一式三份,教师、同学、自我各一份。 ②总成绩=教师评价成绩×60%+同学评价成绩×30%+自我评价成绩×10%			

2. 由小组代表抽签确定演讲顺序,按照顺序依次进行演讲。根据制定的评分细则对演讲者的现场表现进行评价,评选出一、二、三等奖。有条件的班级可以对演讲比赛进行拍照和录视频,演讲比赛结束后对图片和视频进行整理、上传,便于他人回放和查看。

3. 教师总结。教师对学生学习演讲以来的整体表现进行综合性评价,肯定优秀的方面,对不足之处提出建议。

八年级口语交际教学设计——以复述与转述为例

设计说明:此教学设计注重激发学生兴趣,利用游戏导入。教学过程中善于利用学生原有的复述课文的经验，在复述中强调倾听能力的培养，并且将教学与学生的生活实际相联系。

【教学目标】

目标1：掌握复述与转述的基本知识，提升自己复述与转述的能力。

目标2：能根据要求进行复述与转述，在复述与转述的过程中体会复述与转述的重要性。

目标3：善于准确地复述、转述见闻，乐于与他人进行分享交流。

【教学重、难点】

掌握复述与转述的方法和技巧。

【课时】

2课时

【教学过程】

环节一：游戏导入，寓教于乐

1. 传声筒游戏：主持人告诉每组第一个参赛人员一段话，然后由第一个人开始依次传达给后面一个人，最后由最后一位参赛人复述一遍自己所听到的内容。

在活动过程中，往往会丢失、添加或错传信息。所以，传声筒游戏的笑点在于最后一个人说出的话常常与第一个人所说的内容大相径庭。传声筒的游戏规则是根据传达的话的正确性来定胜负。

2. 分组进行游戏，教师指导。

3. 教师总结：在传声筒游戏中，有的小组在传达的时候丢失、添加或错传了信息，导致最后的复述与原材料大相径庭。由此可见，学会复述与转述的重要性。

环节二：温故知新，知识梳理

1. 我们都有过复述课文的经历，那么什么是复述？小组内交流讨论，推荐代表回答。

明确：复述，是把自己的见闻讲给别人听。复述需要原材料，按照原材料的类型，复述可以分为书面材料的复述和口头材料的复述。按照复述的详细程度，复述又可以分为详细复述和简要复述。

2. 回忆复述的经历，通过小组合作与交流，总结出复述时需要注意的问题，完成下面的表格。

详细复述与简要复述区分表

注意要点	详细复述	简要复述
对原材料的处理		
逻辑条理		
语言表达		

详细复述与简要复述区分表填写范例

注意要点	详细复述	简要复述
对原材料的处理	尽量保留原材料	根据要求选取关键信息
逻辑条理	沿用原来的逻辑顺序	适当进行总结和概括
语言表达	转化成自己的语言,多用口语,做到准确、清晰、连贯转化成自己的语言。	准确、简明、连贯

3. 总结概括复述的一般步骤:

接收原材料——提取要点——适当进行整合、概括——根据要求进行复述

4. 除复述之外,日常生活中我们还常常需要把一个人的话传达给另一个人,这就是转述。那么转述需要注意哪些问题呢?小组内进行讨论,完成下面的表格。

转述的一般要求和注意事项

	基本要求	注意变化
转述:信息的传递		

转述的一般要求和注意事项填写范例

	基本要求	注意变化
转述:信息的传递	准确	人称
	完整	时间
	不改变事实	空间

环节三：牛刀小试，口语实践

活动一：

1. 请一位同学读一段故事，其他同学分组进行详细复述和简要复述的练习。

2. 根据故事的内容，老师提出不同的复述要求，由每个小组推荐一名代表按照要求在全班同学面前进行复述。

3. 进行总结评价，注意详细复述和简要复述两者之间的异同。

活动二：

1. 出示不同类型的药品说明书。假设学生是一名医生，向患者说明此药品的功能主治、用法用量和注意事项，叮嘱患者谨遵医嘱。

2. 请同学依次进行解说。当“医生”进行药品说明时，其他同学认真聆听，并对其解说进行评价。

环节四：强化训练，能力提升

1. 随机请一位同学朗读位于部编本八年级上册第五单元的意大利作家卡尔维诺所描述的经典作品特征的选段，其他同学认真聆听，最后告诉同学什么是经典。

2. 阅读下面的一则新闻事件和评论，完成以下任务。

【新闻事件】

7 月 14 日，一名中年妇女王某独自带着五岁左右的孩子从西安乘火车到广州，没有买到下铺的票。上车后，王某希望下铺的李某和自己换位置，方便自己照顾孩子。李某的请求遭到了王某的拒绝。随后，另一名位于下铺的大学生主动和王某换了位置。王某说：“还是大学生素质高”。李某委屈地回道：“我自己的位置，不换有错吗？”

【网友评论】

明月清风：乐于助人是一种美好品质，一个女人独自带着年幼的孩子，多不容易，难道不该与人方便吗？

傲雪凌霜：不要道德绑架，自己花钱买的票，换是一种美德，不换也不应该被指责。

朗月清风：她的话有点过分，换与不换是人家的自由，明里暗里说人家素质低，生气。

庐下听雨：换位置是美德，但从来不是义务，她也应该给换位置的人一点补偿。

涧水深流：早知今日，何必当初。没有买到下铺的票，就不能换一种交通方式？

【专家观点】

火车实行一人一票制,不换于理有据,于情不合。王某在处理这件事上,其实有更好的做法。没有买到合适的票,可寻求乘务员的帮助。铁路工作人员一定会竭力帮助,让乘客实现“安全、方便、温馨”的出行。请求别人换位也未尝不可,但应有更好的方式去说服别人。比方,可以告知对方自己的困难,到站需要多久,是否能帮忙等。当然,也可以提出给予经济补偿。

任务一:分别以这则新闻事件中的妇女、李某和大学生的身份向老师和同学复述这件事情,可以适当地对人物神态、语言、心理等方面进行叙述,突出人物的某种性格特征或精神品质。

任务二:针对众多网友的评论及专家的观点,以“旗亭酒肆”为网名写一则跟帖,谈一谈自己不同的看法。

九年级口语交际教学设计——以辩论为例

设计说明:辩论是一项高级的口语交际活动。在整个教学设计中,注重与之前以“演讲”“复述与转述”为例的教学相联系,同时注重培养学生之间合作与竞争的能力。

【教学目标】

目标1:了解辩论的一般流程;掌握辩论的基本原则和技巧;学会紧密围绕要点搜集材料。

目标2:能够在辩论中有理有据地表达自己的观点,也能抓住对方的发言中存在的漏洞,给对方有力的反驳。

目标3:学习保持内部观点的一致性,树立团队意识,善于与他人合作。

【教学重点】能够鲜明地表达己方立场,有理有据地表达自己的观点。

【教学难点】针对对方的发言,快速思考,发现对方发言存在的漏洞,给对方以有力的批驳。

【课时】

2课时

【教学过程】

(一)准备阶段

1. 课余时间分别观看《大学生辩论会》和《奇葩说第六季第四期》,了解正式的辩论赛和非正式的辩论赛的流程与分工,并完成下面的表格。

正式辩论赛和非正式辩论赛的流程与分工表

辩论赛	环节	任务	分工	时长
正式辩论赛	立论	正面陈述己方观点	正 1 对反 1	3 分钟
非正式辩论赛	立论	陈述己方观点	正 1 对反 1	3 分钟

正式辩论赛和非正式辩论赛的流程与分工表填写范例

辩论赛	环节	任务	分工	时长
正式辩论赛	立论	正面陈述己方观点	正 1 对反 1	3 分钟
	质辩 1	质疑对方观点，回答提问	正 2 对反 2	3 分钟
	质辩 2	质疑对方观点，回答提问	正 3 对反 3	3 分钟
	自由辩论	所有辩手轮流发言，强化己方观点	正对反	4 分钟
	总结陈词	对辩论进行总结	正 4 对反 4	4 分钟
	观众提问	回答观众提出的问题	除四辩外的选手	2 分钟

续表

辩论赛	环节	任务	分工	时长
非正式辩论赛	立论	正面陈述己方观点	正1对反1	3分钟
	开杠	质疑对方观点，回答提问	正1对反1	30秒
	攻辩1	陈述己方观点	正2对反2	3分钟
	开杠	质疑对方观点，回答提问	正2对反2	30秒
	攻辩2	陈述己方观点	正3对反3	3分钟
	开杠	质疑对方观点，回答提问	正3对反3	30秒
	结辩	对辩论进行总结	正4对反4	3分钟

2. 师生交流讨论，总结辩论的原则与技巧。

"论"和"辩"是辩论的两大基本元素。"论"是正面论述己方观点的正确性，"辩"是反驳对方的不合理之处。作为一项高水平的口语交际活动，辩论有原则和技巧，主要有以下四点：

①语言表达严谨准确，观点鲜明。

②善于聆听，反应迅速。

③善于合作，协同作战。

④手势得当，与辩论语和谐一致。

3. 组织队伍，确定辩题。

全班同学分成若干个小组，但每组不得少于8人，分成正反两方。同时，根据辩论赛组队的要求和辩手的特点进行组内分工。

辩题可以是教材中给出的辩题，也可以另行选择学生感兴趣的话题。总之，辩题的选择一定要具有可辩性，还要让学生有话可说。

4. 教师从旁指导，组内分工与合作，列出发言提纲和辩论要点。以下面两个任务为驱动，引导学生先定论点，然后根据论点搜集材料。

任务一：请写出三个支持己方观点的论点，并且为各论点找到一个例证。

任务二：请写出三个支持对方观点的论点。

在集思广益的基础上，确定好论点，然后围绕论点搜集材料。材料类型尽可能多样化，比如名人名言、历史事实、新闻事件、调查报告等。最后，针对论点，对材料进行梳理、总结，形成比较正式的辩词。

5. 组内模拟对辩。

组内进行对辩练习，每次对辩结束后，老师给出建议，同学之间进行互评，弥补己方疏漏，推测对方的辩论思路，思考应对策略。在此基础之上，准备一次班级辩论赛。

（二）实施阶段

1. 布置活动场景。

2. 推选一名同学担任辩论赛主持人，一名同学担任计时员，有条件的班级再推荐一名同学专门摄影和录像，并且邀请其他几位任课老师组成评委团。

3. 制订并公布此次辩论赛的规则。

①正反双方发言顺序由现场观众投票决定，票数多的一方先发言。

②每位辩手发言前首先需要简单概括对方辩手的发言要点。

③观众参与的自由辩论环节，一个人只能选择一个持方。

④严格遵守时间规定。

4. 辩论实战

（1）主持人宣布辩题，介绍参赛成员及立场，介绍评委，宣读评分标准。

（2）在比赛正式开始时，确定正反方开场顺序，双方一辩依次立论，每人发言时间为三分钟。双方一辩发言完毕后进入攻辩环节，双方二辩、三辩分别质疑对方观点，回答对方提问，每人用时三分钟。攻辩结束后进入自由辩论环节，双方所有辩手依次轮流发言，强化己方观点，双方各四分钟。自由辩论环节，除了正式辩手可以发言外，也可以请现场观众参与辩论。然后进入总结陈词环节，双方四辩各用四分钟时间进行总结发言。最后一环节是现场观众提问环节，观众可以任意向正反方提问，由除四辩之外的选手回答。现场观众提问环节，问答时长不超过两分钟。

（三）总结阶段

1. 主持人宣读评分细则，由评委团评选优胜方，观众评选正反双方的最佳辩手，可以从倾听能力、表达能力、交流能力和整体素质等方面进行综合考量。

2. 评委老师点评，并为获胜方颁奖。

3. 由观众评选出最佳辩手，并让代表阐述推荐理由。

辩论赛个人评价表

辩论题目：____________________

被评价者：班级：______ 姓名：______ 时间：______

持方：正方/反方　队员：一辩/二辩/三辩/四辩

评价项目	评价细则	评价等级		
		自我	同学	教师
倾听能力	1. 听话时有礼貌，注意力集中 2. 边听边给予对方恰当的情感反应 3. 能听清楚对方主要意思			
表达能力	1. 普通话标准，声音洪亮 2. 论点鲜明、逻辑严密 3. 论据合理、有力，引证恰当			
交流能力	1. 准确、简要复述对方的核心观点 2. 针对对方的观点，迅速反应，给以有力反驳 3. 看法不一致时，保持心平气和			
整体素质	1. 仪态自然、大方 2. 态度诚恳，谦虚礼貌 3. 手势得当，与辩论语和谐一致			
综合评语	自评：			
	互评：			
注：评价等级分为 A、B、C、D 四个等级： A—三项全部合格 B—达到两项 C—达到一项 D—未达标				

4. 将辩论赛的活动照片和视频整理后上传至班级群，便于他人回放和查看。另外，有条件的班级可以将此素材编辑成微信推送，向更多的人展示班级风采。

评点：

对于七年级的学生，通过设计了解演讲、撰写演讲稿、学习演讲技巧等一系列活动，循序渐进进行口语教学，注重学生的个性表现，提升口语交际活动的参与度，能够让学生展示自我，提高在公开场合进行演讲的能力。

八年级设计以“复述与转述”为主题，复述与转述日常生活中常见的言语行为，通过创设情境进行复述与转述的口语实践，锻炼学生倾听与表达能力，设计者采取多种评价方式和实践练习，呈现出“活”的课堂。

辩论赛是中学语文口语交际教学的重要形式，对九年级的学生设计辩论赛，可以锻炼学生的口头表达能力，培养学生倾听、表达和随机应变的能力。在整个活动设计中,注重与之前的教学相联系,辩者从多方面去考虑问题,加强辩论团体之间的默契、团结协助能力,增加同学间友谊,同时有利于学生发散思维的提升与发展。

这三篇口语交际教学设计案例依据不同年龄学段的学生进行设计,遵循层次性与渐进性原则,符合学生身心发展需求,也符合现实生活需要,通过语言实践训练,使学生的“语”和“文”双边综合性能力得到提高,提升口语交际教学的有效性。

拓展阅读	
于永正	《于永正课堂教学实录Ⅱ(口语交际与习作教学卷)》(教育科学出版社,2014)
张欣、姜良存	《叶圣陶说话训练思想对口语交际的指导意义》(语文建设,2021)

思考:

1. 结合所学,针对以上教学设计讨论优点与不足,自选角度对该教学设计进行评述。

2. 该教学设计是否可行?是否在教学过程中得到了有效实施?

3. 具有什么特点的口语交际活动才可以切实训练学生的逻辑思维能力?

第四章　综合性学习教学设计

综合性学习的发展不是凭空产生的，教师日常组织的课外活动、主题班会、知识竞赛等活动，其实都带有综合性学习的色彩，但当时并没有一个正式的名字来概括。中华人民共和国成立后，我国综合性学习的地位发生了重大变化，它是中华人民共和国成立后第八轮课程改革的重要内容之一。2001年颁布的《全日制义务教育语文课程标准（实验稿）》把“综合性学习”列入语文课程，其作为一种独立的教学形态存在，这是中华人民共和国成立后综合性学习首次与识字与写字、阅读、习作、口语交际等教学形态并立。就语文综合性学习来说，虽然涉及自然、社会、科学、文化等多方面的内容，但从语文课程角度出发，它本质上是一种综合性的语文学习方式，《义务教育语文课程标准（2022年版）》（以下简称“课程标准”）指出：“注重课程内容与生活、与其他学科的联系，注重听说读写的整合，促进知识与能力、过程与方法、情感态度与价值的整体发展。”①同时，语文综合性学习也十分强调整合性，“语文综合性课程是以语文课程的整合为基点，加强语文课程与其他课程的联系，强调语文课程与生活的结合，以促进学生语文素养的整体推进和协调发展”②。在语文综合性学习中，没有特定的教材，它是一种灵活的学习，学习内容是灵活的，学习方式也是灵活的。统编语文教材中关于综合性学习的编排也体现了学习路径的立体化、学习内容的多样化、学习指导的具体化等特点。语文综合性学习作为新的语文教学实践课程形态，对提升学生的语文综合素养具有重要价值，可以培养学生的问题分析意识、竞争合作意识和社会责任意识。语文综合性学习是培养学生主动探究、团结合作、勇于创新精神的重要途径，应该积极提倡。③

---

① 中华人民共和国教育部：《义务教育语文课程标准（2022年版）》，北京师范大学出版社，2012年版，第3页。

② 郑国民、冯伟光、沈帼威：《语文综合性学习的理论基础与基本特征》，《语文建设》，2002年第4期，第4-5页。

③ 胡敏：《统编版初中语文综合性学习活动探究》，《现代基础教育研究》，2021年第41期，第184页。

第一节　综合性学习概述

综合性学习教学设计共有三节，本节为意义及价值阐述。第二节为综合性学习相关理论概述，主要包括综合性学习的概念以及功能。第三节为综合性学习的设计与实践，包括两个部分。第一部分是对语文综合性学习的教学目标、教学过程、教学评价等各个部分进行分析，并展示相关教学案例。第二部分为传统文化具体课例的展示，是在第一部分的基础之上，自主设计教学案例，以供研讨。

课前研读清单	
王荣生	《语文综合性学习教什么》（华东师范大学出版社，2014 年版）
靳彤	《语文综合性学习—理论与实践》（中国社会科学出版社，2007 年版）
陈隆升	《语文综合性学习论》（语文出版社，2020 年版）
盛群力	《教学设计》（高等教育出版社，2005 年版）
马兰 盛群力	《课堂教学设计：整体化取向》（浙江教育出版社，2011 年版）
包建新	《语文综合性学习案例教学论》（浙江大学出版社，2012 年版）
〔美〕加涅著，王小明等译	《教学设计原理》（华东师范大学出版社，2007 年版）
朱绍禹	《中学语文课程与教学论》（高等教育出版社，2005 年版）
陈玉秋	《语文课程与教学论》（广西师范大学出版社，2004 年版）
郑桂华	《中学语文教学设计》（高等教育出版社，2019 年版）

一、综合性学习的地位及价值

（一）综合性学习的地位

综合性学习是我国基础教育改革的突破口之一。在 2001 年颁布的《全日制义务教育语文课程标准（实验稿）》将“综合性学习”与“识字与写字”“阅读”“写作”“口语交际”并列，将综合性学习提升到了重要地位。到了 2011 年的《义务教育语文课程标准》，更是明确了综合性学习“注重课程内容与生活、与其他学科的联系，注重听说读写的整合，促进知识与能力、过程与方法、情感态度与价值观的整体发展”①的课程定位。这些都突出了综合性学习在整个语文学习建构中的意义和地位。

（二）语文综合性学习的价值

对于综合性学习，我们要清楚地认识它在语文学习中所具有的价值，这样才可以在实施过程中把握关键的因素，同时对活动的实际效果保持密切关注，发挥综合性学习活动在促进学生全面发展方面的作用。关于语文综合性学习的价值，可以概括为以下几个方面：

第一，从需要出发，以活动课题引领，拓宽语文运用的空间。综合性学习迎合学生全面发展的需求，对提升学生的语文综合素养具有重要价值。在综合性学习活动中，学生在特定活动课题引领下，根据任务的需要，分工合作组织开展活动，在活动中搜集、阅读、分析整理相关材料，展开书面或口头上的交流分享，由此，学生增加了知识，训练了技能，开阔了视野，思维水平得到了提升，更重要的是情感态度和价值观也受到了启发和引导。

第二，沟通语文学科与不同领域的联系，促进语言与思维的能力提升。综合性学习的内容虽然以语文学科知识为主，但可以打破学科界限，克服分科教学造成的学生的知识结构处于分裂的状态。在综合性学习过程中，必然会产生各种疑问，为解除疑问，学生便会调动在各门学科中获得的知识和经验，将分裂的知识、技能等进行融合、重构，这样不仅提高了研究问题、解决问题的能力，而且加强了语文学科与其他学科领域的联系。此外，综合性学习具有一定的开放性，学生处于开放的系统中，言语交流的频率就会增加。同时，也会不断受到周围环境的刺激，在接收和储存信息的过程中，学生思维活动的空间便会扩大，思维的果断性、敏捷性、灵活性、逻辑性等品质也会不断得到优化。

第三，在动态的过程中实现学习资源整合，提高实际的应用能力。钱加清、孔波等提出语文综合性学习既是一种自主化、生活化的学习方式，又是一种开发化、灵活化、整合化的课程内容的观点。② 综合性学习是学生在教师创设的动态情境中，以自主、合作、探究的学习方式，主动搜集、整合、运用学习资源，综合运用已有的知识和技能分析问题、解决实际的问题。在解决各种复杂问题的动态过程中，学生实际的应对能力便会大大提高，而引导学生解决语文问题恰恰是语文综合性学习的最高目标。

第四，指向基本目标，获得多种能力的提升。听、说、读、写是语文的基

---

① 中华人民共和国教育部：《义务教育语文课程标准（2022年版）》，北京师范大学出版社，2022年版，第3页。

② 钱加清、孔波、王永辉：《语文教育新视角》，吉林人民出版社，2004年版，第249页。

本能力，语文课程应使学生具有适应实际需要的识字与写字能力、阅读能力、写作能力、口语交际能力，使学生具备基本的语文素养。而综合性学习的作用就在于突破基本能力之间的局限，改变传统的阅读教学、写作教学、口语交际教学的策略，使学生的各种基本能力相互促进、相得益彰，最终提高学生综合运用的能力。

（三）语文综合性学习的意义

语文综合性学习是以一种联系的、综合的方式构建语文课程，在构建的过程中，需要老师和学生相互联系，突破传统课堂形式，使语文课堂变得弹性、灵活。其作为一种新的教学形态，无论对教师还是学生都具有深远的意义。

1. 教师层面

在综合性学习中，教师改变以往显性方面的存在，退居学生身后，以一种隐形的、潜在的存在方式为学生的学习活动提供支持与帮助。在综合性学习的过程中，教师也可获得多方面成长。

（1）有利于转变教师的观念

在传统的语文学习中，教师是知识的主要传授者，往往处于主导地位，对学生进行填鸭式的灌输，学生很大程度上是一种被动接受的状态，学习的积极性和主动性不能得到充分发挥，主体性的地位也难以显现。综合性学习作为一种活动课程，它注重学习方式的自主、实践、综合，在此过程中，教师从主导者变为指导者与促进者，学生成为学习活动的主体，学生在教师的指导下选择和确定一定的活动主题，并有序地开展学习活动，在学习的过程中主动获取知识、应用知识、解决问题。在这一过程中，学生拥有充分的自主权，教师的职能也被重新定义，教师的教学观、教师观和学生观也会随之转变。

（2）有利于提高教师开发和利用课程资源的能力

传统的课堂教学内容过于单一，过于强调书本知识的学习。而综合性学习密切了语文课程与其他领域、学生与社会生活的联系，在课程内容的设置方面，要求课程资源的多样化，这就需要教师要善于开发教材与课堂以外的各种教学资源，创设丰富的教学情境，给予学生多方面的信息刺激，促使学生将当前的学习内容与自己已知的事物相联系，帮助学生加快对新知识的理解与建构。而面对纷繁复杂的教学资源，教师也必须根据实际的教学需要进行课程资源的筛选、评价、取舍与组织，以引领和影响学生群体的健康发展。在这一过程中，教师利用课程资源的能力将不断得到提升。

2. 学生层面

在综合性学习中，学生是活动的主体，所以进行综合性学习对于学生来说，影响更加明显，对于学生的全面发展具有重要意义。

(1) 有利于培养学生的探究、创新、合作能力

语文综合性学习以学生为主体，以提高学生能力为出发点，关注学生的兴趣，给学生充分发挥的空间，能够很好地调动学生的积极性。小组合作探究是综合性学习的基本活动形式，为学生提供了更为广阔的学习空间。在综合性学习中，大部分学习任务必须由组内成员团结协作才能有效完成，小组成员需要充分发挥各自的特长与个性，围绕活动主题深入探究，为完成学习目标做出贡献。因此综合性学习，能够有效促进学生之间的合作，培养学生的合作意识，提升学生的探究与创新能力。

(2) 有利于提高学生搜集和处理信息的能力

信息化社会，搜集信息、筛选信息、分析与处理信息的能力尤为重要。在语文综合性学习中，为了深入研究某一课题，每位同学都需要根据活动的目的和要求通过问卷调查、网络搜索、访谈等多种途径来搜集、获取信息，并根据活动的需要处理信息、运用信息。如部编本初中语文教材的“传统文化、语文生活、综合实践”三类综合学习活动，都注重资料的搜集和处理，引导学生在信息的搜集与处理的过程中加强语文实践能力，获取知识和技能，有效提高语文素养。

二、语文综合性学习教学设计的现状与创新

(一) 语文综合性学习教学设计的现状

“综合性学习”发展的好坏，最终的落脚点是教学。教学的设计与实施体现了教师个人的专业素养、教师对“综合性学习”的理解与生成。“教学设计是一个系统化规划教学系统的过程”①。系统性、预设性、过程性是教学设计的基本特征。语文“综合性学习”的教学设计具备教学设计的基本特征，但不同点在于普通教学设计以课堂教学为主，语文“综合性学习”的教学过程是以活动为载体开展的，设计时必须突破课堂教学在空间与时间上的局限性。所以“语文‘综合性学习’的教学设计应该是为达到具体的综合性学习目标，系统规划教学材料和活动计划的过程”。

倪文锦在《初中语文新课程教学法》“初中语文综合性学习”一章中，详细地阐述了语文综合性学习的相关内容。在教学设计方面，他通过创设一定的教学情境，设计案例来讨论语文综合性学习的重难点，分析语文综合性学习的教学现状，并在探索过程中列出综合性学习教学中的几个容易犯的

① 〔美〕加涅著，王小明等译：《教学设计原理》，华东师范大学出版社，2018 年版，第 18 页。

错误，引人深思。

靳彤在《语文综合性学习教学设计》中，选取了有关综合性学习活动的典型课例，并对内容加以分析、整合，详细介绍了每一项综合性学习活动方案的预设、实施、成果的展示等一系列活动，为综合性学习的教学实施理清了思路。在《语文综合性学习：理论与实践》中，靳彤又结合语文综合性学习实施过程出现的具体问题的解决方法为切入点，构建出活动组织模式、观察体验模式、调查分析模式、问题解决模式、研究学习模式五大任务群。

近年来，许多学校和教师都日益重视综合性学习活动的开展，为此进行了有益的探索，但这些探索多数都浮于表面，难以持久，更难以推广。针对这一教学现状，在《语文有效教学：观念·策略·设计》一书中，郑桂华发表了自己的见解。她认为应该将"综合性学习课程化"，在设计具体的综合性学习活动时，教师应该着重考虑"选题的典型性和合理性"、"增强设计的指导性、突出训练的功能"和"设计时凸显话题的学习价值"这三个问题①。郑桂华以五个话题生成的五个活动为案例，将学习内容、学习方法和学习价值综合起来，分别介绍了从选题到成果展示的过程，侧重学习方法、学习过程等方面的训练，使综合性学习活动开展得更灵活、更有创造力。

在有关语文综合性学习教学设计中，卢金明将不同时期语文课程标准中有关综合性学习的教学目标进行比较，提出应该将综合性学习的教学目标分为"知识""能力""方法"和"情意"四个维度。他还将语文综合性学习的教学过程分为"确定主题""制定方案""开展活动"和"分享成果"四个部分。最后结合具体课例的呈现来形象地说明有关综合性学习教学设计的理念。

（二）语文综合性学习教学设计的创新

与上述综合性学习的教学设计相比，本书语文综合性学习教学设计的创新之处主要有两点：

- 本章收集近年来语文中高考试卷中的综合运用题，结合这些题目在选材、题型、测试价值等方面的特点，试着讨论语文综合性学习的功能。
- 本章综合性语文学习活动方案结合所在地区开封市的历史文化资源进行设计。

文献选读：

[1] 石中英：《知识转型与教育改革》，教育科学出版社，2001年。

[2] 钱加清、孔波、王永辉：《语文教育新视角》，吉林人民出版社，2004

① 郑桂华：《语文有效教学：观念·策略·设计》，华东师范大学出版社，2009年版，第228页。

年。

［3］倪文锦:《初中语文新课程教学法》,高等教育出版社,2003 年。

［4］靳彤:《语文综合性学习:理论与实践》,中国社会科学出版社,2007 年。

［5］郑桂华:《语文有效教学:观念·策略·设计》,华东师范大学出版社,2009 年。

［6］王荣生:《语文综合性学习教什么》,华东师范大学出版,2014 年。

［7］胡敏:《统编版初中语文综合性学习活动探究》,《现代基础教育研究》2021 年第 1 期。

［8］巢宗祺:《语文综合性学习的价值与目标定位》,《人民教育》2005 年第 3 期。

［9］中华人民共和国教育部:《义务教育语文课程标准(2022 年版)》,北京师范大学出版社,2022 年。

第二节　融合统整:综合性学习的课程定位

一、综合性学习的理论基础、概念及特征

(一) 综合性学习的理论基础

1. 皮亚杰建构主义理论

学生在学习过程中,不是被动地接受知识,而是与知识进行一种互动。学生在与知识进行互动的过程中,建构、产生新的图式和知识。皮亚杰认为,“知识不是被动地去接受,而是在获取新知识之前就已经储备一定的知识。建构主义学习观强调主动建构性、社会活动性和情境性”①。建构主义认为,在学习的过程中存在着两种形式的建构:一种是对新获得的信息进行建构,另一种则是对个体原有经验的改造和重组。建构主义理论更加强调的是后一种形式的建构,强调学生在学习的过程中对已有的知识经验进行提取、使用,以便更好地指导现实的学习活动。所以,学生在学习过程中应该有意识地形成一种复杂多样的经验背景,这样才能在面临一个新的学习环境时,灵活高效地建构起用于指导活动的图式。

语文综合性学习正是一种主动的学习过程,通过师生、生生之间的互动,利用已有知识经验为后续学习服务,在亲身体验中获得知识与技能。教师在引导学生开展综合性学习活动的过程中,应注意在了解学生已有的知识水平的基础上,调动学生原有的经验来加强对新知识的学习,以此来提高教学的效率。

2. 加德纳多元智能理论

多元智能理论认为智能是多元的,每个人身上至少存在七项智能,即语言智能、数理逻辑智能、音乐智能、空间智能、身体运动智能、人际交往智能、自我认识智能。一个人可能会在任何一种智力上都表现得不是特别出色,但将这些智力有机整合在一起,可能会收到出乎意料的结果。② 依据加德纳的多元智能理论,要求教师在实际情境中培养学生解决问题的能力和创造能力,注重调动学生多种智力的运用。综合性学习旨在创造真实的活动情境,让学生在社会、自然、文化环境中探究学习,发现问题,解决问题。同

① 熊哲宏:《皮亚杰发生认识论的康德哲学框架》,《华东师范大学学报(教育科学版)》,2000年第3期,第53-63页。

② 赵国祥:《心理学》,高等教育出版社,2011年版,第179页。

时，利用学生的主体特点，因材施教，为学生选择合适的学习方式，符合学生的认知发展。综合性学习以多元智能理论为基础，引导学生在不同的情境中、活动中将自己的优势领域进行拓展，弥补弱势领域的不足，有助于促进学生智力的多元发展，获得能力的提升。

3. 陶行知教学做合一理论

陶行知认为："教学做是一件事，不是三件事。我们要在做上教，在做上学。在做上教的是先生，在做上学的是学生。从先生对学生的关系说，做便是教；从学生对先生的关系说，做便是学。先生拿做来教，乃是真教；学生拿做来学，方是实学。不在做上用功夫，教固不成为教，学也不成为学。"①在教学过程中，教师应清醒地认识到"教、学、做"三者之间相辅相成、相互促进的关系。基于陶行知的这一理论，要求教师的教学要和生活结合起来，与社会结合，通过实践来使学生获得知识与能力。语文综合性学习正是以学生为主体，突破传统的课堂教学模式，让学生与生活、社会接轨，参与实践活动，在做中学，在学中做，不断丰富自身，提升素养。

（二）综合性学习的概念阐释

综合性学习，是在2011年语文课程标准中提出来的，但是并未对其进行概念阐释。近年来许多专家、学者纷纷对其发表意见。

朱绍禹在《中学语文课程与教学论》中没有对语文综合性学习做概念的界定，但认为它是与识字与写字、阅读、写作、口语交际相并列的一种全新的课程形态，集中而鲜明地体现了语文课程的新理念和主张。②

刘淼在《当代语文教育学》中指出："语文综合性学习是以语文学科为依托，以语文学科与其他学科、学生生活和社会生活之间的整体联系为主线，以问题为中心，以活动为主要形式，借助综合性的学习内容和综合性的学习方式培养学生语文素养发展的一种课程组织形态。"③

陈玉秋《语文课程与教学论》认为，语文综合性学习是指以培养学生的主动求知、勇于探索、勇于创新、勇于实践的能力为目的，通过语文知识的综合运用、听说读写能力的整体发展，语文课程与其他课程的沟通、书本学习与实践活动的紧密结合，实现学生自主学习的过程。④

靳彤在《语文综合性学习再认识》中指出，"课程应包括学科目标、学科内容、学科计划、学生的体验及过程、教师、教材、环境等要素。其中课程所

---

① 陶行知：《陶行知文集》，江苏教育出版社，2008年版，第285页。
② 朱绍禹：《中学语文课程与教学论》，高等教育出版社，2005年，第318页。
③ 刘淼：《当代语文教育学》，高等教育出版社2005年版，第236页。
④ 陈玉秋：《语文课程与教学论》，广西师范大学出版社，2004年，第349页。

涵盖的知识(学科内容)、学科计划以什么样的方式来传递与呈现就是课程形态”①。从这一角度出发,靳彤认为,如果把语文综合性学习看成一种课程形态,那么不仅要看到这种课程形态的内容、内容的传递方式及过程,也应看到其作为语文学科形式自身所具有的目标、计划、教师、教材、环境等课程要素,这些要素也是语文课程标准综合性学习板块应该包含的内容。

综上,语文综合性学习是以语文为基础,以语文学科为依托,利用其他学科的知识信息来完成自身教学任务的一种课堂教学形式,它不能脱离实际的语文课堂而独立存在。综合性学习强调自主、合作、探究的学习方式,注重学生的参与性、自主性,通过一系列的实践活动来发挥学生的主体性,使学生在活动中获得综合能力的提升,其最高目标是发展和提升学生的语文素养。

(三) 综合性学习的基本特征

1. 语文性

语文综合性学习虽然强调依托其他学科的知识来完成自己的教学任务,但其本质上仍是带有综合性质的语文学习方式,它不是对各学科内容进行简单的整合,而是借助已有的知识经验来获得多方面能力的发展,其最终指向是语文核心素养的提升。正如语文课程标准指出的,“注重课程内容与生活、与其他学科的联系,注重听说读写的整合,促进知识与能力、过程与方法、情感态度与价值观的整体发展”②。这一点很好地体现了综合性学习的语文性。

2. 综合性

综合性学习十分注重“综合性”,这一点在其题目“综合性学习”上就能得到体现。其强调语文与生活、社会和其他学科的联系,与思想、生活、实践等的综合,旨在提高学生听说读写能力,促进学生在德智体美劳等方面的全面发展。

如第四学段(7~9 年级)梳理与探究的学习目标有:

1. 按照一定的标准分类整理学过的字词句篇等语言材料,梳理、反思自己语文学习的经验,努力提高语言文字运用能力,增强表达效果。2. 学习跨媒介阅读与运用,体会不同媒介的表达特点,根据需要选用合适的媒介呈现探究结果。3. 自主组织文学活动,在办刊、演出、讨论等活动过程中体验合作与成功的喜悦。关心学校、本地区和国内

① 靳彤:《语文综合性学习再认识》,《课程·教材·教法》2008 年第 10 期,第 35 页。

② 中华人民共和国教育部:《义务教育语文课程标准(2022 年版)》,北京师范大学出版社,2022 年版,第 3 页。

外大事,就共同关注的热点问题搜集资料,调查访问,相互讨论,能用文字、图表、图画、照片等展示学习成果。4. 能提出学习和生活中感兴趣的问题,共同讨论,选出研究主题,制订简单的研究计划。能从书刊或其他媒体中获取相关资料,讨论分析问题,独立或合作写出简单的研究报告。掌握查找资料、引用资料的基本方法,分清原始资料与间接资料,学会注明所援引资料的出处。①

由 7~9 年级阶段的目标设定可以看出,综合性学习注重书本知识和实践活动的紧密联系,强化语文知识的综合运用,让学生在搜集、调查访问、讨论等活动中提高语文素养。

3. 实践性

语文是实践性很强的课程,应着重培养学生的语文实践能力,而培养这种能力的主要途径也应是语文实践,不宜刻意追求语文知识的系统和完整。语文又是母语教育课程,学习资源和实践机会无处不在,无时不有。因而,应该引导学生在多样的日常生活场景和社会实践活动中学习语言文字运用。综合性学习作为一种语文课程上的学习方式,注重让学生在动态过程中获得发展,凸显了语文学科的实践性特点。如部编本语文教材八年级上册第四单元的综合性学习“我们的互联网时代”,鼓励学生设计调查问卷来评价电子阅读的优缺点,并对调查结果进行统计、分析、得出结论,培养学生的实践能力。此外,还通过让信息技术课老师或互联网从业人员到班级举办专题讲座,引导学生有效利用互联网学语文,这不仅有助于提高学生实际操作互联网的应用能力,更能使学生具备当下社会所需的知识和技能。

4. 自主性

综合性学习是一个自主、合作、探究的学习方式,强调发挥学生的自主性、能动性,凸显学生的主体地位。在综合性学习活动中,学生根据任务分配,相互配合,共同合作,每个人都可以参与进来,为了完成共同的目标进行自主合作、探究。而教师更多的是起着引导的作用,是活动的参与者、促进者,为整个教学过程服务,确保教学活动的顺利开展。这样,学生参与的积极性得到了激发,自主性得到了发挥,主体性得到了重视,综合性学习的目标也会有效地达成。

5. 合作性

语文综合性学习的过程是一个合作探究的过程,小组合作探究是其主要的学习形式,学生根据活动的主题、目标、要求分工合作,进行信息的调

---

① 中华人民共和国教育部:《义务教育课文课程标准(2022 年版)》,北京师范大学出版社,2022 年版,第 16-17 页。

查、搜集、整理与分析，最终达成活动目标。在综合性学习中，教师不仅要注意激发每个成员的积极性和主动性，更要引导学生学会发扬团体合作的精神，通过综合性学习的策划、实施，培养学生的合作意识、协作精神和组织协调的能力。如部编本语文教材七年级上册第六单元的综合性学习“文学部落”的活动目标之一就可以确定为：培养团结协作的能力。那么，在开展本单元的综合性学习活动时，可以采用分工合作的形式，将活动的策划、资料的搜集、手抄报的设计等任务分配给组内成员，群策群力，合作学习。

思考：

1. 语文综合性学习是如何从加德纳多元智力理论汲取营养的？
2. 除了综合性、实践性、自主性以外，综合性学习的基本特征还有哪些？

文献选读：

[1] 朱绍禹：《中学语文课程与教学论》，高等教育出版社，2005 年。
[2] 刘淼：《当代语文教育学》，高等教育出版社，2005 年。
[3] 陈玉秋：《语文课程与教学论》，广西师范大学出版社，2004 年。
[4] 郑桂华：《中学语文教学设计》，高等教育出版社，2019 年。
[5] 陶行知：《陶行知文集》，江苏教育出版社，2008 年。
[6] 尹晓军：《语文综合性学习：变革教师的教学方式》，《中国教育学刊》，2003 年，第 11 期。
[7] 靳彤：《语文综合性学习再认识》，《课程·教材·教法》，2008 年第 10 期。
[8] 申宣成：《语文综合性学习的课程价值与设计理路——兼论统编高中语文教材活动设计》，《课程·教材·教法》，2021 年第 5 期。
[9] 中华人民共和国教育部：《义务教育语文课程标准（2022 年版）》，北京师范大学出版社，2022 年。

二、语文综合性学习课程板块的功能

语文综合性学习不能脱离客观的语文课堂，它应以语文课堂为基础，以语文课程内容的整合为基点，将语文知识与其他知识相联系，更重要的是加强与生活的联系，在实践中促进学生综合能力和语文核心素养的提升。在具体教学过程中，可以从两方面入手：一是作为教学模块，综合性学习有着完备的教学体系，以提高学生的语言表达能力、文字应用能力以及语文学科素养为培养目标。二是作为学习方式，可将综合性学习渗透于语文教学的各个领域,目的是使学生学会主动学习,掌握解决问题的能力。

据统计,部编本初中语文教材共设置十五次综合性语文学习活动。其主题都非常明确,教学内容紧紧围绕主题展开,主题围绕"传统文化、语文生活、综合实践"同步推进。语文综合性学习的主题关注学生的语文生活实际,并促使他们接受优秀传统文化的熏陶,同时又注重学生的实践能力的培养。主要具有以下几个方面的功能。

(一) 强化语文知识的学习,实现学生"学力"的全面发展

语文综合性学习有利于巩固本单元文体知识的学习。部编本初中语文教材在组织单元结构时,其单元主题内容或是以某一人文主题为中心,或是以某一文体的阅读与学习为中心,每个单元都有单元导语,导语中也会提及本单元的主题内容。因此,以教材中的单元导语为依据,来确定各个单元的主题内容,要求语文综合性学习板块与本单元所学习的文体知识等紧密相连。

比如部编本初中语文八年级上册第四单元的综合性学习活动的设计与本单元主题内容的相关性似乎不强,但仔细观察,仍可发现存在一定联系。这一单元以文体组织单元,四篇课文《背影》《白杨礼赞》《散文二篇》和《昆明的雨》,从文学体裁上看,都属于散文,目的是让学生通过散文的阅读与欣赏,领悟作品蕴含的思想情感,培养高雅的审美情趣,接受美的熏陶,丰富内心的精神世界。本单元的综合性学习以"我们的互联网时代"为主题,安排了"网络词语小研讨""电子阅读面面观"和"用互联网学语文"三个小活动,引导学生从三个角度来审视互联网对语文学习的影响。这一综合性学习设计看似取材于社会实践生活,与单元主题没有关联,但最后一个"用互联网学语文"活动中,有一个小任务提到第四单元学习了不同类型的散文,要求学生利用网络搜集有关散文的各方面知识,制作一本题为《关于散文》的小册子。这一小任务仍与散文的阅读学习相关,是对单元主题内容学习的延伸与拓展。学生在完成综合性学习的同时,也完成了对本单元阅读知识的复习与强化。因此,这一单元综合性学习设计也是对单元主题的延伸,与主题内容相关联。教材采用这种编排方式,不但可以让学生在单元学习结束后对本单元知识进行一个回顾性复习,还可以让学生在综合性学习的各种实践活动中提高知识运用能力。

综合性学习不仅关注显性学力,更重视学生隐性学力的培养。显性学力即语文教学中学生对基础知识和基本技能的掌握能力,通常用试卷来检测;隐性学力即不易观察和测量的,内隐的学习结果,如学习的兴趣、动机、态度等非智力因素以及学生的思辨力、判断力、分析力。隐性学力有利于学生自主发现问题和解决问题能力的培养。综合性学习活动要求学生主动提

出有价值的或是感兴趣的主题，通过搜集资料、集体研讨、思考分析来解决问题。这是一种非静态的学习过程，学生在此过程中是学习的主体，主人翁意识凸显，能够发挥主观能动性，整合多种因素，发散思维，处理各种可能出现的计划外的问题。此外，综合性学习不同于应试教育的“竞争性”学习，更加强调“交流合作式”学习。综合性学习促使学生走出课堂，步入社会，在真实情境下开展语文学习。这种环境有利于促进学生“学力”的全面发展。如2019年河南省中招考试试题：

右图是中华人民共和国第十一届少数民族传统体育运动会会徽。请你以志愿者的身份，向来自五湖四海的朋友介绍该会徽主体图形的构图要素及寓意。（介绍时注意要素齐全，顺序合理，语言简明得体。6分）

中华人民共和国
第十一届少数民族传统体育运动会
The 11th National Traditional Games of Ethnic Minorities of the People's Republic of China

此题要求学生介绍第十一届少数民族传统体育运动会会徽的构图要素及寓意，考察学生语言表达能力的同时，还考查了学生的思维能力和观察能力等隐性学力，综合性学习开放性的教学方式有助于培养学生的思维能力和观察能力。

（二）丰富课程资源，强化学生对传统文化的理解

综合性学习的板块设计不仅提高了学生的综合素养，还丰富了教材的课程资源。虽然教科书设置了每一节综合性学习的主题以及具体的教学实施环节，但综合性学习的开放性决定了教师可以根据学生的学习情况，灵活选择教学内容，补充学生在教材中的空白知识。如八年级上册《身边的文化遗产》，由于各地区经济发展状况的不同，导致学生享受到的学习资源的程度不同，但是在这个专题中，教育资源相对丰富充沛的学校可以利用计算机、多媒体等现代化的教学设备，让学生进入营造的情境中去体味优良传统文化的内蕴。教育资源落后的学校，教师可以根据学校的实际情况展开教学，可以带领学生去图书馆查阅相关资料，补给相关知识，也可以带领学生实地考察，增长学生见识，让学生更直接地受到传统文化的熏染。

语文作为教授民族语言和传递民族文化的学科，在培养学生语言表达和文字运用能力的同时，还承载着培养学生美德、塑造学生品格、提升学生精神世界、形成正确价值观、健全学生人格的重要使命。温儒敏指出，部编教材要充分体现和传递社会主义核心价值观，使价值观与语文教学融为一体，相得益彰，使学生自然而然地、潜移默化地接受感染，起到润物细无声却又持久深刻的效果。综合性学习主题设置的三条线索“传统文化、语文生

活、综合实践”，有力地凸显了其内蕴的核心价值观。如七年级上册“有朋自远方来”、七年级下册“天下国家”、八年级上册“人无信不立”、八年级下册“以和为贵”、九年级上册“君子自强不息”五篇与传统文化紧密相关。其中“有朋自远方来”是自我展示会，“天下国家”是故事会和朗诵会，“以和为贵”是讨论会。以风格多样的活动为载体，将学生置于真实的情境中，灵感和思维迸发，情感也得到了激发，既有立意，又不流于“说教”，相较于生硬的抄写和背诵，更容易让学生接受、记忆。如2020年河南省中招考试试题：

(1) 小文同学搜集到了下面三则材料。请你提取并整合这三则材料的主要信息，用一句话写出你的结论。30字左右。(3分)

材料一

河南是中华文明的重要发祥地之一，是中国人乃至许多海外华人的“祖根地”。2012年1月，河南省人民政府、河南省旅游局委托中央电视台制作“老家河南”文化旅游形象宣传片。该片先后在央视一套、四套等频道播出，成功地塑造了文化厚重、风光秀美的河南文旅新形象。

材料二

2019年9月26日，河南省“掌游中原老家河南”智慧文旅项目正式启动。该项目利用云计算、大数据等互联网技术，助力河南实现全省旅游服务智慧化，打造全国智慧旅游标杆省份。

材料三

2020年4月1日，《河南省旅游条例》正式实施。该条例是全国文化和旅游行政管理体制改革后首部订立、实施的地方性旅游法规，着力贯彻全域旅游理念，促进文旅融合，推动河南旅游业转型升级，有助于进一步推广“老家河南”文旅品牌。

(2) 大家都在为宣传推广“老家河南”文旅品牌献计献策，小化同学展示了自己仿照真实高铁票(图一)设计的一张宣传卡片(图二)。请你结合活动主题，说说这张宣传卡片设计的巧妙之处。要求：观点明确，语句通顺，80字左右。(5分)

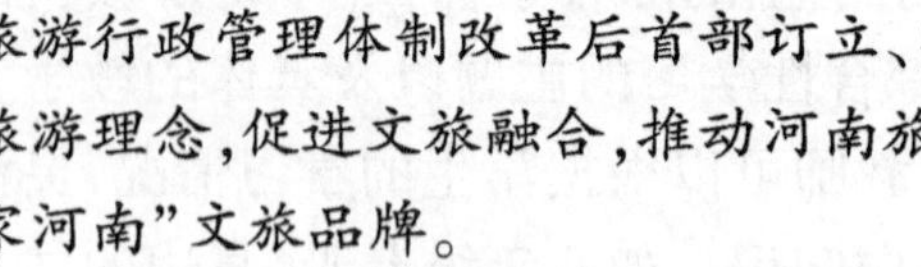

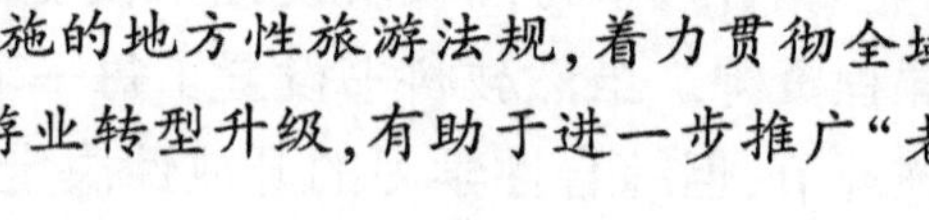

此题要求学生围绕“老家河南，文化旅游”主题活动对材料提取信息，并让学生指出宣传语的巧妙之处，考查学生整合信息、表达信息的能力的同时

加深了学生对家乡传统文化的了解，体会家乡文化对于塑造家乡的优美形象、丰富家乡文化底蕴的重要意义。因此，综合性学习可以让学生更直观地感受传统文化的魅力，受到优秀传统文化的熏陶与感染。

（三）转变学生学习方式，培养团队合作和创新能力

语文综合性学习转变了学生的学习方式。语文综合性学习以学生的个性特点为基础，提倡激发学生的学习自主性，尊重学生在学习中的实践体验，打破了传统的语文学习方式，在激发学生学习兴趣的同时培养学生合作探究的能力。《义务教育语文课程标准（2022年版）》指出：语文课程是一门学习国家通用语言文字运用的综合性实践性课程。工具性与人文性的统一，是语文课程的基本特点。① 语文综合性学习将课本知识与生活实践紧密联系，把课程知识内化在实践活动中，帮助学生深入理解理论性较强的知识，同时有助于培养学生的动手操作能力、细致入微的观察能力、沟通合作能力与组织协调能力等。

语文综合性学习有利于培养学生的团队合作和创新能力。综合性学习的课堂要真正地做到：学生带着要研究的问题而来，又带着研究的成果而去，在综合性学习活动中实现语文核心素养的提升。通过实践活动激发学生对周围事物的敏感性、观察力和反映力，继而发现问题、研究问题、解决问题，这对培养学生的探究能力、钻研能力、创新能力和问题解决能力具有重要价值。在学习过程中，小组内成员进行分工合作时要求学生注意语言规范，尽可能地做到语言生动感人。除此之外，在开展语文综合性学习活动时，要通过加强教师与学生之间的合作、学生与学生之间的合作，提高学生的合作能力和活动能力。

部编本初中语文教材中的综合性学习，在每一个活动下都有与主题密切相关的任务目标，任务描述十分详尽。在每个小标题下都可以清楚地了解到学生在学习本次综合性学习时所需要完成的任务。同时每一次综合性学习的活动任务是循序渐进的，学生通过各个任务之间的联系，层层递进，能达到更好的学习效果。而且教材的综合性学习在设计过程中，充分考虑到了各地教育水平的发展状况，为了使不同地区的孩子能够充分理解综合性学习，对活动步骤的设计或提示，都有较为详细的指导。例如在七年级下册的“天下家国”中，要求学生结合课内所学内容以及课外知识的积累，搜集相关人物的爱国事迹，这不仅考察了学生搜集信息的能力，还培养了学生的团结合作能力。此外，如2017年河南省中招考试试题：

① 中华人民共和国教育部：《义务教育语文课程标准（2022年版）》，北京师范大学出版社，2022年版，第1页。

阅读下面材料,按要求答题。(共 8 分)

材料一　2016 年 11 月 30 日,中国申报的"二十四节气"被列入联合国教科文组织人类非物质文化遗产代表作名录。"二十四节气"是中国人通过观察太阳周年运动,认知一年中时令、气候、物候等方面变化规律所形成的知识体系和社会实践。

材料三　"二十四节气"春秋时出现,西汉时完善,使用至今。比如,人们会按"清明前后,种瓜种豆"等谚语来组织农事活动,中医养生与治病也会跟着节气走,还有很多活动与节气的内涵相关,如某集团推行"惊蛰计划",以彰显"不甘潜伏,勇于探索"的精神。

(二) 根据以上几则材料的内容写一段话,介绍"二十四节气"的文化意义和社会功能。(70 字以内)(4 分)

此题,引导学生探索非物质文化遗产"二十四节气"的文化意义和社会功能,改变了学生对"二十四节气"的浅显的和传统的认知,使学生开拓思维、转换视角,更加深入地思考二十四节气对于社会发展以及文化的传承、创新和弘扬的重要作用,有利于转变学生的问题视角,培养学生的创新意识。

语文综合性学习是在我国基础教育改革的背景下提出的新型教育理念,是语文知识和教学体系中的重要组成部分,重视并充分发挥语文综合性学习板块的功能对强化语文学习十分重要。

思考:

请简要论述综合性学习对学生发展的作用。

文献选读:

[1] 王文彦、蔡明:《语文课程与教学论》,高等教育出版社,2002 年。

[2] 靳彤:《统编本初中语文综合性学习的编写体例及教学建议》,《语文建设》2017 年第 28 期。

[3] 申宣成:《语文综合性学习的课程价值与设计理路——兼论统编高中语文教材活动设计》,《课程 · 教材 · 教法》2021 年第 5 期。

[4] 郑国民、冯伟光、沈帼威:《语文综合性学习的理论基础与基本特征》,《语文建设》2002 年第 4 期。

[5] 中华人民共和国教育部:《义务教育语文课程标准(2022 年版)》,北京师范大学出版社,2022 年。

三、统编版教材中语文综合性学习的设计思路

对于大部分学生与教师而言,教材内容是认识"综合性学习"最直观的一手材料,内容的选择与编排影响着教师的教学设计、学生的学习兴趣。从最直接的教材内容反观语文教育者们对"综合性学习"实施理念、阶段目标等核心内容的不同理解,能为教师的具体操作实施提供思路。要了解语文"综合性学习"就绕不开对教材内容的系统分析。

统编版初中语文教材综合性学习板块是一个独立的学习板块,并且每部分主题都相对集中,改变了以往人教版教材将综合性学习、口语交际、写作杂糅在一起的编排体例,将"语文综合性学习"与"识字与写字""阅读""写作""口语交际"等课程形态并列,作为语文课程的基本组织形态之一。七、八年级每册教材有三个综合性学习活动,九年级上册有两个,下册一个。在全部的学习板块中,部编本教材将语文综合性学习活动分为"传统文化、语文生活、综合实践"三个序列,具体划分如下表:

语文综合性学习主题活动			
年级	传统文化类	语文生活类	综合实践类
七年级上册	《有朋自远方来》	《少年正是读书时》	《文学部落》
	主要活动:自我展示 次要活动:资料搜集、整理、讨论、交流,策划、组织、实践活动,写作,填写评价表	主要活动:专题研讨会 次要活动:填写调查问卷、对比、分析、讨论、分享	主要活动:组建文学兴趣小组 次要活动:读书写字交流会,布置文学角,创立班刊
七年级下册	《天下国家》	《我的语文生活》	《孝亲敬老,从我做起》
	主要活动:人物故事会、诗词朗诵会、名言展示会 次要活动:资料搜集、加工,手抄报,互评,阅读,讨论	主要活动:调查访问 次要活动:用文字、绘画、照片等记录,模仿写作广告词,制作知识卡片,整理汇总表,投票评选	主要活动:策划组织活动月 次要活动:阅读资料,制定方案,讨论会,海报,写文章,班会,邀请专家,去敬老院慰问活动

续表

语文综合性学习主题活动			
年级	传统文化类	语文生活类	综合实践类
八年级上册	《人无信不立》	《身边的文化遗产》	《我们的互联网生活》
	主要活动:演讲会 次要活动:搜集资料,分类成册,资料网络共享,访问,讲故事	主要活动:答辩会 次要活动:小组推荐,讨论,实地考察,撰写申请报告,话题作文	主要活动:问卷调查 次要活动:研讨会、搜集资料、讨论、专题讲座,网络搜索
八年级下册	《以和为贵》	《古诗苑漫步》	《倡导低碳生活》
	主要活动:讨论会 次要活动:资料搜集、整理汇总入档案袋,创作标语,组内改评,写作	主要活动:朗诵活动 次要活动:配乐或自编音乐,评判小组,小组展示,编录专题诗集,交流分享	主要活动:主题宣传 次要活动:话题讨论,搜集资料、撰写宣传文稿,访问咨询、实地考察、制作宣传资料、宣传
九年级上册	《君子自强不息》	《走进小说天地》	
	主要活动:演讲 次要活动:搜集阅读资料、故事会、采访	主要活动:故事会 次要活动:绘制流程图、搜集资料、整理篇目表、建立人物档案、"大家猜"活动、编写人物词典、改编、续写	
九年级下册	《岁月如歌——我们的初中生活》		
	主要活动:制作班史 次要活动:成立编委会,制定编写计划、搜集信息资料、编辑加工、装帧设计		

如表格所示,统编版语文教材每册的综合性学习活动均分为三个序列:"传统文化"序列,选取某个关键词作为主题,使学生从中华民族博大精深的传统文化中汲取营养,领悟为人处世、修身养性、自我塑造等方面的道理,并感受强大的家国情怀;"语文生活"序列,将语文与学生的实际生活密切联系,使学生通过辩论、朗诵等活动更加深切地体会语言文字的魅力,感受文学作品中栩栩如生的人物形象,领略我国的物质文化遗产与非物质文化遗产所具有的民族性和经典性;"语文综合实践"序列,更加凸显综合性学习的"实践性"特点,通过问卷的设计,资料的搜集、整理与分析,活动的策划等多样化的学习方式完成综合性的实践活动,提高学生运用语文知识解决语文

实际问题的水平。

另外，从整个活动分布来看，语文综合性学习活动更好地结合了当下热点，如孝老敬老、天下家国、用互联网学语文、身边的文化遗产等，不仅贴合学生生活，更具有时代性。同时根据活动主题的需要，为学生提供了不同的学习形式，如问卷调查、搜集对联、演讲、唱古诗、故事会、制作班史等，形式多样，为学生提供了广阔的学习空间，由此激发学生的学习兴趣，更好地帮助学生在实践中获得知识、技能，有效提高学生的语文素养。

第三节　综合性学习教学的设计与实践

一、综合性学习教学设计的设计原则

语文综合性学习教学设计应遵循一定的设计原则。只有遵循一定的指导原则，才能更好地为具体的教学设计服务。首先，要把握语文要素，体现语文性；其次是遵循多元化，突出综合性；最后是合理组织活动过程，体现实践性。

（一）把握语文要素，遵循语文性

语文综合性学习是不同于科普课、讨论课、社会实践课的一门综合性的语文课。因此在进行语文综合学习的教学设计时，首先要注意的就是把握语文要素，遵循"语文"的特性。《义务教育语文课程标准（2022 年版）》提出："注重课程内容与生活、与其他学科的联系，注重听说读写的整合，促进知识与能力、过程与方法、情感态度与价值观的整体发展。"①语文综合性学习作为语文课堂学习的组织形态之一，在活动设计过程中要体现听、说、读、写这些语文要素的结合，同时在活动方式的呈现上，也应体现语文课的特点，不能将其设置为科普、讨论等课程类型，其目的最终指向的是语文活动成果的呈现。所以，在进行整个综合性学习教学设计时，要注重体现语文性，注重学生的情感熏陶与人文体验，促进学生语文能力的提升。

（二）遵循多样化，突出综合性

语文综合性学习最突出的特点就是综合，突出其综合性可以从两个方面进行。首先是教学资源的整合。除了教材资源外，还有丰富的生活资源、社会资源，教师可以以教材为本，从教材中挖掘资源类型，引导学生利用各

---

① 中华人民共和国教育部：《义务教育语文课程标准（2022 年版）》，北京师范大学出版社，2022 年版，第 3 页。

种类型资源设计一节综合活动课程。如关于身边的文化遗产这一活动主题，教师可引导学生结合本土文化资源进行调查分析，进行实地调查、采访，还可利用网络资源进行查阅。同时，综合性学习要学会整合学科资源，设计跨学科的学习活动。其次，综合性学习教学设计要体现语文的综合性。在整个活动过程中，我们要实现的是学生多方面能力的提升，所以在实施中不能只对学生进行单方面的语言或写作训练，要根据活动主题设计多样化的活动，达到听、说、读、写多方面的综合发展。

（三）合理设计活动过程，体现实践性

语文综合性学习具有实践性，它与阅读教学有着明显的区别。在进行综合性学习教学设计时，要注重体现教学设计的实践性。自主探究活动作为综合性学习的主要学习方式，注重引导学生进行策划、组织、开发多样的主题活动，并在具体活动中学会用语文解决问题。依据这一原则，教师在进行综合性学习教学设计时，应根据活动主题合理设计教学活动，构建活动支架，突出活动的实践性，提高学生的参与性，如组织学生用语文知识撰写活动计划、活动总结、简单的研究报告，组织学生演讲、讨论等。

二、综合性学习教学设计的构成

“语文综合性学习”作为语文课程一个重要组成部分，是为了克服传统语文教学不注重开放性、主动性的弊端，在语文课程改革过程中所采用的一个重要模块。语文综合性学习通过创设真实可感的学习情境，引导学生通过阅读、交流、合作互助等方式，调动学生参与活动、动手操作、学习语文知识和技能的积极性，有利于开拓学生思维，提高语言运用能力和实践应用能力、合作探究能力。那么，在中学语文教学中我们应当如何开展综合性学习活动呢？

（一）教学目标

《义务教育语文课程标准（2022 年版）》（以下简称《课程标准》）对综合性学习板块提出了诸多要求，在学段目标、教学建议、评价建议等部分都有相关说明。第四学段（7~9 年级）梳理与探究的学习目标有：

1. 按照一定的标准分类整理学过的字词句篇等语言材料，梳理、反思自己语文学习的经验，努力提高语言文字运用能力，增强表达效果。2. 学习跨媒介阅读与运用，体会不同媒介的表达特点，根据需要选用合适媒介，呈现探究结果。3. 自主组织文学活动，在办刊、演出、讨论等活动过程中体验合作与成功的喜悦。关心学校、本地区和国内外大事，就共同关注的热点问题搜集资料，调查访问，相互讨论，能用文字、图表、图画、照片等展示学习

成果。4. 能提出学习和生活中感兴趣的问题，共同讨论，选出研究主题，制订简单的研究计划。能从书刊或其他媒体中获取有关资料，讨论分析问题，独立或合作写出简单的研究报告。掌握查找资料、引用资料的基本方法，分清原始资料与间接资料，学会注明所援引资料的出处。①

总的来说，语文综合性学习作为语文课程中一种相对独立的教学形态，注重语文性的同时，强调语文课程与实际生活的联系，注重知识学习的同时，强调语文课程与实践的整合，加强语言运用能力的同时注重学生思维能力、审美能力的提高和主动质疑、敢于探索、勇于创新的精神的培养，致力于学生的语文核心素养的全面提升。综合性学习的主要呈现方式是实践活动，具体途径主要有组织活动（如演讲、朗诵、辩论、采访）或研究性学习（如阅读资料、问卷调查、访谈咨询等）。因此在综合性学习教学设计的过程中要突出学生的参与性、主体性，由学生围绕活动与主题互助合作，进行活动的设计、组织与开展，引导和鼓励学生进行探索研究、开拓创新。

（二）教学内容

王荣生教授指出："先进的理念首先关乎教学内容，首先要落实到'教什么'上。"②综合性学习虽与传统的课堂教学在方法和具体实施方面存在一定的差异性，但基本的教学要素也应有所涉及，教师在组织综合性学习活动时，应弄清楚一堂课的教学内容是什么，"一堂语文课，如果教学内容有问题，或者只有在考试的试卷上才有用，那么教师的教学再精致、再精彩，课堂的气氛再热烈、再活跃，价值都极为有限。"③同时，教师在组织教学时，也应进行合理的规划。目前一线课堂中，综合性学习流于形式。温儒敏认为"部编本语文教材就在减少综合性学习的课时的同时，把这一课型做得更实在，每次的主题也更加集中，以提升这一课型的教学效果。"④

课程标准关于综合性学习的"教学提示"明确提出：要引导学生在广阔的学习生活情境中学语文、用语文、提高交流沟通、团队协作和实践创新能力，注意引导学生掌握问题探究基本步骤和方法，学会提炼、表达、呈现学习

① 中华人民共和国教育部：《义务教育语文课程标准（2022年版）》，北京师范大学出版社，2022年，第16-17页。

② 王荣生、李海林：《语文课程与教学理论新探学理基础》，上海教育出版社，2008年，第156页。

③ 王荣生、李海林：《语文课程与教学理论新探学理基础》，上海教育出版社，2008年，第156页。

④ 温儒敏：《"部编本"语文教材的编写理念、特色与使用建议》，《课程·教材·教法》，2016年第11期，第7页。

成果，着重培养学生综合运用多学科知识解决实际问题的能力。①

(三) 教学策略

1. 合理利用信息技术，开展综合性学习

如今，我们处在快速发展的信息化时代，教师应尽快适应信息时代教育改革新生态，加快信息技术与学科教学深度融合，积极运用信息技术手段，打破综合性学习的时空界限，为综合性学习活动提供多样化的教学内容。首先，教师可以指导学生在学习过程中合理使用信息技术手段，进行阅读、搜集资料、讨论交流等，充分发挥学生学习的主动性、积极性和创造性，让学生自主构建自己的知识库，形成一定的教学背景资源。其次，信息资源丰富且复杂，学生面对海量的信息资源，可能无法获取有效信息，这就需要教师引导学生将搜集到的信息进行鉴别、遴选、分析、判断、归类，根据自身的需要合理利用信息，为自己的教学任务服务。最后，鼓励学生动手实践，让学生选择自己比较感兴趣的主题作为研究对象，利用互联网技术将搜集到的相关信息制成自己喜欢的页面、图文、音像等，并组织学生进行展示，从而实现资源共享。

如八年级上册第四单元，综合性主题"我们的互联网时代"，信息社会下互联网的普及极大地影响着我们的语言、文化、思维方式和价值观念。利用本单元的综合性学习主题，通过设置电子阅读面面观、网络词语研讨、用互联网学语文等活动，帮助学生了解掌握一些网络搜索的技巧，在学习的过程中合理利用网络求助，具备学会浏览和筛选关键信息的能力。

2. 利用教材安排的内容，开展综合性学习

语文教材是承载语文学科知识的载体，教材中的课文是传播学科知识的途径，是学生在日常学习中需要掌握的内容。那么如何利用教材安排的内容呢？我认为要从以下两方面着手。

(1) 明确主题划分，层层深入展开

教师要注意教材本身与综合性学习主题的联系，整合教材资源，以教材为出发点引导学生关注课本，以课本为基础拓宽思路，这样不仅可以加深对教材文本的理解，也可以促进课本与实践的结合。部编本初中语文教材综合性学习在专题划分时，可以说脉络十分清晰，大致可以分为"传统文化类""语文活动类""现实生活类"三个方面。比如说七年级上册"有朋自远方来"、七年级下册"天下国家"、八年级上册"人无信不立"和八年级下册"以和为贵"这类主题都和传统文化有关，因此，教师在进行活动设计时，可将之

① 中华人民共和国教育部：《义务教育语文课程标准(2022年版)》，北京师范大学出版社，2022年版，第36页。

前学习过的爱国文章、古诗词进行充分利用，引发学生讨论与思考。此外，要根据教材所提出的要求进行一定的融合，如“天下家国”的活动形式可以设计为讲述人物故事、朗诵诗词，“人无信不立”设置为演讲，“以和为贵”则以讨论会进行开展，注重活动形式与活动主题的贴合度。

（2）依据活动主题，把握时间维度

部编本语文教材中的综合性学习主题服务于本单元内容或单元重点课文，与课文选材紧密贴合，但是实施过程中存在专题设置与实际教学不适用的情况。因此，结合实际情况进行灵活调整，有利于推动综合性学习活动顺利进行。综合性学习由于主题活动自身的特点不同，因而，在具体实施过程中，教师应合理地把握时间维度。例如八年级上册综合性学习“身边的文化遗产”中“文化遗产推荐与评选”这一活动设计，教师可以结合当地实际情况，允许学生利用周末时间去考察拟申报的项目。而七年级上册的“文学部落”则至少要开展一个月的活动周期，这样不仅有助于提高学生对于教学内容的理解，而且可以引发学生对综合性学习活动的思考和感悟。

3. 借助语文实践活动，开展综合性学习

“‘活动’是综合性学习展开的基本方式，是语文实践的直接体现。”①在校内，我们可以结合校园环境开展综合性学习。例如在“天下家国”综合性学习活动中，教师可根据教材提示开展爱国人物故事会、诗词朗诵会、名言展示会等。此外，还可根据具体学习内容开展手抄报、舞台剧等活动，这样有利于学生主动积极地学习，拓宽语文学习的渠道。教师还应多多创造让学生走出校门的机会，使学生根据某个项目的要求进行参观访问，并组织学生做社会调查，也可以和家长合作，利用周末时间带学生参观附近景点，运用自己的生活经验理解课文。此外，教师可以要发挥学生的主观能动性，引导他们把在课堂上学到的知识充分运用到实际生活，尽可能发挥语文的交际和传播功能，比如设计一些让学生写倡议书、广播稿、导游解说词、设计广告语等这样的活动，以求达到“语文生活化、生活语文化”的效果。

情景的设置是提高语文教学水平的重要方式，这就需要教师在进行教学设计时在收集、整理材料以及思考方面下功夫。其中教学素材的积累极为重要，尽量避免让学生产生隔膜感、晦涩感，要和学生生活比较常见的素材联系起来，如环境、时代、当地素材等。使用真实场景让语文与生活产生联系，使学生更容易理解语文知识的具体含义，形成合乎情理的语文学习观，进一步提高学生学习语文和感悟生活的能力。

① 靳彤：《统编本初中语文综合性学习的编写体例及教学建议》，《语文建设》2017年第28期，第11页。

（四）教学评价

合理的教学评价有利于发挥诊断、调节、激励和有效的教学作用，此外，《义务教育语文课程标准（2022年版）》也提到过程性评价的相关要求：“过程性评价重点考察学生在语文学习过程中表现出来的学习态度、参与程度和核心素养的发展水平。”①可见，教学评价在综合实践活动课程中必不可少。

在教学过程中，大部分教师俨然能够认识到评价对于综合性学习活动的影响，但多数教师主要集中于“口头评价”“布置作业，书面呈现”评价方式上，评价手段较为单一，甚至还有教师没有掌握综合性学习的评价方式，不作评价。尽管，课标对语文综合性学习的评价给出了具体建议，但综合性学习丰富的活动内容、多样的活动途径、范围广的活动，以及不固定的评价体制，致使语文综合性学习活动的评价难度仍然较大。在这种情况下，教师可以基于课标尝试多角度、全方面去综合评价，客观地反映出学生在语文综合性学习活动中的表现情况，从而使学生的能力得到发展，素养得以形成。

1．过程性评价和终结性评价相结合

在现阶段的评价方式中，我们要打破过去以老师为主的单一评价方式，力求评价方式的多元化，尝试使用多种评价方法，试图在评价过程中建立完整有效的评价模式。传统单一的评价方式往往不能满足综合性学习评价的需求，只有将过程评价与结果评价相结合，才能确保评价内容全面、无遗漏。

过程性评价作为一种近年提出的新教学评价方法，该方法不仅改变了传统定量评价的方式，更是在评价中融入定性的内容。那么什么是过程性评价呢？对于这个概念国内有许多知名的学者都曾下过定义，有的学者认为是一种以“过程性的观察为主”的评价，主要评价学生的认知学习的过程；有的学者则强调过程性评价“主要是对学生学习过程中的情感、态度、价值观做出评价”……“过程性评价不是对微观意义上的学习过程的评价，也不是只注重过程而不注重结果的评价，而是对课程实施意义上的学习动机、过程和效果的三位一体的评价，或者说是人的生命意义上的学习评价。”②

过程性评价对学生的学习态度、行为、习惯、兴趣、方式等这些无法给出具体测试的内容异常适合，因为其具有及时、灵活、全面、深入和可持续等优点，如果教师将这种评价方式运用到课堂教学，尤其是在进行自主学习的课堂中运用，必将会激发学生的学习兴趣、提高课堂效率。而且，终结性评价

---

① 中华人民共和国教育部：《义务教育语文课程标准（2022年版）》，北京师范大学出版社，2022年版，第46页。

② 黄甫全：《课程与教学论》，高等教育出版社，2002年。

只能反映学生的学习结果，不能反映学生学习过程的变化。在教学过程中对学生进行客观、恰当的评价，能够帮助学生更清晰地了解自己所处的阶段以及之后努力的方向。教师在进行过程性评价时，可对学生进行适当引导，帮助学生更好地表现自我，例如，设立相应的奖励机制，让积极的同学带动经常不发言的同学，同时也要密切关注学生学习期间的情感变化，这样不仅能够激发整个班的学习热情，也可以促进师生、同学关系，有利于之后的学习合作。

2. 实现评价主体多元化

一方面要建立完善的评价机制，老师可根据实际情况从学生的表达能力、信息搜集能力、合作探究能力、处理问题能力等方面进行考察、评价，力求结果的公正性，并根据评价结果有针对性地培养学生，切勿仅根据考试成绩这一项来评价学生，同时要注意评价主体的多元化。在教学中，我们往往以教师评价为主，这虽有一定合理性但有时很容易以偏概全，因此我们在综合性学习过程中要将教师和学生的评价结合起来，达到评价结果的客观化。

加德纳强调教师要尊重每一位学生，并且根据每位学生特点因材施教。评价亦是如此，学生不仅是学习的主体，而且是教育活动的评价主体，学生评价方式主要分为自评与互评。这是学生自评与教师评价最重要的不同。

学生都有权利与义务进行自我评价。在实践学习中，学生的心理、思维、认知等都在发生变化，自我评价更能使学生全面、客观、深刻地认识自己，能够及时提出补救措施，朝着正确方向发展。这一环节有利于增强学生的学习自信，提高学生的学习兴趣与热情。这就要求教师能够掌握每个学生的特点，并根据活动要求，与学生一起制定“XXX(活动主题)综合性学习评价表”，表格内容可以包括掌握新的学习方法、培养自己口语表达能力、锻炼自己写作能力等多方面评价，使学生在具体活动中感知自己的成长与变化。

小组合作学习中，学生互评也是一种有效的评价手段。在具体活动中，学生在小组任务中扮演不同角色，这时需要教师组织开展学生互评，互评内容包括知识搜集、材料整理、踊跃发言、善于思考等进行 ABCD 等级打分，并且附上原因等，学生之间相互学习，发现问题，取长补短，才能更好地合作与学习，潜移默化地培养合作意识。

3. 以档案袋为载体

评价是综合性学习教学过程中实施的难点，从过往的教学实践经验来看，档案袋评价是一种比较符合语文综合性学习特点同时便于操作的评价方式。档案袋评价也被称作成长记录袋评价，本质上是真实性评价的一种具体操作方法。正如比尔·约翰逊所说：“如果要求五个不同的教师给档案袋评定下定义,你很可能会收到五个不同的答案,其中每一个都没有'错'。这是由档案袋评定的性质决定的。它们通常与特定情景或发现这种方法的学校联系在一起的。"①综合性学习中的档案袋评价甚至可以理解为一种学习方法,综合性学习的特点与要求决定了学生在学习过程中会生成大量的学习成果:活动方案,搜集、整理的资料,访谈提纲,采访记录,文字、图片甚至绘画成果,评价量表,等等。应当注意的是,"在档案袋评价中,档案袋实际上仅仅是一个载体,还需要依靠其他的评价方式,如真实性评价、表现性评价、目标游离评价、苏格拉底讨论式评价等"②,才能真正完成评价任务。实施时综合使用多种评价方式,力求对学生的学习做出全面、真实、准确的评价。

4. 评价原则

"语文课程评价要体现语文课程目标的整体性和综合性,全面考查学生的语文素养。"③语文综合性学习要全面、全方位评价学生,建议遵守教学评价三原则。

教学评价坚持客观性,这是前提。教学评价过程中要依据学生学习实际行为、实际能力与实习掌握为准,尊重教学方法与教学实际,不能以自己主观臆想为标准。

教学评价坚持整体性,这是要求。教学过程是量变到质变的过程,在教学评价中切忌以偏概全,而且为了能够真实地反馈教学结果,就要坚持定性评价与定量评价相结合,并在实际教学中分清主次,抓主要矛盾,兼顾具体问题具体分析。

教学评价坚持发展性,这是重点。教学是连续的过程,教学评价会根据教学目标将对教师教学的方式进行检验,也会对学生的学进行反馈,所以教学评价不仅提高教学水平,也会刺激学生学习能力,达到理想的效果。

思考:

1. 如何合理利用教材内容开展综合性学习?
2. 在进行综合性学习时如何实施教学评价?

文献选读:

[1] 靳彤:《语文综合性学习理论与实践》,中国社会科学出版社,2007

① 靳彤:《统编本初中语文综合性学习的编写体例及教学建议》,《语文建设》2017 年第 28 期,第 12 页。

② 靳彤:《统编本初中语文综合性学习的编写体例及教学建议》,《语文建设》2017 年第 28 期,第 13 页。

③ 靳彤:《语文综合性学习再认识》,《课程·教材·教法》2008 年第 10 期。

年。
[2] 王荣生、李海林:《语文课程与教学理论新探》,上海教育出版社,2008 年。
[3] 王荣生:《语文综合性学习教什么》,华东师范大学出版社,2014 年。
[4] 杨培禾、曹温庆:《综合实践活动课程论》,首都师范大学出版社,2019 年。
[5] 高凌飚:《关于过程性评价的思考》,《课程·教材·教法》2004 年第 10 期。
[6] 黄伟:《核心素养视域中语文综合性学习的深化》,《语文建设》2017 年第 28 期。
[7] 靳彤:《统编本初中语文综合性学习的编写体例及教学建议》,《语文建设》2017 年第 28 期。
[8] 靳彤:《语文综合性学习再认识》,《课程·教材·教法》2008 年第 10 期。
[9] 黄甫全:《课程与教学论》,高等教育出版社,2002 年。

三、综合性学习活动教学设计的具体操作流程

要想保证综合性学习活动能够顺利进行,需要一套具体的操作流程作为指导,一般而言,综合性学习活动教学设计可以分为四个阶段:设计课题阶段、活动准备阶段、实践交流阶段、总结评价阶段。但在具体活动设计中,应根据活动的主题灵活设计。在这里,我们设计一套完整的操作流程,以供参考。

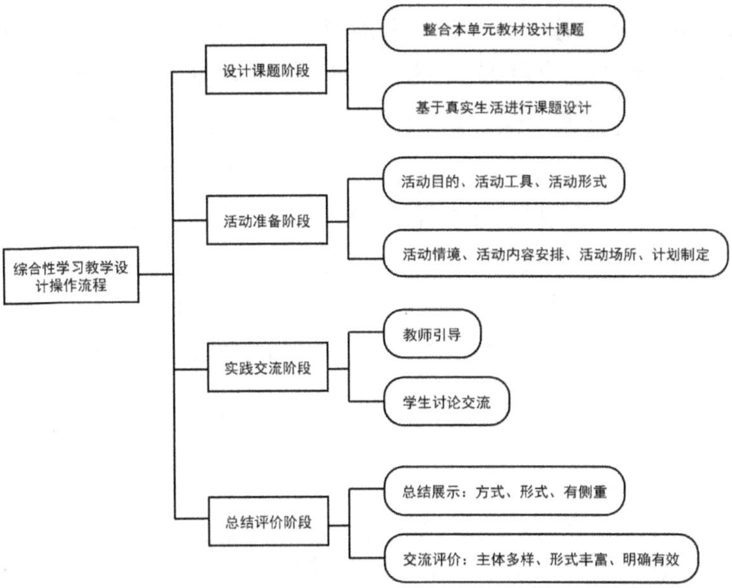

(一) 设计课题阶段

该阶段是综合性学习活动的设计课题阶段。教师要根据活动目标,设计每一阶段的活动任务,明确每一阶段学生需要解决的问题,并为学生制定一定的活动方案。教材中的综合性学习活动设计为学生提供了一定的设计方案,可将其作为综合性学习设计的基础,并依据活动的实际情况和学生的学习需要对现有的活动方案进行相应的整合或调整。主题选择多是从教材中选择的,这些活动主题多是来自生活,经过学生的实践,最终又回到生活。教师在选择活动主题时,应尽量贴合学生的生活,从鲜活的生活实际入手,建立在一个能够为学生语文潜能发展提供良好情境的基础之上。此外,主题应该具有教育价值,特别是要体现语文课程目标的价值。“教学设计的本质是使教育达到其最终的目的。课程与教学目标是培养目标在各门课程及其教学中的具体化。”①所以在确定主题后,要根据主题制定教学目标,综合性学习的教学目标的设计必须建立在正确的语文课程理念基础之上,旨在提升学生的综合能力。

“单元是基于一定目标与主题所构成的教材与经验的模块、单位,可以大体分为基于学术与艺术等文化遗产、以系统化的学科为基础所构成的教材单元(学科单元)与以学习者的生活经验为基础所构成的经验单元(生活单元)。”②基于此,活动课题的确定大致分为以下两条途径。

1. 整合本单元教材设计课题

部编本初高中语文教材的单元是按照两条线来进行组织编排的,即人文主题和语文知识要素。每个单元内的选文以及综合性学习,共同指向一个大主题,各部分有机组合在一起。因此,依据部编本教材的编排方式,教师在进行活动课题设计时,本单元的其他部分都可以成为重要的线索和支撑材料。但同时应注意的是,统编版初中语文教材是每两个单元设置一个综合性学习,这就造成有些单元的内容适合设置活动,但教材中没有设置,这就需要教师平时注重积累,积极开发。例如,在学习鲁迅小说时,尽管书本中并没有设置相关的综合性学习活动,但为了使学生更容易理解鲁迅的文和人,打破学生和鲁迅之间的隔阂,教师可以以鲁迅小说为主题设计一系列的课题活动:“ 1)学习、排练、表演梅阡的话剧《咸亨酒店》。2)阅读研究话剧所涉及的《长明灯》《狂人日记》《药》《明天》《孔乙已》《祝福》《阿 Q 正传》七篇小说和相关资料,撰写并交流讨论故事梗概、人物小传、阅读心得。3)自己选择表演角色,撰写角色分析和表演计划。4)排练并表演话剧。撰

① 陈佑清:《教学论新编》,人民教育出版社,2011 年,第 312 页。
② 钟启泉:《学会“单元设计”》,《中国教育报》,2015 年第 9 期,第 6-12 页。

写并交流演出手记和剧评。"①

2. 基于真实生活进行课题设计

语文教材是经过千万语文专家不断淘洗、磨炼，加工出来的精品，可以说是教育界的作品标杆。但是，时代变迁、生活易转，我们的身边每天都在发生着各种各样的变化。而且综合性学习是教材和现实生活联系最紧密的部分，所以我们在保持学习语文教材中经典部分的同时，也要尽力和变化着的生活接轨。体现在综合性学习领域，教师在设计课题时，尽量结合学生的实际生活和社会现象，例如：部编本七年级下册第二单元综合性学习——天下国家，教材中设计的几个活动，在一定程度上很难引起学生的共鸣，教师可以结合当前的抗疫现状，让学生讲述自己关注的伟大事迹，不平凡的人物，以激发学生的家国情怀和为社会无私奉献的精神。

在设计部编本七年级上册综合性学习"文学部落"的活动主题时，依据上述要求，可以将某个环节的活动主题定为"文学故事知多少"，即同学们各自以故事的形式分享有关文学的内容，如书中的故事、创作者的故事等。

（二）活动准备阶段

活动准备阶段是整个活动过程的前提条件。这一阶段决定着后续活动过程能否顺利开展实施，所以在这一阶段，教师要明确以下问题。

1. 明确活动的目的

"教学设计是一种有目的的活动，也就是说它是达到终点的一种方式。这些终点通常被描述为教学的目的或目标。"②教师应立足教育培养目标和课程目标，同时结合本单元的教学目标，明确此次综合性学习活动的目的。有目的才有方向，之后的活动才不会偏离航向。但目的不该是死板的，应在活动过程中根据实际情况有所调整。而且，有明确的活动目的也为最后阶段的教学评价提供一定的参考指标。

比如，在设计部编本七年级上册综合性学习"少年正是读书时"的活动时，首先明确此次活动的目的：增强学生与他人的沟通、交流能力和自身的表达能力，学生感受阅读的快乐及重要性，养成良好的阅读习惯。

2. 准备活动工具

准备有效的活动工具，能为学生进行活动提供支持和帮助。但是，在这里的工具不仅只理解为平常意义上的工作时所需用的器具，而应引申为达到、完成或促进某一事物的手段。教师为活动所准备的知识、案例、资料、器

① 陆志平：《语文学习任务群的特点》，《语文学习》，2018 年第 3 期，第 4-9 页。

② 〔美〕罗伯特·加涅著，王小明等译：《教学设计原理》，华东师范大学出版社，2018 年版，第 46 页。

具等，都应囊括在准备工具的环节。

教师在准备知识型工具时，理应注意到学生缺乏认知经验，对活动中的一些任务不甚理解，这就需要教师提前准备好知识性工具，将知识分成描述性知识和方法性知识，前者主要是帮助学生弄清活动中的一些概念、定义、完成活动的要素、专业名词等的知识；方法性知识主要指导学生“怎么做”，完成活动任务的知识。比如，某教师设计了让同学们唱古诗的活动，应提前告诉同学们有关“唱古诗”的概念，以及指导学生唱古诗的途径一般有两种：“一是用今人为古诗谱的曲子，如《诗经》中的《关雎》、李煜的《虞美人》、苏轼的《水调歌头》等，今人都曾为他们谱过曲。二是让一些现成曲谱和古诗‘联姻’。这种方法便捷好用，饶有趣味。比如李叔同那首著名的‘长亭外，古道边，芳草碧连天’，用的就是外国的一首曲子。”①

案例能起到很好的示范作用，帮助学生在缺乏认知经验的情况下，参照相同的活动案例，从中获取灵感和经验，为之后的活动奠定基础。教师在准备案例型工具时，应注意到不同类型的案例对学生的帮助不同。按照案例呈现方式，可以将案例类型分为文字式、图文并茂式、视频式，而对于中学生来说，视频式和图文式的案例往往更容易接受。比如，八年级上册第二单元的综合性学习——演讲，某教师设计的活动是“一场演讲比赛”，那么教师应提前指导学生掌握演讲时注意的要点，但此时用文字将某位著名演说家演讲的要点进行罗列的方式，不如找一段异常精彩的演讲视频让学生从中受到启发，并总结要点的教学效果好。

3. *确定活动的形式*

综合性学习的活动形式大致包括观察、调查、实验、制作与设计等。目前，在教学过程中，观察这种活动形式，因其具有操作方便简单，且受其他因素影响较小的特点，被广泛使用。而其他活动形式，因为各种短板不被教师欢迎。然而，相较于观察活动，调查、实验、制作、设计这些活动形式，将学生放在主动地位，需要学生亲自动手操作，对学生的影响似乎更有益、更深刻，能够提高学生的实践能力和解决实际问题的能力。比如，对部编本八年级上册综合性学习——身边的文化遗产所展开的活动，观察只能够让学生在课堂上初步了解一些关于像物质文化遗产和非物质文化遗产的概念，而这就已经脱离了综合性学习要求的“身边的文化遗产”的要求，应以其他的活动形式为主，要让学生走出课堂，走出学校，前往实际生活中，去探索，去调查，去了解文化遗产。

---

① 中华人民共和国教育部编写组：《义务教育教科书（语文）八年级下册》，人民教育出版社，2018年，第68页。

4. 活动情境的选择

在活动准备阶段,还需要创设一定的活动情境,以引起学生的情感体验,从而使综合性学习起到事半功倍的效果。创设情境需要借助一定的教学方法,借助情境教学法较为正式的定义,试着对情境进行初步的论断:情境是指有目的地引入或创设具有一定情绪色彩的、以形象为主体的生动具体的,能够引起人的一定态度体验,从而帮助人的心理机能得到发展的场景。结合学生的成长历程和实际生活,我们一般可以创设的情境有四类:个人体验情境、校园教育情境、职业角色情境、公共社会生活情境。教师可以参照这四类情境,创设相关的活动情境。比如,八年级上册第二单元的综合性学习——演讲,可以给学生创设"职务竞选"情境,让学生带入职业角色,产生真实的情感体验,激发自我表现才能,推动活动顺利进行。

当然,我们需要注意的是,综合性学习不仅仅是局限于课堂上的学习,也可以在教师的指导下,有针对性地进行课外实践。针对这一类型的学习方式,我们可以将其确定为基于真实生活的活动情境。从这一角度分类,我们又可将活动情境分为真实活动情境与虚拟活动情境,而前面所提到的几种类型则可以归于虚拟活动情境,基于一定的活动任务,创设与其相关的活动场景,激发学生的情感体验。相对于虚拟活动情境,真实活动情境更能给学生直观的情感体验,引起学生的共鸣。

5. 确定活动时间,有机安排课前、课中、课后的活动内容

一次成功的综合性学习活动,不能仅依赖正式课的几十分钟时间,而是需要教师和学生协调好课前、课中、课后的活动任务和内容。比如,部编本八年级上册综合性学习——我们的互联网时代,在对活动时间进行分配时,因为内容比较丰富,而且需要让学生提前先注意积累生活因为互联网产生了哪些变化,而这些观察仅在正式课堂的几十分钟是无法完成的。所以就需要教师在课前明确活动内容,让学生积极积累。此外,因为综合性学习和实际生活紧密相连的特点,课中学到的知识无法当即在课堂中联系实际生活进行反思或实践,而适合在课外进行反思,投入实践。

6. 确定活动的场所

大部分综合性学习涉及的活动,通过创设情境,就能达到真实场所的水平,但是一些活动所需要的地点无法通过模拟实现。所以,这就需要教师为需要的场所进行准备,提前和场所的负责人进行预约,知晓对方的规定,并请求对方为其准备所需要的材料。比如,部编本高中语文综合性学习——参与家乡的文化建设,活动中学生仅从课堂中的材料对家乡文化、家乡名人等进行了解远远不够,要和当地的文化博物馆和名人故居进行零距离接触,才会对他们有更加充分的了解。

7. 活动小组的组织和任务分配

综合性学习活动的一个重要目标,就是调动学生积极性,做到全体参与。在活动中进行任务分配,以保证活动目标的实现。活动任务的分配,可以采取层级分配方式进行。首先,教师需要和学生一起围绕主题,商定此次都有哪些活动。其次,在教师指导,学生参与下,一起决定活动的任务有哪些。最后,教师将这些活动任务先分配给小组,各小组的组长将这些任务再进行划分,公平起见,小组成员任务可采取轮流和抽签方式进行分配。

8. 活动计划的制定

根据活动主题,我们要有一个长远的完整的活动计划,以期指导我们的活动。根据活动目标设计不同阶段的任务,并且各个任务之间形成一定的逻辑联系,要注意每个阶段计划的制定都应有所侧重,指向学生某一能力的提升,最终实现全面发展。此外,上述的几个环节都应在计划中体现,成为活动计划应该要考虑的因素。

上述所提出的需要教师注意的几点,并不是每一次活动都需要教师做全以上准备,或者完成全部的环节,而是要结合综合性学习的主题和具体活动,关注其中认为具有参考价值的点。

(三)实践交流阶段

综合性学习活动要想取得良好的效果,最重要的是实践阶段。在这一阶段,需要学生亲身体验,参与具体实践中。而且强调的是全体实践,而不是个别实践。但是,目前的综合性课堂现状大多呈现的是两极分化的状态,一批学生是“活跃者”,热情反应、积极参与;另一批学生是“看客”,无动于衷、冷漠旁观。除此之外,还有一些处于中间地带的第三种学生,怎样都可以,时而活泼,时而冷漠。但是综合性学习提倡的是探究式学习,是要让每一个学生有话说、有事做,所以针对这几类不同的参与者,教师要结合具体学生的实际情况,采取针对性的措施解决此类问题,以提高学生参与度。比如:教师设计的活动,在坚持原则的前提下,最好结合当前学生感兴趣的事物,引起大多数学生的关注;另外,在分组的时候,可以将这三类学生穿插组合,让积极热情的同学能够起带头作用。

七年级下册“我的语文生活”这一综合性学习活动,该主题的主要形式是调查访问,这就需要学生设计具体的调查问卷,确定访谈提纲,进行信息收集等,每一步都需要学生亲自参与体验,在获得有效信息后,小组间需要将所得资料进行整理,成员之间进行讨论交流,从而获得有效信息,达到一定的学习目标。

小组成员交流,小组组长要起到组织和带头作用,组织成员依据之前的任务分工依次进行汇报,其他成员进行点评和补充,最后进行总结。

语文综合性学习重视学生的学习过程与体验，所以这一阶段尤其重要。但对于学生来说，某些学习任务存在一定的困难性，很难有效完成，这就需要教师提供一定的支持与指导，合理安排，有效指导。然而，对于一些经验丰富的学习者来说，他们具有一定的个性化或独特性的处理方式，老师的指导可能会产生一定的负面效果，这就需要老师大胆放手，作为旁观者存在，当学生需要时，再适时指导。以下是实践交流阶段的简单流程图，以便我们更加直观清晰地明白该活动过程。

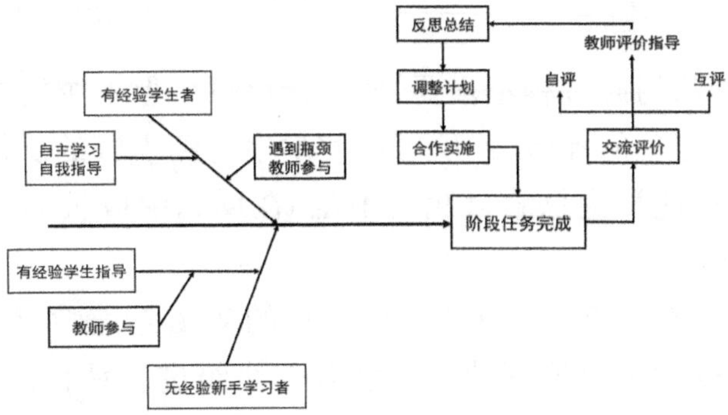

同时，需要注意的是，在实践和交流阶段，教师不是完全撒手不管，而是相对地介入，有重点、有针对性地对学生进行指导。

（四）展示评价阶段

这一阶段是整个活动过程的最后阶段，是学生将语文综合性学习的活动成果进行总结与展示、交流与评价的阶段，多在课堂上进行。但需要注意到，学习成果展示是活动的最后环节，而评价并不是只在表达交流阶段或整个活动结束后进行，而是贯穿在活动的全过程中。要根据每个阶段的进度适时进行评价，只不过前面环节的评价并不系统正式，但能起到引领、推进学生活动的作用。

1. 总结展示

学生经过一系列的过程和努力，最后取得了不易的活动成果，教师需要给学生展示的机会和平台，以促进各小组成果的交流和展示。但展示不是无目的、无计划的，要让各小组总结不足，学习长处。此外因活动主题的不同，学习活动成果展示多根据活动需要而确定，其方式应具有多样性，如答辩、演讲、朗诵、写标语、办海报、编刊物、话剧表演、拍短视频等。

比如：对于重在提升学生口语、表达、交流能力的综合性学习活动，最好采取演讲、朗诵等展示形式；针对提升学生创新力、创造力等活动，可以采用办海报、拍短视频、话剧表演等展示方式；意在提升学生表达、写作能力等活动，建议采取写标语、编刊物等。

2. 交流评价

《义务教育语文课程标准（2022年版）》（以下简称课程标准）对语文课

程的评价有以下要求：过程性评价重点考察学生在语文学习过程中表现出来的学习态度、参与程度和核心素养的发展水平，应依据各学段的学习内容和学业质量要求，广泛收集课堂关键表现、典型作业和阶段性测试等数据，体现多元主体、多种方式的特点。《义务教育语文课程标准（2022年版）》则对过程性评价有以下要求：过程性评价应统筹安排评价内容，评价内容应立足重点，关注各个学段的水平进阶。评价要真实、完整地记录学生参与语文实践活动的整体表现，关注学生与学生在活动中表现出来的沟通、合作和创新能力①。

大多数教师认为此过程不重要，而选择跳过。但一个完整的活动过程，评价必不可少。正确的评价，不仅可以使学生得到积极的反馈，激发学生的参与热情，还可以让学生总结自我的不足，在反思中成长，并为下一次的活动总结经验。

这一过程中，教师首先要注重评价主体的多元化，教师不是评价的唯一主体，学生也可以对小组的其他成员和其他小组进行评价。教师和学生要共同商讨、制定评价方案，对学生的成果进行有效评价。其次，和其他语文学习相比，综合性学习活动具有鲜明的过程性特点，比如资料的搜集、小组长的组织、成员的配合、制作PPT、写发言稿等，这些都可以成为评价的依据，因此，教师要在评价过程中注重过程性评价。最后，坚持评价方式的多样化。教师不仅可以采用传统的评价方式，制作评价量表，在课堂中发动学生进行评价，也可以利用现在的小程序技术，将成果汇编，发布在朋友圈或网站上，让更多人参与评价。同时，要注意的是“过程”是语文综合性学习的基本特点，应以过程性评价为主，终结性评价为辅。在具体的操作中，一般通过“过程观察+填写量表”来进行评价。在实施过程中，教师通过观察学生的学习效果，在结束时又可通过评价量表进行。在制定评价量表时可以老师与学生共同参与制定。当然教材中的评价量表也可使用，如七年级上册教材“有朋自远方来”的后面所附的评价量表可供参考，同样，我们也可搜集其他评价量表作为参考依据，如孙志满设计的学习评价量表：

① 中华人民共和国教育部：《义务教育语文课程标准（2022年版）》，高等教育出版社，2022年，第46页。

《有朋自远方来》综合性学习评价量表

评价维度	评价项目	评价指标	学生自评	同伴互评	教师评价
知识	基础性知识	1. 掌握简单的活动方案设计的要素； 2. 掌握口头邀请或书面邀请的内容点； 3. 了解并尝试按基本要素作自我介绍。			
	方法性知识	1. 学会并明确按要求从不同渠道搜集信息； 2. 根据任务需要，搜集到足够的学习资料。			
能力	倾听	1. 听话时要有礼貌，不打断同学的发言； 2. 认真倾听同伴的发言，并听明白主要意思。			
	表达	1. 能按要求简洁地向他人介绍自己； 2. 发言时要态度大方，声音洪亮； 3. 学习借用一定的形式来增强表达效果。			
	阅读	1. 阅读搜集到手有关交友的名言、警句和故事； 2. 识记有关交友的名言、警句的 6 则。			
	写作	学习编写发言提纲			
情感态度	自主、合作、探究的态度	1. 认真参加活动； 2. 努力完成自己承担的任务； 3. 乐于合作，能与同学交流。			
综合	我的反思	（质性陈述）			
	老师评语	（质性评价）			

（选自孙志满《语文综合性学习评价工具的建构》，《中学语文》2018 年第 2 期）

教师可以多搜集几种类型的量表，结合本校、本班的实际情况，调整修改这些量表，用于本班的综合性学习评价。

这一阶段，是对学生学习成果的检验阶段，学生在分享展示的过程中，互相交流、对比、借鉴与评价，能够启发学生思考，相互学习借鉴，发现问题与不足。

语文综合性学习是学生走向深度学习的重要一环，对提高学生听、说、读、写等语文综合能力不可或缺，因此是语文教师未来教学工作中需要深耕不辍去探索的方向。

以下展示两则关于七年级上册教材“少年正是读书时”与“文学部落”、两则八年级上册教材“身边的文化遗产”“人无信不立”、一则八年级下册教材“古诗苑漫步”的教学设计或教学实录。这五个教学案例各有特色，方便面对不同学情的教师自主选择。

【综合性学习 教学案例一】

七年级上册综合性学习“少年正是读书时”①

案例来源	未来学堂文案资源库
一、活动目标 1. 认识读书的重要意义,提高阅读兴趣。 2. 学会有选择地读书,提高对书籍的辨别能力,提高阅读的品位。 3. 寻找适合自己的读书方式和方法。 4. 学会和他人交流读书心得,分享读书感受。 二、活动准备 1. 学生通过图书馆、书店、网络等多种渠道,搜集古今中外名人关于读书的名言、经验和趣闻轶事,并动手制作墙报、手抄报、图书卡片。 2. 组织一次班内的“名人读书故事会”。 3. 调查同龄中学生的读书状况。 三、导语设计 一个人的少年时代是最佳的读书时光。中国历史上著名的书法家颜真卿曾经写下这样一首诗:“三更灯火五更鸡,正是男儿读书时。黑发不知勤学早,白首方悔读书迟。”让我们及时地把自己投入书籍之中,不断充实自己,为即将展开的更加绚丽的人生打下坚实的基础吧! 四、活动过程 活动一:向名人学读书 1. 各组成员交换读书《名言册》,推选出最优秀的一组,在全班进行交流展示。 教师出示读书名言: (1) 必须和实际社会接触,使所读的书活起来。——鲁迅 (2) 读过一本好书,像交了一个益友。——臧克家 (3) 用活书,活用书,用书活。——陶行知 (4) 读书破万卷,下笔如有神。——杜甫 (5) 读书百遍,其义自见。——《三国志》 (6) 为中华之崛起而读书。——周恩来 (7) 书看多了,文章自然就会写了。——鲁迅 (8) 养心莫若寡欲,至乐无如读书。——戚继光	

① http://wlxt.jqweike.cn/list

(9) 腹有诗书气自华，读书万卷始通神。——苏轼

(10) 读书补天然之不足，经验又补读书之不足。——培根

2. 比较各小组的"名人读书经验"手抄报，看看谁的最精彩。

教师出示名人读书经验：

(1) 韩愈的提要钩玄法：唐代大学问家韩愈在谈到读书问题时，曾说过一句名言："记事者必提其要，纂言者必钩其玄。"后人将他的话概括为"提要钩玄"读书法。

(2) 陆游的有的放矢法："饮食起居，疾病呻吟，悲忧愤叹，未尝不与书俱。"这是宋代大文学家、杰出诗人陆游读书生活的自我写照。他终生酷爱读书，以书为伴，与书为伍。不过，他读书虽多，却多而不杂，多而不乱。他读书都是有的放矢的。

(3) 朱熹的读书有三到：心到，眼到，口到。

(4) 毛泽东的四多法：毛泽东在青年时代读书时即有"读得多，想得多，写得多，问得多"的习惯。他的方法多表现在做内容摘录，在重要的地方画上圈、杠、点等符号，作批注以及写读书日记，在原书上改错纠谬。

(5) 华罗庚的"厚薄"法：华罗庚把读书过程归结为"由厚到薄""由薄到厚"两个阶段。当你对书的内容真正有了透彻的了解，掌握了全书的精神实质后，读书就由厚变薄了。如果在读书过程中，你对各章节又做深入的探讨，在每页上加添注解，补充参考资料，那么，书又会愈读愈厚。因此，读书就是由厚到薄，又由薄到厚的双向过程。

3. 组内讲故事，推选出一位故事大王，在全班进行讲名人读书故事比赛。

教师展示名人读书故事：

(1) 车胤囊萤：我国晋代有个清贫好学的人叫车胤，从小爱读书，但他家里很穷，点不起灯，于是，他就用很薄的纱布，做了个小口袋，把萤火虫捉来放在里面，晚上便利用闪闪萤光来勤奋读书。

(2) 悬梁刺股：汉朝有个叫孙敬的人，从小勤奋好学，他每天晚上学到深夜，为了避免发困，他用绳子的一头拴住头发，一头拴在房梁上。战国时，有个名叫苏秦的人，想干一番大事业，便刻苦读书。每当深夜读书时，他总爱打盹。于是，他就在自己打盹的时候，用锥子往大腿上刺一下，以提精神。孙敬和苏秦的故事感动了后人，人们用"悬梁刺股"来表示刻苦学习的精神。

(3) 鲁迅嚼辣椒驱寒：鲁迅先生从小认真学习。少年时，在江南水师学堂读书，第一学期成绩优异，学校奖给他一枚金质奖章。他立即拿到南京鼓楼街头卖掉，然后买了几本书，又买了一串红辣椒。每当晚上寒冷，夜读难耐时，他便摘下一个辣椒，放在嘴里嚼着，直辣得额头冒汗。他就用这种办法驱寒坚持读书。由于苦读书，后来终于成为我国著名的文学家。

活动二:好书大家分享

1. 各小组展示活动成果。如图文并茂的图书推荐卡片、组内图书分享宣传画册等。

2. 老师出示推介语言的要求:(1)语言清楚、连贯、流畅;(2)对书的内容介绍完整;(3)让听者被书的优点所吸引。

3. 学生进行好书推介(两分钟口头表达能力训练)。

活动三:你说我说话读书

各小组派出同学阐释对热点话题的看法:怎样看待"读文"和"读图"?它们各有什么长处和局限?应该如何处理这二者的关系?如何看待网上阅读?网上阅读和传统的纸质阅读各自的优缺点是什么?……(可引证名人的观点)开展班级内的讨论交流。

交流:有人说,我们已经进入读图时代,各种各样的图铺天盖地地呈现在人们眼前,读图已经成为时尚。推崇这种时尚的人认为,图形象性强,信息量大,读图的好处多多。对这种风尚持批评态度的人不少,他们认为绝大多数人,尤其是中学生,应该以读文为主,读图只能放在第二位;把大量时间耗在读图上,将造成全民阅读水平的低下,得不偿失。

电子书具有便携、环保、信息量大、适于保存、可更新等诸多优势。不可否认,作为一种新兴事物,它有着强劲的发展势头和巨大的发展空间。但是,它最大的缺点就是没有了阅读纸质图书的愉悦感,会带给人们视觉疲劳和心理上的疲劳。

纸质书有电子书所不能取代的优点。闲暇的时候拿着一本书来读,手指触碰书页的那种感觉是电子书所替代不了的。我们还可以在咖啡屋等休闲场所,翻开一本纸质书籍来打发休闲时光,那种惬意也是无可取代的。

总结:唐代颜真卿有诗云:"三更灯火五更鸡,正是男儿读书时。黑发不知勤学早,白首方悔读书迟。"这首诗成为很多青少年的座右铭。人生的青春只有一次,而这个季节正是读书的黄金时代。作为青少年,我们要尽早把阅读当成一件人生大事。如果少年阶段没有养成读书习惯,长大后就很难把读书当成一生的一大乐趣而享受其中。读书是心灵升华的过程。无论如何,读书多多益善。

评述:这是一个基于教材内容重新设计了许多活动的教学设计,活动主题贴近学生生活,实践性强,便于操作,能够很好地完成课程标准对学生能力培养的要求;各个活动层层递进,有很强的衔接性,有利于促进学生高阶思维的发展。但同时,活动设计过多,教学目标过多,有可能会造成学生学习疲劳感,反倒不利于活动顺利进行。

【综合性学习 教学案例二】

七年级上册综合性学习“文学部落”①

案例来源	未来学堂文案资源库

一、总体构思

对学生进行有效的活动前指导，活动中帮助、组织好活动结果的展示，其他事情放手让学生发挥主动性和创造性，自主设计采风计划，进行采风实践和成果展示，提高学生的组织能力、社会交际能力、搜集整理写作素材的能力。

二、过程设计

【教法学法】

作为第二课堂开展的活动，应该以学生的自主探究为主体，教师进行必要的指导。

【教学流程】

（一）活动前指导

1. 全班分为四个小组，每组十人左右，由学生民主推举出小组长，由小组决定文学采风的地点和形式。

下面推荐几种形式：

（1）景点采风法：如果学校附近有旅游景点，可在景点设免费茶水供应点，询问游客所知道的俚语、传说、民间歌谣等等，因为旅游的人一般都有空闲时间，而且来自不同的地区，这样就可以从他们那里比较容易收集到更为广泛地域的资料。还可以向当地导游询问有关景点的传说或者神话故事。

（2）农村采风法：即深入某农村，寻找比较有空闲的老人，询问他们知道的民歌、民谣、传说、谚语、歇后语等等。一般来说，年岁较大的人都有比较丰富的阅历，而且比较乐意和年轻人交流，所以这种方法一般可以收集到很多有价值的资料。

（3）亲族采风法：每个学生都可以面向自己熟悉的人进行一次文学采风活动，向自己家中的长辈收集有关家族的传说、故事，当然，还可以收集他们所熟知的俚语、歇后语等。

（4）工厂采风法：如果当地有比较大的外来人口聚居地，比如工厂、集市等，可以选择一个比较空闲的时间段，去调查来自不同地区居民的民歌、传说等。

（5）民族采风法：如果当地有少数民族聚居，可以去了解少数民族的传说、民歌等。我国绝大多数民族都有很多动人的民间故事、民歌等，只要有耐心，一定可以收集到比较满意的资料。

2. 根据小组决定的地点和形式，决定出去进行活动的时间，比较远的地方，须利用假期，就近的场所，可以利用双休日。

---

① http://wlxt.jqweike.cn/list

3. 小组长写好具体活动的计划,计划内容要包括活动的地点、时间、方式、分工等,如果条件允许,可以备好录音机、照相机等设施,如果去较远地点,还要注意带好行李。每组必须指定文笔较好的学生做记录。

(二) 学生开展文学采风活动

在此期间,教师应针对存在的各种问题随时做出相应的处理,中学生走出校门,在社会交往方面可能存在一些不足,教师应随时进行指导,不定期召开小组长会议,及时交流问题及经验,进行阶段性总结。

(三) 成果展示及进一步探究

成果展示可以达到几个方面的效果:一方面,可以使学生享受到成功的喜悦,激发学习的兴趣和热情;另一方面可以让他们互相比较,激发竞争的欲望,增强积极上进的动力;再一方面,还可以让他们对这次活动做一个很好的总结,通过互相交流获得共同进步。

1. 导入(用蒲松龄的故事导入)

蒲松龄完成《聊斋志异》的方法在很大程度上得益于文学采风活动。他在路口设了一个免费的茶摊,过往的行人在这里喝口茶水,歇歇脚,他就要求客人讲故事。就这样,他收集了很丰富的素材,并在此基础上,完成了《聊斋志异》的创作。我们中学生在进行文学创作的时候,也需要借鉴这种做法,因为中学生的作文中存在着明显的材料贫乏、脱离生活实际的问题。这次文学采风活动收集到了大量可以用于文学创作的素材,这对中学生作文能力的提高是有很大好处的。所以我们要在圆满完成这次文学采风的基础上,将收集到的资料进行整理加工,并从中汲取丰富的营养,使它们真正成为我们自己的东西,真正为我们所用,以此来提高我们的写作水平。

2. 学生将收集到的材料分类整理,将民歌、民谣、歇后语、谚语、传说等分类做成小册子,并挑选一些比较精彩的故事或者谚语用来办墙报。对收集到的较长的材料,比如民间故事、传说等,要求学生分组进行文字加工,并整理成集。

3. 将加工整理后的成果以墙报、作品集等形式进行展出,在每篇作品后面署上材料搜集人和材料整理人的名字,可以组织学生进行打分评比,可以将一些优秀作品推荐给当地报社或者杂志社。

4. 小组长做总结发言,讨论本次活动的意义,以及怎样才能将这些搜集到的材料充分地利用,使之变成我们自己的知识。

(四) 布置作业(任选一题)

1. 从这次搜集的材料中选择一到两个比较有意义的故事或者传说,要求学生进行改写或者续写。

2. 将这次文学采风活动中比较有意义的事情,或者你觉得印象很深刻的人和事记录下来,写成一篇 500 字左右的记叙文。

评述：这是一个根据教材提供的内容，教师重新做的教学设计。活动过程呈现仔细，各环节环环相扣，并且有具体的方法指导，可参考性、操作性强。很好地贯彻了课程标准的要求和教材的理念，教师的教学行为目的性较强，对活动过程的设计和对学生学习的指导都能做到细致入微。

【综合性学习 教学案例三】

八年级上册综合性学习“身边的文化遗产”①

设计者	周瑜琳
题目	八年级上册综合性学习“身边的文化遗产”
时间	2020 年

教学背景：当下保护文物是一个火热的话题，由此衍生了诸如《国家宝藏》《我在故宫修文物》《上新了故宫》等优秀的文艺节目，笔者认为在教学中适当引入此类节目对于加深学生对文化遗产的认识、深化对文化遗产的情感具有一定的积极作用。《上新了故宫》是一档明星跟随专家进宫识宝，探寻故宫深厚历史文化的节目，借鉴此节目的形式来进行《身边的文化遗产》语文综合性学习课程，与课程教学目标相契合，又能激发学生对于综合性学习课程的兴趣，具有可行性。

实施路径

活动准备：在课程开始之前，教师与学生共同研讨了关于《身边的文化遗产》这一主题的学习方案，即以《上新了故宫》这种先实践发现故宫之特色后共同设计文创产品的模式来进行实践和学习，考虑到本节课的学习目标，教师在其中添加了申遗的环节。经过家长与学生的同意，活动地点选在河南省开封市铁塔公园，《身边的文化遗产》这一综合性学习将采用实践搜集资料-进行申遗-设计文创产品的模式进行，共计两课时。本活动提前两个周布置任务，学生利用课余时间自行观看《上新了故宫》第一期，了解该文艺节目的特色形式，学生对此次任务充满期待，积极响应，实施过程顺利。

活动任务一（第一课时）：教师带领各小组到铁塔公园实践学习，深入了解身边的文物“铁塔”。在活动开始前，教师首先带领学生了解文化遗产的相关知识，包括其含义、类别等，让学生初步了解文化遗产。

师：中华文化源远流长，它是我们中华民族得以不断发展进步的巨大力量。其中，文化遗产作为中华文化的重要标志之一为我们所铭记。大家都能说出哪些中国的文化遗产呢？

① 周瑜琳：《文艺节目介入初中语文综合性学习的实践研究》，河南大学硕士论文，2020 年，第 32-37 页。

生:万里长城、兵马俑。

生:黄山、泰山。

师:看来大家对于我国的文化遗产都有不少的了解,但刚刚大家列举的文化遗产都有一个特点,它们都是作为实体而存在的,属于物质文化遗产,具有较高的历史、科学价值,比如古建筑、石窟、文献等。而非物质文化遗产,很显然就是以非物质的形态存在的文化遗产,大家能想到哪些?

生:川剧、越剧。

生:端午节、中秋节、春节。

师:没错,一些传统民俗活动、表演艺术、流传至今的相关知识、技能都属于非物质文化遗产。我们开封有哪些非物质文化遗产呢?

生:朱仙镇的木版年画。

生:汴京灯笼张。

师:看来大家已经能够准确地辨别文化遗产的两种类别了。而这节课,我们选择的实践场所铁塔属于哪种?

生:物质文化遗产。

师:非常好,本节课我们按照八人为一个小组,在河南大学铁塔公园进行语文综合性学习,实践中我们要完成以下几点要求:首先,详细观察并记录我们所探索的文化遗产的相关资料,如它的外观特征、颜色种类、规模大小、年份等,可以结合音像资料的摄取来进行。其次,通过采访、访谈等形式与了解这一建筑的相关人士对话,深入挖掘该建筑的独特价值。在活动的过程中,四个组的小组长要监督小组成员保持环境卫生,活动期间不能过于喧哗。在小组长的带领下,四个小组在铁塔公园进行观察和学习。有的小组通过拍摄的照片记录铁塔的外观特点,有的小组借助附近的告示牌、介绍碑深入了解铁塔的历史,有的小组通过和此处的看管人员交流了解铁塔,经过实践,各个小组均收获了关于铁塔的相关资料。回到班级后,笔者给大家五分钟的时间交流整合,并布置作业:课下整合资料,完成申遗表的填写,可以适当结合网络资料,下节课由小组派代表进行展示。

活动任务二(第二课时):

教师充当引导者的角色,将课堂的主动权归于学生,学生自行组织申遗答辩会,总结、完善上节课的实践内容。本次答辩同学会,由一名同学扮演申遗会主持者的角色,其余小组按顺序进行申遗答辩。

申遗报告书

景点名称	铁塔公园
遗产类别	物质文化遗产
所在地	开封
遗产概述	[illegible]
历史价值	[illegible]
人文价值	
建筑保护现状及面临的问题	[illegible]

开封市河大附中初二(3)班第二小组申遗答辩报告书

活动任务三:

教师借鉴《上新了故宫》具有代表性的一个环节,让同学们以小组为单位合作交流,为今日的铁塔设计一个文创产品。

师:大家都观看了《上新了故宫》这个节目,那有没有发现节目每一期最后都有一个非常有意思的环节?

生:为故宫设计产品。

师:没错,这节课,老师希望每个小组也能够一起交流讨论,为我们的铁塔也设计一个文创产品。口才好的同学口头表述完全没有问题,同学们也可以适当借助一些工具向我们描述你的产品,比如把想象中的产品画下来,老师相信你们每个人都是小小的艺术家!

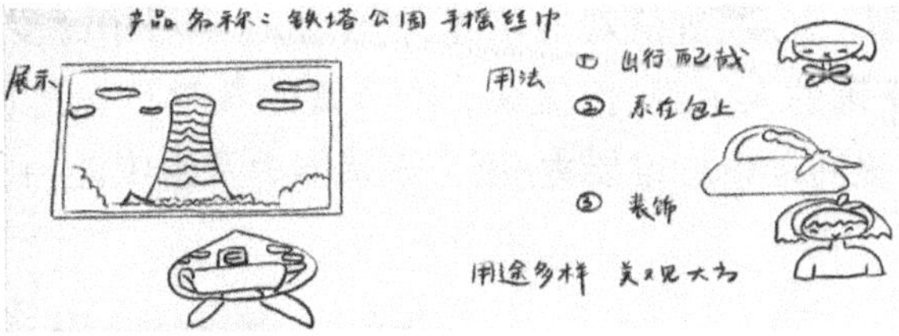

开封市河大附中初二(3)班第一小组手绘文创产品

师:这两节课,我们在实践中进行本次语文综合性学习,第一课时,我们探索铁塔的奥秘,同学们纷纷被铁塔悠久的历史、“百折不挠”的精神所折服。仔细想想,其实铁塔就在离我们非常近的地方一直存在着,它书写了几代人的历史,具有非常高的人文、历史价值,如果没有这次的探索实践,我们身为开封本地人可能以为它就是一座铁做的塔,岂不让人笑掉大牙,这也启示我们,不仅要关注、探索故宫、万里长城这些闻名遐迩的文化遗产,也要去发现、了解我们身边的文物古迹,在丰富的实践探索中感受中华文化之博大精深。第二课时,我们组织了一个模拟的申遗答辩会,在这个过程中,我们学会用理性的角度看待这些文化遗产。原本我们去一个景点,目的可能在于……

生:拍游客照。

师:而现在,我们去这些地方,不仅仅是观赏它美丽恢宏的外表,也是去学会思考。这个文化遗产自古遗留至今,变成现在的模样,原因是什么,我们应该怎样去对待这些文化遗产呢?

<table>
<tr><td>

生:我们应该积极探索,更深入地去学习了解,传承我们的优秀文化,同时还要学会保护它。

师:传承和保护文化遗产,是我们在这次综合性学习中领悟到的,希望我们不仅能够"悟"还能够"行",身体力行地达到这个要求,也感染更多人和我们一起传承中华文化!

</td></tr>
<tr><td>

评述:本次综合性学习课程中学生亲身实践,通过观察发现、调查访问、搜集资料等形式完成资料的收集,并能够以文字、图画等形式设计出自己心目中的文创产品,符合新课标对于语文综合性学习板块"学生能就共同关注的热点问题,搜集资料、调查访问,相互讨论,能够用文字、图画照片等展示学习成果"的要求。

</td></tr>
</table>

【综合性学习 教学案例四】

八年级上册综合性学习"人无信不立"①

<table>
<tr><td>设计者</td><td>周瑜琳</td></tr>
<tr><td>题目</td><td>八年级上册综合性学习"身边的文化遗产"</td></tr>
<tr><td>时间</td><td>2020 年</td></tr>
<tr><td colspan="2">

教学背景:人无信不立属于语文综合性学习三条线索中传统文化主线,这一块内容注重在情感、态度、价值观的培养,使学生在学习中感受中国优秀的传统文化,培养学生正确的人生观、价值观。本节课的教学目标是使学生在辩论、情景表演的过程中提高逻辑思维能力、语言表达能力及组织能力,培养学生的诚信意识。

实施路径

在课程开始,笔者与学生一起在黑板上书写了本节课程的主题"人无信不立"。带领学生一起观看了两个与诚信有关的视频片段,启发学生对诚信进行辩证的思考。

环节一:

师:今天,老师想为这节课设下的主题词是"诚信"。人生是一场修行,我们不仅要学习知识,还要修炼自己的品德。古人云"人无信不立"。诚信,不仅与个人的发展紧密相关,与企业、社会,乃至整个国家的命运都息息相关,它是我们中华民族应当传承的优秀传统美德。那么,关于诚信,你们又了解多少?

</td></tr>
</table>

① 周瑜琳:《文艺节目介入初中语文综合性学习的实践研究》,河南大学硕士论文,2020年,第 41-45 页。

生:一诺千金。

生:言必信,行必果。

师:大家的积累都非常丰富,接下来,我们一起观看两段视频,看完之后,同学们谈谈自己的看法。教师播放商鞅立木为信和周幽王烽火戏诸侯的视频片段,逐步引导学生完善关于诚信的概念。

师:看了刚刚的两个片段,你们有什么想法?

生:商鞅通过守住扛着木头到北门就给予十两银子的诺言,赢得了百姓的信任;而周幽王为了博得褒姒的一笑三番五次地欺骗了他的诸侯们,失去了部下的信任。

师:那大家猜一下二者所导致的结果是什么?

生:商鞅的变法得以顺利进行,秦国更加富强;周幽王失去诸侯们的支援,最终被人杀掉。

师:看来大家的历史知识非常丰富,商鞅和周幽王都处于一国中非常重要的位置,却因为态度不同而导致了完全相反的结局,我们可以从中得出一个什么结论?

生:诚信于人,会获取他人的信任;失信于人,同时也失去了人心。

师:诚信与否不仅影响着个人的发展,也决定了一个国家的命运。在我们的现实生活中,诚信又会对我们的个人、企业、社会产生什么样的影响呢?

环节二:

教师设置情景关键词及背景:小明和小丽分别是两家公司的员工,小明所在的公司 A 重视行业诚信,有着非常好的信誉;小丽所在的公司 B 则相反,信誉极差,两家公司的态度也影响了小明和小丽的工作行为。同学根据此背景自行设计情景剧表演,演绎小明和小丽、公司 A 和公司 B 的故事。本次活动的目的是让学生通过讨论、表演的形式参与情景剧的设计与表演,亲身感受诚信在当今社会对个人、企业的重要作用。此环节笔者走下讲台,与学生一起讨论,重点不在于学生最后展示的过程,而是学生在一起设计节目、表演节目时所收获的经验。

环节三:

教师适时抛出新问题,以此作为辩论的题目,目的是进行发散性思维训练,启发学生独立思考,锻炼学生的逻辑思维能力。

师:诚实守信是我们每个人都具备的品质,但是在这里,老师有一个小疑问,我们常常所说的善意的谎言算不算不诚信呢?

师:接下来,持正方观点即善意的谎言是不诚信的同学到老师的左手边就座,持反方观点的同学到老师的右手边坐下,大家一起讨论一下你们持有方的论点、论据,五分钟后我们进行一场即兴的辩论会。由于时间的原因,本次辩论会并未要求严格按照辩论程序进行,而是采用《奇葩说》的“加杠”形式,正反方一来一回进行辩论。

以下为“加杠”的过程：

正方：我方认为善意的谎言就是一种不诚信的行为。举个例子，某一天你的一位朋友邀请你参加他的生日聚会，你本身没有时间，但是又担心拒绝让对方伤心，于是你善意地对他说，你看一看当天的情况再决定，此时，对方的确是心满意足地回去了。但是到了生日当天，你又因为事情而无法去应邀，对方的满腔热情还是成了死水，结果并没有改变。所以说，此时你的善意就是一场耗时很长的欺骗，就是一种不诚信行为。

反方：我方并不赞同，欺骗一定是谎言，是不诚信的行为，但谎言并完全等同于欺骗，不一定代表一个人的不诚信。谎言有善意和恶意之分，我方认为，善意的谎言是一种为人处世的方式，是一种为人着想的良好心态，不是不诚信行为。曾经有一位老师，在他的课堂上撒了一个谎，说他可以预测学生们的未来，他根据不同学生的特点为他们预测不同的未来，有的可以成为数学家、有的可以成为作家……在这节课后，孩子们对待学习更加积极了，几年后，学生们纷纷迈进了自己的梦想学府。人们都以为这位老师真的可以感知未来，但实际上，不过是这位老师为了鼓励孩子们而种下的一颗小小的谎言种子，凭借着它，孩子们不再懈怠，而是更加积极努力地追求自己的人生目标。所以有时候善意的谎言不是不诚信，只是一种替他人考虑的美好品质。

正方：你方确定这位老师做法所导致的结果是最完美的结果吗？假使有一位孩子原来并不喜欢数学呢？因为这位老师的一个小小谎言。他更加努力学习，朝着自己并不热爱的方向发展，而他所擅长的方面却被抛弃，也许成为数学家是你所认为的不错结果，但是万一原本他应该拥有一条关于艺术的康庄大道呢？

反方：这位和学生相处那么久，愿为学生考虑的好老师一定比我们在座的各位更加了解他自己的学生，他的每一句预言并不是随意的谎话，而是结合不同学生特点经过深思熟虑的“预言”。我方认为之所以善意的谎言不能称为不诚信行为，其关键在于“度”。不诚信指什么？如果认为一切不表明真相、说谎话、夸大、掩盖事实的行为都是不诚信的话，那从生活里我们常见的广告，到朋友间的加油打气，全部都是不诚信的行为，甚至连文学艺术的创造也成了一种不诚信行为，这样看来，我们本身就生活在巨大的假象里。善意的谎言是把握好一种度的表达方式，它是一种变通，可以巧妙地维持生活的稳定、融洽，它又如何妨碍了诚信呢？

正方：所谓艺术家的创作，只是一种特殊的表达方式，称不上善意的谎言。

马克·吐温说过：“当你拿不定主意时，就说实话。”心理学家是在告诉我们：不要说谎，哪怕是善意的谎言。善意的谎言，从它的字面上就可以界定它就是一种谎言，而谎言，本身就是一种不诚信行为。

反方：有人说“说谎是人的本能，至于是否诚信，关键在于哪一种谎言”。

善意的谎言是指能够准确把握度，在不干扰社会秩序的情况下所说的谎言，它会拉近人与人之间的距离，使生活更有滋味，不是一种不诚信行为。

师：刚刚两方将自己的观点阐述得非常明确，并能够通过列举事实、名言的方式加深自己的论点，辩论过程非常精彩。至于这个问题的答案？那就要看看刚才哪一方更能打动你了，生活本不一定是完全确定的句号，我们看待许多事物时不一定非要得出明确的结论，这次的辩论其实目的除了让大家对诚信有一层自己的思考外，还是为了锻炼大家看世界的眼界，我们要尝试以不同的角度、更灵活的思维方式观察世界，我们的眼界才能够更加开阔，境界才能提升。这节课，我们走入诚信，感悟诚信，相信每位同学都对诚信有了新的了解和感受，在今后的生活中，我们也不能忘记中华民族延续至今的优良美德，能够始终做到诚信为本，诚信做人！

评述：教师提供了一定的课堂引导，如在课前明确综合性学习的主题和内涵、需准备的资料及要求、综合性学习的具体形式等；在课程中把握课程前进方向，合理控制不同环节的时间，有效进行评价等；在课程结束时对本次学习进行总结归纳，完善提升。

【综合性学习 教学案例五】

八年级下册综合性学习“古诗苑漫步”①

设计者	周瑜琳
题目	八年级上册综合性学习“身边的文化遗产”
时间	2020 年

实施路径：

师：“天生我材必有用，千金散尽还复来”，来自遥远的两百多年前的诗句，今天我们细细品味，依旧感到血脉贲张，天才诗人如椽巨笔下迸发的跌宕起伏的情感使我们领略到撼动古今的力量，这就是中国古典诗词的独有魅力。今天，老师就与同学们一起开启一场诗词之旅，去重读、再感受那些历久弥新的美好诗句。让这样的温故而知新清扫我们记忆上的尘粒，让那些古老的情怀和智慧照亮我们的生活。人生自有诗意，来吧，让我们正式进入我们的诗词狂欢！

第一环节：

教师在教学实践过程中设计的第一个环节是借鉴于《中国诗词大会》的“飞花令”，即给出一个限定词语，选手依靠自己的积累回答出含有这个词语的诗句。在课堂中，重新设置了课堂飞花令的规则，只要所答诗句与其相关即可，不必非要拘泥于其中的某一个字，这样一来学生能够将思考的维度放宽，回忆起来的

① 周瑜琳：《文艺节目介入初中语文综合性学习的实践研究》，河南大学硕士论文，2020年，第 38-40 页。

诗句更加丰富,课堂活跃度大大提升。根据学生所掌握的诗歌状况,分别准备了"离别""秋""李白""杜甫"这几个关键词,学生以小组的形式进行回合比赛。经过评比决赛出获胜的小组,小组内互选评出本小组的诗歌之星。教师对于这一环节进行总结评述。

师:第三小组在这一环节中取得了暂时的领先,其他的小组在接下来的环节也要加把劲了。我们先别着急下一环节,老师想问问大家对刚才的比赛有什么感想。

生:我终于领悟到"书到用时方恨少"的意思了,脑子里一片空白。

生:有时想到了半句,却无法接住另外半句,感觉我脑子不够用了。

师:我在这里要跟几位怀疑自己同学说,首先,绝不是你们的脑子不够用,而是平时我们总是采取惯性的背诗歌模式,背诵的诗歌都按照僵死的顺序储存在了大脑里,这回突然的回忆,肯定无法顺利地想起,这也启示我们平时背诗,应该适当地调整背诵顺序,并且对于诗歌本身的含义也一定要有所了解;其次,书到用时方恨少,是因为你们所掌握的诗歌还是太少了,假设大脑里存储了一万首诗歌,就算你暂时遗忘了一大半,能用到的也还是很多。

生:没错,只能说我们中华文化博大精深,中国的古诗词实在太丰富了,以前没发现,光是我们学过的与秋有关的诗句就十多首了。

师:所以作为华夏子孙,我们要多多积累,传承优秀的中华文化。

第二个环节:

让每小组选派一名成员朗诵自己喜爱的诗歌,老师和其他各小组共同打分。在这个环节中,选手们的表现各有千秋,最终按照教师评分×50%+三个小组的评分和÷3×50%选出获胜小组,小组中这名朗诵的同学成为此环节的诗歌之星,教师最后总结评价。

师:刚刚这位同学为我们朗读的《茅屋为秋风所破歌》获得了大家的一致好评,你们觉得她朗诵打动你的是哪个点啊?

生:她的停顿特别舒服。

生:她的情感非常充沛。

生:感觉她读的时候仿佛和诗歌融为一体了。

师:大部分同学都提到打动你们的地方是她对情感处理非常的好,平时我们在学习诗歌的时候,都强调要读对字音,读对节奏,对于情感的把握却忽视了,而这其实是朗诵诗歌中很重要的一个方面。我们来一起观赏《朗读者》中的一个片段。

教师播放朗读者王佩民朗诵刘亮程的《先父》视频片段。

师:大家听完后有什么感受?

生:读得太好了,很感动。

师：我看到很多女生眼眶都湿润了，其实这个片段的朗读者王佩民和我们一样只是一个普通人，她没有多么丰富的朗诵经验或专业的朗读技巧，但是她有和作者刘亮程相似的真实经历，所以她在朗读中能够带动自己的真实情感，而正是这样一种平凡而不加修饰的真挚的情感让我们动容。我们正处在青春年少时，可能没有丰富的生活经历去匹配不同作者的不同经历。在朗读诗歌的时候，我们可以尝试去体会创作者的情感，培养我们与文本的共情能力。而如何更好地共情，就在于我们对于诗词的深入理解和思考，对于古诗词的学习，远不止简单的背诵默写。这也是我们今后，不仅是在诗词，还有各类文本的学习中都要注意的。

第三个环节：

让学生欣赏了文艺节目《经典咏流传》中汪苏泷改编苏轼《江城子密州出猎》的改编歌曲《少年狂》，让学生小组合作尝试为已有的诗歌或自己创作的诗歌改写为简单的歌曲，各小组共同展示，学生和老师共同评选优胜者，小组内部选出贡献度最大的人，作为本轮的诗歌之星。

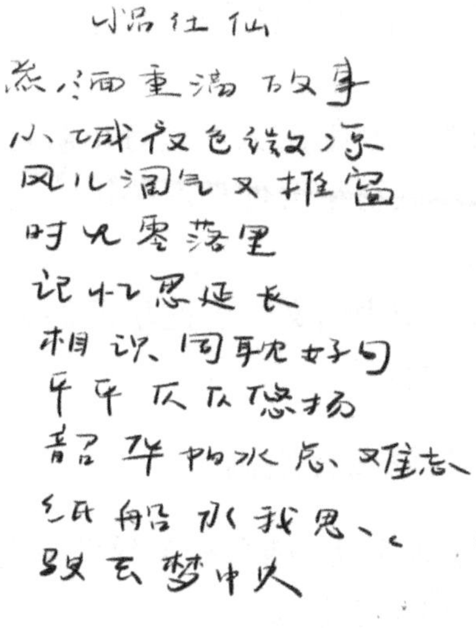

郑州市朗悦慧外国语中学初二(3)班某学生原创诗词改编作品

师：听完大家刚刚改编的歌曲，老师不得不感慨你们真的太有想法了，创作的歌曲都非常贴近原来诗歌的意境，说明大家对于所创作的诗歌的确琢磨透了，尤其是第二小组为我们演绎的原创诗歌曲目，在音调、韵脚等方面处理得十分和谐，老师为你鼓掌。我们今天的诗歌之旅就接近尾声了，大家有没有发现，今天我们选出的诗歌之星在平日的学习生活中实在是太低调了，以至于老师都没有发现你们的才华。在今后这一段的诗歌学习中，你们就作为我们班学习诗歌的榜样和标杆带领大家一起学习，老师希望所有的同学都能够共同努力，在诗歌的海洋里尽情徜徉，相信在今后的诗歌学习中，咱们班会有越来越多的诗歌之星诞生。

评述:综合性学习的课堂是学生与教师共同参与的课堂,学生应是课堂的主体,教师则是课堂的组织者、引导者。学生课堂的活跃程度一定程度上影响着课堂的效率。教师引入“飞花令”“观看朗读视频”“尝试以歌曲的形式创作诗歌”这几个环节到语文综合性学习课堂,学生反响热烈,参与积极,能够感受到学生与平时上语文课的不同状态,一些平时不起眼的学生在诗词储备量上十分丰富,这样的课堂使他们大放异彩,提高了自信心,成为大家学习的榜样,有利于全体学生共同学习进步。这启示我们作为语文教师应该与时俱进,积极、主动地创设课堂,从日常生活中寻找灵感,好的文艺节目可以成为教师的思想活动的不竭源头。

文献选读:

[1]〔美〕加涅著,王小明等译:《教学设计原理》,华东师范大学出版社,2007 年。

[2] 赵年秀:《中学语文教学设计》,中南大学出版社,2014 年。

[3] 王荣生:《语文综合性学习教什么》,华东师范大学出版社,2014 年。

[4] 陈佑清:《教学论新编》,人民教育出版社,2011 年。

[5] 凌虹:《统编本教材综合性学习关键能力衔接思考与建议》,《语文建设》,2019 年第 10 期。

[6] 靳彤:《统编本初中语文综合性学习的编写体例及教学建议》,《语文建设》,2017 年第 28 期。

四、综合性学习教学设计案例

在总结以上理论的基础上,结合相关教学案例,本节我们自主设计一则综合性学习教学设计案例,以供参考。

探访文化遗产的“前世今生”

——“身边的文化遗产”综合性学习活动方案

以“身边的文化遗产”为主题的综合性学习,选自统编版八年级上册语文教材的第六单元。本单元的综合性学习以“文化与自然遗产日”为主题,旨在引导学生加强对文化遗产保护的认识与思考。我国是历史悠久的文明古国,在漫长的岁月中,创造了众多弥足珍贵的文化瑰宝。八朝古都开封市孕育了无数的文化因子,在历史的数次沉淀中,留下了值得挖掘与保护的文化遗产,探访身边的文化遗产,将地方的文化资源为我所用。按照综合性学习的主题分类,本单元的综合性学习致力于对身边文化遗产的评选与保护,应当属于社会现实问题类主题的范畴。“社会现实问题类主题可以以‘提高学生对自然、社会现象与问题的认识'和初步了解调查研究的基本过程为侧重点,以调查、访问为主要方式展开”。因此,活动方案将立足于实践,通过实地考察与合作探究的方式,组织同学们开展一系列的综合性学习活动。

下面是“身边的文化遗产”综合性学习的活动方案:

一、活动主题

“文化与自然遗产日”

二、活动目标

1. 通过调查、走访、多途径查阅资料等主要实施方式,提高学生的语言运用能力。

2. 要求学生按照活动目标有序地进行综合性学习活动,记录每个活动环节,归置于档案袋,从而培养学生自主、合作、探究的学习意识。

3. 以文化遗产的挖掘与保护为任务驱动,归纳活动相关资料,撰写报告书,并开展申遗答辩会。

4. 参与考察地方文化遗产,增强学生对祖国历史的认同感,促使学生自觉传承优秀传统文化。

三、活动时间

三周

四、活动过程

(一) 准备阶段

1. 教师课前引导工作

明确“文化遗产”的定义和入选标准;确定具体活动;介绍活动目标;提供信息收集的各种途径。

(1) 教师以“汴京灯笼张”为例,通过文字、图片、视频资料介绍“汴京灯笼张”祖辈传承的制灯技艺,简述“汴京灯笼张”申请非物质文化遗产的过程。从而使同学们理解文化遗产的定义和入选标准。

(2) 确定具体活动:申遗答辩会;文化遗产的“前世今生”演说会。

(3) 信息搜集途径:实地考察、阅读书籍、网络搜索、访问老人等。

2. 分组合作

(1) 5~8 人为一组。

(2) 成员构成:小组负责人由师生共同商议、推选;其余学生自由选择小组负责人。

(3) 任务分配:每组成员在各自组内申报具体的文化遗产项目,经过组长与组员的筛选与协商,每一组确定一个文化遗产名称,注意避免重复。

(二) 活动过程:

实地考察,搜集资料,撰写申请报告、演说词。

1. 申遗小组利用周末时间,实地考察拟申报的项目,考察步骤参考下表:

考察前	了解项目的背景资料;准备收集文字、录入音频和视频的工具;拟定采访大纲;了解地理位置,注意考察安全。
考察中	记录实地资料;访问专业人士或对遗产有着深刻了解的老人;注意考察过程中对遗产的自觉保护。
考察后	分类整理资料;参考统编教材中的资料二和资料三,写出文化遗产资料卡片,并归纳出文化遗产受破坏的主要因素;撰写《优秀文化遗产申请报告》。

2. 活动展示会

活动一:申遗答辩会

主持人开场,介绍活动规则以及参加申遗答辩会的评委老师和各组代表,由评委进行提问并打分。

答辩规则:

(1) 每个小组派出代表,借助多媒体陈述自己的报告。报告由文化遗产的背景概述、人文和历史价值、文化遗产的发展现状、拟采取的保护措施组成,最后以小组设计的所申报项目的宣传标语作为总结。

(2) 每组答辩时间严格控制在5分钟内。

(3) 小组答辩时,本组评委应该回避。

活动二:文化遗产的"前世今生"演说会

每一个文化遗产都有自己的"前世今生"。"前世"即它的历史背景、文化底蕴,而"今生"是文化遗产在今天的存在形式以及变化与创新。每组推荐两名同学演说"文化遗产故事"(内容或关于开封特色名胜古迹、民间技艺、民俗活动等),时间限制在3分钟以内。由师生共同参与评价,通过投票评选出最佳演说奖。

五、作业布置

通过本次活动的开展,同学们对自己家乡的文化遗产有了细致的认识与情感体验。请以"家乡的文化遗产——"为话题,自选角度,写一篇导游词,向外地的游客展示家乡的风采。要注意导游词的互动性、趣味性以及丰富性,并根据自己的实践情况对导游词做出相应修改。

六、活动总结

活动方案设计依据综合性学习的任务要求,使用各类课程资源,开展合作探究学习,提高学生的语文综合能力。首先,在组织学生开展活动之前,教师先为同学们创设贴近生活的活动情境,介绍同学们熟悉的开封文化遗产，并在讲解中展示信息搜索渠道，展示个人见解，用演说的方式为同学们之后的活动提供一个具体参考。其次，综合性学习活动虽然突破了教材相对封闭的教学方式，但依托于教材安排、深挖教材内容依然是开展综合性学习的首要前提，为学生提醒、点拨教材中值得注意的学习内容和要求。最后，注意多元评价方式。为了提高学生的各种语文素养，活动的开展不仅要涉及各种能力的培养，更要调动学生的积极性，在整个活动的过程中，采取师生互评、生生互评、自我评价等评价方式，并对每个付出努力的小组给予肯定。

课后习题：

1. 学校为响应“文化遗产日”的到来，拟开展“保护身边的文化遗产”的综合性学习活动，请为学校此次活动设计三条标语。

2. 文化遗产是不可再生的珍贵资源，随着经济全球化趋势和现代化进程的加快，我国的文化生态正在发生巨大变化，文化遗产生存环境受到严重威胁，请你就这一现状写一段话，呼吁人们重视并保护文化遗产。（120 字左右）

第五章　写作教学设计

写作教学作为语文教学的重要组成部分,不仅最能检验教师的教学功力,更能反映学生语言文字的运用水平。语文课程要培养学生的四种基本能力是听、说、读、写,并且要从语言、思维、审美、文化四方面培养学生的语文核心素养。在义务教育语文课程标准中,有关写作的教学目标不仅单独列出,并且是分层级、分阶段的序列呈现。在高中语文课程标准中,写作教学与阅读教学相结合,写作教学目标灵活地分布于学习任务群当中。

近些年来,关于写作教学的相关研究取得了明显的进步与成果,但也仍旧存在问题。正如上海师范大学郑桂华教授所言:"长期以来我们经常在重复很多年前人们说过的话,由于我们还没有一个累进式的研究,因此,很多所谓的'新进展'其实并不那么新。"①王荣生教授在反思、检讨我国写作教学时也认为我国仅在形式上存在一些写作教学。那么在新课标背景下,中学语文教师如何开展写作教学、进行有效的写作教学设计呢?我们认为具体可以从"两个明确,三个指向"这几方面去思考。

首先需要明确写作教学的原点和远点。

所谓"原点",绝不是传统意义上的"起点",而是指当下写作教学存在的根本性问题。温儒敏教授就曾指出:"如今语文教学偏重文笔,认为文字写得漂亮些,格言警句引用得多一些,开头结尾新颖一些,得分就能高了。这样的作文其实缺乏思想内涵和理性分析。"②我们应改变传统写作教学中单纯追求教授学生写作技法的痼疾,而要努力探寻写作教学的价值所在。这就涉及写作教学的"远点",这里可以将"远点"问题理解为学生的获得感问题。也就是应该通过写作教学,让学生在具体的写作课程中有所"感",有所"发",最后有所"得"。

其次需要明确写作教学的方式与内容。

当下的写作教学模式趋于固化:设置题目——范文赏析——学生模仿——教师评定。然而真正的写作教学应该以学情为依据选择写作教学内容,进而针对不同的写作教学内容选择、更新写作教学模式。"有效的写作教学通常都是基于学生的实际问题展开的。"③因此,中学语文教师进行写

---

① 王荣生:《写作教学教什么》,华东师范大学出版社,2014年,第22页。

② 温儒敏:《读书养性 写作练脑》,《北京青年报》,2012年9月14日。

③ 王荣生:《写作教学教什么》,华东师范大学出版社,2014年,第99页。

作教学设计、开展写作教学时应该充分了解学生的写作学情，选择恰当的教学内容，采用适宜的教学方式，做到以下三个指向。

1. 指向语文核心素养的提升

高中语文学科核心素养主要包括语言建构与运用、思维发展与提升、审美鉴赏与创造、文化传承与理解。① 实际上，写作教学的过程中渗透着对学生核心素养的培育：写作既能体现学生语言运用的能力，又能展现学生思维水平的高度，同时也是学生审美情趣与文化自觉的载体。因此，写作教学必须指向学科核心素养的提升，让学科核心素养在学生写作中落地、生根、发芽。

2. 指向语文课程学习要求

仔细阅读《普通高中语文课程标准(2017 年版 2020 年修订)》可以发现，关于写作的内容分布在十八个学习任务群和必修、选择性必修课程学习要求当中，特别是课程标准中明确提出了“自主学习、自由表达……课外练笔不少于 2 万字”②的综合要求。教师开展写作教学前要认真研读课程标准并以此为“指挥棒”和“风向标”进行写作教学设计，尊重学生主体意识，发挥教师引导作用，守正创新，目标明确，指导学生完成语文课程学习要求。

3. 指向中考高考考试评价体系

高考评价体系主要由“一核”“四层”“四翼”三部分内容组成。③ 实际上，这一体系解决的是“为什么考”“考什么”“怎么考”的问题，具体到写作内容上可以体现为“为什么写”“写什么”与“怎么写”的问题。因此，教师在进行写作教学设计时可以将这一体系作为参照物，在每一个环节的安排上尽可能对接评价体系，抓住教学的重点，突破教学的难点，解开学生考试的盲点，努力实现写作教学设计的科学性与多元性的结合。

基于此，我们从写作教学设计的理论基础、关键环节、体系建构、方法指导和案例呈现等角度展开中学语文写作教学设计的相关论述，力图为中学语文教师进行写作教学提供方向指引与设计参考。

① 中华人民共和国教育部：《普通高中语文课程标准(2017 年版 2020 年修订)》，人民教育出版社，2020 年，第 4-5 页。

② 中华人民共和国教育部：《普通高中语文课程标准(2017 年版 2020 年修订)》，人民教育出版社，2020 年，第 33 页。

③ 教育部考试中心：《中国高考评价体系》，人民教育出版社，2019 年，第 6 页。

第一节 写作教学设计理论基础与关键环节

写作是中学语文教学的重要部分,写作教学设计是教师进行课堂写作教学的先导。然而很多教师在进行写作教学设计时,经常一头雾水、无从下手,最终导致写作教学方式日益僵化,学生对写作的兴趣也逐渐丧失。本节从写作教学设计的理论基础和关键环节入手,为教师写作教学提供新的设计思路。

课前研读清单	
陈磊 荣维东	《写作教学研究四十年:回顾与展望》[语文教学通讯,2019(17)]
荣维东	《写作教学的关键要素与基本环节》[语文建设,2018(16)]
戴健林 莫雷	《谈写作构思过程的教学设计与实践》[课程·教材·教法,2001(11)]
倪文锦	《关于写作教学有效性的思考》[课程·教材·教法,2009,29(03)]

一、写作教学设计的理论基础

20世纪90年代至今,关于写作教学的改革方兴未艾,不断深入,有的专注于写作教学方法的改革,有的专注于写作教学模式的改革……改革基于理论,理论引领改革。没有切实完备的理论支撑,改革再大刀阔斧,也是不长久、不系统的。本节将介绍写作教学设计的几种理论基础,为教师进行写作教学设计提供指导。

(一)生活教育理论下的写作教学设计

生活教育理论是我国教育家陶行知先生提出的教育思想,他将其定义为:"生活教育是给生活以教育,用生活来教育,为生活向前向上的需要而教育。从生活与教育的关系上说,是生活决定教育。从效力上说,教育要通过生活才能发出力量而成为真正的教育。"①该定义不仅指出什么样的生活是教育,并且点明了生活与教育的关系——它们互相渗透,不可分裂。

"生活即教育""社会即学校""教学做合一"三者是生活教育思想的三

① 董宝良:《陶行知教育论著选》,人民教育出版社,2015年,第527页。

大理论基石。首先,“生活即教育”是核心内容,陶行知认为生活就是教育,“向上向前的生活”则是“向上向前”的教育,有什么样的生活就有什么样的教育,教育与生活是同进程、一体化的;其次,“社会即学校”是教育范围,生活教育不应该仅仅在学校中进行,而是要把社会与学校的围墙打破,将教育影响扩大至整个社会,改革以单一读书教育为主的学校教育,使得学校教育与社会需求接轨,学校教育效果落到实处,达到学校与社会同进步、共行动的目标;最后,“教学做合一”是途径,“事怎样做就怎样学,怎样学就怎样教:教的法子要根据学的法子,学的法子要根据做的法子”①。强调“做”的重要性,即强调行动与实践,要求教学能指导行动,进而引领创造。

生活即教育,写作也同样离不开生活,因此生活教育理论可以和中学写作教学设计相结合。对于中学生写作中存在的内容脱离实际、语言空洞僵化、缺乏新意等问题,从生活教育理论中我们能够找到相应的解决方法。

教师在进行写作教学设计时,要考虑以下几点:一是引导学生观察生活,积累写作素材。中学生因人生阅历有限,本就缺少生活经验,如果再不重视生活、观察生活,写作就只会呆板抄袭范文事迹,也愈加脱离实际。生活是最好的老师,生活中有真实生动的人们,也永远发生着令人感动的故事。因此,写作教学设计要考虑从生活实际出发,引导学生用灵动的眼睛看待生活并从中收获最丰富的写作素材,汲取最宝贵的写作灵感。二是指导学生学会“生活化”表达,创新写作用语。老师有时会遇到这样的情况——学生在课下和同学聊天时滔滔不绝,无论什么话题,都能聊得有声有色。然而在写作课上,却拿着笔闷头苦想,写不出一个字。究其原因是学生没有将生活用语与写作用语结合转换,忽视了日常口语表达的逻辑。那么教师在进行教学设计时可以将口语表达与写作教学设计结合起来,以演讲稿等形式锻炼学生语言能力,一步步教学生学会“生活化”表达。

(二)过程写作理论下的写作教学设计

过程写作法是以交际语言教学理论为基础的一种写作教学方法,在西方写作教学课程中很受欢迎。这种写作法认为,写作不仅是一个循序渐进的过程,更是一种复杂的心理认知过程和社会交互过程。它倡导发挥学生的主观能动性,重视反复修改在写作过程中的作用。它还重视教师在无痕迹的引导下,充分调动学生的积极性和参与度,使学生得以生成个人独特的感受或思考,从而提高学生的认知能力和写作能力。

过程教学理论最大的优势在于从写作的具体过程和写作者的认知心理出发研究写作,关注重心由写作产品转移到写作主体上来,这是写作理论的

① 董宝良:《陶行知教育论著选》,人民教育出版社,2015年,第217页。

重大变化。① 与传统重视成果写作教学不同,过程写作教学更关注写作主体(学生),强调创设情境以激发学生的主动性、创造性,培养其自主写作意识。

目前中学教师在指导学生写作的过程中存在偏重成果展示、忽视过程指导等问题。因此在具体的教学实践中教师需要以过程写作理论为导向,革新单一化的写作教学模式,使写作课焕发新的生机与活力。教师在进行写作教学设计时要考虑以下几点:一是以过程为重点,建构写作模型。过程写作理论关注"文章是如何写出来的",大致可将写作过程分为写作前准备阶段、写作起草阶段、写作后修改阶段和校读终稿阶段四个阶段。但这四阶段并不是直线型结构,而是循环型结构,渗透于整个写作过程之中。这有助于教师抓住教学重心,更新教学模式,在各个阶段布置适宜的写作任务,为学生建构恰当的写作目标。二是以学生为主体,关注学生作者。无论是在写作前准备阶段,还是在最终校读终稿阶段,都要根据学生需求设计教学活动,引导学生主动参与写作任务中,以促进写作教学目标更好地达到。三是以修改为良策,将创作、修改并重。过程写作理论认为,写作是循环的过程。一篇作文的完成并不是写作教学的终点,写作后的修改、构思更为重要。这和以往偏重"写出来"的教学不同,以自我修改、同伴互评和教师反馈等方式修改作文,更有助于学生写作能力、思维水平的提高。

(三) 交际语境写作理论下的写作教学设计

交际语境写作是荣维东在结合国内外写作教学的基础上,创造性地提出的新写作理论范式。他将其定义为:"面对具体或假拟的读者,围绕一定的话题,为达到一定的目的和意图,以一定的角色和口吻,构建意义,构建语篇,进行书面表达和交流的活动。"②

传统的写作教学设计"重表达、轻交流",往往忽视"作品读者"这一重要角度。而交际语境理论认为,任何一种写作行为都可以看作一场特定语境下的对话交流。教师需要创设合适的语境,布置真实可靠的写作任务,让学生在交际语境下构思写作。教师在进行写作教学设计时,要考虑以下几点:一是培养学生读者意识,赋予其言语动机。当学生作者明确某篇文章的接受对象时,就会有助于明确写作的方向和内容,如"写给好朋友的一封信"的主题,读者为同龄朋友,那么写作内容聚焦于朋友交流,写作语言偏向自然活泼,写作风格趋于随意。在写作训练时,教师要帮助学生确立真实读者

---

① 李细平:《二语教学设计与范式研究》,上海交通大学出版社,2012年,第93-94页。

② 荣维东:《交际语境写作与高考作文命题技术的进步》,《语文学习》2019年第1期,第54页。

或假想读者，从而引领学生写作前思考、写作中明确、写作后回顾，将读者意识蕴含在整个写作过程中。二是强化文体意识，符合具体语境。文体与语境关系密切，不同的文体适用于不同的语境，教师要引导学生选择合适语境的文体，从而顺利达成写作目的，如"说出你最难忘的一件事"。此类写作在题目上就已经规定了写作文体即记叙文，写作重点在于叙事。假设学生采用了议论文，则写作会缺少真实事迹，不易传达作自身的真实经历。因此，文体意识可以帮助学生选择相符的表达方式，加强作文的实用性。三是克服虚假表达，强调真实写作。交际理论的写作教学认为，只有符合具体语境的表达才是好的表达，要减少"假话作文"的出现。教师要引导学生写出真实想法，表达个人思想，提高写作自主性，培养真实写作能力。

思考：

1. 什么是过程写作法？它引入中学写作教学设计的价值在哪里？
2. 以交际语境理论为指导下进行写作教学设计要注意哪些问题？

二、写作教学设计的关键环节

一篇优秀写作教学设计的完成绝不是一蹴而就的，而是需要经过教师的周密思考以及精心雕琢的。倘若教师不清楚写作教学设计的关键环节，则容易导致教学低效等问题。本节将对写作教学设计的关键环节进行介绍，以帮助教师明确写作教学设计流程。

（一）探测分析学情

学生是写作教学的对象，同时也是写作学习的主体，写作教学设计首先应该关注学生，分析学情。学情是复杂多变的，班与班之间、生与生之间都存在或大或小的差异。但在进行教学设计时，进行充分的学情分析又是非常有必要的，只有符合学情的写作教学设计才能顺利在课堂中实施。

针对学情的分析可以从"学习起点分析""学习状态关注""学习结果评估"三个层面入手。学习起点指学生在进行语文课堂学习时的基础、需要与准备。[①] 学生写作经验的储备情况以及对写作所需知识的掌握程度关系着写作教学设计的目标设置，教师要在课前充分调查学生的写作喜好、写作态度等，将写作需要融合到写作教学设计中。学习状态指学生在语文课堂进行中所表现的内隐及外显行为。设计要给真实写作课堂留出空间，写作教学设计并不等同于课堂实录，绝不能忽视学生在面临写作任务时的情感态度。教师要关注写作课上的学生表现，根据实时情况以现场研判的方式调

① 陈隆升：《"学情分析"的学理基础与实践探索》，《语文学习》，2015年1期，第42页。

整课前设计。学习结果指学生经过写作学习所形成的经验。教师凭借写作成品,判断学生对写作方法策略的掌握程度,找出作文中存在的问题,评估学生平均写作水平,反思教学不足,为今后的写作教学设计打下基础。

教师对学情的了解看似分为课前、课中、课后三阶段,实则为一个关联循环结构。只有将学习起点、学习状态和学习结果三层面的信息结合起来,才能完整系统地探测分析学情,写出切实可行的写作教学设计。

(二)明确写作任务

写作任务即作文题目、相关的提示语和要求。相较于"审题"而言,分析写作任务要关注的层面更广。它不仅需要分析写作题目与写作材料,而且要分析写作的语境、目标、任务、读者、文体等,从而选择适宜的文章篇幅、语言风格。明确写作任务的关键是树立写作目的意识以及确定目标读者。

写作目的是指作者通过写作活动计划达到的社会价值,写作目的意识是指写作过程中目的在作者头脑中的反映。它可以指导调控写作各环节,从全局安排写作内容的详略从而形成完整系统的文章。学生出现的"跑题""时间不够""详略失当"等问题,都是由于写作目的意识不足导致的。在写作教学设计中,教师要有意识地通过启发讨论的方式,帮助学生解析写作材料和提示语,从而使学生具有写作目的意识,更好地完成写作任务。

目标读者即作者在写作过程中预定的文章接受群体。对于学生而言,实际读者以老师、同龄人为主,但并不限制目标读者的选择。比如"写给钟南山院士的一封信",其目标读者就是钟南山院士。确立目标读者要考虑以下两点:一是考虑读者的阅读需要。不同的读者有着不同的阅读兴趣和目的,有些读者喜欢读跌宕起伏的故事和真实感人的人物事迹,沉醉于变幻的人生经历;有些读者则喜欢读逻辑化的分析和专业性的文章,以期了解学科理论,提高学术能力。学生考虑读者的阅读需要才能使读者顺利进入文本。二是考虑读者的接受水平。读者的接受水平受知识储备、文化程度影响,学生要据此处理好写作中的各种问题,如是否对某一人物进行介绍,是否对某一名词做出阐释等,符合目标读者接受水平的作品才能架起作者与读者间的沟通桥梁。

明确的写作任务是完成文章的关键所在,教师在进行写作教学设计时务必要关注此点。

(三)搭建写作教学支架

写作教学支架指的是教师为了提高学生写作能力,在写作教学中给予暂时性的支撑和帮助。"写作教学支架包括情境支架、知识支架、范例支架、问题支架、图表支架、活动支架、工具支架、程序支架、思维支架、策略支架、元认知支架等”①。常见的写作教学支架有以下几类：

1. 情境支架

“写作教学中的情境支架可分为情景支架和交际语境支架。前者指的是教师用语言营造或者创设一种生活场景、情感氛围，后者指的是分析或者拟想要写的文章的读者、话题、目的等。”②比如一个教师在“描绘母亲”的写作课上，以视频的形式播放各式各样的母亲肖像，十分巧妙地营造出写作小情境——回忆母亲和我在一起的点点滴滴。这样自然而然地进入写作教学可以使学生更容易明确写作任务。

2. 问题支架

写作离不开思维，问题是思维的曙光。设置有效的写作教学问题能够帮助学生找到写作的出发点和立足点。它不仅利于教学进程朝着教师预计方向发展，而且有利于学生的发散思维、形象思维、逻辑思维的培养。比如一位教师针对学生《我的梦想》一文提出了几个连续性的问题：你的梦想是什么时候确立的呢？你的梦想改变过吗？你为梦想付出过努力吗？你的梦想对社会、他人有什么价值？这样通过一系列的问题，为学生提供问题支架促进学生思考，并激发学生的写作灵感。

3. 活动支架

“活动是写作教学过程中的各种教学行为、游戏行为、事件及其环节安排。”③一堂富有活力的写作课往往会安排相应的写作活动，以活动为途径，既能调动学生的写作兴趣，也能丰富文章的写作内容。比如在进行说明文写作教学时，要求写“校园一角”，可以领着学生参观校园，以定点观察、移步换景的方式，一步步走过主教学楼、活动区、住宿区，达到生活实际和写作教学的统一结合。

写作教学支架并不是单一割裂使用的，它往往要将各式支架联动起来，构成一个完整的群体。教师在进行写作教学设计时，要重视不同的写作支架的作用，帮助学生提高写作能力。

思考：

1. 简述写作教学设计的关键环节。
2. 结合本章所学，请尝试使用一种写作支架进行教学设计。

① 荣维东：《写作教学的关键要素与基本环节》，《语文建设》，2018年第16期，第23页。
② 荣维东：《写作教学的关键要素与基本环节》，《语文建设》，2018年第16期，第24页。
③ 荣维东：《写作教学的关键要素与基本环节》，《语文建设》，2018年第16期，第24页。

文献选读：

[1] 董宝良:《陶行知教育论著选》,人民教育出版社,2015 年。
[2] 荣维东:《写作教学的关键要素与基本环节》,《语文建设》,2018 年第 16 期。
[3] 荣维东:《语文教学原理与策略》,西南大学出版社,2014 年。

第二节 写作教学设计体系建构

叙述文侧重写清楚一件事情,议论文侧重说清楚一个道理,任务驱动型作文要求完成写作任务,创意写作强调创新性,随笔写作要求能够及时捕捉灵感。写作教学不同课型的特点要求教师在进行教学设计时也应具有针对性。与此同时,明确教材中写作任务和写作评价体系的要求对教师进行写作教学设计同样具有重要意义。因此本节从写作教学课型体系、初高中语文教材写作任务编排体系和写作评价体系三个方面着手,进行写作教学设计体系的构建。

课前研读清单		
序号	作者	书名/题目
1	夏丏尊 叶圣陶	《文章讲话》(北京:中华书局,2007 年)
2	王荣生	《写作教学教什么》(上海:华东师范大学出版社,2014 年)
3	沈国全 杨丽琴	《促进写作学习:论述类文本评价工具研制》[语文建设,2021,(01)]
4	唐建新	《在理想与现实中构建写作教材序列——统编初中语文写作教材的编写与使用》[语文建设,2020(05)]
5	王海峰	《创意写作的六次突围》[文艺评论,2019(06)]

一、部编本初中语文教材写作任务编排体系

认识部编本初中语文教材写作任务的编排体系,有利于教师合理地进行教学设计,有计划地安排写作教学、传授写作知识。本节将从部编本初中语文教材写作任务的编排体系出发,分析写作任务的编排特点。

(一) 编排体系

部编本初中语文教材共有六册书组成,适用于初中三个年级,每学期适

用一册教材。部编本初中语文教材没有单独设置写作单元，而是将写作任务与阅读单元的学习相结合，穿插安排在每单元阅读课文的学习之后。如下表所示，教材中每单元都有独立的写作专题和具体的写作实践内容，教师在进行写作教学设计时必须考虑到教材写作任务的要求。

	七(上)	七(下)	八(上)	八(下)	九(上)	九(下))
第一单元	热爱生活，热爱写作	写出人物的精神		学习仿写		学习扩写
第二单元	学会记事	学习抒情	学写传记	说明的顺序	观点要明确	来审题立意
第三单元	写人要抓住特点	抓住细节	学习描写景物	学写读后感	议论要言之有据	布局谋篇
第四单元	思路要清晰	怎样选材	语言要连贯		学习缩写	修改润色
第五单元	如何突出中心	文从字顺	说明事物要抓住特征	学写游记	论证要合理	
第六单元	发挥联想和想象	语言简明	表达要得体	学写故事	学习改写	有创意地表达

（二）编排特点

1. 编排有序

写作教学是一个循序渐进的过程，部编本初中语文教材针对不同年级提出了不同的写作要求。首先，七年级主要从培养学生的写作的兴趣着手，慢慢深入到学生写作习惯的培养，再到明确写作文体让学生进行简单的记叙文写作。而到了八九年级，课程标准与语文教材中对文体写作都有具体明确的写作目标与训练要求。这样由简单到复杂，从兴趣出发到具体的操作训练，体现出教材序列性的布局特点。此外，即便是同一文体在不同的年级也有不同的写作要求。比如记叙文的写作：七年级上册第二单元写作训练为“学会记事”，七年级上册第三单元的写作训练为“写人要抓住特点”，逐步深入地使学生掌握记叙文的写作内容和写作技巧；又如说明文的写作：八年级上册第五单元的写作训练为“说明事物要抓住特征”，八年级下册第二单元的写作训练为“说明的顺序”也体现了教材写作任务编排有序的特点。

2. 读写结合

阅读和写作相辅相成，只有大量阅读输入，才能保证高质量的写作输出。学生通过广泛阅读积累语言，才能够调动自身的想象力，激发写作动机。部编本初中语文教材的写作学习与该单元所学篇目涉及的题材密切相关。阅读和写作紧密相连,能够及时地把所学知识运用到实际的写作训练中去。比如部编本初中语文教材七年级上册第二单元的写作目标是“学会记事”。教师可以引导学生通过本单元《散步》的学习,厘清事情的“起因”“出现矛盾”“解决矛盾”“结局”这几个叙述流程。将课堂所学的角度运用到实际的写作中,让学生明白如何把事情写清楚,学会写得“有感情”,同时还要注意“锤炼语言”。

单元	单元写作主题	产生联系的选文
第一单元	热爱生活,热爱写作	无
第二单元	学会记事	《散步》《秋天的怀念》
第三单元	写人要抓住特点	《从百草园到三味书屋》《再塑生命的人》
第四单元	思路要清晰	《纪念白求恩》《植树的牧羊人》 《走一步,再走一步》
第五单元	如何突出中心	《猫》《动物笑谈》《狼》
第六单元	发挥联想和想象	《皇帝的新装》《天上的街市》《女娲造人》 《寓言四则》《西游记》

3. 尊重学生主体地位

部编本初中语文教材强调写作从生活中来。在课文选取、习题设计以及教学活动安排等都与学生实际生活紧密相关,尊重学生的个体独特性,让他们自发从生活中提取信息。比如七年级上册第一单元写作目标为“热爱生活,热爱写作”。教材在写作提示中提到:“妈妈是如何在忙忙碌碌中度过一天的?”“爸爸每天到家后第一件事做什么?”“校园里最安静的角落在哪里?”“你的同学进教室时,开门、关门的方式各有什么特点?”“你的语文老师最喜欢穿什么颜色、什么样式的衣服?”教材在写作板块的设计注重贴近学生的实际生活,让学生积累到生活的素材,从而体会到写作的乐趣。

4. 写作目标明确

部编本初中语文教材的写作板块有明确的写作主题,从不同的角度和不同的文体重点出发进行编排。如“思路要清晰”“如何突出中心”“抓住细节”“怎样选材”和“表达要具体”等,这些清晰的主题有利于让学生把握学习的目标,有针对性地进行训练。例如“怎样选材”部分,根据《阿长和〈山海经〉》内容,思考材料与中心的关系,以及怎样安排详略得当,一些写作实践也会给出几条提示,学生在提示的情况下打开思路,助于顺利完成作文的写作,增强写作的操作性。

部编本初中语文教材写作板块在编排方面按照学生的认知，循序渐进，与选文紧密相连，注重读写结合，贴近学生的实际生活，写作主题明确，可具有操作性。在进行教学设计时，教师要把握教材的编排特点，按照学生的认知，提供指导，让学生学会写作，爱上写作。

思考：

1. 你如何看待部编本初中语文教材读写结合的编排特点？
2. 教师应该如何依据学生的认知发展水平开展写作教学？

二、统编版高中语文教材写作任务编排体系

统编版高中语文分必修和选择性必修两类，在整体的编排结构上，仍旧采用单元划分的形式，但是单元以人文主题和学习任务群两个线索组织而成，以保证语文的人文性和工具性的统一。单元也划为两类：一类是读写结合，一类是专题活动。

（一）教材中的写作任务要求

统编版高中语文教材没有单独设立写作单元，但是每个学习单元后都有单元学习任务，写作任务往往体现在单元学习任务中。具体编排情况如下：

必修上	必修下	选择性必修上	选择性必修中	选择性必修下
学写诗歌	如何阐释自己的观点	材料的积累与运用	深化理性思考	语言的锤炼
写人要关注事例和细节	如何清晰地说明事理	审题与立意	学写申论	说真话，抒真情
学写文学短评	学写演讲稿	学写小小说		文章修改
议论要有针对性	叙事要引人入胜			
如何做到情景交融	学写综述			
	如何论证			

这些写作任务分别对应自己所在的单元内容，比如必修上册第一单元以现代诗歌为主，单元的写作指导任务就是“学写诗歌”。其中“学写诗歌”

“学写文学短评”“学写演讲稿”“学写综述”“学写小小说”等带有“学写”字样的写作任务，是指学生真正意义上第一次接触的写作任务。

从写作文体的分布来看，统编版高中语文教材的写作任务在紧密结合各个单元阅读人物的同时，具有明确的指向性。诗歌、文学评论、议论文、说明文、记叙文、散文、演讲稿、综述、小说都被包括在内，总体上更偏重议论文写作，同时又平衡了议论文与其他文体之间的比重。

从写作的难易程度来讲，教材按照由易到难、由简单到复杂的编排顺序，遵循了科学性、规范性的编写原则，符合学生的身心发展规律。

从写作主题上来看，教材编排符合温儒敏先生所提的“一课一得”建议。每个单元的写作任务都以本单元所学为基础，明确写作内容、目标和要求，使写作教学更具备可操作性。比如必修上册第一单元以现代诗歌为主，是书写青春情怀的主题。在写作指导部分，就要求学生学习诗歌的创作方法，将情感、意象、韵律都落实到语言上。

（二）学习任务群中的写作任务要求

统编版高中语文另一个特点，就是学习任务群的划分。《普通高中语文课程标准》(2017年版)提出了18个学习任务群，写作在任务群中分布相当广泛，通过提取各个任务群有关写作的部分，可以得出如下表格：

任务群	目标与价值追求	任务群	目标与价值追求
1 整本书阅读与研讨	撰写全书梗概或提要、读书笔记与作品评价	9 中国革命传统作品研习	学习其写作手法
5 文学阅读与写作	用自己喜欢的文体样式和表达方式写作；尝试续写或改写文学作品；写读书提要和笔记	10 中国现当代作家作品研习；16 中国现当代作家作品专题研讨	撰写读书笔记和评论；练习创作短篇作品
7 实用性阅读与交流	掌握当代社会常用的实用文本，善于学习并运用新的表达方式	11 外国作家作品研习	撰写读书笔记和评论
8 中华传统文化经典研习	撰写评论；学习传统文化经典作品的表达艺术，提高自己的写作水平	18 学术论著专题研讨	借鉴专业学术论文的形式写成学术性小论文，进行交流

在18个任务群中,有8个任务群明确了写作目标和任务,且都与阅读相关,这体现了“读写结合”的语文教学理念和要求。

通过以上表格还可以发现,写作以各种形式贯穿在诸多任务群中。只要有阅读、表达、交流,就有写作要求。这18个任务群从语文课程的本质特点与高中生学习语文的基本规律出发,以语文学科核心素养为纲,并依托学生实际的语文实践,其最终目的在于改变高中语文教学僵硬固化的教学理念,从教学内容、教学理念、教学组织形式、教学方法、教学评价等方面为高中语文教学提供指导,而写作部分更加典型地体现了这一理念。在新的课程理念引导之下,要求教师在进行写作教学设计时,要注重阅读、写作以及任务群之间的融合,对教材和学习内容进行整体把握。

教材始终是写作教学设计的主要依据,把握住教材由浅入深,由简单到复杂的脉络,使写作教学设计一以贯之,一脉相承。统编版高中语文教材以人文主题和学习任务群双线并行的模式展开单元学习,因此教师在进行写作教学设计时需要综合考虑教材编排体系与学习任务群的分布体系。

思考:

1. 你如何看待统编高中语文教材中写作任务与学习任务群的关系?
2. 根据学生的思维发展规律,高中议论文写作是教学重点。教材是如何安排议论文教学内容的?为何这样安排?

三、写作评价体系

一篇作文的完成并不是写作教学的终点,写作评价能够帮助教师和学生发现写作过程中的难点和问题。教师要认识到写作评价的重要性,才能更好地进行写作教学设计。长期以来,写作的评价主体较为单一,教师对作文评价标准的认识不够明确,影响着写作教学的进行。本节主要从认识评价主体、走近作文评价标准和明确写作评价方式三个方面展开论述。

(一)认识评价主体

认识评价主体是写作评价的前提。实际的教学活动,往往需要多个主体共同参与,写作评价也是如此。最为重要的主体定为三类,分别是:教师主体、学生主体、校外主体。

1. 教师主体

教师作为评价的主导者,在课堂上对全班学生作文的情况进行整体的分析总结,提出一两个有代表性的主要问题进行重点分析。但这种指导多适用于共性问题的解决,学生个体的参与度不够。除了共性问题的指导以外,教师还可以根据不同学生的具体情况进行单独评价。比如,写评语、一对一交流等最常见的评价方式。

2. 学生主体

新课标规定：在开展写作教学的过程中，教师应该培养学生独立修改作文的能力，让学生结合自己所学的知识，多写多改，养成一个良好的写作和交流的习惯。①《义务教育语文课程标准（2022年版）》就指出根据表达的需要，借助语感和语文常识修改自己的作文，做到文从字顺，能与他人交流写作心得，互相评改作文，以分享感受，沟通见解。②《普通高中语文课程标准（2017年版2020年修订）》提出学生要“能独立修改自己的文章，乐于相互展示和评价写作成果”。③ 因此，在写作评价过程中，教师应该充分重视学生的主体地位和学生在评价中的重要性，尊重学生的评价权，使学生在自我评价和互相评价中获得能力的提升。

3. 校外主体

《义务教育语文课程标准（2022年版）》中明确提出：鼓励学校管理人员、班主任、家长参与过程性评价，通过多主体、多角度的评价反馈，帮助学生处理好语文学习和个人成长的关系，发掘自身潜能，学会自我反思和自我管理。④ 因此，当下写作评价的主体还可以扩展到家校、社区、互联网等更加广阔的群体或者平台。尽管实施起来具有一定难度，但教师要尽可能地调动这些主体参与到写作评价教学中来，达到让评价主体多元互动的目的。

（二）走近作文评价标准

2020年高考结束后，浙江省的一篇高考满分作文引起了极大的争议。该篇作文题目名为《生活在树上》，第一位阅卷老师只给了39分，但后面两位老师则给了55分的高分，最终作文专家审核小组将这篇作文判定为满分。关于这篇作文的争论非常值得我们深思——作文评价的标准究竟是怎样的？就评分标准来说，给低分的老师真是“不识真金”吗？给高分的老师是否也有失偏颇呢？我们究竟应以怎样的标准去进行评判呢？荣维东、唐玖江、陈磊在《写作课程教学应该向何处去——来自全国31位写作课程教学专家的建议》一文中建议，设计不同文类、不同年段写作评价的层级指标、

---

① 张海霞：《以评价促进作文教学》，《现代语文（教学研究版）》，2016年第2期，第134页。

② 中华人民共和国教育部：《义务教育语文课程标准（2022年版）》，北京师范大学出版社，2000年，第16页。

③ 中华人民共和国教育部：《普通高中语文课程标准（2017年版2020年修订）》，人民教育出版，2020年，第33页。

④ 中华人民共和国教育部：《义务教育语文课程标准（2022年版）》，北京师范大学出版社，2022年，第47页。

发展等级指标，且指标可量化或进行态度方面的评价，描述每个学段学生写作学习不同层级的具体表现，从作文的思想内容、结构、口吻、措辞、流畅、惯例、呈现等开发量表，增加评价的可操作性。

1. 考场作文评分标准

应试教育背景下，学生在课堂上的学习效果往往都会有一个评价标准，写作教学也不例外。这种评分标准是评价的一种量化，对于考试来讲，这种量化标准确实比较客观公正。由于各地中考语文作文评分标准有所不同，因此我们结合上述例子，以 2020 年高考作文评分标准为参考进行说明。2020 年高考作文评分标准如下表所示：

		一等(20–16)	二等(15–11)	三等(10–6)	四等(5–0)
基础等级	内容20分	符合题意	符合题意	基本符合题意	偏离题意
		中心突出	中心明确	中心基本明确	中心不明确
		内容充实	内容较充实	内容单薄	内容不当
		思想健康	思想健康	思想基本健康	思想不健康
		感情真挚	感情真实	感情基本真实	感情虚假
		符合文体要求	符合文体要求	基本符合文体要求	不符合文体要求
		结构严谨	结构完整	结构基本完整	结构混乱
		语言流畅	语言通顺	语言基本通顺	语言不通顺语病多
		字迹工整	字迹清楚	字迹基本清楚	字迹潦草，难辨
发展等级	特征20分	深刻	较深刻	略显深刻	个别语句有深意
		丰富	较丰富	略显丰富	个别例子较好
		有文采	较有文采	略有文采	个别语句较精彩
		有创意	较有创意	略有创意	个别地方有新意

观察这个简表，可以确定“发展等级”是考场作文拉开差距的主要方面，它要求作文深刻、丰富、有文采、有创意。也许上面提到的高考满分作文有“卖弄文采”的嫌疑，这样的写作在日常写作训练中的确是没有必要的。但对于高考来说，首先这篇作文没有违背评分标准里的任何一条；其次，在考场上短时间内写出如此文章，是学生实力的体现，要给予肯定。因此，作为考场应试作文，它得高分本身无可厚非，反而大家站在考试以外的立场进行批评、站在文学的立场加以苛求的行为有失妥当。不过，我们也应该认识

到，这样的写作极具特殊性，不能成为写作的风向标，也不值得、不应该被学生效仿。

考场作文的评价标准其实更倾向于评价在规定时间内作文所传达出的学生的语言运用、文学知识积累等语文综合水平。也就是说，考场作文是在有限的时间、字数内考查学生综合能力水平的方式，学生想要得高分，就要将这种综合能力水平最大化，以达到最高的评分标准。

考场作文的评分除了受评分标准的影响以外，还受阅卷老师自身评价标准，包括知识水平、文学素养、评改理念等的影响，这也是为什么高考作文要实行“双评制”的原因。

那么，日常写作教学中，考场作文评分标准是否也完全适用呢？

2. 日常写作的评价标准

考场作文的评分标准也许为教师日常的写作教学提供了一定的指向要求，但作为教师，要认识到日常写作教学和考场作文的评价不应该完全一致。

日常教学对任务型写作、创意写作和随笔写作都要涉及，而不能只教任务型写作；日常写作不是考场作文，教师也不能拿试卷的评分标准加以硬性要求，否则不仅不利于学生发展自我、提高写作能力，反而会加深学生对写作的厌恶感；日常写作评价通常只由一位老师来完成，主观因素的影响较大，学生很容易受到不公平的评价。

因此，对待日常写作，尤其是创意写作和随笔写作，教师要秉承更加宽容的评价理念，以训练为主要方式，以不断提高写作能力为目标，注意尊重学生的情感、态度，培养学生正确的价值观，引导学生写作个性的形成，这才是教育的应有之义。

（三）写作评价方式

在当下新课标、新教材的要求之下，旧的评价方式，比如写评语、学生互相评改、小组讨论等方式虽不能完全抛弃，但更需要引进新的评价理念，不断探索、完善多种有效的评价方式。这里，为大家介绍几种具备可操作性的评价方式以供参考。

1. 评估量表评价

评估量表和考场作文的评分标准既有相似之处，但又有所区别。考场评分标准适用的范围更大，更易操作。课堂教学中的评分量表是针对具体的文体、语言、表达方式，由师生共同参与制作而成。如下面的“动作描写评估量表”：

序号	评价标准	5	4	3	2	1
1	动词使用准确、生动					
2	使用修饰语且修饰恰当					
3	动作描写完整有序、合理通顺					
4	能够表现人物的心理活动及个性特点					

首先,评估量表要足够细化。学生在量表的指导下,一方面知道如何作文和写哪些方面的内容,另一方面可以有针对性地对自己或者他人的作文进行打分。其次,量表具备可操作性。无论是老师还是学生,都可以制作或者参与制作量表,也有助于集体评价、学生自评、家长助评等写作评价的实现。

2. 表现性评价

表现性评价是指通过完成一些具体的任务,引导学生做出最真实的表现,以此分析学生掌握和运用知识、能力的评价方法。① 首先,教师需要事先设计与本次评价相关的写作任务要求。其次,在学生完成任务的过程中,教师需要观察学生的真实表现。最后,教师对学生在本次任务中的表现进行总结评价。这是师生共同参与的评价方式,学生在老师的引导下,不知不觉地完成评价任务。

邓彤老师针对表现性评价总结出了三种策略:第一,围绕目标设计表现性评价任务;第二,深度加工学习元素;第三,通过多元主体实施表现性评价。但具体策略的操作与实施还要结合实际情况而定。

3. 评分规则评价

这一评价方式和量表评价非常相似,不同的是一个是纵向层面,一个是横向层面。运用评分规则进行评价的方式可以将写作在纵向层面上划分成“预写、起草、修改、校对和发布”等一系列过程,写作过程中的不同阶段有不同的评价要求,层层递进。比如,在确定选材内容时,评价标准是“是否符合主题”“材料是否足够丰富”等;在完成全篇时,评价标准则是“全文是否分布合理”“书面是否整洁”“开头结尾是否具备亮点”等。好的评价方式,可能会使写作教学事半功倍。根据实际教学需求,制定、运用合理的评价方式,是每一位教师不懈努力的方向。

① 邓彤:《研究表现型评价,促进写作深度学习》,《中学语文教学》,2020 年第 2 期,第 35-40 页。

思考：

1. 你认为在实际教学过程如何落实多主体评价方式？
2. 日常写作评价是否有必要完全依照考场作文评价标准？

四、课型体系

写作是一个丰富多彩的教学板块。传统的写作教学将写作课型分为记叙文写作、抒情文写作、议论文写作、应用文写作四类；王荣生教授在《写作教学教什么》一书中认为，应以任务写作、创意写作、随笔写作为主的写作课程。新课标与新教材提倡读写结合，在阅读教学中穿插写作任务，因此进行写作教学设计既不能走传统路线，又不能使写作独立于阅读教学。综合以上因素，我们从记叙文写作、议论文写作、任务驱动型作文写作、微型写作和随笔写作五种课型出发，分析进行不同课型的写作教学设计时应当关注的问题。

（一）记叙文写作

就语文写作教学而言，记叙文专指在作文训练和考试中，侧重于训练学生叙述表达能力的一种练习性文体。记叙文写作教学贯穿学生中小学语文学习的各个阶段，进行记叙文写作教学设计必然要先考虑记叙文的文体特征，一篇好的记叙文应具备以下几个特质：

一是要体现“记叙”的性质：记人记事必有一个侧重点，但又不能使二者相分离。因为人与事往往互为依托，所以合格的记叙文要能够塑造一个完整的人物形象或能够完整地叙述一件事情。二是记叙文要注意环境描写：叙述事情不宜直来直去，也不能仅靠语言和动作塑造人物，好的记叙文人物活动与情节开展是建立在一定的背景环境之中的。好的环境描写能渲染氛围、增强文章感情色彩、使行文更具美感。三是要注意细节描写：人物形象的塑造、性格的刻画离不开生动的细节描写，一篇好的记叙文要有值得推敲的细节刻画。四是要有典型性：记叙文虽然以记录为基础，但其目的是通过文中的人与事传达出某些情感，所以选择的人与事要有一定的典型特征，在行文过程中要能够深入挖掘人与事的典型意义。五是要能围绕中心进行叙事：记叙文要有明确的线索与中心，并据此筛选、组织材料，有目的地表达思想。

因此在进行记叙文写作教学设计时，教师应充分考虑以下因素。

1. 立意与选材

立意与选材是进行记叙文写作教学设计首先要考虑的问题，教导学生通过观察、阅读、调查、访谈等方法积累生活和学习中的素材，使写作内容符合生活和艺术逻辑，同时能将自我表达的需要和题目要求的范围紧密结合起来，追求立意准确与选材适当。所选材料要能够反映现实生活且具备一定的典型性，能够在同类素材中以少胜多、表现主题、揭示事物本质。教师要教导学生选材的方法，留心生活，从生活中选取素材，善于抓住事理，抓住情感的触发点，善于运用逆向思维，具备多角度意识，能够对材料进行加工，深度挖掘材料内涵，进而体现个人独到的生活发现和体悟。

2. 结构与思路

写好记叙文要明确记叙文的文体特征，有整体的框架意识与结构意识，能够从主题与表达的需要出发进行构思，使文章结构严谨、思路清晰、段落安排适当、过渡照应巧妙、详略安排得当、叙述方式多样。记叙文具有多种叙述方式和结构模式，教师要引导学生根据自己的主题和内容选择适当的方式进行构思。

3. 语言与情感

出色的记叙文要具备精彩的语言和真实深刻的情感内涵，因此教师要引导学生有目的地在平时的阅读和生活中积累有特色的语言并加以运用，借助语言和人物形象的刻画来表达自己真实而深刻的情感。在记叙文写作中，需要关注文章叙述的语言容量、叙述节奏的缓急和“动情点”的呈现次数及位置是否妥当。在具体的教学设计过程中，教师可以关注引导学生精心锤炼词语、巧用修辞手法、调整句式以及学习情感渲染的方式。

4. 人物与情节

如何引导学生刻画人物形象与设置具体情节也是进行记叙文写作教学时必须考虑的问题，教师要引导学生根据中心表达的需要，恰当运用多种描写手法刻画人物，运用场景、风景描写烘托人物，引导学生根据中心表达和人物形象塑造的需要，合理设计情节的波澜与冲突。

（二）议论文写作

议论文是以议论为主要表达方式的一种文体，通过对客观事实或主观主张的分析和评论，直接阐明自己的观点，表示自己的态度，提出自己的主张。简言之就是通常所说的摆事实、讲道理的文章，回答“是什么”“为什么”“怎么办”等问题。一篇严密、生动、观点表达清晰的议论文，一定具备清晰的三要素——论点、论据和论证，具有灵活生动的多种论证方式，同时能够步步深入、层层递进地阐述论点。议论文是表达观点、申明主张的重要工具，通过议论文的学习，可以培养学生语言和思维的逻辑性。在进行议论文写作教学设计时，教师可以从以下几个方面着手给予学生精准到位的指导。

1. 议论文三要素

论点是一篇议论文的灵魂和旗帜，没有论点或论点含糊，论证也就失去了方向，结果是不知所云，因此，论点要正确、鲜明、新颖；论点确定以后要根据论点从众多的论据中选择那些针对性最强、最有说服力的论据，增强议论的逻辑性，使每个论据真正起到有力地证明论点的作用；论证就是用论据论述论点的过程，有了正确的论点和充分的论据，还要借助一定的论证方法阐明论点。由于事物之间相互联系的方式是多种多样的，因而构成了不同的事理，这就要求我们在论证过程中灵活采用多种方法，以便从多角度、多侧面去论证论点，使论点的正确性得到全面、充分和深刻的证明。

2. 观点与材料

教师要引导学生关注所读文章、书本，发生在身边的事件以及社会事件，观看的影视节目，从一个适宜的角度确立观点，并选择适宜的材料证明观点。观点的选择要符合重要、必要和可操作的特点。选择的材料要具有一定的典型性和代表性，生活中偶然性的、个别的事例是不具有代表性和普遍意义的，不能作为材料来使用，否则会产生谬误。选择的材料要尽可能新颖、确凿、精当、生动。

3. 结构与思路

议论文有较为明确的文体特征，教师要把握住这一文体特征，引导学生注重行文思路与文章结构。议论文的基本结构模式有对照式、并列式、层进式等，引导学生确定中心论点，再根据论述的需要，选择切合文章的整体框架和段落组织样式，做到框架结构清晰、思维严密、论述严谨、过渡自然、结尾精妙。

4. 语言与情感

议论类文体在语言表达上的基本要求是准确、鲜明、简洁、概括。准确既指对事实描述的准确性，也指观点表达的准确性，对事实的描述包括对事实细节和对事实总体的描述，尤其是在表述事实的本质内涵时，更注意语言的准确性；鲜明指作者有正确、坚定的立场；简洁指语言简单明了；概括主要指针对事例进行的叙述，为论述服务。教师在进行教学设计时要关注以上要求，有针对性地训练学生的语言表达与情感表达能力。

5. 分析与论证

对内容的分析和对论点的论证是议论文的核心内容。分析与论证是呈现作者阐明论点、持论的理由以及为了让他人接受理由的逻辑表达，它是作者证明论点的逻辑过程和方式，是用一个或一些已知为真的判断确定另一个判断的真实性的思维过程。教师要熟练掌握事例分析、因果分析、列举分析、辩证分析等多种分析方式以及立论、驳论等多种论证方式，并在进行教学设计的过程中针对学生情况进行灵活使用。

（三）任务驱动型作文写作

任务驱动型作文的概念最早由教育部考试中心的张开老师提出，主要参照2015年全国卷Ⅰ“小陈举报于高速路公路上开车打电话的父亲，要求考生写一封信，给女儿或者爸爸或者有关部门”、2015年全国卷Ⅱ“阅读三则材料，在三位人物中选择最具风采的人物”等。在对这类作文的命题特点进行分析后，他提出了“任务驱动型作文”的具体定义：“运用材料引发考生思考、激发写作欲望的基础上，通过增加任务型指令，发挥试题引导写作的功能，增强写作的针对性，使考生在真实的情境中辨析关键概念，在多维度的比较中说理论证。”①

任务驱动型作文具有以下几个鲜明特征：一是任务驱动型作文往往以考场作文的形式出现。试题通常会为学生营造一个情境，这一情境通常是与现实生活密切相关的事件，关注学生的生活体验。学生必须联系自己的生活实际，运用以往的经验积累对材料进行初步的判断和价值选择，学生在具体的“任务指令”下写作，结合文本，阐述自身对材料的体会，谈自己的看法并进行论证说理，鲜明的时代性和明确的任务指令性能有效避免学生写作过程中套作现象的发生，促使学生走出书本的“圈子”，把目光延伸到社会民生中。二是以问题解答方式设置题目。任务驱动型作文不仅要求考生根据材料进行写作，同时也要求考生回答题目提出的问题。如2020年全国卷Ⅰ的命题“齐桓公、管仲和鲍叔三人，你对哪个感触最深？请结合你的感受和思考写一篇发言稿”。材料明确给出了写作内容，“哪个”这一疑问词就要求考生需围绕材料内容进行写作，选择任一角度，不能偏离材料所问问题。三是任务驱动型作文通常设置对立性的问题，将学生置于选择的情境当中，要求学生跳出事物本身进行选择，运用多种思维看待问题。在任务情境中设置含有对立性的问题，不仅能锻炼学生的思维，提升学生的思辨能力，同时也考察了学生的说理能力和价值观。如2015年全国卷Ⅰ“小陈举报于高速路公路上开车打电话的父亲，要求考生写一封信，给女儿或者爸爸或者有关部门”这一材料取材于新闻，是一个有争议性、对立性的问题，为考生提供了一个具有真实感的情境，考生需要在情境中辨析关键概念，在多维度比较中说理论证，表达自己的伦理观、法制观。

王荣生在《写作教学教什么》中指出：“任务写作就是有一个比较明确

① 张开：《注重题型设计，强化教育功能——2015年高考语文的特点及相关问题的解读》，《语文学习》，2015年第7期，第10页。

的写作对象,有一个比较明确的写作目的,有一些比较有规范的写作样式。"①教师在进行任务驱动型作文写作教学设计时应明确以下问题。

1. 写作目的是"为交流而写",强调写作任务情境的重要意义

任务写作教学观强调"为交流而写作",任务写作要求站在读者的角度上考虑问题,分析读者的真正需求,尊重读者的语言习惯,把实现学生与读者的交流作为任务写作的根本目的。写作任务情境是学生进行任务写作的前提,教师要创设真实的写作任务情境,激发学生的写作兴趣。教师在创设任务情境时要遵循三点,即任务情境的真实性、任务情境的适应性、符合写作学习目标。

2. 强调学生的思维能力在写作活动中的作用

学生的生活经验受其年龄特征与心理特点的制约,教师要通过设计与写作任务相关的活动,促进学生在真实的活动中思考。学生在教师创设的任务情境中,积极思考、自主探究,将他们的直接生活经验与间接生活经验相结合。这不仅肯定了学生在写作中的主体地位,也发展了学生的思维能力,从而使他们创作出更好的文章。

3. 运用写作层级量表进行评价

有效的写作评价标准为学生的写作活动指明方向,教师依据评价标准对学生的写作进行反馈。在写作评价中,量表能够帮助教师和学生发现问题、修改文章以及实现评价结果的多元化目标。教师在开发写作层级量表时,要根据不同学段的目标要求进行设计,先将写作总目标分解成若干方面的子目标,每一方面子目标则又提供 C、B、A、A+四个发展性层级。根据评价等级,学生能够更直观地了解自己在哪些方面存在不足,进而提升自己的写作水平。如对文章语言描写的评价标准如下:

写作层级	评价标准
C	语言偏口语化,存在病句、不通顺问题
B	语句通顺,文章不存在语病
A	语句通顺,人物描写符合其自身性格特点
A+	文章语言优美,可读性强,人物语言、动作描写符合人物特点,注重细节描写

通过量表对学生的写作进行评价具有一定的客观性,写作层级量表的设计能帮助教师发现学生在写作中暴露出来的"短板",从而对学生在写作中存在的不足进行针对性教学,更有效地提升学生的写作水平。

① 王荣生:《写作教学教什么》,华东师范大学出版社,2014 年,第 15 页。

任务驱动型作文越来越成为中高考作文命题的一大趋势，与传统材料作文相比，立意范围更小、指向更明确、表达方式更加多样，克服了传统材料作文中写作任务缺乏情境，导向不明的缺陷。因此，任务驱动型写作更有利于考生发挥，能有效地避免以往因理解偏差而造成的"跑题"现象的出现和套作等弊端，让学生有话可写。但与此同时，也对教师提出了更高的要求，教师要为学生创设真实的写作任务情境，促使学生在真实的活动中思考。同时，教师也要提升自身素养，设计有效的写作层级量表，对学生的写作进行评价，实现评价结果的多元化。

（四）创意写作

创意写作最早源于美国爱荷华大学的创意写作工坊，它在欧美国家已经有了近百年的发展历史。我国受其发展态势的影响，逐渐掀起了引进热潮，香港和台湾是比较早开展创意写作教学与研究的地区，目前已经达到了较高的发展水平。近些年，大陆有些高校也开始进行创意写作方面的研究，如上海大学、中国人民大学、复旦大学等学校，开办创意写作课程，招收创意写作专业的学生。中小学写作教学中也在逐渐推广创意写作，许道军和葛红兵在《创意写作：基础理论与训练》一书中对创意写作进行了表述，他们认为："创意写作"是一切创造性写作的统称，为了强调其"创造性"内涵，以突出与传统写作的本质区分，笔者更愿意将创意写作界定为人类以写作为活动样式、以作品为最终成果的一种创造性活动。它的第一规约是"创造性"，第二规约是"写作"，本质是"创造性活动"。[①] 由此可见，创意写作突出对"创造性"的关注。

创意写作在教学观念、教学实践和教学意义等方面与传统写作都有较大差别：首先，在教学观念上，传统写作认为文学写作不可教，创意写作认为文学写作不是少数人的天赋，创意是可以进行教学的。其次，在教学实践上，传统写作教学更重视对学生进行写作知识、写作方法、写作规律的传授，学生在写作时往往形成了套路化的写作模式，比如文章开头要切题，中间要依次展开，结尾需简短有升华，而创意写作中，教师在进行教学时更关注学生对作品的创作尝试，尊重学生的想法、个性，在教学中努力激活学生的思维，让学生在写作时进行讨论交流，彼此之间思维碰撞，从而调动写作的欲望，将自己的想法诉诸笔端。最后，在教学意义上，创意写作有利于激发学生的学习兴趣。传统写作中，写作往往是"要我写"，学生在写作时会受到较多的规约与束缚，往往处于被动写作的地位，长此以往无疑会打压学生对写作的兴趣。而创意写作中，学生处于主动写作的地位，教师把写作的创造权

① 许道军、葛红兵：《创意写作：基础理论与训练》，广西师范大学出版社，2012年，第6页。

交给学生，对学生的写作没有较多的规约与束缚，那么他们的思路就会处于活跃的状态。写作往往出于表达自我的需要，通过写作进而找到学习的意义，这样的写作更有利于调动学生写作的积极性。

相比传统写作，创意写作有利于学生高阶思维的发展。传统写作下，受制于应试教育的影响，课堂上教师往往训练学生常规化的写作内容、写作方式。如怎样去立意拟题、谋篇布局、遣词造句，这在一定程度上限制了学生思维的发展。而创意写作下，学生可以突破常规化的写作内容、写作方式，在课堂上围绕相关话题，进行自由创作，在完成写作后，师生、生生彼此交流探讨，畅所欲言，这一过程可以促进学生创新性思维和批判性思维的发展。

教师在进行创意写作教学设计时，需要注意以下因素。

1. 教学中引入过程写作法

过程写作法强调在预写阶段，教师给学生提供3-5个具有诱导性的话题，让学生分小组讨论交流，通过集体创意来激活学生的写作经验；在打草稿阶段，快速记录有创意的想法，不用考虑句子通顺与否；在修改阶段，口述自己的想法，同伴提供修改意见；在校订阶段，对遣词造句等方面的问题进行完善；在发表阶段，可以让学生朗读分享自己的作品，也可以向杂志社投递优秀的作品。教师可以通过引入过程写作法，激发学生集体创意的潜能。

2. 提高学生创意思维能力

教师在教学中要努力培养学生的创意思维，可以通过头脑风暴法、强制关联法、逆向思考法等多种途径，提升学生的思维品质。教师对学生进行逆向思维训练，如借助我国古代的成语故事《东施效颦》，引导学生站在东施的角度思考，东施效颦又何妨？从东施的角度出发，她是为了获得别人的认可才去进行模仿，在肯定她积极一面的同时，也要认识到她对美的标准并没有正确的认知。

3. 培养学生进行创意阅读

阅读和写作是语文教学中的两大任务，阅读是一个由言到意的过程，而写作是一个由意到言的过程，二者彼此关联。教师培养学生进行创意阅读，引导学生进行多角度思考，一方面能够帮助学生深入理解文本，另一方面有助于提高学生创意写作的能力。如学习《祝福》一课后，教师可以让学生思考如下问题，如果祥林嫂生活在现代是什么怎样的？孔乙己生活在现代又是怎样的？祥林嫂遇上孔乙己会发生什么样的故事？通过创意阅读，锻炼学生创新性思维。

（五）随笔写作

“随笔”一词在我国古典文献中早有记载，宋朝洪迈《容斋随笔》中写道:“随即纪录,因其后先,无复诠次,故目之曰随笔。”①而随笔写作指的是,在阅读中或者生活中,以类似于散文的一种形式,随时将自己体验到的灵感与体会记录下来。随笔写作不拘形式与字数,创作灵活,因此随笔写作非常有利于激发学生的写作热情。教师在进行随笔写作教学时可以与教材中的课文学习相结合,也可以和课外阅读相结合,进行教学设计时要考虑以下内容。

1. 营造写作氛围

浓厚的写作氛围是激发学生写作热情的关键。因此,在开始随笔写作之前,要尽可能再现真实的情境。在开始写作之前,教师可以组织开展班级读书会,让学生真实体验读书会的场景,在读书会过程中或者结束后随笔写下自己的真实感受,也可以就课文内容进行拓展延伸,选取触动学生的某一个点展开随笔写作。此外,真实的生活场景是学生进行随笔实践的重要材料。所以,要鼓励学生注意观察使自己产生感想的生活场景,及时写下自己瞬间的感悟。

2. 明确随笔的方向

随笔写作可以在写作课中进行,还可以在阅读的过程中进行。在阅读的过程中进行随笔写作,必须让学生明白读什么、怎么读、达成的目标是什么。因此开展随笔写作教学时最好有一定的阅读材料依托、有一定的阅读目的指引,漫无目标的阅读不利于把学生的阅读引向深入,反而有可能降低阅读的兴趣。

3. 转化升格随笔

随笔写作灵活自由,可以激发学生写作的热情,但是考场作文不会要求写作随笔片段,而是要求写一篇完整的作文。因此,在通过随笔实践激发学生写作兴趣后,还要做好随笔转化升格的工作。可以将写作课分为两部分,前一部分进行随笔的实践与交流;后一部分把随笔转化成完整的作文,而两部分之间的时间差距可以根据写作的具体要求灵活调整。

4. 制定统一随笔练习本

制定随笔本主要是让学生更好地参与随笔实践。在随笔实践中,学生可以抒写自己在生活中的感悟,也可以记录自己在课外阅读过程中的感受,还可以就社会中的事件发表自己的看法。制定统一的随笔本,一方面可以为学生提供一个练笔的工具,另一方面随笔本也可以成为储备写作素材的资料库。

---

① 〔宋〕洪迈:《容斋随笔》,中华书局,2015年,第387页。

思考：

1. 传统写作课型与创意写作、随笔写作有何区别与联系？

2. 随笔写作如何从写作片段升格为完整作文？

文献选读：

[1] 中华人民共和国教育部：《义务教育语文课程标准(2022年版)》，北京师范大学出版社，2022年。

[2] 许道军、葛红兵：《创意写作：基础理论与训练》，广西师范大学出版社，2012年。

[3] 卢金明：《语文课程教学设计论》，光明日报出版社，2013年。

[4] 王荣生：《写作教学教什么》，华东师范大学出版社，2014年。

[5] 葛红兵、许道军：《创意写作教程》，高等教育出版社，2017年。

[6] 中华人民共和国教育部：《普通高中语文课程标准(2017年版2020年修订)》，人民教育出版社，2020年。

[7] 郭有志：《学生写作缺乏动机探因》，《语文建设》，2018年第9期。

[8] 荣维东：《写作教学的关键要素与基本环节》，《语文建设》，2018年第16期。

[9] 邓彤：《研究表现性评价，促进写作深度学习》，《中学语文教学》，2020年第2期。

[10] 荣维东：《写作核心素养范式发展与框架构建》，《语文建设》，2020年第5期。

第三节　写作教学设计方法与策略

写作教学设计是为了帮助学生顺利完成写作任务而提供的有效实施方案。本章从研读课程标准、创设真实情境、坚持读写结合与重视过程指导四个方面对写作教学设计的方法与策略进行系统阐述。在实际的写作教学实践中，任何一种单一的教学策略都不能适用所有的教学情况，教师要针对具体学情，根据学生的实际需要，因地制宜地进行写作教学设计。

课前研读清单	
石修银	《真实情境写作命题的三个维度》[中学语文教学，2020(03)]
张红英	《渐进式认识情境，让写作真实发生》[中学语文，2021(05)]
尤东煜，孟芳	《突破教材局限，扩宽学生视野》[教育艺术，2007(06)]

一、研读课程标准

语文课程标准包含了语文课程的性质、基本理念、实施原则、教学内容，是教材编写与教师教学的重要依据。正确解读课程标准不仅是教师备课的重要前提，也是贯穿于语文实际教学过程中的理论基石。中学阶段的课程标准由《义务教育语文课程标准(2022 年版)》与《普通高中语文课程标准(2017 年版 2020 年修订)》两部分组成，部编版语文教材以这两者为依据进行编写，中学阶段关于写作板块的教学目标在课程标准中都有明确体现。

《义务教育语文课程标准(2022 年版)》不仅在课程目标中对学生写作能力的提升提供方向性的指引，更在各个学段中对学生的习作要求提出了明确具体的要求。《义务教育语文课程标准(2022 年版)》的课程总目标中对写作培养目标的具体阐述是，能根据需要，用书面语言具体明确，文从字顺地表达自己的见闻、体验和想法。① 在课程阶段目标中课程标准特意将“写作”细分为“写话”“习作”两个学段目标：第一阶段的写话目标侧重于培养学生的观察力，强调借助生活实践来培养学生思维能力，从而激发学生对写作的兴趣；第二阶段的习作目标在第一阶段写作目标的基础上，更加强调学生要具备敏锐的观察力与思辨能力，同时对学生的审美能力提出了一定的要求，强调学生的“个性表达力”。各个阶段的层级目标在课程目标的基础上进一步区分与细化，小学阶段侧重于培养学生的“写话能力”，强调学生能够清楚、具体、明细地表达清楚自己的写作内容，表达清楚自己的想法感受。初中阶段则侧重于培养学生的“习作能力”，更重视学生的个性表达力，在此基础上鼓励学生学会运用不同的表达方式进行写作。

《普通高中语文课程标准(2017 年版 2020 年修订)》提出了发展学生语文核心素养的要求，并将语文核心素养从语言、思维、审美、文化四个方面进行细化。除此之外，课程标准以学习任务群的形式来确保语文核心素养的有效落实。高中阶段的课程目标在学生对语言文字的运用规律有了一定的了解与掌握的基础上进一步提出“运用口头和书面语言文明得体地进行表达与交流”。这在学生能写会写的基础上，对学生的思维水平与审美能力也提出了更高的要求。在学习任务群中，“文学阅读与写作”作为 18 个任务群中的重要组成部分，属于必修课程，占 2.5 个学分。课程标准中对这一学习任务群的设置目标、学习目标以及教学提示做出了具体阐述。课程标准中对于写作内容的阐述符合学生的认知发展水平与身心发展规律，对教师开

① 中华人民共和国教育部：《义务教育语文课程标准(2022 年版)》，北京师范大学出版社，2022 年，第 6 页。

展写作教学设计具有重要的指导意义。因此,深入研读课程标准,遵循层级顺序并针对具体学情,对教学设计进行实时调整,是写作教学的必由之路。各学段习作具体的目标要求,如下表所示:

学段	习作教学目标要求
《义务教育语文课程标准(2011 年版)》	
第一学段(1-2 年级)	产生“写话”的兴趣
第二学段(3-4 年级)	“乐于书面表达,增强习作的自信心”,尝试创造
第三学段(5-6 年级)	在修改中做到语句通顺
第四学段(7-9 年级)	“有真情实感,力求表达自己对自然、社会、人生的感受、体验和思考。能抓住事物的特征,表达力有创意”
《普通高中语文课程标准(2017 年版 2020 年修订)》	从核心素养、学习任务群、教学与评价等方面阐述写作要求,概括为:积累丰富的写作素材,运用口头和书面语言进行表达和交流,在互评中发现自身问题并改正

二、创设真实情境

“情境”作为新时代语文教学不可忽视的关键词之一,在写作教学中同样不可或缺。“情境”二字在《普通高中语文课程标准(2017 年版 2020 年修订)》中多次出现,并在教学建议中针对教学情境课标明确提出了根据学生的实际发展需要,结合学习任务群来引导学生深入自主地参与学习情境中。而在当前的写作教学中,教师在教学设计中往往直奔主题,忽视真实写作情境的创设与学生内心情感的真实表达。这不仅导致学生难以唤醒自身真实的情感体验,还使得写作功利化现象越来越突出。

创设真实化的情境需要教师深入研读课程标准,在了解具体学情的基础上,制定出符合真实写作教学的教学目标,进而才能实施写作教学设计。教师要想提高写作效率,就需要充分激发学生写作兴趣,营造出浓厚的写作氛围。

首先,语文教师要从自身做起,提高语言运用的能力与本领,提升自身的阅读与写作素养。在此基础上,创设符合学生生活与情感的真实情境,唤起学生的生活体验。除了课堂教学之外,教师还要组织一些实践活动,让学生体验原生态的生活环境,在体验中积累写作素材并获得真情实感。如台湾地区中山女高庄桂芬老师以日常生活中都会见到、穿到的衣服为材料,触发学生的写作灵感:“生活中衣服用途各异,形式也琳琅满目。是不是有一件衣服，让你很喜欢穿它？或者有一件衣服，是让你很讨厌的？又或者，你心里藏着一袭你不曾穿过却很想拥有的服装？"①教师引导学生回顾衣服与自己之间的故事，贴近生活，解放思想，激发学生写作兴趣。

其次，创设真实的写作情境，激发学生的情感体验。写作情境是为了写作任务的顺利完成与写作活动的顺利开展而创设的综合情境。只有创设符合实际写作任务的真实情境，学生写作意图与写作情感才能在文字中表露出来。比如杭州文澜中学叶硕老师创设了"广播站'真情拍拍你'栏目征稿启事"，其真实情境是：2020 年即将过去，这一年一定有许多回忆温暖了你的时光。文澜中学"校园之声"广播站"真情拍拍你"栏目特向全校同学征稿，主题为"温暖时光"。再比如，杭州四季青中学陈礼广老师创设"我为校花代言"，真实情境是：学生生活的校园里有很多花，请学生观察校园的一种花，刻画花的形态，描摹花的特征，凸显花的精神。② 以上情境都是以学生日常经历的学习生活情境为出发点，激发学生情感体验，唤起学生参与的热情。教师在进行教学设计时，还要增强师生之间以及生生之间的交流与互动。

此外，写作试题的设置也要加强情境类试题的创设。一个好的命题情境往往能调动学生的生活经验，激发他们的写作动机。因此，命制出符合学生生活经验的、科学的、合理的情境试题对于学生写作能力的提高至关重要。如 2015 年新课标一卷作文为"女儿举报老爸在高速公路上打电话"所引发的社会热议，并要求学生以信的形式给老陈、小陈或其他相关方写一封信阐述自身对这件事的看法。那么教师可以针对这一材料进行教学设计，创设交际情境，让学生角色扮演父亲、孩子还有相关方的形式，间接参与交际情境，增强学生的社会参与度，加深学生对写作材料的理解，拓展他们的写作思路。

三、坚持读写结合

传统的写作往往是教师规定题目，教师怎么说学生就怎么写，教师让写什么学生就写什么。学生往往缺乏自主思考的能力，只是跟随教师的指令被动写作。这样的课堂写作虽然也是由教师精心设计、充分准备的，但是却单纯注重写作知识技能的传授，忽视了学生的写作兴趣，造成阅读与写作相互脱离。那么这样僵化的写作教学体系又如何能使学生在写作课上得到真正的提升呢？

---

① 石修银：《真实情境写作命题的三个维度》，《中学语文教学》，2020 年第 3 期，第 75 页。

② 张红英：《渐进式认识情境，让写作真实发生》，《中学语文》，2021 年第 5 期，第 22–24 页。

现阶段写作教学中阅读与写作相脱节的主要原因在于教师缺乏读写结合的意识与切实可行的操作指导。在每一篇课文讲解完成后,只是针对某篇具体的文章进行思想内容的概括、文本主题的升华,并没有从文本的写作结构与谋篇布局的章法方面进行提炼与总结,这样缺乏系统性与层级性的不良循环模式最终造成读写结合的严重脱离。

虽然在具体实践过程中将读写两者进行结合具有一定的难度,但其符合语文课程工具性与人文性相统一的课程特点。通过阅读与写作的有效结合,学生可以通过阅读获取知识经验与审美感受,增强自身的表达交流能力,在此基础上学生可以积极主动地去提炼、分析、整合、思辨自身的阅读感受,达到以读促写,以写促读的目的。

部编本初中语文教材和统编版高中语文教材在编排上将阅读与写作内容有效结合,将写作板块放在每一单元的单元任务中,每一单元都有相对应的学习主题与文本内容,学生在学习完每一单元的内容之后,相应的单元任务后会有与本单元相关的写作任务,这样,写作教学就能够很好地与阅读教学相结合。学生在阅读单元内容之后,将新的阅读知识与已有知识相结合,有助于提高自身思维能力与审美水平。在此基础之上进行写作,有利于将抽象的思维知识转化为具体的书面语言。阅读和生活体验是写作素材的重要来源,是学生写作打开真实性与情感性的重要窗口。阅读方面,首先应注重经典名著、优秀范文的品读积累,体会写作结构、语言等;其次应采用多样化、创新型的阅读方法,如整本书阅读、群文阅读、互文阅读等,引导学生进行深入阅读。

在生活体验方面,教师的关注点应从课堂内转向课堂外,引导学生留心观察身边的人与事,增强学生的观察理解能力与生活实践能力。如部编版教材七年级上册第一单元的写作要求是“热爱生活,热爱写作”,引领学生走进生活,学会观察,抒发自身感受。接下来写作实践第二题,引导同学们从“新的校园,新的环境”“我是中学生了,感觉真棒”“我的新同桌真幽默”和“校园里有这么一个有趣的地方”这四个话题中进行选择并撰写文章。这些话题无一不需要学生对生活有细致的观察,从生活中积累素材。又如2020全国新高考Ⅱ卷(海南)试题以“带你走近__________”为题(补充一个地名,使题目完整),写一篇主持词,同样需要学生对生活素材进行总结和加工,创作出具有真实生活气息、言之有物的作文。那么教师在进行写作教学设计时,应该以教材为基点,结合课外阅读,同时广泛开展社会实践活动,在扩展学生的阅读视野的基础上,提升学生的思维认知与表达交流能力,这样学生的写作能力才能真正做到更上一层楼。

四、重视过程指导

学生是写作的最终实践者。学生写作的过程往往是思考的过程，更是发现问题的过程。因此，重视写作过程的指导是帮助学生梳理写作思维，提升写作质量的关键环节。朱自清先生曾指出，作文教学要特别重视单个能力点的训练，即把作文训练分解成字、词、句、篇等若干重点，然后逐个击破。教师应结合写作流程和写作本质的基本要求，根据学情特点，为作文的训练与指导规划一个可操作的训练序列，实施层级性写作流程。如此才可以改善写作教学的无序状态，加强学生写作过程的精准指导。

"作文之道，构思为先。"过程指导应帮助学生理清写作的基本构思。我们在写文章时往往要先理清写作的基本思路然后再动笔写作。因此加强写作的时序训练，指导学生在写作过程中有所取舍、有所侧重，是十分必要的。

首先，教师要帮助学生理清写作的基本顺序，在写作构思中区分写作事件与写作情节的主次，选取与写作主题关系最为密切的事件进行写作。写作内容应该根据事件的先后顺序划分写作层次并选用恰当的表达方式。其次，教师应明确各年级应分别着重培养学生哪方面的写作素养，围绕哪些训练点实施，将其落实到指导过程中。如"立意精巧"这个能力点，不只是让学生知道立意要精巧，还要指导学生怎样达到，例如从平凡小事中挖掘深刻的含义等。学生将在这样的系列活动中习得写作知识，提高写作技能。

生活处处有写作。过程指导应突破视野局限，写作是思想的最终呈现形式，写作之前要多读、多看、多想才有动笔的想法与能力。课堂并不是知识的唯一源泉，大自然、人类社会、丰富多彩的世界都是人生的教科书，都是孩子们学习语文的好地方。① 为此，写作教学要打破封闭式的课堂教授模式，要在实际生活中指导学生学会写作，使写作教学由"一弯潭水"变为"源头活水"。

最后，过程指导应注重搭建写作支架。搭建"支架"，既是写作教学的必然选择，也是写作教学的中心任务。其主要内涵是指以学习者为中心，教师作为辅助者，在学生学习的过程中，对于学生无法通过自身解决的问题和任务不是直接告知学生答案，而是给予学生一些外在的辅助性帮助。② 因此构建有效的写作支架不仅可以帮助学生解决写作过程中遇到的困难，并且还能够引导学生准确规范地进行写作，促进写作表达能力的提升。语文教材中提供了许多经典作品，针对某一次写作练习，教师可以以教材内容为范

---

① 尤东煜、孟芳：《突破教材局限 拓宽学生视野》，《教育艺术》，2007 年第 6 期，第 30 页。

② 杜静雯：《支架式教学理论在现代散文教学中的应用》，《文学教育》，2022 年第 4 期，第 36 页。

文，让学生在理解的基础上将文章中谋篇布局的章法、作者的写作技法、语言文字运用的巧妙之处等适当地运用到自己的作文中去，为学生搭建范例支架。学生在开始作文写作时，往往是为了写作文而写作文，或者想一蹴而就地写出自己的风格与特色，但结果往往差强人意。大多数学生不会通过学习经典名家的作品来表达自己对于社会、自然与人生的感悟。教师要指导学生学会仿写，在仿写的基础上，再一步步融入自己的观点与想法，最终写出自己的风格特色。比如部编版八年级上册第二单元的话题为"回忆"，选取的文本内容为回忆性的散文与传记。本单元的写作任务为人物传记的写作。那么我们在指导学生开展写作的过程中，就可以着重学习作者刻画人物的方法与独特的情感表达方式，这样既可以帮助学生掌握写作的技能技法，也可以丰富其自身的生活体验。在实施上，我们可以选取单元篇目如朱德的《回忆我的母亲》，茨威格的《列夫·托尔斯泰》，让学生认识到文章内容选取的典型性、细节描写的独特性等特点，并据此展开传记仿写。

思考：

1. 请列举出几个你知道的写作支架，并阐述如何搭建相关写作支架。
2. 在具体的教学实践中你是如何进行写作指导的？

文献选读：

[1] 中华人民共和国教育部：《义务教育语文课程标准（2022 年版）》，北京师范大学出版社，2022.

[2] 石修银：《真实情境写作命题的三个维度》，《中学语文教学》，2020 年第 3 期。

第四节　写作教学设计案例展示

无论是写作教学顶层理论的建设、写作教学策略实施的研究还是学生写作能力的培养和评价，最终都致力于通过教师引导和学生参与，激发学生的写作潜能，生成一个精彩、有效、高质的写作教学课堂。现阶段学生写作的最大困境在于他们不是不会写而是不知道写什么，关键原因就在于对写作丧失兴趣，缺乏审美眼光。在具体的审美活动中，主体与对象是否构成审美关系，取决于主体的能动态度和主体想象力对对象的加工改造。审美对象的最大价值在于主体无实际功利的精神享受。[①] 因此提高学生写作能力的关键点在于激发学生的学习兴趣，让学生学会写作，爱上写作。本章节期待通过五个具有典型性的写作教学课例，抛砖引玉，以期与大家共同探讨如何构建一堂优质的写作教学课。

【写作教学 案例一】

让背景意识参与写作——"随笔"写作教学设计[②]

<table>
<tr><td>设计者</td><td>杨丽萍（浙江省义乌大成中学）</td></tr>
<tr><td>题目</td><td>让背景意识参与写作</td></tr>
<tr><td colspan="2">编者按：
与常规作文的命运截然不同，空间日记、博客、微博这些网络写作形式深得大众的喜爱。学生们也愿意在这些空间里尽情地展示个性，其面貌与创造力令人惊异。受实际条件限制，学生不能随时随地在网络上写作，但那种自由不拘的写作状态可以在"随笔"这种文体中延续。所以，随笔作为一种值得期待的后起之秀进入了我们的教学阵营。
随笔强调随心随意地抒写性情，不拘格套。但归根结底，它是写作，它也分三六九等。境界、语言、技巧的差别深度影响着随笔的质量。如何让学生能写出耐读的随笔？如何让他们随时都有令人惊喜的手笔？如何让他们在随笔的训练中带动常规作文的发展？关注对学生进行有效的随笔写作指导，一样是我们应该重视的问题。
如荷尔德林所说，事物的存在方式决定着事物的性质。任何事物都是特定情境中的具体存在，不同的时空背景，决定了事物不一样的面貌。优秀的作家往往把写作对象放在具体的情境中多角度表现。所以，引导学生从置换写作对象的背景入手，一方面，能够帮助他们打开写作思路，使随笔更加流动不拘，行文活跃；另一方面，能进一步贴近事物（即写作对象，包括人、事、景、物、情、理等）的本质真实，拓展其意义空间和审美空间。这一方法同样适用于常规的写作。
本节课的重点在于，了解随笔的写作特点，以此激发学生写作随笔的兴趣与信心；掌握随笔写作的要点——"真"与"关注背景"，以此引导学生积累随笔写作的技巧，提升随笔的质量。</td></tr>
</table>

【教学目标】

1. 培养学生对随笔写作的兴趣，引导学生积累写作随笔的技巧。
2. 用身边同学的"爱与美"感染学生持守"真"，立起全篇的风骨。

---

① 朱志荣：《中国审美理论》，人民出版社，2013 年，第 17–18 页。

② 杨丽萍：《让背景意识参与写作——"随笔"写作教学设计》，《写作》，2015 年第 1 期，第 13–17 页。

【教学重难点】

1. 用教材中的实例培养学生的“背景意识”,用以打开写作思路,拓展写作对象的意义空间和审美空间。

【教学过程】

一、课堂导入(练笔,带动气氛,引出随笔的特点)

1. 游戏。

请同学们看,这是一张面巾纸,(揉皱)还有用吗?(踩在脚下)还有用吗?没用。

再看,这是20块钱纸币,(揉皱)还有用吗?(踩在脚下)还有用吗?有用。

这个游戏让你有什么样的感想?

请同学们拿出纸和笔,写出自己的感受。时间三分钟,写好后一起交流。

2. 传说印第安有一个古老的部落,年轻人犯了错,交由德高望重的老酋长处罚。酋长让众人围坐在年轻人身边,每个人说出他的优点,以这种以善劝善的方式代替惩罚。受这个传说的启发,我想请同学们来做一件事:从班里推选出一个你们都熟悉的人,以表现他的优点为主,写出他的个性。你们选谁?5分钟后,选出优秀的片段交流。

3. 再看一句话:(投影)

人生的第一次撒谎常常从作文里开始。——韩寒

韩寒以激烈的方式向我们揭示了一个客观事实:在平常的作文里我们不能自由地说话,所以大家害怕写这样的文章。

另一方面,我们却喜欢写空间日记、写博客,原因在于它们能让人们想说什么就说什么,不讲格式、不讲篇幅。刚才我们所写的,就是一篇微博,仅仅是交流的媒介换成了纸和笔。今天要讲的随笔,实质就是这样的文体:不拘格套,随感而发。(板书1:随笔特点:不拘格套,随感而发)

二、引入本节课的重点,即随笔写作的要点——“真”与“关注背景”

1. 交流:在刚才的写作中,同学们写得顺不顺利?遇到了哪些困难?

2. 入题。对比资料上的几篇文章,是不是觉得,同是写人或议论,它们要高妙很多?原因之一是“真”,即情感真切,叙写真实,合情理或合事理。想想学过的那些打动人的散文,如《想北平》《今生今世的证据》《我与地坛》,它们就具有一种共有的特质——真,这一点恰恰能启示我们如何展开随笔的写作。(板书2:要点——真)

3. 再看一段话。(投影)

或云,诗不假修饰,任其丑朴。但风韵正,天真全,即名上等。予曰:不

然,无盐阙容而有德,曷若文王太姒有容而有德乎?又云,不要苦思,苦思则丧自然之质。此亦不然。夫不入虎穴,焉得虎子,取境之时,须至难至险,始见奇句。成篇之后,观其气貌,有似等闲不思而得,此高手也。

——唐　皎然《诗式》

皎然说,襟怀天然并不意味着完美,形之于文字时,它也需要恰当的表现技巧。所以我们取"真"作为自己的立足之境时,还要多观摩优秀的作品,积累更多的写作技巧。今天我想给同学们提示一种技巧,即关注背景。(板书3:要点二——关注背景)

4. 读这首词。(投影)

虞美人·听雨(宋　蒋捷)

少年听雨歌楼上,红烛昏罗帐。壮年听雨客舟中,江阔云低,断雁叫西风。

而今听雨僧庐下,鬓已星星也。悲欢离合总无情,一任阶前,点滴到天明。

少年风流倜傥,听雨歌楼上,任它江水掀天浪打头;中年颠沛流离,听雨客舟中,无限烟波使人愁;老年国破家亡,听雨僧庐下,心如枯井,欲说还休。作者把"听雨"放在不同的阶段不一样的空间里展现,使简单的行为变得丰厚、立体、蕴藉,使全词意境阔大,纵深自如。它在无意中向我们启示着一个哲理:"时空"背景——作为事物的组成部分,它具有决定和显示事物性质的功能。比如一朵花,长在田野里,只是单纯的自然景物;被采到花篮中,是情意的寄托,在一个班里,你是第五十名,但是在父母的心中,你是无与伦比的唯一。

小结:人与事是特定情境的产物,景与物不是独立的存在,情与理也并非一成不变。在写随笔的时候,如果能够重视时空对事物性质有决定作用这一事实,也就是让"背景意识"参与随笔写作,就能更加贴近事物(即写作对象,包括人、事、景、物、情、理等)的本质真实,并且拓开写作思路,拓宽事物的意义空间和审美空间。

三、理解背景写作意识的内涵,掌握具体方法

1. 具体方法(投影展示):

把事物置于典型的时空背景中,写出其典型特点。

如《品质》,格斯拉坚守职业的理想,在机器大生产对手工作坊剧烈冲击的洪流中,他坚决不退让的行为更有英雄般的壮烈。又如《老王》,老王作为一个贫贱的劳动者,新中国成立后失群,"文革"时失业,在众人都争着为新社会唱颂歌的时候,他的不幸,让人沉思;那在饱受冷眼后还坚持的忠厚更显得难能可贵。作者把他们放在大的时代背景中表现,不仅深化了主题,而且使他们的个性具有了深远又普遍的意义。

2. 把事物放在不同的时空中表现,写出其动态特点。

如《听听那冷雨》,之所以洋洋洒洒数千言还让人觉得意犹未尽,在于作者把雨放在江南、旧金山、台湾去听,放在记忆里、现实里去听。

3. 把事物与背景中的其他事物联系起来,挖掘可能存在的意义。

如《西地平线上》,直接描写落日景象的实际不到一半篇幅。如果就事论事,单纯写景,文章只剩下美丽而单薄的景。作者的聪明之处就在于努力寻求写作对象与背景之间的联系,由主体转向背景,由景转向人,由人生转向历史,从而使全文具有了宏阔的背景与深沉丰厚的意蕴,使"落日"具有了多层意义空间与审美空间。

四、活动

1. 请同学们看一段视频。电视剧《永远的田野》中,黄榆是望海村的村主任,处事灵活。他手下有一个人叫"朱二",智商忽高忽低,被封为村主任助理后,做事兴头十足。黄榆还有一个属下——李会计,行事谨慎稳重。领导下来视察,李会计负责接待。朱二很生气,我长短是根绳儿,大小是个人儿,请领导吃饭怎可以把我闪一边儿呢?于是发救济款这样紧急又棘手的事情,他就半路撂挑子了。看看黄榆怎么解决这件事。(放映视频《永远的田野》)

2. 矛盾在不同的时候有不同的表现,不一样的处理方式会带来面貌迥异的结果。黄榆处理属下二人矛盾的做法,让你有哪些感想?又有哪些联想?结合历史与现实,写一段随笔,试着体现背景意识。

五、总结

随笔,不要求我们没话找话,也反对为文造情;而是心有所动,就形之于笔,独抒性灵,不拘格套。如此自由的写作形式,值得我们倾心关注。

学语文,为了什么?能清晰地看世界,为这个世界的爱与美而感动。"心动于中,口不能言"是一种境界,终究有些遗憾。"随物赋形,而不可知也。所可知者,常行于所当行,常止于不可不止",才是我们表达的最佳境界。愿同学们用好随笔,学会流畅自如地表达自己的感动,让生动的文字见证青春的成长。

六、板书设计:

随笔
- 特点:随感而发,不拘格套
- 要点:真,关注背景
  - 典型化
  - 动态化
  - 多义化

附课前阅读资料：

和父亲打赌

高一(10)班　懿菲

爸爸一直都是我屹立不倒的敲诈对象。

小时候赚钱的办法类似古时落魄的书生，画一幅画，写一段小文章，临摹几张钢笔字，然后卖给老爸。偶尔让他看上眼了，一幅画可以卖到两元钱的高价，比帮老妈擦自行车两个轮子才五毛钱的利润丰厚很多。后来渐渐长大了，拓展了“经营范围”，从老爸那儿赚钱的办法一直延续至今——和老爸打赌。

打赌名目非常宽泛随意，从明天下雨还是晴天，到我能不能背出一篇文章，无所不赌。赌注高低起伏，没有规律。唯一的规律是，老爸面临的选择永远只有一个：输了掏钱，赢了可以听到一篇大意为“亲情比金钱更可贵”的经典演说，并附送“要钱没有，要命一条”的无赖格言。

“我怎么养了个比祝枝山还会‘敲诈’的女儿?”老爸总是一边掏钱，一边抱怨自己的运气不佳。可下一次还会心甘情愿地上当。因为那小赌徒有个最大的筹码——他给她的爱。

没有别的原因，只因为你是我老爸，我是你孩子。

只因为，我们有共同的姓氏，流着相同的血液。

只因我爱你，恰如你爱我。

似水流年，老爸一点点变老。虽然他还是在周末和我抢遥控器，站在逆风的位置陪我打羽毛球；还是假装矜持地把我送给他的围巾放在一边，却在没人的时候悄悄戴起，在镜子前左顾右盼心花怒放；虽然他还是中气十足地说话，并且异想天开地要背我上三楼。可是我还是看到他鬓边的白发日益增长，像无情的火焰吞噬老爸的年华。

是谁打破了父亲装满青春的罐子？是谁让父亲的岁月像水一样流逝？是谁让我们不能终身相护？让我不能随时地将手放肆地放在你的发间，抱怨你遗传给我的蓬乱、不安分的头发？我说，老爸你要什么时候变老？老爸回答，等你长大。

那么，老爸，为什么这一次你没有说话算数？我并没有长大，还是动不动喜欢和你打赌，骗你钱花；还是会在受了伤害回家，看到你的身影时，扑上去把泪水大力地擦在你的衣服上；还是一样喜欢看《猫和老鼠》《加菲猫》。还是一样希望，老爸你背着我轻轻地晃，像放我在一个飞翔的天堂。

如果我的成长，必须以你的苍老为代价，那么可不可以，我们跟上帝做个约定，我情愿永远不长大，而你也永远不要变老，好吗？

姥爷

高一(10)班　楼蓝波

姥爷去世已经快两年了。

最后一次看到姥爷是在告别室里。姥爷化了妆,很精神地躺在那里。即使是最后一面,也依旧是那样美好。死亡,在那一刻对我来说忽然变成了一个具体的概念。那就是,跟你很好的人,忽然闭上眼睛不理你了。那年,姥爷84岁。

小时候住在姥爷家,他每天去幼儿园接我回来。冬天,他觉得我大衣扣子太难系了,干脆用根绳子箍在我腰上,再背着手把我牵回家。那时,姥爷为我的健康着想,不让我多吃冰棍。可姥爷喜欢吃零食,尤其爱吃干果。他吃,也急着让我吃。他曾气冲冲地打电话给我妈妈说:"这个囡囡太坏了!"妈妈很奇怪,姥爷在那边说:"核桃仁、杏仁、棒子这些好东西,囡囡一口都不吃!"姥爷喜欢给我钱,他怕弄脏我的手,所以给我的都是新得发脆的那种。所以,从小我就有吃不完的好东西,用不完的漂亮橡皮。

姥爷骂过妈妈,因为妈妈在我不认真做作业的时候教训我;姥爷骂过爸爸,因为我不吃饭,爸爸打了我。当然,姥爷也会骂我,这多半是我不好好学习,而去看电视。他最恨电视,认为只有无聊的人才会看电视。姥爷爱读书,也爱背书,受他熏陶,我也爱看书,不过我背不下来书。姥爷还喜欢时不时地扯两句英文,不过谁都听得出来,他们那个时候学的英语,都是"与世隔绝"型的。

姥爷还很爱"臭美",爱打扮,这一点在他年轻的时候就得到了考证。据说,姥爷当年帅得很,在战争年代里依旧戴墨镜、留背头,浑身上下一尘不染。

姥爷还爱收集瓷器、扇子、剪刀,各种文具,一样一样总买不够。他那些从四面八方收来的高级文具,只要我张嘴,姥爷全都送给我,有时我觉得他真有点舍不得呢。姥爷呀,让全家人又气又爱又崇拜的姥爷,你也真是的,让全家人那么想你!妈妈有时忽然会说:"我想我爸爸了。囡囡,你是不是都不想姥爷了?"傻妈妈,我怎么会忘了姥爷呢,姥爷不在了,再没有人会像他那样宠爱我了。我第一次明白,身边并不会有人有义务是要来宠我的,只有我的姥爷,没有原因,不求回报,只是因为爱我而宠我,宠我而爱我。

姥爷,每次想到你,我还是会哭到上气不接下气的,你知不知道呢?现在,我因为一些原因,不能回姥爷家了,可每次回去,看到那个大大的家,那个有些衰败的家,心里全是无尽的悲哀。姥爷,我一直幼稚地觉得,我是那个家的主人,尽管你还有三个女儿,可我还是会这么觉得。那个让我从小玩到大的家,太熟悉,太想念了,那个到处都有你的地方呀!

姥爷,你也会想我吧,你笨笨的外孙女这星期就要月考了,姥爷,你一定会保佑我的,是吧!

如果还有来生的话,我还是会选择做你的小外孙女,你一定要记得呀。

【总评】

随笔写作没有时间、地点的制约,更没有内容与形式上的束缚。其灵活自如的创作特点是提高学生写作能力的有效途径。语言文字应用是写作教学的重点,也是难点。一篇好的文章,需要作者具备娴熟的语言文字驾驭能力,随笔写作更是如此。本篇随笔教学设计的课堂导入运用了教材实例并结合学生身边发生的真实事例,唤起了学生的真情实感。《与父亲打赌》这篇文章中,作者对父亲的感情随着父亲逐渐变老,由单纯的爱变为夹杂着疼惜、理解的爱,时间对情感的干预作用非常明显。《姥爷》这一篇可以说是原来懵懂无知,到现在强烈思念,但这种解法很表面。蓝波同学在紧要处有几句恰到好处的抒情、议论,把对人物的思念放到了人世生老病死无可避免的背景下,放到人事变迁、大家庭逐渐走向衰落的背景下,使得她的思念更加哀婉凄恻、深沉感人。让人很自然地想到史铁生的《我与地坛》、归有光的《项脊轩志》。

【写作教学 案例二】

热爱生活,热爱写作

设计者	郭杰(北京市第四中学)
题目	《热爱生活,热爱写作》教学设计
来源	人民教育出版社官方网站
时间	2016 年

编者按:

"生活实践是写作源源不断的源泉与动力"。艺术来源于生活,写作也同样来源于生活,学生是"在社会生活中学习写作"的。在社会与学校生活的联系日益走向一体化的今天,这种写作教学思想可以使学生的写作文本有适用的情境,从而避免了那种闭门造车式的写作给学生带来的消极情绪。将生活的所观所感,付诸文字的编排,用手中的"笔",通过文字"绘制"成一幅精美的"画",这需要我们更多地发现生活、发现美。

【教学目标】

1. 激发学生对写作的热情,明确写作与生活的关系,增强学生表达的信心。

2. 引导学生细心观察,抓住景物特点,捕捉生活美好的瞬间。

3. 从优美诗文中借鉴写法,掌握一定的写作技巧。

【教学重点】

1. 激发学生的写作热情，增强表达的信心。

2. 帮助学生挖掘生活中可以写作的材料，引导学生细心观察。

【教学难点】

1. 掌握一定的写作技巧，并进而内化为能力。

2. 选取提炼写作素材。

【教学策略】

1. 借助活动激发学生兴趣，指导学生观察，积累写作素材。

2. 学习经典，分析并归纳方法；写作演练，体会并落实方法。

【教学过程】

(一) 导入新课

进入九月了，由夏入秋，天气慢慢转凉，昼夜温差增大，自然景物，甚至人们的穿戴等方面也相应发生了许多变化。你注意到我们的校园有了什么变化吗？

山楂的花落了，挂上红彤彤的小果子；墙根里的波斯菊开得正盛；图书馆围墙上的爬山虎变了颜色；早晚天凉了，很多人穿上了长袖外套，不过中午依然很热……

(二) 观察校园，积累素材

1. 初次观察：布置小组合作活动，全班自愿分为四个小组，开始观察工作。

请从以下角度，编写“校园风云榜”，把其中最有本校特色的地方介绍给大家。

角度	观察收获
植物	
动物	
建筑	
人	

2. 学生分享观察结果，教师指导深入观察。

(1) 你观察到了什么？学生分享初次观察后的结果。

(2) 能不能把你观察到的印象最深的一个场景拿笔画出来？请学生试着画一画。

设计意图：分享的过程一定是兴高采烈的，既激发了学生的兴趣，又提示了同学们原来校园中有这么多有特点、有意思的地方，帮助他们积累写作素材。画画的目的是进一步引导学生仔细观察，实物细节画得出来，才能说是观察得细致、认真,很多人可能只是浮光掠影,看了个大概,而这不可能写出生动、具体的文字来。

3. 再次观察:补充之前观察,完成画图活动。

学生回到校园再次观察,完成图画。

设计意图:为准确生动地写作做铺垫。

(三) 细致描摹,变图为文

1. 想想,怎样才能写好?你打算怎么把这个印象深刻的画面呈现、记录下来?

2. 学生分享交流,明确重点。

设计意图:教师不直接告知,而是启发学生主动思考。

3. 教师点拨:经典寻踪,学习写法。

例一:《天净沙·秋思》。

枯藤老树昏鸦,小桥流水人家,古道西风瘦马。

小结:(1)"修饰语"作用:抓住了"景物的特点"。

修饰语,体现(形态、大小、颜色、数量、位置——特点)

(2)修饰语的位置(名词前、后均可)。

如:小草偷偷地从土里钻出来,嫩嫩的,绿绿的。

设计意图:通过课内典型例子,让学生明确修饰语的重要作用。

练习巩固:花(扩词成句)

示例:①一大片洁白的百合盛开在山谷里。②花瓶里有一枝含苞待放的玫瑰,亭亭玉立的。

设计意图:通过练习学生对修饰语的使用,先写一个句子,也为后面写多个句子,成段、成篇做铺垫。

例二:读——思。

请同学们看幻灯片中课文里的精彩片段,说一说这些语段抓住了景物的什么特点,是通过什么方法体现的?

归纳方法:

(1) 修辞:拟人、比喻、排比。

(2) 多感官:视觉、嗅觉。

(3) 多角度:侧面描写、虚实结合、动静结合。

(4) 按一定次序写景状物。

设计意图:通过对经典语段的回顾既帮助学生快速了解写作方法,同时也提示学生,在平时学习的时候要做个有心人,读、背的积累工作是将来"为我所用"服务的。

4. 牛刀小试,实操巩固。

一写——抓住特点,明确写什么,并按一定次序介绍某物(上—下,远—近等)。

二写——修改原稿,多角度描写(动静结合、多种感官、正侧面描写等)。

设计意图:应该说写景状物还是很有难度的,这里通过两次不同目的的"写"把上面总结的方法进行了分步骤落实。一写是最基本的,把大框架搭起来;二写是在一写的基础上添加、修改,这样既练习了学生从多个角度进行景物描写,也一层层搭设台阶帮助学生降低了写作难度,易于学生提升。

(四) 积极思维,说说感想

1. 对于校园中这些印象深刻之处,你有什么感想呢?

2. 思考、交流。

教师可借助以下方式引导学生:

大自然给我们很多启示:滴水穿石是在告诉我们做事应持之以恒;青松不惧风雪是在告诉我们做人要坚毅刚强;蝉"知知"不休是在告诉我们要珍惜时光,好好生活;成熟的稻穗低着头,那是在启示我们要谦虚低调。

设计意图:有的写——能写好——有想法,这是整个教学设计的主线。教师引导学生一步步深入,学生观察生活,热爱写作。

(五) 作业

写一篇完整的文章,描绘你眼中秋天校园的一处独特风景,向你的小学同学介绍它。

设计意图:综合练习,让学生把写景和感受结合起来。

【总评】

课例二最大的特点就是让学生从生活出发、从校园出发……教师通过问题设计的方式,选取同学们在校园中看到的、听到的、切切实实感受到的景物,帮助学生唤起自身的情感记忆,帮助学生重新解开被考试与学习压力所蒙上的双眼,唤起心灵深处对美的渴望并引导学生循序渐进地进行习作。在具体的教学实践中,写作教学不像学生在考试中的作文习作一样必须从头到尾一气呵成。日常习作必须联系学生的实际生活才能激发他们对美的表达。如教师让学生通过对经典语段回顾的方式来了解写作方法,搭建写作框架。显而易见,学生选择的经典语段一定是自己熟悉的,能唤起自身情感记忆的材料。学生所选的材料会将其带入自身所创设的写作情境中,只有进入写作情境,学生的生活实践经验才能转化为写作的素材。

【写作教学 案例三】

让思想展翅飞翔

题目	议论文写作中理性思维的深化
来源	国家教育资源公共服务平台
时间	2017年

编者按：

在近年来中考高考中，记叙文与议论文成为中考高考题型中最常考的两类文体。那么议论文作为中考高考中考频最高的写作文体之一，写作的关键点在于提出自己的核心观点并对其进行合理有效的论证。议论文写作的魅力之处就在于其能够让学生的思维能力在写作过程中得到切实有效的提升。编者所任教班级为高二，经过前期议论文的训练，已经掌握了议论文写作的基本框架，对议论文写作的学习积极性较高，也愿意在课堂内外与其他同学交流分享自己的看法。但是由于分析说理的能力还不够扎实，对于相关论证方法的掌握还不到位，在写作时往往浅尝辄止，没有深入问题论证的核心。对此，本节课的教学目的在于让学生能够打开思维，学会深入分析、探讨问题。

【教学目标】

1. 学习概念辨析及缘事析理，使议论文分析更深入。

2. 感受思考的乐趣，成长为一个懂得思考，具有理性精神的公民。

【教学重难点】

1. 摆脱片面、简单分析的思维习惯，学会深入问题的核心，掌握分析的技巧。

【教学过程】

一、导入新课

2000年，世纪之交，在别的国家的领导人讲一些重要的谈话，提供蓝图和愿景的时候，新加坡总理在谈到新加坡未来要什么样的目标的时候只说了一句话：每个公厕都要有纸。

简单到令人好笑的地步，这句话听起来似乎只是个小事情，但是仔细想想，这事真的简单吗？每个公厕都要有纸，它包含了教育、环境、经济发展、治安、观光等，它绝对不只是公厕管理处的任务。它是一个非常周密的计划，可是却用一个很具体、很简单的核心任务告诉你，在达成这个任务的过程中你的其他方面也会成长。这是化复杂为简单的典例，用在日常生活的口号中尤为实用。借鉴到我们议论文的写作，刚好相反。很多的材料作文题目都很直白，呈现一个或者几个事情，让大家围绕某一个任务完成写作。材料作文看似简单，每个字我们都读得懂，但问题是很多同学没办法从简单的材料中读出背后的复杂内涵。多数同学往往停留在材料的表面分析，下笔时东扯一句,西扯一句,扯完材料就没东西可写了。整篇文章说理没有层次,浮于表面,这样的作文拿不到高分。而我们考纲在写作“发展等级”这一栏中指出“深刻”的要求是:透过现象深入本质,揭示事物的内在关系,观点具有启发作用。这实际上就要求我们对材料要能够进行深度分析。那么如何在拿到一道作文题之后进行深入分析,让自己的理性思维更为深化,让思想展翅飞翔?我们这节作文课就一起来探讨这个问题。

二、让思想展翅飞翔——理性思维深化的步骤

第一环节:辨析概念,合理引申

回顾上周作文题:

材料一:某高新区公开招聘窗口岗位人员,为了方便与本地人交流,在“要求”一栏增加了一条——“熟悉本地方言者优先”。此举引发了网友的讨论。

材料二:手写书信曾经是一种重要的交流方式,如今离我们越来越远了。今日,专门朗读古今书信的节目《见字如面》一播出就获得广泛的关注和好评。

上面的材料引发你关于“人与人之间交流方式”的什么联想与思考?请表明你的态度,阐述你的看法。

要求:综合材料内容及含义,选好角度,确定立意,明确文体,自拟标题;不要套作,不得抄袭。

梳理材料:梳理就是在对材料进行整体分析的基础上,厘清各要素之间的关系以及核心点。材料一是某高新区在公开招聘窗口岗位人员时,增加了“熟悉本地方言者优先”这样一条要求;我们具体分析一下这则材料。主体是“某高新区”,事件是公开招聘窗口岗位人员时,增加了“熟悉本地方言者优先”这样一条要求,其目的是方便与本地人交流,结果是引来了网友的讨论。材料二的主体没交代,但可以明白材料指的是电视台之类的大众媒介,事件是播出了专门朗读古今书信的节目《见字如面》,结果是获得广泛的关注和好评,材料的开头还有对手写书信这种交流方式变化的说明。任务指向的是对“人与人之间交流方式”的探讨。

要素:方言、书信、人与人之间交流方式

关系:方言、书信是两种具体的人与人之间的交流方式,一个代表语言,一个代表文字,语言和文字可以算是人与人之间最基本的沟通方式。但是人与人之间的交流方式又不止这两种,比如当下热门的微信、微博等,甚至一个眼神,一个微笑,一个动作,也是人与人之间交流的方式。

梳理清楚材料的各要素之后,我们需要对其中的重要概念进行辨析。辨析概念是材料作文审题立意的基础。在这次作文训练中,不少同学没有

意识到要“辨析核心概念”，在几个近似其实又差别很大的概念中跳跃，从材料的核心概念直接跳跃到另一个概念，从而偏离题意。

且看下面五组作文题目：

• 莫让纸质的温暖消逝于屏幕之间、见字如面，温情长存、方言是优秀人才的催化剂

• 沟通是一座桥梁、用心搭建沟通桥梁、让真诚的交流拉近你我之间的距离、交流的艺术、人类生活离不开交流

• 尊重表达的差异，保护交流方式的多样性、贴近人心的交流方式、交流方式也该称人心意、传统交流方式仍需扎根新时代土壤

• 语言即国魂、语言的实用与美、守住语言文化的多样性

• 保护我们的传统文化、适应新方式，不忘旧传统文化、传统交流，更能温情你我

以上题目涉及几个概念：方言、书信、交流、交流方式、语言文化、传统文化。这几个概念的内涵都不一样。

“方言”是语言的变体，作为地方文化的一种，是民族文化的有机组成部分。方言有着深厚的民间文化的土壤，是文化的活化石。它对于特定的群体具有方便、亲切的特点。

“书信”是一种向特定对象传递信息、交流思想感情的应用文书，它拥有悠久的历史且世界各国的人们都有使用。书信在人类的交流与沟通的历史上占有重要地位。在手机、电话与电脑这些简单快捷的交流工具遍布全球的今天，仍有一部分人情愿使用书信来互通信息。方言、书信是两种具体的交流方式，是“个别”，它是材料中出现的核心概念。

作文材料中“上面的材料引发你关于‘人与人之间交流方式’的什么联想与思考？”这句话，其实帮助考生完成了从“方言”“书信”（个别）到“交流方式”（一般）的提升过程，直接提升作文的内容深度，方便考生跳出核心概念“方言”“书信”，打开视野，作更广泛深入的思考。可惜考生未能明辨概念，忽视了这一点。

“交流”是通过沟通交谈，是信息流动的过程，它包含了“交流的内容”“交流的方式”“交流的技巧”“交流的动作”等要素。考生所取的题目“交流的艺术”，是把交往当成一种艺术。它需要掌握一定的技巧，诸如“交流要葆有温情”“让真诚的交流拉近你我之间的距离”“用心搭建沟通桥梁”，实际上涉及的是人与人之间的交流技巧（沟通技巧），与“交流方式”不是同一个概念。“交流”的外延包含“交流方式”。

语言是文化的一部分，是交流的方式，是对方言的进一步上升。可以论述，但若是全文都在谈“语言的实用与美”实际上就偏离了材料中明确规定

的“交流方式”的范畴。

“传统文化”则是一个含义更广的概念，是民族历史上各种思想文化、观念形态的总体表征，如民族服饰、生活习俗、古典诗文、忠孝观念等。比如之前我们写作的“二十四节气”“传家宝”都属于“传统文化”。

在这几个概念中，外延从小到大依次排列：方言、书信<交流方式<交流，语言文化<传统文化，“传统”与“文化”两个概念存在交叉。当一个概念经过多次引申，就好比一个大箩筐，什么东西都可以往里装的时候，概念已经宽泛化了，就需引起考生的警惕。

但是问题是：如果一味围绕材料的核心概念来写，视野可能太窄，内容可能太浅；如果无限引申核心概念，作文可能会很有深度，但又可能脱离材料的内容。这就需要我们明辨核心概念及其相邻的概念，在明辨核心概念的基础上合理适度引申。可能因为作文材料的不同而难有一个统一的标准，但我们应在辨析核心概念中合理适度引申，注意引申的梯度层次，不可作三级跳的跨越式引申。

课堂练习：

最近，一个有着十年厨师和美食评论经历的美国人，为了鉴定出上海最美味小笼包，先后到上海 52 家小笼包店，总共点了 7.2 公斤小笼包。他将每个小笼包拆解为皮、馅和汤，分别测量小笼包的总重量，汤汁和馅料各自的重量以及皮的厚度，最后运用公式计算出该小笼包的分数，给予排名，并发布了《上海小笼包索引》一书。他这种对待中国传统美食的做法，引发了网友们的激烈争论。

核心内容：他这种对待中国传统美食的做法，引发了网友们的激烈争论。

这种做法：美国厨师对小笼包量化的做法——“量化”这个关键词需要大家提炼。相关字眼：公式计算、评分、分数、排名、拆解——与“量化”同等层次的准确的关键词。

关键词：测量、小笼包（传统美食）

适度延伸：小笼包——传统美食——美食文化——传统文化——文化

从小笼包（核心概念）出发，横向联想引申其他地方传统美食，如天津狗不理、广州叉烧包，再引申至中国传统美食（纵向引申）这个任务已由命题者完成。如果还觉得不够，再引申至“美食文化”，则接近引申的边界。如果再引申到“传统文化”“文化”“传统”这三个概念，则离核心概念越来越远。

小结：辨析核心概念是在思辨的基础上说理论证。

接下来要处理的就是如何写得深刻。这里头我们不妨借鉴刚刚所说的纵向、横向的引申。具体有何方法呢？我们不妨从范文中来发现些蛛丝马迹。

第二环节：缘事析理，写得深刻

(一) 探究因果(横向分析)

• 范文《注重方式，方能有效交流》

缘何岗位要求引来一论，而朗读书信获得好评？究其根本，是熙来攘往的快节奏生活和物质生活充盈的结果。信息时代快速发展的当下，人们疲于应付眼前的苟且，以致旧的事物逐步淡出公众的视野。节目的展开是对交流方式的深挚呼唤。"信息碎片化"是时代的诟病，交流方式也拘泥于此，无形之中交流方式之间也出现难以逾越的鸿沟。交流语言的丰富展现新时代的风采，而注重交流方式是棘手的一件事情。招聘要求是为了方便交流，顺应时代变迁的潮流，功效是不可忽视的。而我们也不能忽视对传统交流方式的传承。须知，勿因只注重形式，而忽略交流的天然培养皿。

角度：从"因"与"果"的关系上，思考某高新区的做法和《见字如面》这一节目与网友、观众不同反应的必然联系。

(二) 思考对策

• 范文：《注重方式，方能有效交流》

在当下，我们应如何看待交流方式，需要足够的理性思辨。诚如招聘人员的要求在一定程度上只适用于部分地区，切勿过分渲染其功效，为社会笼罩一股混沌之风，对于朗读舒心的节目，更应我们审视：泥沙俱下的时代，勿冲毁传统交流方式的堤岸。注重交流方式的改变则是识时务者的做法。作为新青年的我们，理应重视交流方式的创新改变以适应时代的需求。

• 范文：《交流方式，亦器亦艺》

英国诗人多恩·约翰曾发出"社会进步不应只是仁人志士的坚守"的感慨。交流方式的艺术性培养从来都不能仅靠文人杜鹃啼血式的号召，需要我们每一个人都逐渐培育，充分重视，才能够得到实现。交流方式，亦器具，亦艺术，特殊必要岗位运用实用性，努力注入艺术性，才能促进文化发展，铸造中华日月光华灿烂，山河朗朗清清。

角度：如何评判高新区的做法和《见字如面》这一节目之于传统交流方式的作用？在地域空间界限不断被打破、交流沟通手段愈加快捷方便的时代，传统交流方式是否还有存在的价值？如果有，是应该继续传承且发扬光大之，还是仅仅停留在欣赏的层面？从问题解决的角度进行思考。

(三) 由表及里(纵向分析——思考关联点)

• 范文：

某高新区招聘要求里，关于"熟悉本地方言者优先"的条例引发社会热议；《见字如面》节目的播出，引发人们的关注与热议。从中，我们可以看到人们对用方言交流和手写书信这样的传统交流方式的复杂态度,也折射出人们对当下交流方式的思考。

人生活在社会中,离不开人与人之间的交流,就交流的方式来看,会因为对象的不同、情境的差异、时代的变迁等原因而带来交流方式的不同。从时代的角度看,"方言"和"书信"都属于传统的交流方式。无论是某高新区增加了"熟悉本地方言者优先"这样一条招聘要求,还是专门朗读古今书信的节目《见字如面》的播出,都说明了对传统交流方式的重视以及价值的再发现。

角度:如何认识传统交流方式?它是否更有利于丰富人们的日常语言知识,了解不同地域的文化特色,更好地沟通联络感情?它会不会产生排斥和陌生感,造成交流的不畅或滞后,甚至导致地域的歧视?怎么去评判不同的交流方式?什么样的交流方式更有效?什么样的交流方式更富有情感?什么样的交流方式更人性?什么样的交流方式更有文化?什么样的交流方式更有传承价值?围绕"人与人之间交流方式",由表及里,探究人与人之间交流方式存在多样性、变化性,探究人们对传统交流方式的复杂态度、不同认识。

(四) 对比分析(分析矛盾点)

• 范文《回归传统,守望人情》

在当今的信息化时代,传统交流方式的这种对真切人情的守望显得更具意义。诚然,普通话与电子通信,使交流更加畅通、便利,这点无须辩驳。然而,一味推行普通话,使众多青少年忘却了方言,地方失去了应有的文化特质与乡土人情,使人情淡漠、千城一面的"城市病"更加严重。取代了传统书信的电子通信,则使人们满足、习惯以至于沉溺于形式碎片、内容空洞的浅阅读中,这就是尼尔·波兹曼所言的"精神懒惰"。

角度:材料作文一般要在材料中呈现相互对立的一组问题,设置多个价值立场,并隐藏自己的观点和态度。这些价值立场都有一定理由,没有哪一个明显优于其他。从"新"与"旧"的关系上,对新型的交流方式与传统的交流方式进行比较思考。可以进行如下追问:相对于"方言""书信"这样的传统交流方式,什么又是新的交流方式?怎样看待新出现的交流方式?怎样理顺新旧不同的交流方式?

小结:如何做到让思想展翅飞翔,让议论文写得更为深入?探究因果、思考对策、由表及里、对比分析,这是我们在写作中经常会用到的论证方法。在写作的过程中,根据具体情境,合理选用其中的论证方式,有助于我们打开写作的闸门,拓宽思考的空间。

三、当堂训练

作文题目展示

最近,一个有着十年厨师和美食评论经历的美国人,为了鉴定出上海最美味小笼包,先后到上海52家小笼包店,总共点了7.2公斤小笼包。他将每个小笼包拆解为皮、馅和汤,分别测量小笼包的总重量,汤汁和馅料各自的重量以及皮的厚度,最后运用公式计算出该小笼包的分数,给予排名,并发布了《上海小笼包索引》一书。他这种对待中国传统美食的做法,引发了网友们的激烈争论。

要求:①综合上述材料内容及含义,选好角度,确定立意,运用本节课学习的分析方法,画出列出作文提纲。

四、板书设计

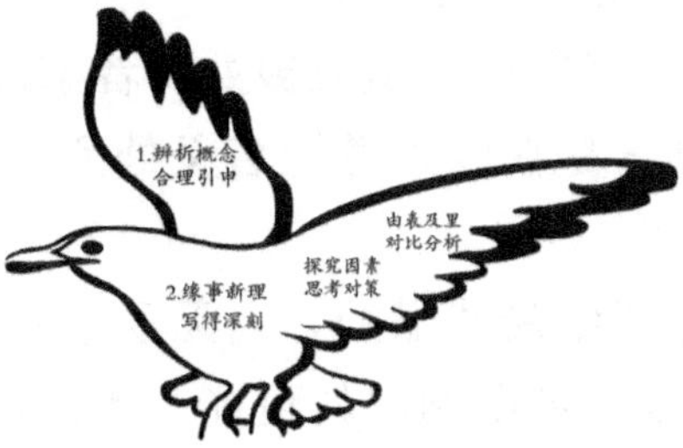

五、作业布置

《应该废除死刑》——这是一篇美国中学生写的辩论说理文,是一篇比较典型的中学生五段式作文,从说理结构来看,可以说是麻雀虽小五脏俱全,该有的章法成分也都有了。请画出文章的脉络结构图,细细体会文中所用到的论证说理的方式。

【当堂作文展示】

应该废除死刑

从古代开始,死刑便被用来惩罚多种犯罪行为。今天在世界上已经有许多国家成功地取消了死刑。但是,美国,许多亚洲国家,还有一些非洲国家,它们仍然为某些犯罪行为保留了死刑,当然,是否经常实行死刑各不相同。死刑应该废除,因为死刑并不能带来正义,它不能遏制犯罪。更重要的是,一个人不人道地夺走了另一个人的生命,社会因此将他处以死刑,而这样恰恰又在不人道地夺走另一个生命。

死刑往往是以正义的名义施行的。但是,不管法律的程序设计得多好,总有可能错误地将一个嫌疑犯处死。如果发生这样的事情,背离正义的错误便无法纠正。1957年,亚拉巴马州有一个男子被用电刑处死。1964年,另一名男子承认,那个被处死的犯人被指控的罪行,其实是他犯的。在美国其他州里也发生过类似的案件，这些案件怎么能叫作伸张正义呢？

而且，事实证明，死刑并不比监禁更能遏制犯罪行为。人们想象死刑可以遏制犯罪，其实并非如此。总体而言，有死刑的州并不比没有死刑的州有较低的杀人犯罪率。20世纪70年代，有死刑州的年平均杀人犯罪比例是每10万人中有7.9人，而无死刑州的比例则是每10万人中有5.1人。有研究发现，在某些州里，有死刑后的杀人犯罪率反而会更高。例如，俄克拉荷马州于1990年终废除死刑后，又再度恢复死刑，调查发现，这结果造成"谋杀陌生人案件突然上升"，"受害的陌生人每个月比平常多出1人"。

死刑支持者们经常忽视的是，每处死一个罪犯，都会给他的家人和亲朋带来巨大伤害，而他们都是无辜的。这些家人和亲朋所受到的痛苦，是无法用伸张正义来辩护的。犯罪事件中的被害者，他的家人所遭受的痛苦和折磨也是巨大的，这种痛苦和折磨不应该在另一些人身上重演。处死一个人是不存在所谓的"人道方式"的，而造成被处死者家人的永久痛苦，更不存在所谓的人道方式。死刑正是在以人道的名义处死一个人，并使他的家人陷入永远的痛苦之中。

死刑是一切残酷惩罚中最残酷的。它无助于遏制犯罪，它夺走一个人的生命，也夺走了任何改变错误判决的可能。美国的宪法规定禁止任何残酷和异常的惩罚，死刑是违反这一宪法精神的。民主制度要求尊重每一个人的生命权利，无论这个人在上帝或法律面前是多么邪恶，死刑不符合民主制度的要求。因此，通过立法，帮助民众认识到死刑的残酷和非正义，争取废除死刑，便是一件值得我们去做的重要事情。

【总评】

高中议论文写作教学本身就是一个复杂的工程，又因每个教师的认识、思想、写作经验、教学风格等的不同，形成了众多的教学策略。"一千个读者，就有一千个哈姆雷特"。可以这么说，一个教师，就有一种关于议论文教学的策略。基于现阶段高中学生思维能力发展特点，进行写作说理能力的训练，应先提供给学生一定的方法支持，破解他们无从下手的困境。要在完成具体的写作任务，解决"对不对"的基础上，力求深刻、丰富，努力解决"好不好"的问题，培育清楚、有序的内在思想，具备不走样、不啰唆的表达能力。课例三的亮点之一就是活动任务与写作交替进行。在教学过程中，教师通过环环相扣，分层次、分阶段的方式出示写作材料并引导学生学会多角度思考问题。在写作过程中我们究竟该如何进行论证？该使用什么样的论证手法来清晰梳理自身的写作逻辑？又该怎样探究因果让思想展翅飞翔？这样的层层设问的教学方式会帮助学生理清议论文写作中的难点。以此为基础，学生才能真正意识到自己在写作过程中的问题，我们才能够更有针对性地进行教学策略设计。

【写作教学 案例四】

设置悬念,引人入胜①

设计者	陈芳(深圳市南山区荔香学校)
题目	《谋篇有"巧劲儿"》
时间	2021 年

编者按:

在记叙文写作和教学过程中,任课教师应该注重培养学生发现生活的能力,并能够将所见所感用合理、技巧、贴切的语言将其描述出来,形成篇章。那么这一过程离不开有意识的谋篇布局,巧用方法。

【教学目标】

1. 通过设置悬念,让学生认识到谋篇布局的重要性。

2. 通过实践,培养学生写作谋篇布局的能力。

【教学重难点】

1. 巧用悬念,形成篇章。

【教学过程】

一、问题导入,开课设置悬念

用三个问题导入课堂:①这是一节______课;②一听到写作文,我就______;③写作文时,我常常______。

通过这三个问题可以了解学生写作态度和现状,用"问题法"开启学生好奇心、引出授课内容。"问题法"也是设置悬念的第一种方法,这三问,基于学情,了解学情,引出课题,引发悬念,并巧妙扣合了"悬念"。

二、简介"悬念",开启"悬念法"学习

"悬念",本义是指读者、观众、听众对文艺作品中的人物命运、未知情节发展变化所持有的一种迫切期待的心情。悬念法,是小说、戏曲、影视等艺术作品中的一种重要表现技法。它通过对剧情进行悬而未决、结局难料的安排,引发读者、观众对结果迫切了解的心理。

设计意图:结合"悬念"本义、文艺作品中"悬念法"的缘起及内涵,让学生明白"什么是悬念",为学生具体学习设置悬念的多种方法做好知识铺垫。

• 方法 1:问题法

以开头的三个问题为例,说明用"问题"开头能一下子抓住读者的心,激发读者兴趣和思考,让文章开头就能有摄人心魄的悬念效果。

① 陈芳:《设置悬念,引人入胜——八年级下册第六单元写作教学设计》,《中学语文教学参考》,2021 年第 17 期,第 41-43 页。

• 方法 2：巧合法

教师播放一段学校升旗仪式上发生的故事短片：早上举行升旗仪式时，有两个男生回头看向草地。让学生根据这一画面猜测草地上的东西是什么，接着猜后面会发生什么，引导学生体会：这个事件中其实是“巧合”引发了悬念。

（PPT）：“无巧不成书”，生活中有许多巧合，正是这些巧合，让生活充满情趣。利用这些巧合，构思故事，兴起波澜，会有引人入胜的艺术效果。如：一只飞蛾飞落学生裤脚。

接着，教师引导学生复述以巧合法来设置悬念的经典文学作品——美国短篇小说家欧·亨利的《麦琪的礼物》。（小说内容简介略）

设计意图：这个环节，捕捉现实生活中的“巧合”——一次升旗仪式上一只飞蛾恰巧飞落男生裤脚，其作用有：①引导学生学会观察生活中的细微事件；②学生边猜测边讲述生活故事，在语言的建构与运用中，课堂悬念迭起，趣味激增；③在此基础上，学生复述《麦琪的礼物》的故事，进一步领会如何使用“巧合法”设置悬念。

• 方法 3：误会法

出示《驿路梨花》相关图片、故事梗概，引导学生边回忆故事情节，边猜测这则故事设置悬念的方法——误会法。

设计意图：这一环节，借助图片引导学生回顾《驿路梨花》的故事情节，同时引导学生发现“误认为瑶族老人是茅屋主人”“误认为梨花妹妹是梨花”等多次“误会”也是巧妙设置悬念的方法。

• 方法 4：省略法

设置悬念是让故事扣人心弦的密码之一。前几个串烧式的小故事有的取材生活，有的取材课文，有的取材文学经典，各有其法地设置了悬念。深受青少年喜爱的科幻小说也常用悬念吸引读者。通过让学生关注文章结尾的标点符号，让学生明白“省略法”也能设置悬念。

（PPT）：最短的科幻小说：“地球上最后一个人独自坐在房间里，这时，忽然响起了敲门声……”美国近代著名科幻小说家弗里蒂克·布朗写过一篇世界上最短的科幻小说。这 25 个字让读者追究、探求的问题很多……

设计意图：在当堂提问、生活、故事、文学经典、课内文章等设置悬念方法的基础上，这一环节将设置悬念的方法再拓展一步——“省略法”设置悬念。展示世界上最短的科幻小说，让学生进行猜想，进一步激发学生对悬念法的学习兴趣。

• 方法 5：倒叙法

（PPT）：用倒叙法能设置悬念，引起读者关注，激发读者阅读兴趣，还能增加文章情节的曲折,显示文章布局之美。

介绍设置悬念最常见也最常用的一种方法——倒叙法。倒叙法的角度很丰富:①将事件的结尾放在开头;②将事件中最精彩的片段放在开头;③把引发故事的一个场景作为开头;④把有线索作用的一个物件放开头;⑤将和故事紧密相关的一个人物等放在开头……多种倒叙法的开头都能起到吸引读者注意力、巧妙设置悬念的作用。

设计意图:"倒叙法"在《再塑生命的人》《猫》《动物笑谈》等多篇文章中都出现过,这个环节更丰富地明确了倒叙法的多种方式,为下一环节的课堂活动和口头作文做好准备。

三、课堂活动:轻轻蒙上你的眼

教师宣布当堂活动"轻轻蒙上你的眼"。请三位学生上台,闭上眼睛。第一个被蒙上眼罩的学生拿到被猜的物品,先描述拿到物品的手感,然后说出"它"的名称,后面两个学生依次进行。其他学生细心观察台上学生的表现和反应。想想可以运用哪些悬念设置的方法写作这个活动。

设计意图:这个环节,教师分别让三个学生依次上台,并请另一个学生做助手,分别让学生猜绒毛兔、泰迪熊、大头儿子公仔玩具。在误会连连、猜物揭秘中,借助有趣的当堂活动让学生积极参与课堂,寓教于乐,让学生更好地领会多种设置悬念的方法在具体情境中的运用,也为学生写作提供了丰富的素材。

四、口头作文:轻轻蒙上你的眼

要求:4—6人一组,讨论5分钟。采用设置悬念的不同方法,口头描述"轻轻蒙上你的眼"活动。5分钟后,每组推选一个代表上台发言。

设计意图:这个环节,小组代表现场读出本组"悬念法"写作片段,既培养学生细致的观察力、敏锐的捕捉力,也培养学生综合运用多种方法设置悬念的应变力和创新力。同时,教师针对每组上台发言的实际情况,依次有序地进行"悬念法"写作故事的升格指导,以期帮助学生提升语言建构与运用能力,发展与提升思维品质,提升审美鉴赏与创造水平。

五、全课小结

这节课一共学习了五种设置悬念的方法:问题法、巧合法、误会法、省略法、倒叙法。悬念,让故事引人入胜;悬念,让故事一波三折;悬念,让故事充满期待和惊喜!

设计意图:整堂课以"悬念"一法贯穿,用片段串烧的方式,结合学生学情、现实生活、教材范例、经典名篇、现场活动、口头作文、小组展示等教学环节层层深入,有梯度、有张力、有序列地安排教学内容,达到一种螺旋上升、渐入佳境、引人入胜、悬念迭起、互动和谐的美好教学境界。

【总评】

刘勰在《文心雕龙》里特别强调:"驭文之首术,谋篇之大端。"谋篇布局就是文章内容与排列形式。课例四从问题导入这种叙述手法入手,让学生意识到谋篇布局在写作教学中的重要作用。本篇教学设计的亮点之处在于教师意识到了学生在写作中是独一无二的个体。每个学生的思维方式、审美眼光各不相同,因此在整个文章写作过程中也会使用不同的叙述手法。那么在教学实践中,分别对学生可能会使用的叙述手法进行归纳,让学生由口头写作到书面写作,寻找自身写作过程中常用的叙述手法,同时也能够借鉴其他设置悬念的写作手法,为自身的写作提供思维视角。

【写作教学 案例五】

"师生对话,以评促写"

设计者	陈浙豫(松江二中)
题目	多重原因分析,让立意走向深刻——2019年4月二模考作文讲评
时间	2019年

编者按:

高考复习已经进入二模阶段,学生经过很长一段时间的议论文写作的训练,已经初步掌握议论文的审题、立意、结构、论证方面的知识。一方面,大部分学生有了概念阐释的意识,能围绕着核心概念展开论证,但常常存在这样的现象:止于罗列现象,不对现象进行分析或是强加因果、归因简单片面等。究其原因,是学生缺乏对由果推因这种思维方法的理性认识,"为什么"是议论文的核心,由果推因的论证在议论文的说理中至关重要。从学生作文中错误案例入手,引导学生明确议论文中由果推因的重要性并初步学会多角度地分析现象产生的原因,提升学生的分析能力和说理能力。

【作文题目展示】

阅读下面材料,根据要求作文。(70分)

人在适应自然和社会的过程中,总结了许多宝贵的经验,但这些经验也可能会阻碍我们的认识和发展。请写一篇文章,谈谈你对此的思考。

要求:(1)自拟题目;(2)不少于800字。

【学情分析】

高三10班39人参加考试,二类卷24位,三类卷15位,作文最高分60分,最低分47分。从大部分同学的作文来看,写作的重点都放在"曾经宝贵的经验为何会阻碍我们的认识和发展"或"人们使用经验的同时为何会阻碍我们的认识和发展"这样的问题上,是运用因果思维进行原因分析。如以下例子:

● 徐千玥：从经验的来源看，经验来源于实践，经验有其历史局限性，因此过去的经验也会不适用于当下，从而阻碍我们的认识和发展。

从经验产生的效果来看，经验在帮助我们规避困难的同时，也使我们的思想固化，求知缺乏严谨性。一定程度上抑制了进一步的思考，从而可能会阻碍我们的认识和发展。

● 施蒂妮：时代局限性、地域局限性、在运用时不加以思考个体的特征。

● 徐怡然：片面性、局限性；经验会随着自然和社会的变化而变化，以前的经验可能会不适用于现在的自然和社会。

● 张晓梦：经验会阻碍我们的认识，因为经验提供了答案，从而阻断了部分探索追寻的过程。经验受时代历史局限，不一定完全适用于所有时刻所有对象，甚至某些从根本上是谬误的。

经验还会阻碍我们的发展。在经验中展现的常态会扼杀可能性与多样性，甚至经验中所裹挟的价值取向有可能毒害社会的公平公正。

● 余哲成：人不可能具备"永恒正确"的神力，因而由人总结得出的经验必然会存在疏漏之处；我们无法否认社会的动态发展性，因而在某些"新"情况下，正确的"旧"经验可能会变为错误的。

为什么人们愿意成为经验的"使徒"？人类"求稳"的生存本能，同时也透露着懈怠的信号。

● 金阳：经验的直接使用，往往会阻碍认知与发展。前人总结出来的宝贵经验放到当代不一定适合。人们思想上往往有懒惰的特性——思维定式。经验被权威或当权者的错误利用也可能会造成我们的认识发展的阻碍。

● 金毅诚：一旦执着于经验，它反而成为阻碍。经验没有绝对，它往往受限于某一条件下正确。

人大多知道执着于经验的坏处，而往往依旧执着于经验之中。这是因为我们往往只会被动接受。除此之外，随着人类认识的提高，经验的正确性也势必发生变化。

……

由此可以发现，造成同学们作文分数不同的原因，在于大家的原因分析或不够全面，或不够深入。大多数同学分析"经验阻碍认识和发展"的原因停留于时代或地域局限性，个体的差异性，等等，没有进行这样的追问：为什么时代变化了，过去的经验就不适用了？……

本节课拟在前人"运用鱼骨图进行全面的原因分析"的基础上，引导学生对已找到的原因进一步追问，尝试进行多重原因分析，让文章的立意走向深刻。

【教学目标】

学会从不同角度分析原因,探究现象产生的诸多原因,让立意走向深刻。

【教学重难点】

1. 通过小组合作,对例文进行反思。

2. 把握归因的方法。

【教学过程】

一、课前预习

梳理例文行文思路并加以评析。

二、课堂环节

1. 交流对作文的评价,明确文章的得失。

明确:文章一二两段以一个具象的场景引出经验的定义以及正面负面两种作用,并提出经验的阻碍作用原因有三,三、四、五三段分别论述三个原因:沿用经验限制了人们的眼界;阻碍了实践过程,经验本身有时代局限性;人们对经验的崇拜会导致人们缺乏敢于挑战质疑的勇气,缺乏自主创新精神。六七两段着眼于怎么做。这是文章的思路。

2. 思考一:我们可以从哪些角度去分析现象产生的原因?

引进鱼骨图,把文章中提到的原因填入鱼骨图,并讨论补充。【图中鱼头部分代表一个事物的最终结果,鱼的骨架躯干,代表导致某一结果的诸多原因。正如一条鱼不能只有一根刺一样,一件事物也不可能有一个原因。因此在分析导致一个结果的原因时,我们至少要列出2-4个原因,这样的分析才可能比较全面。画图的一般流程如下:(1)画出鱼头(结果),画出主骨。(2)画出大骨,填写主要原因或者分析角度。(3)画出中骨、小骨,填写原因。大家可以试着画一个】

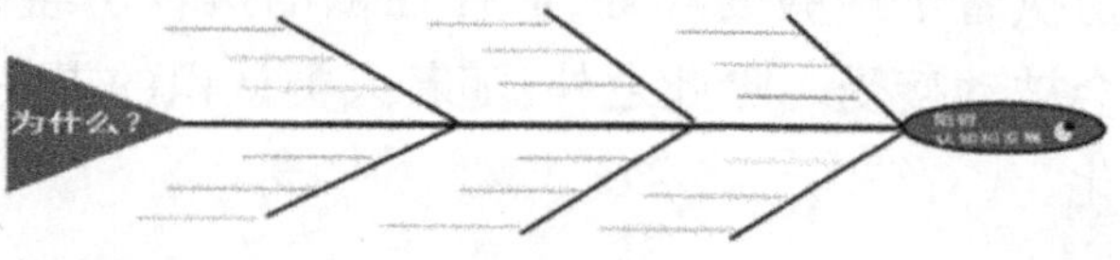

明确:归因标准一致;分析问题路径不唯一;归因不是终点

3. 思考二:追问“经验为什么会有时代局限性?”(补写第四段)

4. 学生总结。

5. 教师总结。

6. 布置作业。

(1) 请另选一个角度进行追问,深入原因分析。

(2) 请用今天讨论的成果修改你的作文。

【例文展示】

取其道而行之

随着岁月的积淀，一个人有了越来越多的生活体验，这其中既有收获也有教训。我们常常可以看老一辈人和小辈对话谈心时，回忆着他们过往的一生，叙述着那些宝贵的经验，有的小辈认真听取，而有的不屑一顾。

为什么小辈对此的反应会如此截然不同呢？或许是因为他们对于这些经验的态度不尽相似。许多宝贵的经验是在人适应自然和社会的过程中总结而来，它们是前人的探究成果，是他们留下的重要遗产，使我们后人少走弯路，但是这些经验同时也可能会阻碍我们的认识与发展，我认为原因主要有三。

其一，人们的眼界被限制于前人总结出的宝贵经验之中，认为前人总结的内容已经尽善尽美，我们无法再去亲自实践。诚然，先前的宝贵经验已经替我们尝试了很多错误的渠道，遵循它我们可以不犯以往的错误，减少失败的可能，但这并不意味着我们自己不需要去做任何尝试，坐享其成，经验终究是理论的东西，有时候我们认为自己掌握了经验，但下一次可能还是会犯一样的错误，亲身实践后才能对事物有更本质、更深切正确的认识，更强烈的领悟与记忆。

其二，之前的宝贵经验是在当时时代所得出的，可能会具有一个时代的局限性，其中不乏错误认识。片面地遵循这些经验会影响我们对事物的正常判断，错上加错。有些内容早已不适用于这个时代，只抓着先前的宝贵经验不放，只会变得越来越迂腐与麻木。

其三，人们对先前宝贵经验的盲目崇拜让人们缺乏敢于挑战质疑的勇气，缺乏自主创新的精神。没有自身深入的思考就片面地附和，有的人不愿走出舒适圈，认为从来如此便是对的，先前的宝贵经验是全部有效的。没有自己理性的思考，人的思维会固化，整个社会思想也会变得僵硬无力。

所以我们应该如何处理宝贵的经验与我们现在的认识和发展之间的关系呢？我认为我们应该站巨人的肩膀上，选取前人部分的宝贵经验，同时要有自主独立思考的能力，有敢于批判的勇气，愿意去自主新，获得新的认识。

面对之前总结出的宝贵经验，取其道而行之，而又要有自主探究创新的意识，留下更多的宝贵经验。

评价标准展示：

评价标准		加分标准	
有中心	10 分	中心内容明确	加 1–3 分
内容具体	10 分	语言优美流畅 词语使用得当	加 1–3 分
有条理	10 分	段落安排得当 有逻辑	加 1–5 分
无明显语病， 语句通顺连贯	10 分	具有真情实感	加 1–5 分
无错别字， 标点使用正确	10 分	错一处扣 0.5 分， 扣分不能超过 5 分	
卷面干净整洁	10 分		

【总评】

学习动机是直接推动学生学习的内部动力。教师必须充分重视学生学习动机的激发，最大限度地将学生在学习活动中的积极因素调动起来。课例五以作文展评课的形式，通过对学生的写作教学成果进行及时有效的评价，既可以锻炼学生的思维表达能力，也满足了语文核心素养所提出的对学生自主发展的能力要求。写作是一个长期性、复杂性的过程，学生需要不断在写作过程中对自己的语言运用能力与思维表达能力进行监控和修改。因此作文展评课是检验学生在一定时期内的写作成果、发现写作问题、锻炼写作能力的有效手段。写作过程不仅要求学生拥有作者意识，更要求学生同时具备读者意识。作文展评课通过教师评价与学生评价相结合的方式，以学生的真实写作水平为基础，能够最大限度地唤起学生在写作过程中的写作思路与情感体验，激发学生参与评价的内在自驱力。

思考

1. 结合本章所学，你认为以上课例的教学目标是否达成？

2. 你认为以上教学课例有哪些优点与不足？如果让你讲授一堂写作课，你会怎样进行教学设计？

3. 在写作教学设计中你遇到的最大问题是什么？你认为阅读教学与写作教学是否能分离？请尝试结合教材阅读篇目进行写作教学设计。

资源链接：

中学语文教学资源网：http://www.yinruiwen.com/

人民教育出版社官方网站：https://www.pep.com.cn/

国家教育资源公共服务平台：https://www.eduyun.cn/

文献选读：

[1] 朱志荣：《中国审美理论》，北京大学出版社，2005年。

[2] 杨丽萍：《让背景意识参与写作——"随笔"写作教学设计》，《写作》，2015年第1期。

[3] 孙东宁：《新课程下的中学语文教学及其设计探究》，中国大地出版社，2020年。

[4] 陈芳：《设置悬念，引人入胜——八年级下册第六单元写作教学设计》，《中学语文教学参考》，2021年第17期。

拓展案例

随着语文教学设计理念不断更新，教学实践领域的成果向深发展，在此环境下，教师的教学设计与课程开发能力也面临着新的挑战。语文教师的专业化，是与语文课程内容研制、语文教材编制和语文教学设计专业化同步成长的，教师在运用本书中理论及案例的同时，也需具备更高、更广、更宽的视野，关注语文教育领域的前沿动态，在单篇文本的基础上促进文本的整合，寻找更利于学生核心素养发展的新路径，不断提升自身的设计与开发能力。

“为有源头活水来”，有效的“教学设计”始终离不开教师主体对教学资源的统整与组织。教师选择材料、组织内容、编制教学程序，遵循“计划——教学——评价——反思——调整”的基本流程，持续优化教学设计的过程，也是研究学生、重整应用教材、融会核心素养目标的过程，是教师教育智慧和教育风格的体现，亦是促进更加高效、科学、多元语文教学形态发展的可行方案。另一方面，面对信息化时代下的学生群体，教师的设计思维模式也需转变，“教师们停下思考、筛选和整理他们关于活动和课程的技能，这本身就是思考模式的转变”。而专题的形式无疑为教师教学思维的转变提供新契机，是当下发展学生核心素养、转变教学方式、兼具操作性与可行性的有益尝试，是向更高水平晋升的桥梁。

“教材无非是例子”，教学设计成功与否始终与学生发展紧密相连，只有扎根实践沃土，才能真正验证设计的有效性与合理性。基于此，我们进行了多个学期的专题教学尝试，在此过程中发现了许多问题，受到很多启发，以“专题”形式开展的设计与教学也在实践中得到了持续不断的更新与优化。因篇幅限制，不再赘述，特选取两篇专题教学案例作为拓展阅读，以期为教师设计课程提供新思路。当然，现实中的教学设计理论与实践远不及此，新时代的教师更需要根据学情与实际，统整资源与技术，积极开发与研究更加合理、科学、适切的教学设计。

【拓展案例1】

——“苏轼词专题”教学设计

（案例提供者：郭茜）

本部分包含三个设计案例，分别以“苏轼人生经历”“苏词品鉴”“苏轼人格”为中心进行苏词专题设计的探究，以直观案例设计呈现“专题”教学设计思路。

一、时空寻踪专题——“此心安处是吾乡”案例设计

专题主题：人生沉浮——“此心安处是吾乡”

（人生经历；知人）

（一）专题说明

聚焦生平经历与仕途起伏，探索苏轼的心灵之乡，通过对苏轼人生轨迹的溯源探索，了解其一生的沉浮起落与官场辗转，探究“何以为家”的问题，进而知其人，知其处世观与心路历程。其中，本专题适宜高一年级或更低学段学生，目的在于温故知新，将以往对于苏轼碎片化的认识进行整合，用人生重要节点的词来看其一生起落，体会其心态变化，以便形成整体印象。

本专题学习应以学生自主搜集、整理归纳为主，锻炼学生处理信息、归纳表达的能力，同时以“行踪图”的方式考查学生思维逻辑能力，进而进入对苏轼其人的深入思考环节，过程应以学生自主讨论为主，促进形成个性化理解与表达，摆脱“生平年表”式的走马观花及死记硬背，使词作与生平相促相生，在理解词作的同时体察人生变化。

在整个教学过程中，教师需加强对基础知识的巩固，时刻关注学生群体对基本知识的理解，鼓励学生运用一定的学习策略，课下搜集归纳时教师也可提供一些方法、策略上的指引，在情境创设时可突出表达能力，让学生都有运用语言的机会，同时也需注意，对于苏轼人格及人生态度等方面的解读要求不宜过高，目的在于形成独有的、有自身真实理解的整体感知。

（二）专题教学目标

①学习苏轼一生中重要节点的词，了解其人生轨迹；

②能根据资料以合适方式绘制苏轼行踪图；

③探究词意，找到苏轼“安家”的关键，深入体会其心理；

④能知人论世，根据人生沉浮中的心路变化初步体悟苏轼的处世态度，并用自己的方式表达；

⑤建立起对于苏轼的独到的整体印象。

（三）专题教学重点

①会运用现代技术搜集相关资料并整理归纳，掌握一定的组织策略，能用自己的方式进行表达；

②能主动和同伴交流合作解决问题，自主建构对于苏轼的认识与整体感知；

③能结合经历知人论世，对苏轼的人生态度有自己的独特见解。

（四）活动预设

活动	能力点
搜集资料绘制东坡行踪图	归纳、知识
导游词——介绍与苏轼相关的地点	理解、语言表达
小组活动：苏词研讨	问题研讨、交流
撰写东坡传记	写作、运用

（五）专题资源

①文本选词（以时间节点选取代表词作）

时间	选词
知密州（1074）前	《临江仙·风水洞作》（四大从来都遍满） 《醉落魄·轻云微月》（轻云微月）
贬黄州（1080）前	**《江城子·密州出猎》（老夫聊发少年狂）** 《望江南·超然台作》（春未老） **《水调歌头》（明月几时有）**
黄州时期（1080–1084）	**《卜算子·黄州定慧院寓居作》（缺月挂疏桐）** **《定风波·莫听穿林打叶声》** 《临江仙·夜归临皋》（夜饮东坡醒复醉） 《满庭芳·归去来兮》
离黄后升迁（1084–1094）	《如梦令·有寄》（为向东坡传语） 《定风波·南海归赠王定国侍人寓娘》 （常羡人间琢玉郎）
再度南迁（1101）前	《西江月·世事一场大梦》 《好事近·烟外倚危楼》

＊加粗字体为课内文章

②音视频：CCTV 纪录片《苏东坡》

③参考阅读：《苏东坡传》（林语堂，湖南文艺出版社 2018 年版）、《漫话东坡》（莫砺锋，凤凰出版社 2008 年版）

（六）课时安排：3 课时（课堂）

（七）教学方法：以学生自主研讨为主；课内外结合；自读法；小组合作

（八）教学设施：多媒体屏幕

（九）教学过程：

第一课时

（一课时目标：明行踪，绘踪迹）

● 导入

（师）"一门三父子，都是大文豪，诗赋传千古，峨眉共比高。"同学们，你们知道这首题词是说的谁吗？（生齐回答：苏洵、苏轼、苏辙）

（师）没错，眉山苏门父子三个皆是北宋数一数二的文豪，都名列唐宋八大家，其中苏轼更是难得一见的全才，诗词书画文章均造诣不浅，既是文学家又有杰出的政治才能，今天，就让我们再次跟随苏东坡的脚步，去看看他走过的路，去品品东坡词中的生活百态。

（师）说是"再次"，其实是因为早在初中，我们就认识了他，相信大家还没有忘记《卜算子 · 黄州定慧院寓居作》《江城子 · 密州出猎》《定风波》《水调歌头 · 明月几时有》以及《记承天寺夜游》和千古名篇《赤壁赋》，"歌窈窕之章，诵明月之诗"的苏子形象我们已不陌生，但这位大文豪是否真的如同仙人般超然物外，只待羽化登仙了呢？现在，就让我们"温故知新"，从他的词中追本溯源，一步一步重新认识他。

● 温故（自由朗读，回顾前知）

屏幕出示（词具体内容略）：

《卜算子 · 黄州定慧院寓居作》

《江城子 · 密州出猎》

《定风波 · 莫听穿林打叶声》

《水调歌头 · 明月几时有》

生自由朗读，师挑选学生试读，指导诵读技巧。读完后教师带领着简单回顾词作的写作时间、发生事件。

【提示】

《卜算子 · 黄州定慧院寓居作》——初被贬至黄州时

《江城子 · 密州出猎》——熙宁八年（1075）冬知密州时

《定风波·莫听穿林打叶声》——被贬黄州期间

《水调歌头·明月几时有》——熙宁九年丙辰(1076)中秋时,在密州怀念弟苏辙

(师)相信大家已经发现了,《卜算子》和《定风波》均是黄州时所作,而《江城子》和《水调歌头》则是苏轼刚入仕途在密州任知州时所作,当时苏轼39岁,正值壮年。除了密州和黄州,其实苏轼还去过很多地方,徐州、杭州、常州、扬州、惠州、儋州,任职也从中央到地方大小不一,下面就让我们从词中再找找,苏轼还在哪儿留下了足迹。

• 交流研讨:

(师)屏幕出示选词:

《临江仙·风水洞作》

《望江南·超然台作》

《临江仙·夜归临皋》

《如梦令·有寄》

《西江月·世事一场大梦》

• 活动1:前后桌以四人左右为单位展开交流,探讨词中事件和时间,推测苏轼作词时身处何地。

汇报:抽选三组以上进行交流,生生交流,教师适当指导点拨。

重点:归纳出从初入仕为官至被贬,后升迁又被贬的起伏变化,形成整体感知,引导学生通过交流自己发现问题、解决问题。

• 合作探究:

(师)既然大家都已经得到了答案,也知道了更多不一样的苏轼,接下来就让我们"寻踪觅影",来当一次"侦探",深入苏轼这变化不定的人生,去查一查背后的原因!

师提供《宋史·苏轼传》(节选)及苏轼年表(可根据傅藻《东坡纪年录》简化修改,苏轼生平经历一栏可适当空白交由学生填写,年表略)。

(师)请同学们结合材料,以及我们刚刚从词中所了解到的,填写、完善年表中苏轼经历一栏,小组间可以合作共同探究记录,注意概括和提取重点。

• 活动2:小组合作探究,根据对苏轼的了解,借助参考和交流,填写苏轼经历。

学生汇报:分小组派代表进行汇报,归纳出重要的时间节点、事件、地点、官职等,教师根据学生回答在黑板上逐步完成简要的"线路图"。

【提示】进京应试——回乡守丧——回京出仕——杭州、密州、徐州、湖州——乌台诗案,被贬黄州——离黄移汝——还朝,升至翰林学士——再至

杭州——入京侍读——颍州、扬州、定州——贬惠州——贬儋州——北归身陨

重点：教师要辅以归纳法的点拨，教授一定的提取重点、分析问题的方法，过程要以学生间的交流为主。

● 小结：

相信通过这一部分的学习，大家对苏轼又有了新的认识，对他的行踪也有了大致的了解，也请同学们在课后查阅相关资料，继续完善年表，以自己的方式画出东坡“行踪图”，或为他写一份“履历”，并用一句话概括（可以是对联，也可以是现代白话），下节课我们将一起交流分享，去继续认识这位“忙碌”的苏子！

第二课时

（二课时目标：依踪迹，知其世）

● 交流分享

活动3：分享交流优秀成果（教师在课前对学生的研究成果进行指导反馈，筛选出有代表性的课上汇报展示）

（生）用大屏幕展示行踪图和“履历表”，分享汇报过程中班级内可以提出不同意见。

（师）促进生生交流，在遇到关键问题时予以点拨和引导，多用问题促进思考。

活动小结：（师）通过同学们精彩的分享交流，想必大家对苏轼的人生轨迹已经了如指掌了——他当过翰林学士、端明殿侍读学士，还做过兵部和礼部尚书，一生担任过30多个官职，辗转奔波于凤翔、杭州、密州、徐州、湖州、黄州、登州、颍州、扬州、定州、惠州、儋州等地，足迹踏遍大半个中国。用苏轼自己的话说可谓——“身形万里半天下”，“上可陪玉皇大帝，下可陪卑田园乞儿”！

● 深入研读：

（师）苏轼一生都在仕途中沉浮起落，伴随着新旧党争和政治变动，辗转于大江南北。经常是：（屏幕出示）“坐席未暖，召节已行，筋力疲于往来，日月逝于道路。”通过刚才的分享，我们也知道了新旧党争影响了他的一生，下面就让我们具体看看，北宋政坛是如何风起云涌变化的，苏轼与新旧党又有何深刻联系。

● 活动四：研讨会

以“知密州前初入仕——密州等地任职至被贬前——乌台诗案被贬黄州期间——离黄归京时期——再度被贬时期”为线索，串联乌台诗案、新旧党争等关键事件，深入研读各时期选词中的心态变化，从中体会苏轼的政

见、品行、为人等。

关键点：乌台诗案、新旧党的此消彼长、苏轼的“不合时宜”、北宋政治环境。

【提示】教师可采用聚焦研讨的方式，按时间或阶段顺序接替研讨，以提问和交流为主，推动学生从具体关照整体的思维发展，促进语言表达能力及深度思考能力提升。

PPT 节选示例：“乌台诗案”相关

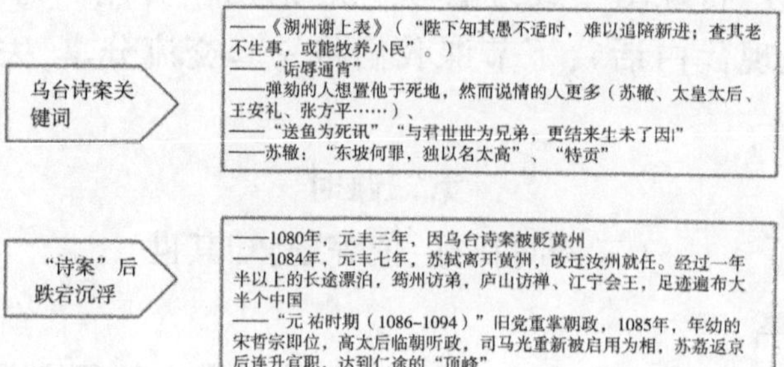

●小结：

（师）经过大家的共同研讨，可以看出大家对北宋的政治、党争以及苏轼所处的真实情景都有了自己的体会与认识，在我们之前的学习中，可以发现有几个地方经常在他的词中出现——

（屏显）

眉山、杭州、江南、黄州、惠州……

（师）比如杭州、黄州、惠州等，有些是几度辗转之地，有些是贬居之地，自 1056 年出川赴京起，这些地方贯穿了他此后一生，天大地大，究竟何处是东坡的“家”呢？

（屏幕出示）

“心似已灰之木，身如不系之舟。问汝平生功业，黄州惠州儋州。——《自题金山画像》”

——“是山清水秀几度流连的杭州？”

——“是念念不忘买田的江南？”

——“是繁华熙攘的京城汴梁？”

——“是五年谪居的黄州？”

——“还是生命尽头弥留的惠州儋州？”

（屏显提出问题）

“你认为东坡的‘家’在何方？”（课后研讨题）

●课后研讨：

①搜集苏轼词，从中找寻苏轼的“家”，自学理解这些涉及“家”的词并

收集摘抄。

②观看 CCTV 纪录片《苏东坡》,加深对所学内容的理解。

③阅读林语堂《苏东坡传》,加深对苏轼认识。

第三课时

(三课时目标:寻安处,论其人)

● 畅所欲言:

活动五:围绕“你认为苏轼的‘家’在哪?”进行讨论,由学生阐述观点和理由。教师汇总并列出表格,师生共同完善表格。

表格可参考:

“家”	观点阐述
四川眉山	故乡;生命的起点;二十多年生活于此,为官后也时常想念家乡; “我家江水初发源”;“吾归何处?万里家在岷峨”。
杭州	两度任职;百姓爱戴,侍妾朝云也为杭州人;苏堤苏公坡等;宋人常说东坡“缘在杭州”; “我本无家更安往,故乡无此好湖山”;“自意本杭人”。
黄州	努力经营新“家”,东坡、雪堂、林皋亭,乃至“东坡居士”的号都来源黄州东坡躬耕。 “投老江湖终不失,来时莫遣故人非”。 “为向东坡传语。人在玉堂深处”。
常州宜兴	买田置家于此,长子经营黄叶村。 “买田阳羡吾将老”。 “扁舟一棹归何处?家在江南黄叶村”。
惠州	白鹤新居落成,家人朋友也都来到惠州。 “三年瘴海上,越峤真我家”。 “烟外倚危楼,初见远灯明灭”。
儋州	融入当地,做好荒老于此的准备; 当地至今有东坡村、东坡田、东坡路、东坡桥、东坡帽等,连当地语言都有“东坡话”,与东坡联系紧密。 “我本海南民,寄生西蜀州”。 “但寻牛矢觅归路,家在牛栏西复西”。
河南郏县	苏轼交代苏辙将其安葬于此,后苏辙也葬于此,加之苏洵的衣冠冢,成为今天郏县的“三苏墓”。

● 小结：

（师）宋代贬谪中的士人往往赁屋而居，但苏轼却在黄州、惠州、儋州都要造房子，都准备终老于此，他也并非没有北归的愿望，但依旧竭尽财力造房安“家”，做着常住的打算。能看出来他是一个真正意义上四海为家，随遇而安的人。

（师）“万里家在岷峨”是出生的眉山老家、“堂前桃李”是心中桃源东坡雪堂、“家在江南黄叶村”是买田置产的常州宜兴之家、“家在牛栏西复西”是在天涯海角的安身之家。——苏东坡走到哪里，就将“家”带到哪里，于是山河大地处处有他的家。甚至连贬谪之地黄州、穷困荒凉偏僻的海南都在生命的尽头变成了“问汝平生功业，黄州惠州儋州”——成为一种生命的馈赠。东坡飘荡一生，也已找到能使他安身的“家”，那就是——

（屏幕出示）

“人间处处可为家”。

——不必局限于出生地，“以无何有之乡为家”。

——既无固定之“家”，又处处是“家”。

——天地四海所经过的每一处，皆是“家”，是发自内心的认同：它们都是心安的归处。

——白居易：“我生本无乡，心安是归处”。

（师）这也正如苏轼在词中所写：“此心安处是吾乡”（屏显《定风波·南海归赠王定国侍人寓娘》词）

● 活动六：东坡宣传词撰写

（师）“寻家”之旅耗尽一生，但苏轼始终未因奔波而“凑合”生活，苦苦寻找的“家”又何曾离开——眉山的苏轼故居、杭州的苏堤苏柳、黄州的东坡雪堂、常州的黄叶村舍、惠州的白鹤屋舍、海南的东坡书院、郏县的三苏墓……蜀地、中原、江南、岭南……东坡走过的地方，悉心经营的每一处“家”，如今成为世世代代人的精神家园。如果现在让你为这些地方的“东坡”景点写宣传词，你会如何写？

（示例：黄州——大江东去，水月依旧，这里有东坡的一蓑烟雨与生命之蜕变）

生分享交流，畅谈对东坡的理解与看法。

● 专题小结：

（师）同学们，我们循着东坡走过的路，见证了他的起伏与辗转，一生漂泊，我们却未在他的词中读出绝望与困顿，反而是生活百态，即使挣扎又马上能找到良方，这是独属于苏轼的一种洒脱与豁达，是真正看尽千帆的大胸襟，是穿越千年依旧被人们铭记的东坡精神。让我们再一起回顾品味词中语句：

（屏幕出示）生齐读。

——“天涯踏尽红尘，依然一笑作春温”。

——“此心安处是吾乡”。

——“人生如逆旅，我亦是行人”。

——“但愿人长久，千里共婵娟”。

• 专题作业：

①阅读莫砺锋《漫话东坡》，继续深入了解东坡其人其事。

②回顾所学东坡词，积累摘抄背诵喜欢的词句。

③为东坡写一份白话文传记，角度自选，可概述一生也可有所偏重，字数不限。

二、苏词鉴赏专题——“但愿人长久，千里共婵娟”案例设计

专题主题：此心明月——“但愿人长久，千里共婵娟”

（意象；宋词赏析）

（一）专题说明

从诗词之辩开始讨论诗与词的差别、联系，将通常所说的“诗词”进行分论，以达到对“词”的聚焦与思考，继而从“月”的意象起笔，探究苏轼词中关于“月”的意象，在其中穿插宋词鉴赏的方法，鼓励学生通过不同词感受不同意象并描绘意境，领悟手法，提高审美与鉴赏能力。同时，因苏轼对于宋词乃至整个“词文学”的发展起着至关重要的作用，通过他可以看到宋词的变化、转折与突破，所以在教学时也要注意对宋词变革的讨论与解读，理解苏轼词中的特性与突破之处，感受中华优秀传统文化的魅力。

本专题探究苏词的意象意境、特点与创新，从而聚焦宋词鉴赏与宋词变化，提高学生的审美理解与表达能力，提高学生鉴赏词、欣赏词的水平，开拓思维，促进感悟宋词之美，激起学生理解与继承中华优秀传统文化的热情和信心。苏轼作为宋词大家，对宋词的发展起了关键作用，他使“词”真正与“诗”齐平，内容丰富，无不可写，词风多样且格调颇高，是宋词的精华代表，对学生语言、思维、审美等各方面发展都有所裨益。

在进行本专题学习时，教师应结合具体选词，构建便于学生理解的情景，适时点拨，促进学生深入思考，同时鼓励学生各抒己见，积极表达自己的理解与观点，教师要以发展性评价为主，对理解偏差的地方要及时追问答疑，避免疑点堆积。其次，中学的宋词教学也应有所取舍，对词律音韵等不应过于苛刻，感知领会即可，在理解意象意境时也要补充相关文学知识，帮助学生联系当时与实际进行体会。

（二）专题教学目标

①知晓“诗”和“词”的联系与区别，能说出词的独特性，能通过具体诗词体悟差别；

②从“月”的意象出发探究苏词中的“月”的蕴意，继而能迁移其他词中分析意象、描绘意境；

③掌握宋词鉴赏的方法，能感受音韵性、情感性和艺术美；

④通过具体词体悟苏轼不同时刻的心境，能有条理地分析表达，阐述自己观点与看法；

⑤能自己填词（不强求扣合古代词律）创作，能与同伴交流分享，积极表达。

（三）专题教学重点

①感受东坡词的意象意境，领会“诗言志词传情”的特性，理解“诗”“词”之间的变迁发展；

②学会分析词境的方法以及鉴赏方法，学会通过词境看心境；

③知晓苏轼对于宋词发展的独特意义，能通过交流明白宋词的变化、转折、突破。

（四）活动预设

活动	能力点
研讨：“诗”“词”之辩	知识积累；思维能力；区别能力；语言表达与信息处理；传统文化的理解
赏“月”会：“月”的意象解读	审美；诗词鉴赏；分析运用；传统文化的理解
填词会	综合运用；创作；积累运用；传统文化的理解与传承
扣“弦”而歌：东坡音乐会	综合运用；创作；思维能力；语言表达；传统文化的理解与传承

（五）专题资源

①选词：

“诗”与“词”	苏轼的《题西林壁》等代表诗、杜甫等其他诗人的代表诗；苏轼的《水调歌头》等代表词，秦观等其他词人的代表词
关于“月”	《水调歌头》（明月几时有） 《卜算子·黄州定慧院寓居作》（缺月挂疏桐） 《江城子·乙卯正月二十日夜记梦》（明月夜，短松冈）
“豪放”和“婉约”	《念奴娇·赤壁怀古》《江城子·密州出猎》； 《水龙吟·次韵章质夫杨花词》
苏轼的“变革”	《浣溪沙·山下兰芽短浸溪》

②音视频：邓丽君《水调歌头》；黄绮珊《定风波》；汪苏泷《少年狂》；司南《苏东坡》；不才《落笔应风雨》；忘川风华录关于苏轼的《如见青山》《水叙湖风》等曲目。

③参考阅读：龙榆生《词学十讲》（节选）；周振甫《诗词例话》（节选）；胡仔《苕溪渔隐丛话》（节选）；王国维《人间词话》

（六）课时安排：3课时（其中第三课时为展示课）

（七）教学方法：以学生自主探究为主；课内外结合；自读法；读书指导法；小组合作；实践法。

（八）教学设施：多媒体屏幕；个别活动展示时采用U形座位布局。

（九）教学过程：

第一课时

（明“诗”“词”，赏“月”象）

● 导入：

（师）同学们，大家还记得那个身行万里，走遍天下的苏东坡吗？这个专题就让我们一起再度走近东坡词，过一把古人唱和赋诗的雅趣！

（师）说到词，大家真的了解“词”吗？（屏显：词？）请大家畅所欲言，说说你对“词”的了解！

（生回答）

【提示】师将回答汇总，在屏幕上予以概括性标注，如词牌、古代音乐、曲谱等，并简要说明。

● 活动1：“诗”“词”之辩

(师)看来大家对“词”都不陌生,以往我们也接触了不少词作,那老师想问问,诗词诗词,诗和词这俩兄弟是否一样呢？如果一样,哪些地方一样？如果不一样,又是哪些地方不一样？

(屏显)

《登高》(杜甫)——《江城子·乙卯正月二十日夜记梦》(苏轼)

(师)请同学们从形式、字数、音律、内容、表现手法等不同角度展开思考,和同桌分工完成“诗”“词”之辩。

【提示】同桌两人分别饰“诗”方和“词”方,阐述相同和不同。教师根据学生回答在黑板上列出简要表格,并在最后进行概括说明,点出“诗言志”-“词传情”、诗有诗律-词有词律、诗整齐对仗-词长短不一随词谱变化、词常被称作“诗余”与诗也有相似之处……

(师)知晓了诗和词的联系,也明白了词独特的“传情”和音律,下面就让我们具体看几首词,从与诗有些相似的“意象意境”来品品词的美。

• 活动2:赏“月”会

析“月”象:围绕苏词中出现的“月”的意象品读词境,从对“月”的不同描述中感受词人心境,掌握赏析要领和品味语言的方法。

篇目参考:(注意诵读和体悟)

《水调歌头·明月几时有》、“但愿人长久,千里共婵娟。”(可借邓丽君《水调歌头》营造情境)

《卜算子·黄州定慧院寓居作》:“缺月挂疏桐,漏断人初静。”

《江城子·乙卯正月二十日夜记梦》:“明月夜,短松冈。”

《西江月·世事一场大梦》:“酒贱常愁客少,月明多被云妨。”

《行香子·述怀》:“清夜无尘,月色如银。”

(生进行分享,教师适当指导)

(师)感谢同学们精彩的分享,你们看到这么多不同的月亮,它也具有多重的象征意义,除了它以外,在我们刚刚品读的词中还出现了如“孤鸿”“琼楼”“小轩窗”“酒”“琴”等意象,让我们再一起看看这些意象又有什么深意。

(教师指导学生依先前的分析方法进行分析品读,描绘整体的画面,鼓励学生谈自身感受)

(师)看来通过学习,大家都已经掌握了赏词的方法,也发现了词比诗更注重个人感情和更具“画面感”的特点,同学们在课后也可以再回味回味我们学过的其他词,说不定会有新的发现。

• 小结:

(师)本节课我们重新认识了“诗”“词”,了解了它们两个间的差别,也通过“赏月”一起品读了苏词,感受了一番不同词境的美,下节课我们将继续深入探索，跟随古人的步伐，去更好、更细致地认识认识“词”。

● 课后作业：选择阅读龙榆生《词学十讲》（节选）、周振甫《诗词例话》（节选）、王国维《人间词话》，每小组选择一至三篇苏词进行多角度赏析并记录。

第二课时

（析“豪”“婉”，品词韵）

● 导入：

（师）相信大家课后已经看过相关的书籍，通过各小组的赏析报告老师也可以发现大家都有了自己的体会，在大家阅读的过程中，是不是常常出现“婉约”和“豪放”两个词？这两个词在大家的赏析里也经常运用，同学们有没有想过它们究竟是怎么来的呢？

（屏显）

【材料 1】明人张綖在《诗余图谱 · 凡例》中提出婉约、豪放二分法，豪放词和婉约词得以并肩。
【材料 2】宋俞文豹《吹剑续录》：东坡在玉堂日，有幕士善讴，因问：“我词比柳词何如？”对曰：“柳郎中词，只好十七八女孩儿执红牙拍板，唱‘杨柳岸晓风残月’；学士词，须关西大汉执铁板，唱‘大江东去’。公为之绝倒。”
【材料 3】小山重叠金明灭，鬓云欲度香腮雪。懒起画蛾眉，弄妆梳洗迟。照花前后镜，花面交相映。新帖绣罗襦，双双金鹧鸪。——《菩萨蛮 · 小山重叠金明灭》（温庭筠）

● 研讨：结合材料，品读柳永《雨霖铃 · 秋别》和苏轼《念奴娇 · 大江东去》，对比二者风格，思考你更喜欢哪一种？“婉约”和“豪放”具体指什么？

（学生以小组为单位进行研讨交流并汇报，教师适当指导点拨，补充必要的文学常识，促进学生发散思维及深度思考）

（师）看来同学们对豪放和婉约都有自己的看法！那你们认为词之本应该是“豪放”还是“婉约”呢？这个问题在当时的北宋，词的成长壮大之时就出现了，现在就让我们一起看看这场“辩论”。

（屏显）

【材料 4】苏轼：“词自是一家！”　VS　李清照：“词别是一家！”

【材料 5】纵观东坡词如“大江东去”般豪放的虽有之，但仍不及“婉约”者多，他叹咏杨花的《水龙吟 · 次韵章质夫杨花词》更是开了一代咏物词之新境界：

> 似花还似非花，也无人惜从教坠。抛家傍路，思量却是，无情有思。萦损柔肠，困酣娇眼，欲开还闭。梦随风万里，寻郎去处，又还被、莺呼起。
>
> 不恨此花飞尽，恨西园、落红难缀。晓来雨过，遗踪何在？一池萍碎。春色三分，二分尘土，一分流水。细看来，不是杨花，点点是离人泪。

【材料 6】"词至晚唐以来，以清切婉丽为宗，至柳永而一变，如诗家之有白居易，至轼又一变，如诗家之有韩愈，遂开南宋辛弃疾一派，寻源溯流，不能不谓之别格，然谓之不工则不可。故至今日，尚与花间一派，并行不能偏废。"——《四库全书总目•词曲类•东坡词提要》

• 研讨：结合材料，谈谈对苏轼将词"变化"的看法，联系之前所学，归纳出苏词的特点。(以小组进行)

【提示】聚焦宋词变迁以及苏轼对于词的独特作用，可以围绕词的内容、题材、风格、音律等展开研讨并鼓励制作归纳表，如：

	苏轼前	苏轼之"变"
内容	多女子、闺情、愁绪等	哲理、田园、生活百态无不可写，个人生活化
风格	多婉约，以花间词派为代表	另立豪放一脉，风格不一
范围	多宫词，伤春感怀，市井传唱者多	极大拓宽，生活万物皆可
作者	有专门填词者	士人才子纷纷加入
作用	多用以消遣	寄托，写己之感受
地位	"诗余""不入流""小技	逐渐与诗平分秋色，风靡一时，纷纷唱和
形式	多用词绮丽华美	"以诗为词"：用题序、用典等；将词"雅化"
手法	多描写铺排	有议论的出现，引入"诗"法
音律	极重音律	去音律化，有所取舍
发展	逐渐成形与发展，李煜、柳永等都为词的发展做出独特贡献	真正使词成为与诗"平起平坐"的抒情文体，是词文学成熟的标志，也是词健康发展的转折
……	……	……

(学生汇报总结，教师适时点拨促思，共同完善补充表格)

(屏显)

——“在当时，苏轼的理论与实践受到很多人的批评与指责，以今天的眼光考量，正是苏轼的努力，实现了词坛的革新与突破，为词的发展赢得了生机。”

——“书写自己的襟抱志意和社会生活，使词从‘小道末技’上升为一种与诗等量齐观的抒情文体。”

（师）同学们，相信大家都对“词”都有了更深的体会，也明了了苏词的“变革”意义，通过这么长时间的学习，也请大家“小试牛刀”，亲自下水试试“作词”！

● 课后作业：

①吟诵：自选角度、自选词牌进行填词，吟诵展示。

②古有词曲而今亦有“曲谱”，自选契合歌曲围绕苏轼其人其词进行填词创作，可多人分工完成，进行表演展示（教师提供相应伴奏及其他所需资源支持，可提供网络参考，例如汪苏泷《少年狂》、司南《苏东坡》、不才《落笔应风雨》、忘川风华录关于苏轼的《如见青山》《水叙湖风》等曲目，激发学生创作灵感，提高在情境中灵活、综合运用所学的能力）。

第三课时

（展笔墨，歌清曲）

● 活动说明：

本节为活动课，由“吟诵会”和“音乐会”两项活动组成。

教室需提前布置为“U 型”布局，可依据条件和实际情况布置，营造氛围，增强沉浸感，同时，也可视情况邀请“评委”，可以是同行教师，也可以是其他相关人员，亦可邀请专业人士参与点评。

活动主持可提前在班级中报名选出，过程力求全员参与，教师也要做好全程的检测与调适，最大限度地激起学生参与热情，调动积极性、主动性。

对于活动的具体流程及细节可与学生共同商讨决定，做好前期的准备工作，留足充分的时间，给予学生充分的自主权。

对优秀作品及参与者颁发奖项，会后指导修改后将学生作品装订成册，形成班级“词集”，将优秀歌曲上传班级线上交流群以供分享展示。

● 活动 3：填词-吟诵会

说明：由学生进行填词吟诵展示，可辅以音乐伴奏（学生提供或教师准备），评分要综合学生及评委，评选出“优秀奖”“最佳创作者”“特别奖”若干。

● 活动 4：扣“弦”而歌-东坡音乐会

说明：由学生进行歌曲填词演唱，结合实际需要配合播放伴奏，也可由乐器特长学生演奏，评分要综合学生和评委，可邀请评委进行点评，让学生谈一谈创作缘由及心得，现场也可随机设置有奖问答环节等，最终投票选出“最佳创作者”“天籁之音”“特别奖”若干。

• 小结：教师在最后对活动进行总结点评，充分肯定学生们的参与与创作才华，启发留心生活，鼓励学生像苏轼一般把生活中的心得体会写成“词”，同时将优秀作品整理装订，作为班级专题课成果进行展示。

• 课后参考阅读：

再读胡仔《苕溪渔隐丛话》（选节）、王国维《人间词话》等相关词著，阅读《东坡乐府笺》等苏词集，摘抄积累喜欢的篇目，鼓励反复品味和书写自己的“评注”。

三、感悟品格专题——“一蓑烟雨任平生”案例设计

专题主题：逆旅行人——“一蓑烟雨任平生”

（人格；情感陶冶）

（一）专题说明

苏轼作为中国历史上难得一见的全才，不只在文学、政治、书法、绘画上成就斐然，且人格精神也影响了一代又一代人，成为独特的精神文化符号。从东坡词出发，全面考察他的心路历程，感受他对待亲友、家人、仕途以及生活的态度，可以更完整地认识东坡，体味心境与处世观，从他的身上汲取塑造人格的养料，进而自觉树立文化认同，继承和发扬优秀的传统文化，并将优秀的传承融于心、化于行，在根本上提升语文素养。

本专题选取不同角度有关苏轼的词，从不同路径出发研讨苏轼的“形象”、生活态度、处世哲学、亲友唱和词等，以感受东坡在漂泊于羁旅中的心灵突破，找寻乐观生活成全自己的真意，在对词的理解之上知其人，在潜移默化中体会东坡的人格魅力，教师也应将课堂充分交给学生，在不偏离主题的情况下尽可能使每个人都能表达交流，广泛参与听说读写各个环节。

（二）专题教学目标

①学习不同方面的苏轼词，并能细读品味，形成自己的看法与理解；

②积累一定量的苏轼词，能在理解基础上恰到好处地运用；

③能和同伴进行交流表达，有自己对于苏轼其人的看法、观点，并能阐述合理理由；

④能在阅读书籍的基础上撰写心得，不断反思，达到深入思考。

（三）专题教学重点

①加强有意义的理解性识记，忌生搬硬套和死记硬背，学会在情境中运用知识；

②提升思维能力与水平,发散思维和深度思维缺一不可,掌握思考问题的方法角度;

③能从问题情境中通过交流合作逐步解决问题,掌握研讨和探究的方法;

④整体感受苏轼人格魅力,能自觉传承优秀文化,树立良好积极的生活态度。

(四) 活动预设

活动	能力点
飞花令——东坡词会	知识理解;积累运用;识记与提取;思维广度;传统文化理解
畅谈会:“苏轼是一个______”	理解运用;交流表达;情感体会;整体感知;分析综合
“谈一谈你心中的苏轼”	交流表达;思维能力;综合运用

(五) 专题资源

①专题选词:

在黄州时期的“突围”	《卜算子·黄州定慧院寓居作》(孤鸿) 《蝶恋花·春景》 《定风波·莫听穿林打叶声》 《浣溪沙·山下兰芽短浸溪》 《满庭芳·蜗角虚名》 《念奴娇·大江东去》 《临江仙·夜归临皋》(小舟从此逝) 《满庭芳·归去来兮》(老东坡)
家庭夫妻关系 (王弗、王闰之、朝云)	《江城子·乙卯正月二十日记梦》 《西江月·梅花》
兄弟关系(苏辙)	《水调歌头·明月几时有》 《水调歌头·安石在东海》 《木兰花令·宿造口闻夜雨寄子由、才叔》

对待生活(美食词等)	《浣溪沙·细雨斜风作晓寒》(人间有味是清欢) 《浣溪沙·几共查梨到雪霜》 《减字木兰花·荔枝》
对待朋友	《满江红·天岂无情》 《水龙吟·次韵章质夫杨花词》 《西江月·平山堂》(怀欧阳修) 《临江仙·送钱穆父》

②音视频:各大网络 APP 中的苏轼词吟诵;音乐平台相关苏词二次创作;视频平台有关苏轼的视频与创作。(注意择优选取,依据学情及教学内容适度、适切使用)

③参考阅读:《苏东坡研究》(王水照)、《东坡志林》、《苏东坡研究》(木斋)、苏轼相关词集、叶嘉莹等关于苏轼的文章。

(六)课时安排:3 课时(课堂)

(七)教学方法:以学生自主研讨为主;课内外结合;自读法;小组合作

(八)教学设施:多媒体屏幕,充足的教室活动空间

(九)教学过程

第一课时

(飞花传语,东坡词会)

•活动说明:

本节为活动课,以"飞花令""东坡知识"等形式回顾东坡词及相关知识。

教师需提前给予充分准备时间,与学生共同商定流程和规则,共同完成活动。活动可采用两队竞赛形式,设置如"东坡知识""飞花令""车轮战"等环节进行计分竞赛,题目设置上要注意广度和难度层次,做到科学、合适、有效,同时注意竞赛人员的参与度和水平,尽可能全员参与,人员程度需相对均衡。

("飞花令"题目可参考:苏词中带"风"的词句;带"花"的词句;带"月"的词句;等等。"东坡知识"可以涉及经历、地方、文化常识等方面)

•小结:教师进行活动总结,颁发奖项,并布置下一节课前研讨任务。

•课后研讨任务:在众多苏轼词中,有哪些是在黄州写成的,这些词与东坡有着怎样的联系,深度体会其中的"东坡形象",探究深意。

第二课时

（词中东坡，人生百态）

● 导入：

（师）上节课我们一起回顾了东坡的人生和诗词，举办了别开生面的"诗词大会"，这节课就让我们一起从繁多的苏词中品悟东坡，看看他的生活百态！

（师）通过之前的学习我们知道了黄州对于苏轼可谓是心灵的故乡，是他一生的转折与突破之地，现在就让我们一起交流课前的研讨任务，说说黄州词中东坡都是怎样的形象。

（学生分小组进行汇报）

教师适时点拨，提取出"孤鸿""小舟逝去""幽人"等重点，进行人物形象的描述，结合人物当时经历感悟、分析心境。

苏词品读重点参考示例

《卜算子·黄州定慧院寓居作》	谁见幽人独往来，缥缈孤鸿影。
《定风波·莫听穿林打叶声》	一蓑烟雨任平生。（竹杖芒鞋）
《浣溪沙·山下兰芽短浸溪》	休将白发唱黄鸡。
《满庭芳·蜗角虚名》	且趁闲身未老，尽放我、些子疏狂。
《念奴娇·大江东去》	多情应笑我，早生华发。
《临江仙·夜归临皋》	小舟从此逝，江海寄余生。 （何时忘却营营）
《满庭芳·归去来兮》	鸡豚社酒，相劝老东坡。 （江南父老，时与晒渔蓑）

示例："孤鸿"——被贬初到黄州时内心无依、家人朋友也不在身边，住处和生计皆成问题，无家可归、心理面临落差、孤寂徘徊、常用"孤鸿"喻自己身世之感，此时的他正如独自照影的孤鸿一般，同时"鸿"也在其他诗词中多次出现，如"飞鸿踏雪泥"等，与苏轼的身世有着千丝万缕的联系。

● 整合探究：

（师）认识了这么多不同的"东坡"形象，也知晓了他从孤寂难以排遣到真正接纳自己经历了一个过程，这个过程中黄州给了他无限的天地与思考空间，我们的这位"坡仙"也使这片土地更加丰盈饱满，且看：

（屏显）

【材料1】1080年,43岁的苏轼初到黄州,荒凉贫瘠,举目无一亲朋,经此一役的他变得心灰意冷,闭门不出,无数次一个人面对滔滔水声,彷徨到天明。《卜算子·黄州定慧院寓居作》(缥缈孤鸿影)、《临江仙·夜饮东坡醒复醉》(甚至出现了"挂冠服江边,挐舟长啸去"的谣传) ——他迷惘困顿,开始寻求道家、佛家之解,常常跑到安国寺参禅,从而对自己的生命有了更深的关照和反省,慢慢摆脱困惑,开始蜕变为真正的"大家"。是黄州这片土地,让苏轼跻身于李白杜甫之列而毫不逊色。
【材料2】团练副使并无实权,苏轼在与家人团聚后更是生活困顿(悬钱于梁),好友马梦得为其求得官府位于城东的废地五十亩,苏轼才有了可以为之糊口的生计,他仿效白居易将这块地命名为"东坡",为生存亲身躬耕,却自得其乐,"东坡居士"的名号也从此响彻千年。 ——他乐得接受这种平凡的生活,甚至觉得开始了新的境遇,政治上的失落慢慢被丰富的生活填满,远离忧愤的他也渐渐走出困境,早年的锋芒沉淀为人性中的宽容与温暖,转化为东坡独有的达观。
【材料3】在黄州的日子里,田间、水畔、山野、集市,哪儿都有东坡的身影,农民、渔夫、樵夫、商贩,无一不是他谈天说笑的朋友,农民们争相传授他种地的技巧,当地的人们都喜欢与这个"本地人"相处相交。 【材料4】黄州的生活中,东坡瑜伽、炼丹、绘画、交游一个不落——去好友陈慥家里做客,彻夜长谈佛法,打趣朋友怕"河东狮吼";和禅师夜谈肚空,阴差阳错有了"东坡饼",马上就成为家喻户晓的美食;东坡肉更是一绝,"慢着火,少着水,火候足时它自美",如今的餐桌上都少不了它的一席之地。
【材料5】"定风波"的突围 《定风波》是他自我突围的宣言——风雨沧桑,草木变化,都被收纳进东坡的生命里,一切过往皆看开,没有经历那些磨难艰险,又怎知"也无风雨也无晴"竟如此让人欣喜。
【材料6】1082年是文学史上"井喷式"的一年。 ——千古杰作《念奴娇·赤壁怀古》,有"大江东去"的豪情万丈,也有"小乔初嫁"的一抹柔情,在万人传唱"柳词"之时开出了另一片天地。 ——《赤壁赋》《后赤壁赋》也成为经久不衰的名篇,跨越千年,"水月"依旧。 这一词二赋将东坡彻底送上了"神坛",成为文学史上谁都不能忽视的存在。 ——寒食节,在屋外簌簌的雨声中,沮丧、憔悴,心中所感付与笔端,挥毫落墨皆是性情,《寒食帖》的坦荡和率性跃然纸上,成为"天下第三行书"。 ——同年,米芾来黄州拜访,东坡《枯木怪石图》"意趣"横生,独具一格,引领了后来的中国"文人画"。 ——1082年,东坡的诗词、文赋、书法、绘画,已能雄视四方,为宋朝代言。

（组织研讨，结合材料与所学进行思考，为黄州写一段旅游宣传语，教师随机挑选进行分享）

（师）同学们，从大家的文字中老师可以感觉到你们都在用心体会东坡与黄州的“缘”，没错，黄州使苏轼重获新生，不再是流放之地，他在东坡耕种、在雪堂春睡、在林皋亭赏景，这里俨然成为他的第二故乡和一生的“桃源”。黄州的四年，也是他思想成熟、文学艺术创作全面爆发的时期。他不断探索着他的“道”，一次次洗涤心灵，淘尽铅华。虽然在1084年离开黄州后再没重回旧地，但记忆里的东坡、林皋亭、雪堂……都成为东坡一生的牵绊。

（屏显）

——黄州使他完成了心灵的蜕变，使他文字真正成熟和焕发生机，显现出生命的厚度。

——黄州成就了他，他也为黄州留下永不落幕的光辉。

（师）苏轼的词也不止黄州的，再让我们看看其他的：

（屏显）

关于兄弟的——__________
关于妻子的——__________
关于朋友的——__________
关于吃食的——__________
……

（师）请同学们结合手中的词集，回忆之前所学，找一找这些方面的苏词，补充表格，并一起讨论这些词中的东坡是怎样的。

【提示】

①从写给妻子的《江城子·乙卯正月二十日记梦》《西江月·梅花》等探讨夫妻情深；

②从写给苏辙《水调歌头·明月几时有》《水调歌头·安石在东海》《木兰花令·宿造口闻夜雨寄子由、才叔》等探讨兄弟关系、“对床夜语”之约等；

③从写吃食的《浣溪沙·细雨斜风作晓寒》《浣溪沙·几共查梨到雪霜》《减字木兰花·荔枝》探讨生活态度；

④从写给亲友的《满江红·天岂无情》《西江月·平山堂》《临江仙·送钱穆父》探讨朋友之交、师友、苏门学士等。

注意：教师应充分发挥学生的主动性，让学生真实参与其中，通过同伴交流对话互相分享见解与看法，帮助思维纵深发展，学会倾听与表达，在研讨过程中也要指导学生举一反三，从词的描述、人物经历、画面塑造等方面赏析品读,感知词意,关照苏轼人格与品德。

●小结:

(师)同学们,我们一起认识了生活中方方面面的东坡——辛苦耕种的、年少张扬的、玉堂春睡的、翰林深处的、奔波于各地的、筑堤修湖的、烹制美食的、苦闷的、有趣的、乐观的、深情的……他是真正将生活过得丰富多彩、充满生气的人,中国古代崇尚的"谈笑有鸿儒,往来无白丁"在苏东坡这里并不受用,他与每个人都能平等交往,在遭遇不公和挫折后,不是一走了之飘然成仙,而是用人间的温暖排解心中的苦闷,每到一处,就用自己内心照亮周围,发现乐趣,发现生活,许许多多的地方也留下了独特的"东坡故事"。我们爱他的才华文墨,爱他的从容豁达,爱他的机智幽默,更爱他认真生活的"真实"。

●课后研讨:结合所学,发挥想象,补全填空,并阐述理由,字数不限,要有自己的观点和看法,为下一节研讨课做准备。

苏东坡是一个＿＿＿＿＿＿＿＿。

示例:东坡是一个<u>认真生活的人间仙</u>;东坡是一个<u>难得一见的全才</u>……

课后参考阅读:《苏东坡研究》(王水照)、《东坡志林》、《苏东坡研究》(木斋)等相关书籍。

第三课时

(畅谈雅会,诗酒年华)

●活动——畅谈雅会

"谈一谈你心中的'东坡'"

活动说明:

本节为活动课,以学生交流研讨为主。

依据课前准备邀请学生上台进行三分钟表演,可以是演讲——任选角度谈一谈心中的苏轼,也可以是情景剧或其他表演形式,过程可配合音视频等,师生共同制定细则、布置教室,参与者可以是学生个人或者是群体(任意组合),教师要及时监控、调整,促进生生之间的思维碰撞。可邀请相关人员作为评委或特别点评员,共同评选出优秀作品,在条件范围内录制上传至班级交流群进行分享。

(教师进行总结点评,宣布活动圆满结束)

(教师)同学们,通过本专题的学习,我们从东坡的作品看到了许多不同的他,李白是天上仙,我们这位有趣又有个性的东坡确是人间仙,他行过的山川留下经久不衰的人文印记,当我们面对波涛"大江东去"时,当我们远在海外夹起一块东坡肉时,当我们泛舟西湖剥开菱角时,当夜深人静疲惫袭来想到"江海寄余生"时,当游览林皋亭雪堂白鹤峰时,当听着"佛印与东坡"

的轶事时，当海外游子唱起“明月几时有”时……

（屏显）

> ——他是不可或缺的中国符号，将自视甚高的理想主义置换为温暖的人间情怀。
>
> ——苏东坡用他独有的才气、人格和真诚，触动人心，使跨越时间和地域的人们“千里共婵娟”。

（教师）他将生活的苦难过成了温暖，在困境与挫折中追寻生命意义，于精神突围中开出花朵，让儒释道的高深镀上人性的和善，用他的乐观与生活点亮了一代又一代人的精神家园。我们读东坡，学苏词，不仅要看到他多姿多彩的文墨，也要透过它们看到东坡的态度与人格，做一个如东坡般的“大生活家”，乐观、真诚地生活，不畏惧挫折、不郁郁寡欢、不虚度每一天。

（屏显）

> ——我们读东坡，可以从他的艺术和生命里感悟自己的人生，找寻自己的精神家园，而东坡也终将在我们的品读中，一遍遍重新活过。
>
> ——几乎每一个中国人，都会在不同的境遇里与苏东坡相遇，不论是诗书词赋，还是建筑美食，我们与东坡的缘分仍在延续……

（教师）同学们，本专题就上到这里，课后大家也可以再回顾所学，再读一读相关的书籍评论，去发现更多的“东坡”，留心生活，多读多思，多积累多品悟！

● 专题作业：

①再读相关书籍，回顾所学。

②用书法誊写喜欢的一首东坡词。

②修改完善“你心中的东坡”文稿，字数不限（由教师装订成班级文集）。

【“苏轼词专题”阅读参考书目】

[1] 苏轼：《东坡志林（唐宋史料笔记丛刊）》，中华书局，1981年。

[2] 苏轼著，朱孝臧编年，龙榆生笺：《东坡乐府笺》，上海古籍出版社，2018年。

[3] 邹同庆，王宗堂：《中国古典文学基本丛书：苏轼词编年校注》，中华书局出版社，2007年。

[4] 苏轼：《苏轼词集》，上海古籍出版社，2009年。

[5] 王水照：《苏轼选集》，上海古籍出版社，2014年。

[6] 谭新红：《苏轼词全集》，崇文书局，2015年。

[7] 木斋:《苏东坡研究》,广西师范大学出版社,1998 年。
[8] 莫励锋:《漫话东坡》,凤凰出版社,2008 年。
[9] 王国维:《人间词话》,上海古籍出版社,2009 年。
[10] 龙榆生:《唐宋词格律》,上海古籍出版社,2010 年。
[11] 王水照:《苏轼研究》,中华书局,2015 年。
[12] 夏承焘:《唐宋词欣赏》,北京出版社,2016 年。
[13] 贾太宏:《宋词鉴赏》,天津人民出版社,2017 年。
[14] 林语堂:《苏东坡传》,湖南文艺出版社,2017 年。
[15] 周振甫:《诗词例话》,西北大学出版社,2019 年。
[16] 朱刚:《苏轼十讲》,上海三联书店出版社,2019 年。
[17] 沈祖棻:《宋词赏析》,陕西师范大学出版社,2019 年。
[18] 王水照、崔铭:《苏轼传》,人民文学出版社,2019 年。
[19] 李一冰:《苏东坡新传》,四川人民出版社,2020 年。

【拓展案例 2】

——“苏轼专题”教学设计

（案例提供者:杨雨晴）

本部分包含两个教学设计,分别为从赏、读、知、议和写“轼”五个教学环节展开知人论“轼”的主题探究课,以及以“寻找苏轼”“苏海拾贝”为环节的活动探究课。

“苏轼专题”之主题探究课

一、设计思路

立足学情:专题教学整体设计立足学情,以学生为本,关注学生的学习情况与状态,要充分考虑专题的议题确立、选文组合、建构方式、问题设计等是否符合学生学习情况,依据具体学情进行整体教学设计。教师作为课堂活动的组织者和引导者,在启动学生思维、掌控教学节奏、把握思考方向、提升学生认知等方面发挥了重要作用,①高中生正处于认知发展的重要阶段,可以从多种维度思考事物,用发散性思维对事物展开剖析,思维能力已经达到或基本达到成人水平,具备基本的推理、归纳、演绎的能力,因此,在教学

① 刘宇新:《专题教学:改变从教师开始》,北京师范大学出版社,2012 年,第 30 页。

设计中可以充分涉及让学生独立解决问题的活动。本次主题研究课基于高中生学习的实际情况进行设计，通过制定符合学生年龄阶段的各种活动，如苏轼金词金句赏、东坡故事汇、苏轼论“谈”、苏轼趣味随笔练等，符合学生认知发展水平，在充实有趣的教学过程中不断完善学生的逻辑思维能力，提升学生学习苏轼的兴趣与热情。

文本选择：文本的选择、教学目标还有教学实施是交流互促的实现过程，文本的选择推动着教学目标的确立，又对教学的实施相互影响，教学目标发挥着引领导向的作用，是教学的起点与依归，三者交融互促，共同推动着教学发展（如图所示）。本次主题探究课的文本多选自课外，选择课外文本中的苏轼诗、词、文，以及整本书专著来达成教学目标，在整理的基础上供学生课堂使用，也要发挥教学目标的导向作用，以专题教学为起点让文本达成预期效果。

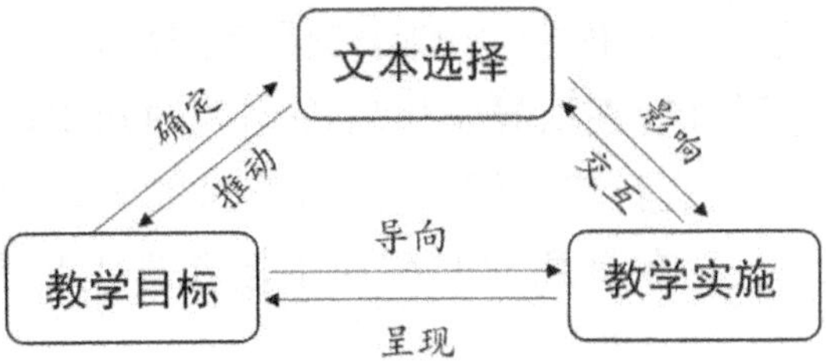

确定主题：主题选择是苏轼专题教学的核心，在明晰学生基本学情的基础之上，贴合学生现有水平与实际需求设计专题活动，以此为标准设计赏“轼”、读“轼”、知“轼”、议“轼”和写“轼”五个教学主题，在整合材料的基础之上带领学生引领探究，培养学生“赏、读、思、说、写”等语文能力发展，强化学生对苏轼的个性化欣赏与评价，在专题学习中逐渐构建苏轼知识体系。

苏轼专题教学主题及安排

教学主题	教学类别	主要内容	活动安排	能力指向
赏“轼”	阅读教学	媒体辅助研读课文，师生共赏	赏苏轼金词金句 苏轼名句接龙	理解名句内涵，感悟艺术特色
读“轼”	整本书阅读教学	围绕结合苏轼整本书资料，研讨文本	读书汇报会 东坡故事汇	提高整本书阅读效率
知“轼”	综合性学习	结合资料，合作学习	绘苏轼足迹图 苏轼书画赏	提升苏轼认知与审美体验
议“轼”	口语交际教学	品评苏轼形象	苏轼论“谈” 个人演讲赛	锻炼口语表达能力
写“轼”	写作教学	苏轼专题写作课	苏轼趣味随笔练 苏轼专题写作	提升写作水平

整合资源：在确定主题的基础上，恰当组织课内外教学资源，在浩如烟

海的苏轼文本或研究性材料中寻找教学中所需要的文本，除了必要的文本资源外，还要重视图文与音像资源、网络资源、校内外场馆资源（教室、图书馆、阅读室等）、文化资源（自然风光、文化古迹、历史事迹等）、技术资源、物力资源等，发挥各项资源在教学活动中的重要作用，在苏轼专题教学中恰当开发各类教学资源。

教学内容：教材设计共安排五个课时，教学时间为一周，以赏“轼”、读“轼”、知“轼”、议“轼”和写“轼”五个主题贯穿整体教学设计，教师和学生都需要进行教学资源的搜集与整理，在教学环节中设计从名句赏析、用词造句、人物形象、意象意境、性格特征等各方面进行分析和评点；对整本书阅读进行检测与要求，让学生掌握整本书阅读的基本方法；在活动中强化口语表达的训练；在各项活动中学生能自主合作探究提出问题并解决问题，充分发挥主观能动性；让学生自选课题进行写作训练，提升学生写作水平。此次主题探究课对阅读教学、整本书教学、口语交际教学、综合性学习和写作教学都有一定涉及，任务设计旨在引导学生发挥相关的知识能力，在立足教材的基础上适当整合、扩展，进行广泛阅读，了解苏轼的丰富情感和艺术魅力，让学生在学习中有所成长，在有意义的活动中培养学生热爱祖国优秀传统文化的感情。

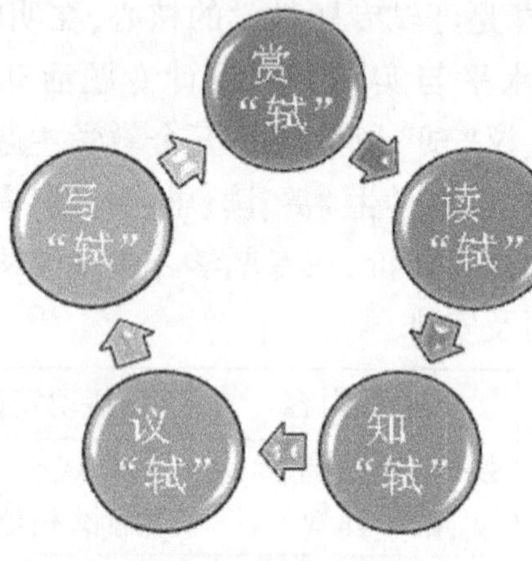

苏轼主题探究课设计图

二、专题导学，知人论“轼”

【专题学习目标】

1. 语言建构与运用：理解苏轼作品的深刻内涵，培养学生在学习中交流沟通的能力，积累言语经验。

2. 思维发展与提升：倡导自主、合作、探究的学习方式，加强学生的自学能力，拓展多角度思维能力。

3. 审美鉴赏与创造：品读经典，通过整本书阅读提升审美情趣与品位。

4. 文化传承与理解：感受苏轼文字的独特美，增强学生对中国传统文化的认同与热爱。

【学习重难点】

1. 加强学生对苏轼人生的整体了解。

2. 在教学中培养学生“赏、读、思、说、写”等语文能力，提高学生综合素养。

【教学时间】

一周

【教学方法】

教师讲授法、小组讨论法、读书指导法

【课前准备】

课前准备材料

类别	学习材料	
阅读内容	诗	《和子由渑池怀旧》《六月二十七日望湖楼醉书》《和董留别》《海棠》《东栏梨花》
	词	《望江南 · 超然台作》《浣溪沙 · 细雨斜风作晓寒》《临江仙 · 送钱穆父》《定风波 · 南海归赠王定国侍人寓娘》
	文	《宋史 · 苏轼传》（节选）
	专著	林语堂《苏东坡传》、余秋雨《苏东坡突围》
选读内容	文	《刑赏忠厚之至论》
	专著	王水照《苏轼研究》 莫砺锋《漫话东坡》 朱刚《苏轼十讲》 王水照、崔铭《苏轼传：智者在苦难中的超越》
视频资料	百家讲坛：康震评说苏东坡 公开课：窦桂梅讲座《关于苏轼主题课程群的思考与实践》	
音频资料	喜马拉雅 APP：叶嘉莹讲十家词——苏轼	

第一课时　赏“轼”

【学习目标】

1. 理解苏轼名句内涵，感悟艺术色彩，体会苏轼在作品中寄托的感情。

2. 掌握朗读技巧，把握苏轼诗句的情感节奏。

【教学过程】

1. 引情入境：

(师)同学们，谈及苏轼，想必大家都不陌生，苏轼一生宦海浮沉，几度不得志，但是他的作品向我们展示的是消极情绪吗？对的，并没有。无论是身居高位，还是落魄南荒，苏轼经历了人世间的辛酸与苦楚，但苏轼给人的形象或潇洒出尘，或安静自守，或童心未泯，都向我们展示了一个乐观洒脱、旷达活泼、幽默机智的东坡才子，他荣耀时没有盛气凌人，艰辛时也没有卑躬屈膝，无论处于哪种境地，都用一颗热情的初心面对生活，今天我们来开展一堂有趣有料的知人论"轼"主题课，一起走进苏轼的精神世界。

2. 回忆所学，趣味引入：

演示课件：选取教材内苏轼篇目《记承天寺夜游》《水调歌头》《江城子·密州出猎》《定风波》《念奴娇·赤壁怀古》《赤壁赋》《江城子·乙卯正月二十日夜记梦》，出示描摹作品中景象或特征的图片，请同学们挑战回答：看图出说出这是苏轼哪篇名作，说出作品中的名句，并说明作品蕴含着苏轼怎样的情感。

(联系教材，回忆教材内容，通过媒体辅助教学吸引兴趣，引出苏轼课外名作)

3. 苏轼金词金句赏析

选取苏轼课外诗、词、文的名句供学生赏析。

苏轼名句赏析示例

作品类别	作品名称	名句赏析
词	《望江南·超然台作》	休对故人思故国，且将新火试新茶。诗酒趁年华
	《临江仙·夜归临皋》	小舟从此逝，江海寄余生
	《临江仙·送钱穆父》	人生如逆旅，我亦是行人
	《定风波·南海归赠王定国侍人寓娘》	试问岭南应不好，却道，此心安处是吾乡
	《临江仙·送王缄》	此身如传舍，何处是吾乡
	《 浣溪沙·游蕲水清泉寺 》	谁道人生无再少？门前流水尚能西！休将白发唱黄鸡
	《水调歌头·快哉亭作》	一点浩然气，千里快哉风

作品类别	作品名称	名句赏析
诗	《和子由渑池怀旧》	人生到处知何似,应似飞鸿踏雪泥
	《六月二十七日望湖楼醉书》	黑云翻墨未遮山,白雨跳珠乱入船
	《海棠》	只恐夜深花睡去,故烧高烛照红妆
	《东栏梨花》	惆怅东栏一株雪,人生看得几清明
	《和董传留别》	粗缯大布裹生涯,腹有诗书气自华
文	《荐诚禅院五百罗汉记》	论事易,做事难;做事易,成事难
	《策略第一》	有意而言,意尽而言止者,天下之至言也
	《答秦太虚书》	水到渠成,不须预虑
	《黄州上文潞公书》	穷不忘道,老而能学
	《杂说送张琥》	博观而约取,厚积而薄发

1. 默读名句,初步感知。(熟悉名句)

2. 诵读品味,让学生有感情地美读名句。(教授朗读方法,创设教学情境)

3. 挑战朗读,看哪位同学能读出语句的情感色彩。(学生互读互评)

4. 利用 PPT 辅助教学,教师展示与所选作品相关的图片,图文并茂讲解名句。(学生品味、感悟与欣赏苏轼的金词金句)

示例:

	雪沫乳花浮午盏,蓼茸蒿笋试春盘。人间有味是清欢 · 远离官场的争斗,忘却名利欲望 · 清旷、闲雅的审美趣味和生活态度
	谁道人生无再少?门前流水尚能西!休将白发唱黄鸡 · 劝阻人们不要空发衰老的哀叹 · 不惧时光、积极向上的人生态度
	日啖荔枝三百颗,不辞长作岭南人 · 即使贬谪也乐观旷达、随遇而安 · 对岭南风物的赞美,从而抒发对岭南的留恋之情

苏轼名句图片示例

5. 趣味挑战,句了接龙

(师)请同学依据句子,用成语、词语或句子概括苏轼诗句的感情色彩。

示例:

人生如逆旅, 我亦是行人。	人生到处知何似。 应似飞鸿踏雪泥	小舟从此逝, 江海寄余生。	博观而约取, 厚积而薄发。
·豁达 ·旷达洒脱	·通透 ·顺适自然	·旷达 ·宁静安谧	·积累 ·广博读书,汲取精要

苏轼名句及情感关键词示例

总结:

这些诗句都是苏轼智慧的创造物,蕴含着丰厚的情感智慧,苏轼用宽广的审美眼光去拥抱大千世界,用得起恢宏的笔法展现了人生的达观超脱,正是这种豁达乐观的人生态度成就了这位旷世奇才,正如林语堂先生所说,苏东坡真正要留给我们的,是他那心灵的喜悦,是他那思想的快乐,这才是万古不朽的。① 请同学们争取在课后把这些名句背下来,也可以从《苏轼诗词选》《苏轼选集》中对自己喜欢的诗句进行摘抄摘录,我们以后将进行苏轼专题诗词大会,老师也将给获奖的同学颁发证书,请大家积极准备,踊跃参加!

第二课时　读"轼"

【学习目标】

1. 品读整本书,把握文本主要内容,了解苏轼人生历程及形象。

2. 掌握整本书阅读技巧。

【课前准备】

阅读林语堂《苏东坡传》,完成阅读任务表。

阅读时间:一周

【教学过程】

1. 初读收获,质疑讨论(初读——泛读)

读书汇报会:同学们已经阅读了林语堂先生的《苏东坡传》,作者用鲜活的文笔描绘了苏轼跌宕起伏的一生,苏轼的魅力,不仅仅在于流传千古的佳句,也在于对待人生、对待困境、对待生活,那一份豪迈洒脱的气度,无论是处于万人追捧还是身陷窘境,他始终保持一颗乐观豁达的心,大家应该都大致了解了苏轼的生平经历,初读文本,你从文中读到了什么,你认为苏轼是

① 林语堂著,张振玉译:《苏东坡传》,百花文艺出版社,2000年,第371页。

一个怎样的人？可以根据阅读任务表，谈一谈最大的收获或感受。（学生发表见解，教师及时点评）

《苏东坡传》阅读任务表

班级：　　　　　　　　姓名：　　　　　　　　时间：

阅读章节	具体章节摘录（文中划出）	内容概述	阅读收获
卷一 童年与青年	文忠公		
	眉山		
	童年与青年		
	应试		
	父与子		
卷二 壮年	神、鬼、人		
	王安石变法		
	拗相公		
	人的恶行		
	两兄弟		
	诗人、名妓、高僧		
	抗暴诗		
	黄楼		
	逮捕与审判		
卷三 老练	东坡居士		
	赤壁赋		
	瑜伽与炼丹		
	浪迹天涯		
	太后恩宠		
	国画		
	谦退之道		
	工程与赈灾		
	百姓之友		

续表

阅读章节	具体章节摘录 (文中划出)	内容概述	阅读收获
卷四 流放岁月	二度迫害		
	岭南流放		
	仙居		
	域外		
	终了		
总体收获			
对苏轼评价			

(师)同学们有什么问题和疑惑也可以提出来,大家一起讨论解决。(学生提出思考与问题,师生共同探讨研究)

2. "悦"读感悟,分享故事

东坡故事汇:"人生缘何少快乐,只因未读苏东坡",在整本书阅读过程中,有许多关于苏轼生平经历的事迹或故事,请同学们讲一讲你读到或知道的苏轼故事,关于朝堂、生活、美食、朋友等各个方面都可以分享。

3. 问题思考,合作探究(再读——精读)

(师)听了"东坡故事汇"大家对苏轼的了解又增加了一层,下面请同学们小组合作,一起完成《苏东坡传》整本书阅读任务。

● 整本书阅读任务之黄州篇

黄州是苏轼的重要时期,黄州的生活使苏轼的思想发生了巨大的改变,谪居黄州期间,苏轼踏遍了黄州的山山水水,"时临长江凭栏眺,又往寺庙寻静谧,偶攀赤壁望沧海",①他哭泣过,绝望过,也虚无过……但最终在崎岖坎坷的人生中迸发出惊人的乐观和好奇心,请同学们结合苏轼在黄州的生平经历,小组合作,一起完成以下学习任务。

任务一:结合整本书内容及所学,谈谈苏轼为什么被贬谪到黄州?

任务二:苏轼在黄州都做了什么?联系卷三谈一谈。

任务三:结合作品(《初到黄州》《浣溪沙·游蕲水清泉寺》《念奴娇·赤壁怀古》《卜算子·黄州定慧院寓居作》《定风波》),尝试写出苏轼在黄州的

① 江晓英:《苏东坡:最是人间真情味》,天津人民出版社,2019年,第178页。

作品内心情感的变化，经历了怎样的情感变迁？

• 整本书阅读任务之人生篇

苏轼一生“历密州之狂，结黄州之郁，终儋州之逸”，不同时期的遭遇造就他不同的心境，也使他做出不同风格的作品，密州时期的作品万丈豪情，分外疏狂；黄州时期的作品多了一分抑郁踌躇；儋州时期的作品回归闲适淡然……

任务四：请说出你认为哪个时期是苏轼人生中最重要的时期，并说明原因。

任务五：根据《苏东坡传》，描绘出苏轼人生轨迹中的“三起三落图”。

• 整本书阅读任务之朋友篇

苏轼人生坎坷，无论身居高位还是处江湖之远，苏轼都用自身积极豁达的胸怀吸引着无数仁人志士，无论是宰辅重臣、地方官吏、名道高僧还是寻常百姓，可谓“广交天下人”，苏轼不在意身份的高低贵贱，都怀着一颗真诚的心与人交往，所以知己满天下。

任务六：请根据苏轼人生历程与交往对象，绘制出苏轼的“朋友圈”。

4. 成果汇报，反思阅读（共读——研读）

小组展示任务完成情况，依据《苏东坡传》整本书阅读细化表，交流成果。

《苏东坡传》整本书阅读细化表

<table>
<tr><td>班级</td><td></td><td>姓名</td><td></td><td>时间</td><td></td></tr>
<tr><td>具体章节</td><td colspan="5"></td></tr>
<tr><td>阅读方法</td><td colspan="5">□浏览　□略读　□精读　□速读　□朗读</td></tr>
<tr><td rowspan="2">活动任务</td><td>必做任务</td><td colspan="2">提取章节主要内容
整本书阅读任务之黄州篇（任务一、二、三）
整本书阅读任务之人生篇（任务四）</td><td colspan="2" rowspan="2">完成情况</td></tr>
<tr><td>选做任务</td><td colspan="2">1. 绘制苏轼“三起三落图”2. 绘制苏轼“朋友圈”</td></tr>
<tr><td>章节概括</td><td colspan="5"></td></tr>
<tr><td>阅读收获</td><td colspan="5"></td></tr>
<tr><td>困惑</td><td colspan="5"></td></tr>
</table>

教师点评学生任务完成情况与阅读细化表，总结此次《苏东坡传》整本书阅读课，引导学生从《苏东坡传》中领会人物传记的写法特征，并进行整本书阅读指导：

(1) 把握文章主要思想和作者主要观点，领会作者遣词造句的意图。

(2) 分析人物性格特征，对人物形象整体感知。

(3) 可以用简明语言概括文本主要内容和章节内容。

(4) 思考文本框架的逻辑关系，厘清写作脉络。

(5) 对书中的思想和表达形式有自己的认识和评价。

(6) 在阅读中吸取阅读经验，为以后阅读做准备。

5. 任务布置，课后练习

自选主题，尝试绘制《苏东坡传》思维导图。

第三课时 知“轼”

【学习目标】

1. 引导学生利用课本、图书、互联网等途径搜集和整理资料。

2. 明确苏轼人生轨迹与行踪历程。

3. 鉴赏苏轼书画作品，提升审美体验。

【课前准备】

1. 搜集与整理苏轼贬谪相关材料。

2. 查阅苏轼书画相关作品及成就。

【教学过程】

1. 资源搜集

(师) 同学们利用图书馆、书店、网络和影视作品等渠道查找资料，广泛搜集和整理相关资料，绘出苏轼贬谪路线图，加上自己的阅读与思考，绘制苏轼的人生行迹简图及地点关键词。

参考示例：

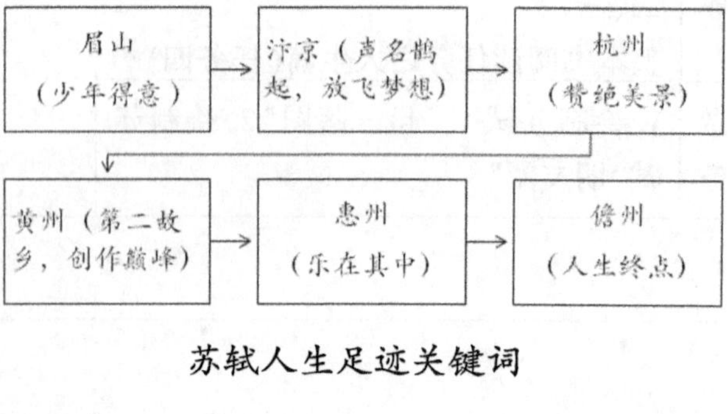

苏轼人生足迹关键词

2. 资源共享，交流互促

(1) 师生交流搜集的资料，分享绘制的行迹图，并阐释关键词含义，相互比较思考。

(教师诠释、讲解和阐发苏轼人生轨迹)

(2) 提出在制作中遇到的有代表性和学习价值的问题,在课堂上共同讨论研究。(教师要及时关注学生动向,根据学生反馈调整教学进度)

总结:苏轼一生宦海浮沉,眉山、密州、徐州、杭州、黄州和儋州等都是苏轼的落脚点,眉山见证了苏轼的出生,杭州目睹了苏轼的勤干,赤壁记载了苏轼的崛起……苏轼一生不是在贬官,就是在贬官的路上,但在坎坷波折的一生中他依旧潇洒旷达,虽官运辗转,命运困于党争,处波澜却不彷徨,用智慧的人生观看淡外物,达到了豁达清朗的人生境地。

3. 苏轼书画展

(师)除了辗转人生路上留下众多传世佳作外,苏轼也在书法、绘画、评论、医药、水利和烹饪等多个领域达到了极高的造诣,尤其书学渊源,名列“苏、黄、米、蔡”北宋四大书法家之首,黄庭坚在《山谷集》中对苏轼也有“本朝善书者,自当推为第一”这样极高的评价,苏轼书法深受颜真卿书法的影响,并取众家之妙,运笔酣畅淋漓,不计较点画位置,不在乎肥瘦得失,更重才学情感的宣泄,其传世墨迹有《赤壁赋》《丰乐亭记》《黄州寒食诗帖》《念奴娇·赤壁怀古帖》《杜甫桤木诗》《祭黄几道文卷帖》《洞庭春色赋》《新岁展庆帖》等。

(教师出示苏轼书法作品,结合苏轼作品及书法成就做点评,用苏轼书法艺术提高学生审美体验)

PPT 展示:

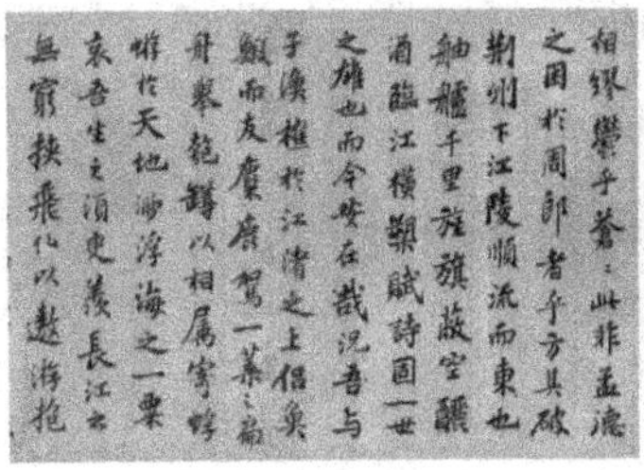
《赤壁赋》(局部)

《醉翁亭记》(局部)

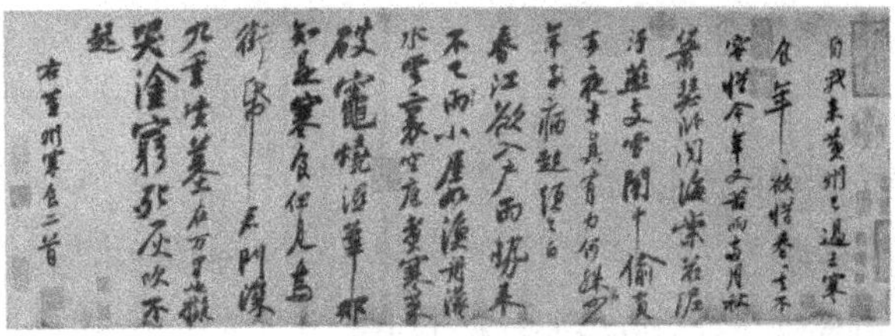
《黄州寒食帖》

苏轼书法作品

(师)苏轼平生好诗仍好画,苏轼画作独创一派,林语堂曾经评价苏轼的画作是中国艺术的印象派。苏轼用自己独具功力的书法功底，在枯木竹石上表现出独特的笔意情趣，“宁可食无肉，不可居无竹”是苏轼的人格理想，苏轼平生爱竹也爱画竹，竹子在他的绘画作品中占很大比重，苏轼重视神似，画作以传神为贵，其笔法超妙，意趣清新，极具魅力。

PPT 展示：

潇湘竹石图

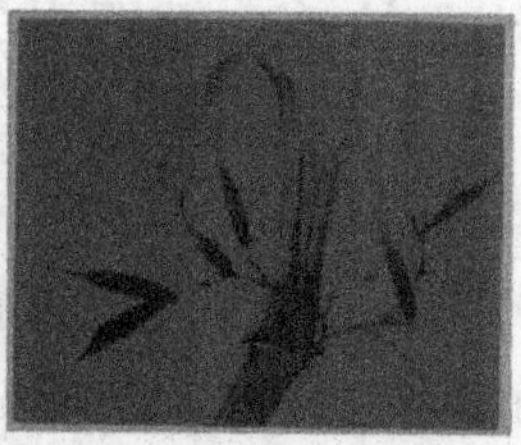
折枝墨竹图

墨竹图轴

枯木怪石图

苏轼绘画作品

4. 临书描帖，涵养审美

（师）苏轼用艺术浸润生命，我们也从中感受到了书画的艺术魅力，同学们在课下可以结合苏轼书画作品进行书法绘画创作，可临帖，可原创，从苏轼作品的笔墨架构中体验审美，涵养情操。

第四课时 议“轼”

【学习目标】

1. 通过口语实践，品议苏轼形象。

2. 培养口语表达能力和多角度思维的能力。

【教学过程】

1. 观看视频，巧用资源

（师）播放百家讲坛《康震评说苏东坡》——康震讲苏轼《初出茅庐》《潇洒东坡》《赤壁绝唱》《东坡印象》节选片段。

（鼓励同学在课下也可以利用网络、电视等资源，观看纪录片、名家评讲、听经典传唱等，将电视节目转化为学习资源）

2. 名家点评,深层理解

(师)苏轼一生宦海浮沉,几度不得志,虽然有很多时候困顿寥落,但心境却不曾颓唐不振,多次身处逆境而仍能"清明在躬"。他热爱生活,寻找各种美食佳肴,人生苦短,他从不亏待自己,即使坎坷不断,挫折连连,也照样吃好喝好,化失败为向前的动力,用乐观豁达的性子面对一切跌宕起伏,在坎坷的磨砺中获得成就,正如莫砺锋先生评价道:"东坡不是一颗倏然划过长空随即消逝的彗星,而是一座永远矗立在华夏大地上的巍然丰碑。东坡的作品和生平是后人说不尽、道不完的热门话题,东坡其人是后人心中永不消逝的亲切记忆。"①历代名家对苏轼都是赞不绝口,同学们可以分享你所知道的名家对苏轼的评语。请同学们依据历代名家对苏轼的评价,总结概括前人都是站在哪些角度评价苏轼的,对苏轼的评价又是怎样的,自选角度来说明。

PPT 展示名家对苏轼的评价:

苏辙《亡兄子瞻端明墓志铭》"其于人,见善称之,如恐不及;见不善斥之,如恐不尽;见义勇于敢为,而不顾其害。用此数困于世,然终不以为恨。"

黄庭坚《山谷题跋 ·卷二·跋子瞻醉翁操》"人谓东坡作此文,因难以见巧,故极工。余则以为不然。彼其老于文章,故落笔皆超逸绝尘耳。""文章妙天下,忠义贯日月。""真神仙中人。"

秦观《淮海集·答傅彬老简》"苏氏之道最深于性命自得之际,其次则器足以任重,识足以致远。至于议论文章,乃其与世周旋,至粗者也。"

赵翼《瓯北诗话》"以文为诗,自昌黎始,至东坡益大放厥词,别开生面,成一代之大观。……尤其不可及者,天生健笔一枝,爽如哀梨,快为并剪,有必达之隐,无难显之情,此所以继李、杜后为一大家也,而其不如李、杜处亦在此。"

刘辰翁《辛稼轩词序》"词至东坡,倾荡磊落,如诗,如文,如天地奇观。"

刘熙载《艺概》"词至东坡,其境益大,其体始尊,无意不可入,无事不可言"。

王国维《人间词话》"东坡之词旷,稼轩之词豪。无二人之胸襟而学其词,犹东施之效捧心也。""若无文学之天才,其人格亦自足千古。"

名家对苏轼评价

3. 苏轼论"谈",口语实践

(师)苏轼带给了人们太多的智慧与惊喜,他用对自然、社会和人类独特的认识、深刻的体验与卓越的见解影响着一代代人,以冠绝古今的才能惊艳了时光,惊艳了世人。请同学们根据视频和名家评价,结合之前所学,品析苏轼形象,根据苏轼性格的关键词,开展苏轼小型演讲比赛,请同学们进行汇报展示,演讲时语言要清晰、连贯、有逻辑性。

- 关键词:坚韧、潇洒、旷达、乐观、可爱、亲切、才华横溢、幽默风趣、善良温暖。

① 莫砺锋:《漫话东坡》,凤凰出版社,2008 年,第 278 页。

演讲比赛个人评分表

评价指标	评分要点	评价等级				简要评价
		优	良	中	一般	
演讲内容	1. 围绕主题,论点鲜明					
	2. 观点充分,内容充实					
	3. 条理清晰,措辞准确					
语言表达	1. 发音标准,声音洪亮					
	2. 演讲表达自然、准确、流畅					
	3. 感情充沛,抑扬顿挫					
综合印象	1. 演讲者精神饱满,仪态大方					
	2. 演讲表情、动作恰当丰富					
现场效果	1. 现场具有吸引力、感染力和号召力					
	2. 节奏把握得当,时间控制恰当					
总成绩						
综合评语						

第五课时　写"轼"

【学习目标】

1. 评析苏轼形象,培养学生写作兴趣。

2. 积累写作素材,拓展写作思路。

【教学过程】

1. 趣味练习:抓住苏轼人生经历及性格特征,为苏轼写一句推荐词/自编短文百字/有创意地续编故事/编写课本剧/苏轼作品填词等等,并举办小型展览。

2. 专题写作:对苏轼背景资料进行翔实的补充,拓展相关领域的调查研究,写出自己见解的论文,写作课题有:

(1) 苏轼的人物形象研究

(2) 苏轼情感变迁分析

(3) 当苏轼变成苏东坡

(4) 1082 年前后的苏轼

(5) 苏东坡的精神突围

(6) 苏轼婉约风和豪放风的异同

要求:1. 选择自己感兴趣的课题,也可以自拟课题,围绕课题搜集材料,筛选要点。

2. 抓住人物主要特征,可以描摹苏轼形象,可以写自己真情实感,内容不限。

3. 可以围绕课内外文本,自选一篇、自评一篇或者自仿一篇,文体不限。

4. 语言清晰连贯,逻辑严谨,无错别字与病句。

“苏轼专题”之活动探究课

一、设计思路

立足学情:基于课标要求与学情分析,教学设计要考虑学生的年龄特征、兴趣特长与认知水平,避免选择晦涩难懂的材料,教师可以在学生感兴趣的应用领域创设应用情景,本次活动探究课为了提高学生学习苏轼的热情与兴趣,选择了与学生日常生活情景相贴近的自然、地域及文化各项资源融入教学活动之中,让学生在贴近生活的教学环境中进行学习,以学生真实学习情况为主,在探究活动中以学生为本位,让学生自主选择在自己能力范围内的任务并合作完成,帮助学生生成必备的品格,满足实际效用。

文本选择:本次活动探究课以苏轼游踪为线索,跟随苏轼行踪经历进行授课,选择的文本也以苏轼在各地所写的作品为主,如在黄州留下著名的《念奴娇·赤壁怀古》和前后赤壁赋,学生在学过的基础之上进行比较阅读,对比三篇作品情感上的异同;苏轼在杭州的作品选择课外文本,带领学生共同鉴赏,体会苏轼对杭州的热爱与赞美;苏轼在赣州的作品主要选取《虔州八境图八首并序》,让学生大致了解作为课外资料补充,丰富学生对苏轼其人及作品的认识。

整合资源:除了必备的文本资源外还需要组织起本次苏轼活动探究课所需要的图文资源、音像资源、自然资源、网络资源、文化资源等各项材料,发挥他们的重要作用,在吸引学生注意的同时能够有效辅助教学。

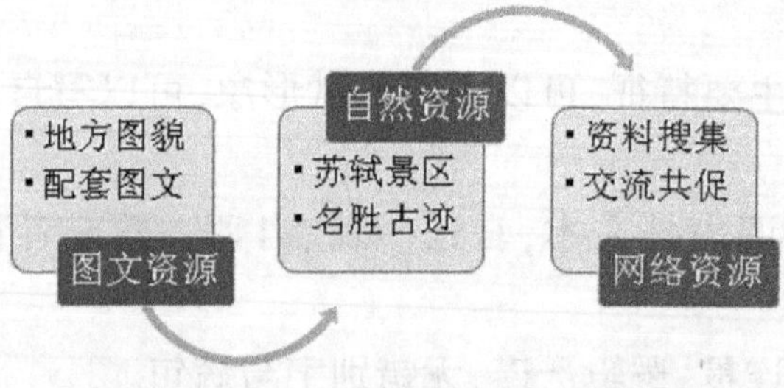

苏轼活动探究课资源整合图

教学内容：本次活动探究课以“寻苏轼之路，感东坡之怀”为主题，对苏轼专题教学设计活动探究课，结合课内课外各项资源，设计相关内容与环节，主要以追寻苏轼足迹为主线安排教学内容与活动，在苏轼以杭州、黄州和赣州为主的行踪中穿插教学活动，结合各地方资源的基础之上，介绍苏轼足迹，选取代表性作品比较阅读，充分吸引学生兴趣的同时，让学生对苏轼一生经历与作品有所了解，把苏轼作品、学生与教学紧密编织在一起，目的是让学生在寓教于乐之中对苏轼整个人生有清晰的把握，在各项活动中习得经验、收获成长，在趣味活动中让学生热爱语文课堂。

活动形式：大量的小组活动，让学生自主合作探究，有更多自由发挥的空间。

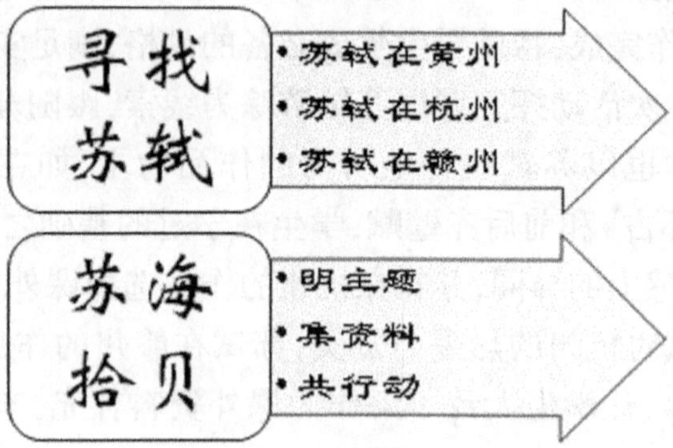

苏轼活动探究课设计图

二、各抒性灵，走近苏轼

【学习目标】

1. 探寻苏轼足迹，了解苏轼贬谪经历，激发学生学习苏轼的兴趣。

2. 根据苏轼在各地方留下的作品，了解其生平经历与性格特征，全面立体认识苏轼。

3. 在学习活动中发挥学生的自主、合作、探究的能力。

【学习重难点】

1. 自主搜集资料,可以运用各项资源合作学习。

2. 在实践中有效提高学生的自主学习及合作探究能力,培养合作探究意识。

【教学时间】

2 课时

【教学方法】

教师讲授法、合作探究法

【教学过程】

第一课时　寻找苏轼

(师)苏轼一生遍布大江南北,前前后后在十四个州县担任过职务,辗转全国各地,足迹跳跃在辽阔的中国版图之上,西至四川眉山,北至河北定州,东至山东蓬莱,南至海南儋州,他还走过开封、黄州、杭州、赣州、徐州以及那些古河两岸的山水名城,在各个地方都留下了他的诗词及故事,这些地方在他的笔下熠熠生辉,苏轼把坎坷的人生活出了诗意与潇洒。今天就让我们来一场寻找苏轼之旅,一起体验苏轼看过的风景,感受苏轼笔下的风情。

一、苏轼在黄州(公元 1080 年)

(师)东坡赤壁因苏轼《念奴娇·赤壁怀古》《前赤壁赋》《后赤壁赋》闻名遐迩,东坡赤壁也成了声名远扬的文化符号,这里是北宋大文学家苏轼贬黄时创作赤壁二赋、《念奴娇·赤壁怀古》千古绝唱之地。凭栏仰望赤壁之景,不仅能感受黄州壮阔而自然的美景,更能体会东坡先生泛舟茫茫万顷江面的不知所向。二赋堂是东坡赤壁景区内最大的建筑,也是赤壁的精华所在地,这里是书法爱好者的习练胜地,更是"苏体"爱好者的圣地。置身堂中,拜读千古名篇,让你静下心来感受,与苏轼共语。

PPT 展示:

黄州赤壁景区图片展示

(师)在诗篇创作完成的同时也让东坡文化和赤壁文化之间产生了非常密切的羁绊,在黄州赤壁景区中,同学们跟随苏轼足迹,依据苏轼创作的《念奴娇·赤壁怀古》《前赤壁赋》《后赤壁赋》三篇关于赤壁的名作,完成黄州赤壁知识卡片。

黄州赤壁知识卡片

作品名称	创作时间	名句鉴赏	景物内容	景物特点	感情基调
《念奴娇·赤壁怀古》					
《前赤壁赋》					
《后赤壁赋》					

探究思考:

1. 单独完成知识卡片内容,小组讨论分享成果。

2. 小组合作分析苏轼创作这三篇作品流露出的情感是怎样的,有何异同?

3. 结合苏轼在黄州的其他作品,分析他在黄州的心路历程。

二、苏轼在杭州(公元1071年与1089年)

(师)苏轼极爱杭州,第一次来到杭州担任地方官时就十分喜爱杭州的山水美景,留下了著名的"欲把西湖比西子,淡妆浓抹总相宜",苏轼任职杭州期间也为民众做了许多工作,疏浚西湖、设计桥梁、发展商业……政绩卓然,更为杭州留下了西湖十景中的"苏堤春晓"和"三潭印月"两大名胜,促进了杭州旅游业的发展,无论贬谪到何处,苏轼都尽全力做到"为官一任、造福一方",用一己之力泽惠于民,造福百姓。

苏堤春晓与三潭印月

（师）除了留下著名的“苏堤春晓”和“三潭印月”外，苏轼还在杭州创制了名菜“东坡肉”，流传至今，已成为中外咸知的杭州名菜，他在杭州还创制了“东坡鱼”（名菜）、“东坡蜜酒”（名酒）、“吴山酥油饼”（名点）、“湖上雪”（名茶）等等，苏轼自称“平生为口而忙”，并给自己取了一个“老饕”的雅号，是古代出名的美食家。（引出苏轼美食地图）

PPT 展示：

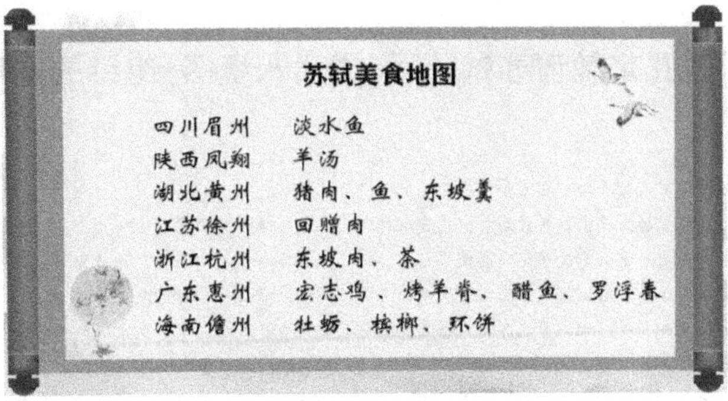

苏轼美食地图

1. 东坡“吃货”谈

苏轼不仅诗词创作量大，他的笔触更是延伸到美食饮馔的各个方面，正如《老饕赋》所道“盖聚物之夭美，以养吾之老饕”，他喜欢品尝各种各样的美食，也常动手制作美食，依据苏轼美食地图，请同学们谈一谈你所知道的关于苏轼的美食、美食作品或与美食相关的故事。（教师及时点评与补充，出示图片辅助教学，充分吸引学生兴趣）

2. 东坡诗词赏——杭州篇

（师）苏轼在杭州这个充满浪漫气息的城市，不仅留下了举世闻名的美食“东坡肉”，苏轼也毫不吝啬对西湖的描摹与赞美，除了名篇《饮湖上初晴后雨》外，苏轼还写了许多歌颂西湖的诗词歌赋，毫不掩饰他对杭州、对西湖的赞美与热爱之情。

（教师展示苏轼在杭州的诗词，出示：《夜泛西湖》《开西湖》《六月二十七日望湖楼醉书》《湖上夜归》《怀西湖寄晁美叔》）

PPT 展示：

苏轼杭州诗词

全班一起鉴赏，请同学说出苏轼如何描写杭州的美景，从哪些句子可以看出他对杭州美景的热爱，这些诗词中除了对美景的热爱外，还寄托了苏轼哪些情思？

三、苏轼在赣州(公元 1094 年与 1101 年)

1. 教师讲述孔宗瀚请苏轼题写《虔州八境图》组诗的故事。

PPT 出示：

北宋嘉祐年间，虔州知州孔宗翰鉴于“江水坏城，改甃以石，并建台城上”。台建成后，孔宗翰登台游玩，“虔州八景”尽收眼底，故取名“八境台”，这也是中国历史上有文字记载的最早的“八景”。孔宗翰调离虔州时，请丹青妙手将八境台上看到的楼观台榭绘制成图，名为“虔州八境图”，留作纪念。熙宁九年（1076）八月十五日，苏轼和孔宗翰在密州超然台上欢饮达旦。孔宗翰倾慕苏轼的文才，请他在虔州八境图上题诗，但不知何故，当时苏轼只赋了流传千古的《水调歌头·明月几时有》，而没有在虔州八境图上题诗。元丰元年（1078）二月，苏轼在彭城遇见赴陕州任的孔宗翰，苏轼赋《送孔郎中赴陕郊》为其送行。当时，苏轼满足了孔宗翰二年前提出的请求，作《虔州八境图八首》。苏轼题诗时虽没有到过虔州，却根据图画，以其渊博的学识和丰富的想象，来描绘虔州的美景。

苏轼《虔州八境图》的写作背景与由来

2. 学生阅读组诗：《虔州八境图八首并序》

苏轼《虔州八境图八首并序》八处景点

3. 思考：《虔州八境图八首并序》八个景点八首诗，假设以苏轼诗的意境为评选依据，请你投票推荐一个 5A 级景区，你会推荐哪个景点？推荐理由是什么？

（引导学生通过群诗阅读比较，体会诗歌意境，教师及时点评，引导学生深入学习）

小结：寻苏轼之路，感东坡之怀，苏轼走过的美景让人心向而神往，在跟随苏轼走过黄州、杭州和赣州的过程中，我们看到了东坡笔下的美景，没有过多华丽辞藻的修饰，却体会到了苏轼不被外物所困扰的内心。除了今天跟随苏轼走过的这些足迹外，还有凤翔的喜雨亭、凌虚台，密州的超然台、西园，徐州的外子城、黄楼、快哉亭、放鹤亭等等，苏轼人生旅途中留下了一众美景与遗迹，让人流连忘返。生命是一场奇绝的游历，对于普通大众而言，跌宕起伏、四海飘零，被贬斥和调动的一生，却被苏轼过得有模有样、有滋有味，这份豁达从容值得后世人钦佩与学习。

● 课外实践活动

仕途的不顺没有阻止苏轼热爱生活的心，他总有一双发现生活美的眼睛，美是江西庐山层叠山峦的千姿万态，美是杭州西湖潋滟缥缈的绝色倾城，美还是超然台上春色烟雨的美妙绝伦……苏轼笔下的美景不胜枚举，生活需要热爱，美需要去发现，同学们课下可以自行开展实践活动：拍照或制作短视频——“跟随苏轼赏美景”，可以选择参观游访眉山三苏祠、开封清明上河园、杭州西湖、黄州东坡赤壁、惠州西湖等景区，感受苏轼笔下的风情。

第二课时　苏海拾贝

（师）在跟随苏轼脚步的过程之中，我们发现不管身在什么环境中，苏轼都没有一蹶不振，反而积极创造美好生活，留下了许多名篇诗作及美味佳肴，请同学们小组一起合作探究，可以围绕苏轼诗词文赋、人生态度、书法艺术等各方面自行制定活动主题，如苏轼“文如其人”“步履行踪下的人生观”“美食人生”等等都可以作为探究活动主题，根据行动方案，展开实践活动。

（设计意图：本活动属于探究式活动，让学生自主选定主题再自主进行探究活动，进一步加深对苏轼的理解，也让学生在协同互助中共同进步）

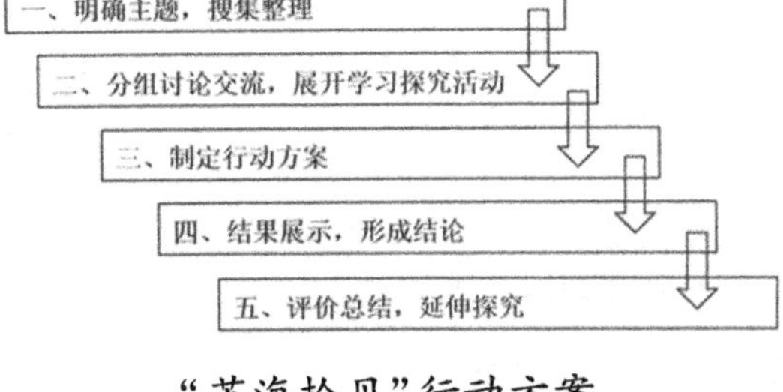

“苏海拾贝”行动方案

1. 明确主题,搜集整理

学生在自读与观看相关视频后,依据自己的兴趣爱好、能力基础、优势特长等自主决定研究苏轼的活动主题,自行独立思考,自己看过、读过、学过的哪些内容可以作为学习主题,确立主题之后,围绕所选主题进行资料搜集与整理。

2. 分组讨论交流,展开学习探究活动

小组成员相互讨论交流自己确定的主题,小组间互相分享搜集的资料,针对自己的选题进行阐述,研究讨论后最终确定本组的活动主题。

3. 制定行动方案

在确定主题之后自行制定行动方案,行动方案围绕活动主题进行,可以选取苏轼各个方面来制定,活动方案要有意义、有价值、具备可行性。

4. 成果展示,形成结论

班级展示小组间的行动方案,对各自设计的行动方案进行汇报总结,说明方案的优势与意义,最后说明在此次活动中得出的结论。

5. 评价总结,延伸探究

师生依据活动评价表细则进行点评,并说明缘由,并对整体实施效果进行评估,教师总结评价学生的活动达成度。同学们自行发言在此次活动中的感悟,在本次活动中对苏轼学习有怎样的收获成长,教师总结点评此次苏轼活动,对同学们确定的苏轼主题及活动的效果进行总结与点评。

"苏海拾贝"活动评价表

评价项目	评价细则	评价主体		
		自我评价	小组评价	教师评价
活动主题	1. 主题明确,有学习和研究价值 2. 主题新颖,有创新性 3. 贴合实际,具备可行性			
资源搜集	1. 多方面搜集资料,涉及广泛 2. 资料内容实用可靠 3. 对资料进行整理汇总			
行动方案	1. 是否贴合主题 2. 整体方案有逻辑性 3. 行动方案有实践价值			

续表

评价项目	评价细则	评价主体		
		自我评价	小组评价	教师评价
目标达成度	1. 问题是否得以解决 2. 论点鲜明,逻辑严密 3. 总结观点明确,有意义,有收获			
总体评价	自评:			
	互评:			
教师总结				

研读文献清单

中学语文教学设计是语文教师依循正确的语文教育思想和原理，按照一定的教学目的和要求，针对具体的教学对象和教材，对语文教学的整个程序及其总体结构、具体环节和相关层面所做出的预期的、行之有效的策划，是一个集复杂性、系统性、反思性于一体的过程。

要想深度学习中学语文教学设计，不仅要阅读经典文学著作，也应了解语文教育发展过程中积累的理论成果，还要掌握切实可行的具体策略，唯有此才能在实际的教、学、研中做到理论与操作的有机结合。这一理想的实现，仅依靠一本书的学习是远远不够的。本书通过列举研读文献清单的方式，向读者介绍与之关联的国内外著作及期刊论文，帮助各位读者朋友进一步了解学术动态、跟进理论前沿、丰富知识结构，从而更好地指导语文教学设计活动的开展。

愿我们站在前人的肩膀上，沉潜于时代的成果中，在中学语文教学的道路上，一同向前迈进。

一、语文教育论著

王荣生：《阅读教学设计的要诀》，中国轻工业出版社，2014 年。

孙绍振：《孙绍振解读经典散文》，中华书局，2015 年。

孙绍振：《月迷津渡：古典诗词个案微观分析》，上海教育出版社，2015 年。

孙绍振：《名作细读：微观分析个案研究》，上海教育出版社，2009 年。

魏书生：《魏书生文选》，漓江出版社，2002 年。

潘新和：《语文：表现与存在》，福建人民出版社，2017 年。

郑国民：《基于学生核心素养的语文学科能力研究》，北京师范大学出版社，2017 年。

潘庆玉：《语文教育哲学导论》，教育科学出版社，2009 年。

潘庆玉：《富有想象力的语文课》，广东教育出版社，2019 年。

饶杰腾：《语文学科教育学》，首都师范大学出版社，2000 年。

付宜红：《日本语文教育研究》，北京师范大学出版社，2003 年。

顾黄初：《中国现代语文教育百年事典》，上海教育出版社，2001 年。

董蓓菲：《语文教育心理学》，北京大学出版社，2006 年。

王萍：《基于心理学原理的语文教学设计》，广东高等教育出版社，2018

年。
杨先武:《语文教育路在何方》,知识产权出版社,2012 年。
顾黄初、李杏保:《20 世纪后期中国语文教育论集》,四川教育出版社,2000 年。
周庆元:《语文教育研究概论》,湖南人民出版社,2005 年。
魏本亚:《语文教育研究方法论》,高等教育出版社,2008 年。
张隆华:《中国古代语文教育史》,四川教育出版社,2000 年。
郑国民:《当代语文教育论争》,广东教育出版社,2006 年。
陶保平:《小学语文教育新视野》,华东师范大学出版社,2003 年。
解光穆:《顾黄初语文教育思想》,山西人民出版社,2018 年。
周一贯:《周一贯语文教育 60 年》,宁波出版社,2011 年。
张国生、丁之凤:《大语文教育论集》,人民教育出版社,2002 年。
王尚文:《走进语文教学之门》,上海教育出版社,2007 年。
王荣生:《语文科课程论基础(第 2 版)》,上海教育出版社,2005 年。
张志公:《张志公文集 3 语文教学论集》,广东教育出版社,1991 年。
张志公:《张志公文集 4 传统语文教学研究》,广东教育出版社,1991 年。
曹明海:《语文教学语用论》,广西教育出版社,2016 年。
顾之川:《语文工具论》,广西教育出版社,2018 年。
张伟:《语文学习质量评价论纲》,广西教育出版社,2017 年。
徐林祥、郑昀:《语文美育学》,广西教育出版社,2018 年。
李卫东:《语文课堂的多维观察》,广西教育出版社,2018 年。
顾之川:《新世纪语文名师教学智慧研究(中学卷上下)》,广西教育出版社,2017 年。
程红兵:《程红兵与语文人格教育》,北京师范大学出版社,2006 年。
王崧舟:《王崧舟与诗意语文》,北京师范大学出版社,2015 年。
赵谦翔:《赵谦翔与绿色语文》,北京师范大学出版社,2006 年。
李镇西:《李镇西与语文民主教育》,北京师范大学出版社,2006 年。
韩军:《韩军与新语文教育》,北京师范大学出版社,2006 年。
朱学清:《"大语文"教育文集》,生活 · 读书 · 新知三联出版社,2015 年。
肖培东:《语文教学艺术镜头》,上海教育出版社,2019 年。
王家伦:《语文教学的"平民"建构》,东南大学出版社,2017 年。
刘祥:《中学整本书阅读教学设计》,华东师范大学出版社,2020 年。
徐林祥:《百年语文教育经典名著》,上海教育出版社,2017 年。

叶黎明:《写作教学内容新论》,上海教育出版社,2012 年。

王尚文:《语感论》,上海教育出版社,2006 年。

郑桂华:《写作教学研究》,广西教育出版社,2018 年。

黄伟、梅培军:《阅读教学中的文本解读》,广西教育出版社,2019 年。

于漪:《于漪全集(1-21)》,上海教育出版社,2018 年。

近代语文名家论著可关注:夏丏尊、叶圣陶、朱自清、顾黄初、吕叔湘、张志公等名家的教育文集。

当代语文名师著述可关注:黄玉峰、曹勇军、黄厚江、王夫成、袁爱国、王君、肖培东、于漪、钱梦龙、宁鸿彬等中学语文名师的著述,王崧舟、窦桂梅、闫学、于永正、斯霞、李吉林等小学语文名师。

二、中国教育名著

刘良华:《叙事教育学》,华东师范大学出版社,2011 年。

陈家麟:《学校心理教育》,教育科学出版社,2001 年。

张万祥:《给年轻班主任的建议》,华东师范大学出版社,2006 年。

石中英:《知识转型与教育改革》,教育科学出版社,2001 年。

何朝东:《课堂教学中的心理效应》,天津教育出版社,2019 年。

皮连生:《学与教的心理学》,华东师范大学出版社,1997 年。

陈汉英:《学校心理健康教育》,浙江大学出版社,2019 年。

张爱卿:《放射智慧之光:布鲁纳的认知与教育心理学》,湖北教育出版社,2001 年。

金生鈜:《理解与教育》,教育科学出版社,1997 年。

石中英:《教育哲学导论》,北京师范大学出版社,2004 年。

张必隐:《阅读心理学》,北京师范大学出版社,2003 年。

梁宁建:《当代认知心理学》,上海教育出版社,2003 年。

施良方:《课程理论——课程的基础、原理与问题》,教育科学出版社,1996 年。

杨光泉:《新课程课堂教学艺术》,四川教育出版社,2006 年。

张春兴:《教育心理学》,浙江教育出版社,1998 年。

李镇西:《爱心与教育》,四川人民出版社,2008 年。

李镇西:《花开的声音》,漓江出版社,2011 年。

曾煜:《中国教师教育史》,商务印书馆,2016 年。

魏忠:《静悄悄的教育变革——创造的思维半径》,华东师范大学出版社,2017 年。

何宗齐:《教育美学新论》,人民教育出版社,2017 年。

李政涛:《倾听着的教育》,华东师范大学出版社,2017 年。

李义天:《美德、心灵与行动》,中央编译出版社,2016年。

21世纪教育研究院:《为生活重塑教育:中国的教育创新》,中国人民大学出版社,2016年。

顾明远:《中国教育路在何方:顾明远教育漫谈》,人民教育出版社,2016年。

李希贵:《为了自由呼吸的教育》,教育科学出版社,2017年。

黄光雄、蔡清田:《核心素养:课程发展与设计新论》,华东师范大学出版社,2015年。

褚宏启、赵茜:《城镇化进程中的教育变革》,教育科学出版社,2017年。

吴非:《前方是什么》,中国人民大学出版社,2006年。

周加仙:《教育神经科学:学科建制与教育创新》,教育科学出版社,2017年。

郭华:《教育与隐教育》,教育科学出版社,2016年。

白学军、闫国利:《阅读心理学》,华东师范大学出版社,2017年。

杨敏毅、王震:《做内心强大的教师——教师常见心理困惑解析》,中国人民大学出版社,2017年。

林甲针:《从"教育"到"辅导":心理健康教育视野下的德育工作》,福建教育出版社,2017年。

孙炳海:《关爱与共情:心理学视野中的教师职业道德》,高等教育出版社,2016年。

张野、韩民:《积极心理调适与心理成长》,高等教育出版社,2017年。

卢家楣:《心理学与教育——理论和实践》,上海教育出版社,2011年。

张万祥、刘英:《31位名班主任的精神修炼之旅》,福建教育出版社,2016年。

卢家楣:《青少年心理与辅导——理论与实践》,上海教育出版社,2011年。

姚跃林:《安静做真实的教育》,华东师范大学出版社,2017年。

秦红斌:《互动课堂——基于交互环境的教与学变革》,上海科技教育出版社,2017年。

钟杰:《新入职班主任专业成长百宝箱》,福建教育出版社,2016年。

余文森:《核心素养导向的课堂教学》,上海教育出版社,2017年。

梁吉生:《张伯苓教育智慧格言》,人民教育出版社,2016年。

张锦庭:《直抵心灵的教育》,北京师范大学出版社,2017年。

傅国涌:《美的相遇:傅国涌教育随想录》,华东师范大学出版社,2017年。

王晓春:《教与学的秘密——解读佐藤学的课堂教学观》,教育科学出版社,2016 年。

陈文:《教育必须刚刚好》,中国人民大学出版社,2017 年。

罗朝猛:《寻变:与域外教育面对面》,福建教育出版社,2017 年。

方华:《做有温度的教育》,中国人民大学出版社,2017 年。

姚跃林:《让教育带着温度落地》,华东师范大学出版社,2017 年。

陈琦、刘儒德:《当代教育心理学》,北京师范大学出版社,2019 年。

皮连生:《教育心理学》,上海教育出版社,2011 年。

吴庆麟、胡谊:《教育心理学》,华东师范大学出版社,2018 年。

燕良轼:《教育心理学》,武汉大学出版社,2010 年。

张大均:《教育心理学》,人民教育出版社,2015 年。

戴海琦、张锋:《心理与教育测量》,暨南大学出版社,2018 年。

杨敏毅、谢晓敏:《怎样读懂学生——心理特级教师的建议》,中国人民大学出版社,2014 年。

曾光、赵昱鲲:《幸福的科学 积极心理学在教育中的应用》,人民邮电出版社,2018 年。

杨珊:《学校心理支持》,华东师范大学出版社,2020 年。

林崇德:《教育的智慧——写给中小学教师》,浙江教育出版社,2019 年。

舒华、张亚旭:《心理学研究方法》,人民教育出版社,2008 年。

刘儒德:《班主任工作中的心理效应》,中国轻工业出版社,2012 年。

陶新华:《教育中的积极心理学》,华东师范大学出版社,2017 年。

李吉林:《情境教育三部曲》,教育科学出版社,2013 年。

全国十二所重点师范大学联合编写:《教育学基础(第 3 版)》,教育科学出版社,2014 年。

王道俊、郭文安:《教育学(第 7 版)》,人民教育出版社,2016 年。

柳海民:《教育学概论》,北京师范大学出版社,2015 年。

朱永通:《教育的细节》,华东师范大学出版社,2015 年。

刘良华:《叙事教育学》,华东师范大学出版社,2011 年。

陈琦、刘儒德:《当代教育心理学(第 3 版)》,北京师范大学出版社,2019 年。

陶行知:《陶行知教育名篇》,教育科学出版社,2021 年。

叶圣陶:《叶圣陶教育名篇》,教育科学出版社,2013 年。

蔡元培:《蔡元培教育名篇》,教育科学出版社,2013 年。

赵祥麟、王承绪:《杜威教育名篇》,教育科学出版社,2014 年。

单中惠、王凤玉编:《杜威在华教育讲演》,教育科学出版社,2014 年。
邓彤:《微型化写作教学研究》,上海教育出版社,2018 年。
李海林:《言语教学论》,上海教育出版社,2006 年。
于漪:《于漪与教育教学求索》,北京师范大学出版社,2015 年。
李吉林:《李吉林与情境教育》,北京师范大学出版社,2019 年。

三、理论著作

朱光潜:《诗论》,生活·读书·新知三联书店,2012 年。
周振甫:《诗词例话》,中国青年出版社,2012 年。
顾明远:《鲁迅教育文存》,人民教育出版社,2017 年。
南帆、刘小新、练暑生:《文学理论》,北京大学出版社,2016 年。
童庆炳:《文学理论教程》,高等教育出版社,2015 年。
童庆炳:《文学审美特征论》,华中师范大学出版社,2000 年。
葛红兵:《20 世纪中国文艺思想史论》,上海大学出版社,2006 年。
葛红兵:《文学概论通用教程》,上海大学出版社,2003 年。
杨春时、俞兆平、黄鸣奋:《文学概论》,人民文学出版社,2002 年。
李铎:《中国古代文论教程》,北京大学出版社,2000 年。
朱立元:《当代西方文艺理论》,华东师范大学出版社,2014 年。
胡经之:《西方文艺理论名著教程》,北京大学出版社,2003 年。
朱立元:《当代西方文艺理论》,华东师大出版社,1997 年。
南帆:《文学的维度》,中国人民大学出版社,2009 年。
王一川:《文学理论演讲录》,广西师范大学出版社,2004 年。
王一川:《修辞论美学——文化语境中的 20 世纪中国文艺》,中国人民大学出版社,2009 年。
王先霈:《文学文本细读讲演录》,广西师范大学出版社,2006 年。
赵宪章、南帆、方克强、汪正龙:《文学与形式》,南京大学出版社,2011 年。
陈洪、刘跃进:《中国古代文学史》,高等教育出版社,2013 年。
朱栋霖、吴义勤、朱晓进:《中国现代文学史》,北京大学出版社,2023 年。
洪子诚:《中国当代文学史》,北京大学出版社,2007 年。
王晓明:《20 世纪中国文学史论》,东方出版中心,1997 年。
吕健忠等:《西方文学史》,浙江大学出版社,2013 年。
马以鑫:《现代文阅读八讲》,上海社会科学出版社,2004 年。
刘俐俐:《小说艺术十二章》,上海教育出版社,2014 年。
冯友兰:《中国哲学史》,华东师范大学出版社,2011 年。

宗白华:《美学散步》,上海人民出版社,2005年。

李泽厚:《美的历程》,人民文学出版社,2010年。

林语堂:《吾国与吾民》,江苏文艺出版社,2010年。

陈来:《中华文明的核心价值》,生活·读书·新知三联书店,2015年。

葛兆光:《古代中国文化讲义》,复旦大学出版社,2016年。

四、外国教育名著

〔德〕雅思贝尔斯著,邹进译:《什么是教育》,生活·读书·新知三联书店,1991年。

〔法〕卢梭著,李平沤译:《爱弥儿》,商务印书馆,1978年6月第1版。

〔英〕丹尼尔·约翰·奥康纳著,宇文利译:《教育哲学导论》,中国人民大学,2015年。

〔美〕伊斯雷尔·谢弗勒著,石中英、涂元玲译:《人类的潜能》,华东师范大学,2006年。

〔法〕保尔·朗格朗著,周南照、陈树清译:《终身教育引论》,中国对外翻译出版公司,1985年。

〔美〕爱德华·桑代克著,张奇译校:《教育心理学简编》,中国人民大学出版社,2015年。

〔英〕怀特海著,庄莲平、王立中译:《教育的目的》,文汇出版社,2012年。

联合国教科文组织编,联合国教科文组织总部中文科译:《教育——财富蕴藏其中》,教育科学出版社,2014年。

〔美〕迈克尔·莱恩著,赵炎秋译:《文学作品的多重解读》,北京大学出版社,2006年。

〔奥〕阿尔弗雷德·阿德勒著,吴杰、郭本禹译:《自卑与超越》,中国人民大学出版社,2013年。

〔瑞士〕皮亚杰著,王宪钿等译:《发生认识论原理》,商务印书馆,2011年。

〔日〕佐藤学著,李季湄译:《静悄悄的革命:课堂改变,学校就会改变》,教育科学出版社,2014年。

〔美〕托比·米勒编,王晓路译:《文化研究指南》,南京大学出版社,2009年。

〔法〕埃德加·莫兰著,陈一壮译:《复杂性理论与教育问题》,北京大学出版社,2004年。

〔巴西〕保罗·弗莱雷著,顾建新、赵友华、何曙荣译:《被压迫者教育学》,华东师范大学出版社,2014年。

〔美〕R. M. 加涅著，皮连杰等译：《学习的条件和教学论》，华东师范大学出版社，1999 年。

〔美〕拉尔夫·泰勒著，施良方译：《课程与教学的基本原理》，人民教育出版社，1994 年。

〔英〕约翰·甘柏兹：《会话策略》，社会科学文献出版社，2001 年。

〔美〕韦恩·布斯：《小说修辞学》，北京联合出版公司，2017 年。

〔苏〕B. A. 苏霍姆林斯基：《给教师的建议》，教育科学出版社，1984 年。

〔美〕莫提默·J. 艾德勒、查尔斯·范多伦：《如何阅读一本书》，商务印书馆，2004 年。

〔美〕约翰·克劳·兰色姆：《新批评》，文化艺术出版社，2010 年。

〔美〕罗伯特·考尔克：《电影、形式与文化》，北京大学出版社，2013 年。

〔法〕皮埃尔-马克·德比亚齐：《文本发生学》，天津人民出版社，2005 年。

〔丹〕克努兹·伊列雷斯：《我们如何学习：全视角学习理论》，教育科学出版社，2014 年。

〔美〕加涅：《教学设计原理》，华东师范大学出版社，1999 年。

〔美〕罗伯特·斯莱文：《教育心理学理论与实践》，人民邮电出版社，2011 年。

〔美〕理查德·E. 梅耶：《应用学习科学心理学大师给教师的建议》，中国轻工业出版社，2016 年。

〔美〕安妮塔·伍尔福克：《教育心理学》，机械工业出版社，2015 年。

〔美〕斯滕伯格：《创意心理学》，中国人民大学出版社，2009 年。

〔美〕斯滕伯格：《教育心理学》，中国轻工业出版社，2003 年。

〔美〕齐硕姆：《知识论》，三联书店出版社，1988 年。

〔加〕马克思·范梅南：《教育机智——教育智慧的意蕴》，教育科学出版社，2014 年。

〔美〕奥苏伯尔：《教育心理学：认知观点》，人民教育出版社，1994 年。

〔英〕约翰·洛克：《教育漫话》，人民教育出版社，1985 年。

〔美〕玛丽·凯·里琪：《可见的学习与思维教学：让教学对学生可见，让学习对教师可见》，中国青年出版社，2017 年。

〔英〕查理斯·里德比特：《可复制的教育创新：改变世界的重要力量》，中国人民大学出版社，2016 年。

〔美〕艾伦·G. 奥斯本等：《教育选择》，北京师范大学出版社，2017 年。

〔德〕安德烈亚斯·施莱歇：《培养卓越校长和教师——来自 PISA 的建议》，教育科学出版社，2016 年。

〔美〕桑代克:《教育心理学简编》,中国人民大学出版社,2015年。

〔美〕理查德·F.埃尔莫尔:《二十位教育先行者对教育改革的反思》,商务印书馆,2017年。

〔美〕乔伊斯·L.爱泼斯坦:《大教育:学校、家庭与社区合作体系》,黑龙江教育出版社,2016年。

〔美〕薇薇恩·斯图尔特:《面向未来的世界级教育:国际一流教育体系的卓越创新范例》,浙江人民出版社,2017年。

〔美〕斯科特·考夫曼:《绝非天赋:智商、刻意练习与创造力的真相》,浙江人民出版社,2017年。

〔瑞士〕荣格原著,〔英〕索努·沙姆达萨尼编译:《红书》,中央编译出版社,2012年。

〔美〕史蒂芬·平克:《白板》,浙江人民出版社,2016年。

〔美〕菲利普·津巴多、罗伯特·约翰逊、薇薇安·麦卡恩:《津巴多普通心理学》,机械工业出版社,2017年。

〔美〕蒂娜·瑞伊、露丝·麦康威尔:《运用积极心理学提高学生成绩:品格教育校本计划》,中国青年出版社,2017年。

〔奥〕阿尔弗雷德·阿德勒:《儿童的人格教育》,华东师范大学出版社,2017年。

〔美〕理查德·E.梅耶:《应用学习科学》,中国轻工业出版社,2016年。

〔美〕霍华德·加德纳:《多元智能新视野》,浙江人民出版社,2017年。

〔美〕欧文·L.贾尼斯:《小集团思维》,中央编译出版社,2016年。

〔英〕杰夫·巴顿:《教学是一段旅程》,中国青年出版社,2016年。

〔美〕史蒂芬·M.康斯坦丁诺:《教无止境:让“差生”成功逆袭》,黑龙江教育出版社,2017年。

〔美〕卢安·约翰逊:《跳出教育的盒子》,中国青年出版社,2009年。

〔美〕南希·弗雷:《引导学生互动学习的50种方法:教师课堂教学指南》,商务印书馆,2017年。

〔英〕麦克·格尔森:《从备课开始的50个创意教学法》,中国青年出版社,2017年。

〔美〕唐娜·沃克·泰勒斯通:《提升教学能力的10项策略:运用脑科学和学习科学促进学生学习》,教育科学出版社,2017年。

〔美〕道格·约翰逊:《创新教育模式:让课堂“活”起来》,黑龙江教育出版社,2017年。

〔奥〕阿德勒:《儿童教育心理学》,南海出版公司,2015年。

〔奥〕阿德勒:《阿德勒心理学》,台海出版社,2018年。

〔日〕河合隼雄:《孩子的心事》,世界图书出版公司,2019年。

〔美〕托马斯·戈登:《T. E. T. 教师效能训练》,中国青年出版社,2015年。

〔美〕卡尔罗杰斯、杰罗姆弗赖伯格:《自由学习》,人民邮电出版社,2015年。

〔美〕马丁·塞利格曼:《认识自己,接纳自己》,浙江教育出版社,2020年。

〔俄〕康·德·乌申斯基:《人是教育的对象——教育人类学初探(上卷)》,人民教育出版社,2007年。

〔俄〕康·德·乌申斯基:《人是教育的对象——教育人类学初探(下卷)》,人民教育出版社,2007年。

〔美〕威廉·赫德·克伯屈:《教学方法原理》,人民教育出版社,2016年。

〔德〕福禄贝尔:《人的教育》,人民教育出版社,1991年。

〔美〕杜威:《我们怎样思维·经验与教育》,人民教育出版社,2005年。

〔苏〕维果茨基:《维果茨基教育论著选》,人民教育出版社,2005年。

〔俄〕康·德·乌申斯基:《乌申斯基教育文选》,人民教育出版社,2007年。

〔英〕斯宾塞:《斯宾塞教育论著选》,人民教育出版社,2005年。

〔德〕赫尔巴特:《普通教育学·教育学讲授纲要》,人民教育出版社,2002年。

〔瑞士〕皮亚杰:《皮亚杰教育论著选》,人民教育出版社,2015年。

〔美〕杜威:《民主主义教育》,人民教育出版社,2001年。

〔美〕拉尔夫·泰勒:《课程与教学的基本原理》,人民教育出版社,1994年。

〔德〕乔治·凯兴斯泰纳:《凯兴斯泰纳教育论著选》,人民教育出版社,2003年。

〔英〕沛西·能:《教育原理》,人民教育出版社,2005年。

〔美〕巴格莱:《教育与新人》,人民教育出版社,2005年。

〔日〕福泽谕吉:《福泽谕吉教育论著选》,人民教育出版社,2005年。

〔法〕让·雅克·卢梭:《爱弥儿——论教育》,人民教育出版社,2017年。

〔美〕布鲁纳:《布鲁纳教育论著选》,人民教育出版社,2018年。

〔英〕查尔斯·科瓦奇:《科瓦奇讲古希腊、古罗马、大发现的时代、变革的时代(全四册)》,新世界出版社,2020年。

〔美〕爱德华·哈洛韦尔:《分心不是我的错》,山西教育出版社,2011年。

〔加〕基思·斯坦诺维奇:《超越智商:为什么聪明人也会做蠢事》,机械工业出版社,2015年。

〔美〕安妮·布洛克希瑟·亨得利:《成长型思维训练》,上海社会科学院出版社,2018年。

〔美〕马特林:《认知心理学:理论、研究和应用》,机械工业出版社,2016年。

〔加〕娜丁·伯克·哈里斯:《深井效应:童年创伤如何影响未来健康》,浙江教育出版社,2020年。

〔以色列〕罗尼·索兰:《童年之谜》,人民邮电出版社,2020年。

〔英〕格雷厄姆·拉姆斯登:《来自星星的孩子:一位心理学家对青春期教育的建议》,北京日报出版社,2020年。

〔奥〕阿德勒:《生命的意义》,台海出版社,2018年。

〔美〕埃利奥特·阿伦森:《不让一个孩子受伤害》,华东师范大学出版社,2019年。

〔葡〕伊莎贝尔·米尼奥丝·马丁斯:《到里面来!探索大脑的内部世界》,浙江教育出版社,2020年。

〔美〕劳伦斯·斯坦伯格:《与青春期和解》,人民邮电出版社,2019年。

〔苏〕B. A. 苏霍姆林斯基:《苏霍姆林斯基论劳动教育》,教育科学出版社,2019年。

〔德〕伯特·海灵格:《我们这个时代的教育》,世界图书出版公司,2020年。

〔加〕范梅南:《儿童的秘密——秘密、隐私和自我的重新认识》,教育科学出版社,2014年。

〔美〕格兰特·威金斯(Grant Wiggins)、〔美〕杰伊·麦克泰格(Jay McTighe):《追求理解的教学设计》,华东师范大学出版社,2017年。

〔加〕范梅南:《实践现象学:现象学研究与写作中意义给予的方法》,教育科学出版社,2018年。

〔英〕阿尔弗雷德·诺思·怀特海:《教育的本质》,北京航空航天大学出版社,2019年。

〔德〕赫尔巴特:《外国教育名著丛书:普通教育学》,人民教育出版社,2015年。

五、期刊论文

教育类期刊可参看:《课程·教材·教法》《教育研究》《北京大学教育

评论》《比较教育研究》《清华大学教育研究》《教师教育研究》《全球教育展望》《教育理论与实践》《教育学报》《教育评论》《中国教育学刊等》。

语文类期刊可参看:《中学语文教学》《语文建设》《中学语文教学参考》《语文学习》《语文教学通讯》等。

参考文献

[1]〔法〕卢梭(J. J. Rousseau)著,李平沤译:《爱弥儿》,商务印书馆,1978年。

[2]〔苏〕瓦·阿·苏霍姆林斯基著,杜殿坤编译:《给教师的建议(修订本全1册)》,教育科学出版社,1984年。

[3]〔德〕雅斯贝尔斯(Jaspers,K.)著,邹进译:《什么是教育》,生活·读书·新知三联书店,1991年。

[4]〔美〕格兰特·威金斯(Grant Wiggins)、〔美〕杰伊·麦克泰格(Jay McTighe)著:《追求理解的教学设计》,华东师范大学出版社,2017年。

[5]〔美〕艾德勒·J.艾德勒、查尔斯·范多伦著,赫明义,朱衣译:《如何阅读一本书》,商务印书馆,2014年。

[6]〔捷〕夸美纽斯著,傅任敢译:《大教学论》,教育科学出版社,2014年。

[7]〔日〕佐藤学著,李季湄译:《静悄悄的革命:课堂改变,学校就会改变》,教育科学出版社,2014年。

[8]〔美〕R. M. 加涅(R. M. Gagne)著,皮连生等译:《学习的条件和教学论》,华东师范大学出版社,1999年。

[9]〔美〕R. M. 加涅、〔美〕W. W. 韦杰等著,王小明、庞维国等译:《教学设计原理(第5版修订本)》,华东师范大学出版社,2018年。

[10]〔美〕泰勒(Tyler,Ralph W.)著,施良方译:《课程与教学的基本原理》,人民教育出版社,1994年。

[11]〔美〕约翰·克劳·兰色姆著,王腊宝、张哲译:《新批评》,文化艺术出版社,2010年。

[12]〔英〕怀特海著,庄莲平,王立中译:《教育的目的》,上海文汇出版社,2012年。

[13]〔美〕迈克尔·莱恩(Michael Ryan)著,赵炎秋译:《文学作品的多重解读》,北京大学出版社,2006年。

[14]〔瑞士〕皮亚杰(J. Piaget)、〔瑞士〕海尔德(B. Inheader)著,吴福元译:《儿童心理学》,商务印书馆,1980年。

[15] 石中英:《知识转型与教育改革》,教育科学出版社,2001年。

[16]〔德〕席勒著,徐恒醇译:《美育书简》,中国文联出版公司,1984

年。

[17]〔加〕马克思·范梅南著,李树英译:《教学机智——教育智慧的意蕴》,教育科学出版社,2001 年。

[18]〔美〕奥苏伯尔等著,余星南、宋钧译:《教育心理学:认知观点》,人民教育出版社,1994 年。

[19] 叶圣陶:《叶圣陶语文教育论集》,教育科学出版社,1980 年。

[20] 梁漱溟:《中国文化要义》,学林出版社,1987 年。

[21] 孙绍振:《名作细读 微观分析个案研究》,上海教育出版社,2009 年。

[22] 王荣生:《阅读教学教什么》,华东师范大学出版社,2016 年。

[23] 蒋伯潜:《中学国文教学法》,北京教育出版社,2014 年。

[24] 王荣生:《语文科课程论基础》,教育科学出版社,2014 年。

[25] 朱光潜:《诗论》,生活·读书·新知三联书店,2012 年。

[26] 宁鸿彬:《怎样教语文》,商务印书馆,2020 年。

[27] 吴格明:《逻辑思维与语文教学》,人民教育出版社,2003 年。

[28] 郑国民:《语文课程改革研究》,北京师范大学出版社,2003 年。

[29] 皮连生:《教学设计——心理学的理论与技术》,高等教育出版社,2000 年。

[30] 盛群力:《教学设计》,高等教育出版社,2005 年。

其他网络资源

中国大学 MOOChttps://www.icourse163.org/

教案网 http://www.jiaoanw.com/

一师一优课 https://1s1k.eduyun.cn/

江苏省名师空中课堂 https://mskzkt.jse.edu.cn/cloudCourse/index/pc/

学科网 https://xx.zxxk.com/h/papers-cat320103/

教师教育网 http://www.teacheredu.cn/

教师听课网 https://www.yanxiuwang.cn/Index/index.html

优质课网 http://www.youzhik.com/

教习网 http://www.51jiaoxi.com/

希沃学院 https://study.seewoedu.cn/

中国教育出版社 http://www2.zzstep.com/front/index.php

网易公开课 https://open.163.com/

后　记

“桃李不言，下自成蹊。”河南大学地处中原大地，创立于1912年，已具有百年办学的深厚积累。河南大学汉语言文学专业办学始于1923年，承传了近百年的师范教育经验，是河南省最早的汉语言文学专业。1952年学校更名为河南师范学院之后，完全转型为专门的师范教育专业院校。本专业第一届毕业生毕业于1927年，自此，师范教育未曾中断，近百年来培养了六万余名师范毕业生。专业所在学院具有中国语言文学博士后流动站、一级学科博士和硕士学位授权点，构建了本科-硕士-博士-博士后人才培养体系，拥有河南省招生规模最大、辐射最广的学科教学(语文)专业硕士学位授权点，这是历届河大人努力不懈的结果。

印象最深的是，我领着学生去实习或开学术会议的时候，很多一线老师很自豪地说“我是河南大学文学院的毕业生”，那种自豪溢于言表，可以说，河大的中文人都知道这种内在的自信与从容意味着什么。河大中文人是低调不事张扬，比如，河南大学中学语文教学设计的研究与开设有悠久的历史，中国高等教育学会语文教育专业委员会原名语文教学法研究会，1980年10月5日成立于河南大学，叶圣陶是第一任名誉会长，朱绍禹为第一届会长，当时河南大学中文系教材教法教研室有何深老师、张仲良老师、董长纯老师。而这些重要的历史几乎淹没在宏大的历史叙述中。如果没有这些学者的默默贡献，显然不能支撑起河南师范教育。

河南大学文学院还承担了教育部和河南省的语文师资培训，培训过程中的方案都是文学院领导与教师一起参与，王宏林、葛本成、杨萌芽、武新军、焦喜峰、白春超、白金、焦凡、李国平、杨站军，无论多忙，一定会参与这些工作，这是一个非常好的氛围与传统，申报书与培训方案的修改都是字斟句酌，在讨论中完成，可以说，探索了一条高校服务于基础教育的新路径，辐射带动了新时代教师培训事业发展，形成了文学院语文国培的鲜明特色。尤其是2018年，河南大学成为首批14所中小学名师领航工程培养基地之一，正高级中学语文教师张晓慧、台桂莲成为本学科名师培养基地的首批学员。两年来，名师领航工程基地建设创新理论学习培养方式，促进名师角色转换，走出一条“理论引领思路，实践创新形式”的国培新路径。2020年11

月，本学科选送的《"T-UPW"培养模式下的河南大学名师领航工程》入选"国培计划"优秀培训实践案例。

1977年恢复高考制度以来，文学院一直承担着河南省高考语文的评卷工作。2016-2020年，河南省高考报名人数每年都在80万以上，语文评卷工作任务艰巨，责任重大，社会关注度高。可以说，河南大学语文教学研究关系着河南省的语文师资水平的高低。

《中学语文教学设计》与河南大学文学院所开设"中学语文教学设计"课程相互配套，是课程建设的必然要求，同时也可和《教育经典研读手册》相互配合，有助于对教学的深入理解。一部教材从酝酿成熟到付诸实践有很长的过程。本书的编写大纲和体例由编委会集体讨论商定，然后分工撰写初稿。初稿完成后，编委会所有成员轮流初审，最后由本人通读全书，修改润色，审阅定稿。除了编委们，还离不开龚素佳、耿一丹、刘海宁、崔小洁、高睿超、郭珊珊、周素羽、王洁、王雪琳等人对前期资料的搜集与整理。

参与本书讨论、审编校订的还有冯菲菲、郭茜、杨雨晴、赵鹏爽、窦孟云、宋亚迪、李孟杰、郭晨景、张优媛、徐冰倩、冯杰、李志、王时物、王思聪、文梦瑶、石申杰、王艳玲、李俊、董佳佩、刘茹梦、张宝东、石鉴渊、王宏图。"人之所病，病疾多；医之所病，病道少。"在长期的教学实践及与本科生及教育硕士交流中发现，很多学生在校读书时对教学论这些课程并没有深刻的体验，更谈不上重视，他们到了一线岗位，走上讲台的时候，发现自己根本不能应付实际的教学，这就是方法太为单一，"病道少"；而教材的选文和文体复杂，"病疾多"，学生在课堂听课的时候，根本不了解老师讲的内容有什么意义，每次都说是一个套路，语文课太没意思，显然，单一的套路式方法，不能适应复杂变化的教学趋势。如果不注意钻研，时间久了也就是一个教书匠而已。现行许多教材有与教学不相适应的地方，学生对理论的认识很难形成系统深入的认识，当然也缺乏思考深度。孙思邈说："世有愚者，读方三年，便谓天下无病可治；及治病三年，乃知天下无方可用。"这话虽然是批评刚入手的医者，对从事教学专业的人也非常适用。以我自己而论，苏轼的《前赤壁赋》教过多遍，备课觉得下了很深的下功夫，《苏轼全集》也读了几遍，但是在讲课时仍然觉得对苏轼作品理解不够透彻，仍有很多遗憾的地方，现在流行的大单元教学设计，所谓的整本书阅读，至少在我的实际讲课中觉得有很多问题需要认真解决，不能每次把学生和课堂当成实验品，不能每次都说不成熟，耽误学生的时间确实是一种罪过。备课是一种科研活动，而要把所备的课讲好，更是难上加难。我自己上课的经验，每次我都会利用假期时间，把所备过的课重新再准备几遍，准备过程中，发现自己在讲课过程中有太多的不足。讲课是一门有缺憾的艺术，但又是常讲常新的一门艺术。能把讲课当作一门艺术，非要认真研究教学设计不可。坐而论道不仅解决不了任何问题，反而只能使问题更为糟糕。

《中学语文教学设计》是建立完备高效的学科教学师范生发展体系的必经之路。“中学语文教学设计”“语文课程标准与教材研究”“教育技能训练”“教育见习与实习”等课程环环相扣，形成一套完整的师范生培养体系，从理论到实践，又相互渗透，双向并重，编写与之适配的教材，完善教材体系将弥补以往师范生重理论轻实践的弊端，聚焦能力发展，兼顾知识、道德、技能，立德树人为本，为师范生成长打下坚实基础，培养真正的研究型教师。

“窃人之所言以为己有者，好名为甚。”我忘不了和这些学友的每次认真讨论，和对书稿的认真打磨、修订，很多时候不满意，几乎都是推倒重来，第一稿和最后一稿相比，只剩下标题没动。本书经众多参与人员反复校订，分为“绪论”、第一章“中学语文教学设计概述”、第二章“阅读教学设计”、第三章“口语交际教学设计”、第四章“综合性学习教学设计”、第五章“写作教学设计”，共六部分，书中部分案例由李章鑫及河南大学 2020 级学科语文教育硕士设计提供。本书就中学语文教学设计中相关理论和重点内容进行梳理探究，对“阅读教学、口语交际、综合性学习、写作”几个部分的教学设计进行重点讲解与说明，辅以案例进行研讨，其中，本书容纳近些年语文教育领域“热词”，聚焦语文前沿与最新的学术动态，以相关理论启发学生思考评价，而丰富的案例和拓展阅读也是本书一大创新点。章学诚和韩愈一样感叹“师道失传久矣。有志之士，求之天下，不见不可易之师，而观于古今，中有怦怦动者，不觉辗然而笑，索焉不知涕之何从，是亦我之师也。不见其人，而于我乎隐相授受，譬则孤子见亡父于影像，虽无人告之，梦寐必将有警焉。而或者乃谓古人行事，不尽可法，不必以是为尸祝也。夫禹必祭鲧，尊所出也；兵祭蚩尤，宗创制也。若必选人而宗之，周、孔乃无遗憾矣。人子事其亲，固有论功德而祧祢以奉大父者邪？”教学设计也有一个师法和成长过程，希望参与的这些学友借此能成长为语文教育事业的中坚力量，不为流俗所转。这既是学术的传承，也是教学设计发展的必然要求。

网络时代，大数据的发展，拓展了学生的学习时间与空间，学生可以通过多种平台完成在线学习与练习，与教师及同学展开交流研讨，发现问题并通过生生、师生间的交流解决问题。与中学语文教学相关的网络学习平台与电子资源是学习者检验学习成果、运用所学知识、研讨开拓思维的有效方式，也是教师实时掌握学生动态、对教学进行调整反思和改进的窗口。《中学语文教学设计》的编写与出版离不开河南大学文学院的支持，也离不开语文教育教研室梁建功、张丽珍、李萱、张伟丽、程贵荣同仁的帮助，离不开前人的理论与实践探索。

本书所涉及案例及引用部分均已标注来源，写作过程中参考了诸多前辈与同人的论著，在此对原作者表达衷心的感谢，因为这些老师的艰辛付出，语文教育事业才能赓续前行，薪火相递。

杨亮

2022年2月7日于卧云楼